Über dieses Buch

Ferdinand Lassalle (1825–1864) zählt zu den eindrucksvollsten, doch auch widersprüchlichsten Gestalten des 19. Jahrhunderts. An seinen Biographen noch kann man das ablesen: Sie zeigen sich gleichermaßen fasziniert wie verwirrt von ihrem Helden, dessen Persönlichkeit in vielfältigen Facetten schillert und dazu noch je nach der ideologischen Position des Betrachters zu einseitigen Deutungen verleitet – zwischen Lebemann, Scharlatan, Agitator und politischem Stammvater oder Häretiker. In der Biographie von Hans Peter Bleuel wird Leben und Wirken Lassalles in den gesellschaftlichen und politischen Entwicklungen seiner Zeit nachgezeichnet – aus seinen Selbstzeugnissen, Korrespondenzen und Schriften; aus Prozeßakten, Zeitungsberichten und den Kommentaren und Dokumenten seiner Zeitgenossen, Freunde und Gegner – unter Berücksichtigung späterer Einschätzungen und Auswirkungen. Nicht dem politischen Ahnherrn und Theoretiker, sondern »dem Menschen« und seinem Denken und Verhalten vor dem Hintergrund und unter den Bedingungen seines Zeitalters mit den wechselnden emanzipatorischen und reaktionären Tendenzen des Aufbruchs gilt die Darstellung.

Der Autor

Hans Peter Bleuel studierte Geschichte und Soziologie. Er schreibt für Zeitschriften, Funk und Fernsehen über gesellschaftliche Themen und veröffentlichte u. a. folgende Bücher: ›Deutsche Studenten auf dem Weg ins Dritte Reich‹, ›Kinder in Deutschland‹, ›Alte Menschen in Deutschland‹. Er lebt heute als freier Schriftsteller mit seiner Familie bei München.

Hans Peter Bleuel

Ferdinand Lassalle

oder der Kampf wider die verdammte Bedürfnislosigkeit

Fischer Taschenbuch Verlag

Bibliographischer Hinweis:

Eine Auswahl von Lassalles späten politischen Arbeiten liegt im Taschenbuch vor; dort sind auch ausführliche bibliographische Hinweise:
Ferdinand Lassalle, Reden und Schriften, dtv dokumente 676. Eine weitere Beschäftigung mit seinem Wesen und Wirken kann nicht vorbei an den sehr ausführlichen neueren Studien von *Shlomo Na'aman*. Die interessantesten persönlichen Aufschlüsse bietet die sechsbändige Ausgabe seiner Briefwechsel, die Gustav Mayer in den zwanziger Jahren besorgte. Und für seine Einschätzung in früherer Zeit ist immer noch *Hermann Onckens* Biographie von 1904 vorbildlich.

Fischer Taschenbuch Verlag
April 1982
Umschlagentwurf: Jan Buchholz/Reni Hinsch
Fischer Taschenbuch Verlag GmbH, Frankfurt am Main
Lizenzausgabe mit freundlicher Genehmigung
der C. Bertelsmann Verlags GmbH, München

Gesamtherstellung: Hanseatische Druckanstalt GmbH, Hamburg
Printed in Germany
1880-ISBN-3-596-25107-9

Inhalt

Vorwort

> In der Tat, jedes Leben, das natürliche wie politische,
> ist Einheit von Gegensätzen,
> verträgt daher solche und kann sogar ohne dieselben
> nicht bestehen.
>
> Ferdinand Lassalle in *Fichte's politisches Vermächtnis*

Wir tun uns schwer mit diesen Gegensätzen. In aller Regel suchen wir uns die Züge, Eigenschaften und Handlungen eines Lebens heraus, die uns genehm sind, und formen sie zu einem, unserem Bilde: Das gilt für das natürliche und wieviel mehr noch im politischen Leben. Es geht dabei mehr als die Einheit verloren. Das Leben selbst mit seinen Gegensätzen verschwindet hinter dem Bild, das aus ihm entsteht.

Das gilt in auffallender Weise für Ferdinand Lassalle. Er lebte von 1825 bis 1864. Er war Gründungspräsident des Allgemeinen Deutschen Arbeitervereins. Mehr kann man über diesen Mann kaum sagen, ohne gleich in heftige Gegensätze zu geraten. In die Gegensätze seines Lebens und die Gegensätze der Deutungen, die sich seiner bemächtigt haben.

Erklärungen dafür sind zu finden.

Lassalle war eine von drei herausragenden Gestalten der deutschen Arbeiterbewegung im 19. Jahrhundert. Das bereitete seiner Darstellung aus bürgerlicher Sicht begreiflicherweise einige Schwierigkeiten. Zu seinen Lebzeiten und noch ein reichliches Jahrzehnt darüber hinaus war seine praktische politische Wirkung in Deutschland sogar größer als die von Marx und Engels. Das brachte wiederum die Historiker einer deutschen Arbeiterpartei in Verlegenheit, in der sich die Lehrsätze der beiden anderen Stammväter durchgesetzt hatten.

Noch zwei Dinge kamen hinzu.

Einmal ließ Lassalles Denken und Handeln als sozialistischer Theoretiker und ökonomischer Analytiker an Konsequenz zu wünschen übrig: Es schien so irritierend pragmatisch und widersprüchlich, wie man es eigentlich nur konservativen Staatswahrern zubilligte. Zum anderen waren seine persönlichen Lebensumstände, sein gesellschaftlicher Umgang und seine intimen Beziehungen, seine Lebensgewohnheiten und sein Lebensstil so eigenwillig und ungewöhnlich, daß er in kein soziales Muster paßte – weder Bourgeois noch Proletarier.

Nicht einmal Jude, obwohl er auch das war. Ein Arbeiterführer, der im Duell einer Frau wegen den Tod fand.

So vielen Komplikationen ist keine auf die Einheit schlüssiger Erklärungen bedachte Deutung gewachsen. Jede findet hier Munition für ihre Kritik, ihr Urteil. Die einen bemäkelten die Unvereinbarkeiten mit Marx, die nächsten hoben Übereinstimmungen hervor. Denen ist er zuwenig national oder zu großdeutsch, jenem nicht genug parlamentarischer Demokrat. Im schlimmsten Fall wird er zum totalitären Apokalyptiker und fatalen Welterlöser.

Die Sozialdemokratische Partei Deutschlands, die ihr Gründungsdatum 1863 immerhin auf den Arbeiterverein Lassalles zurückführt, kämpft seit 100 Jahren mit sich und dem Problem, ob sie diesen ganz und gar unbürgerlichen Menschen, philosophisch queren Denker und ideologisch queren Politiker als engagierten Sozialisten annehmen solle oder nicht. Die kommunistischen Doktrinäre haben sich ohne erkennbare Skrupel über das Urteil Lenins hinweggesetzt, der in Lassalle ein Vorbild pragmatischer sozialistischer Politik sah: Sie definieren seinen Fall als bedauerlichen oder naiven Verrat an der Arbeiterklasse. Die Marxisten haben das zwiespältige Verhältnis von Marx und Engels zu ihrem Kampfgefährten in Deutschland ausgeklammert: Lassalles Werk und Wirken verkümmern bei ihnen zu Fußnoten.

So viele Beschreibungen, so viele Bilder dieses Lebens: Der Verfasser kann sich da nicht ausnehmen, auch ich folge Vorstellungen. Dazu gehört, die Gegensätze in Person und Leben von Ferdinand Lassalle weder zu unterdrücken noch gewaltsam aufzulösen. Die Einheit, von der er in seinem Essay über Fichte spricht, wird dann vielleicht sogar eher einsichtig.

Dafür scheint mir allerdings wichtig, tatsächlich das Leben und die Lebensumstände Lassalles nachzuzeichnen und sie nicht nur als Hintergrund und gelegentliche Erklärung seines Wirkens und seiner Wirkung heranzuziehen. Denn dann kommen so simple Sätze heraus wie: Er war mit 20 Jahren fertig und hat sich nicht mehr entwickelt. Oder man zäumt das Pferd gewissermaßen vom Schwanze auf mit der Frage: Welche Eigenschaften und Ereignisse haben diesen Mann bestimmt, Gründer einer Arbeiterpartei zu werden? Dann werden 37 Lebensjahre zum Erklärungsmodell für zwei Jahre zielgerichteter politischer Aktion verkürzt und alle Unternehmungen, Höhen und Tiefen dieses Lebens danach eingeordnet und beurteilt, ob sie dem posthum zugewiesenen Zweck tauglich waren oder nicht. Wie denn überhaupt zu beobachten ist, daß die Darstellungen Lassalles ein unverhältnismäßig großes Gewicht und einen überproportionalen Anteil auf seine letzten Jahre legen und die voraufgegangenen, an Erfolgserlebnissen und Frustrationen ungeheuer reichen Jahrzehnte dieses Lebens wie ein Vorspiel behandeln. Das ist aufgrund der historischen Folgen begreiflich, aber es wird Lassalle nicht gerecht. Und schließlich sind nicht wenige Auseinandersetzungen mit Lassalle solche mit »Lassalle und den Folgen«, mit dem »Lassalleanismus«, dem Lassalle-Kult und den Parteistreitigkeiten in der Arbeiterbewegung *nach* seinem Tode. Auch das ist aus dem historischen Interesse begreiflich, aber eine solche Optik führt zwangsläufig oft zu Verzeichnungen der Person und Intentionen Lassalles.

Lassalles Leben verträgt seine Gegensätze und ist ohne sie nicht zu verstehen. *Er* hatte sie zu bestehen, und für andere war stets Verlaß auf ihn, wenn sie auf ihn bauten. Das allerdings machte er keinem leicht: Er forderte, was er gab – manchmal zuviel. Was allen zu schaffen machte, die ihn erlebten oder sich mit ihm beschäftigten, war sein gänzlicher Mangel an Bescheidenheit. Vielen war er darin unsympathisch oder unbegreiflich. Doch streicht man persönliche Übertreibungen und Eitelkeiten ab, so zeigt sich, daß er dieses Recht auf Unbescheidenheit nicht für sich allein beanspruchte. In Lassalles Denken und die Sprache seiner Agitation übersetzt: Jeder Mensch hat ein Recht darauf, die Befriedigung seiner Bedürfnisse zu verlangen. Einige wenige können sie sich im Übermaß erfüllen, doch den meisten wird selbst das Minimum an Lebenszufriedenheit verweigert und vorenthalten. Das ist nur zu ändern, wenn man diese erzwungene, doch verinnerlichte Bedürfnislosigkeit bewußt macht und über Bord wirft.

Dieser Anspruch zieht sich durch Lassalles persönliches Handeln und politisches Leben: Der Kampf wider die verdammte Bedürfnislosigkeit. Er macht ihn sympathisch.

Kapitel I

Jugend

Die Jahre 1806 und 1807 zählen zu den turbulentesten in der Geschichte der alten Stadt Breslau.

1740/41 hatte der junge Preußenkönig Friedrich II. eine günstige historische Konstellation wahrgenommen, mit dem Anspruch eines seit 200 Jahren vergessenen Erbverbrüderungsvertrages der Habsburgerin Maria Theresia Schlesien in einem stürmischen Eroberungsfeldzug zu entreißen. Im traditionell protestantischen Breslau war man's zufrieden, auch wenn man noch zwei weitere Schlesische Kriege zu erleiden hatte. Jedenfalls war das preußische Regime erträglicher als die zwangsweisen Segnungen der katholischen Gegenreformation und ihrer Wiener Statthalter während der vorangegangenen Jahrhunderte.

Doch im Sommer 1806 wählte der hartnäckig zögerliche Preußenkönig Friedrich Wilhelm III. einen besonders ungünstigen Zeitpunkt, Haltung zu zeigen und dem übermächtigen Napoleon Kampf anzusagen. Im August befahl er Mobilmachung, dann stellte er dem Franzosenkaiser ein Ultimatum, und am 9. Oktober 1806 erließ er gar ein Kriegsmanifest. Am nächsten Tag schon war Prinz Louis Ferdinand bei Saalfeld geschlagen und gefallen, fünf Tage später bereitete die französische Armee bei Jena und Auerstedt Preußen eine militärische und moralische Katastrophe.

Am 27. Oktober zog Napoleon unter Glockengeläut und Kanonendonner durch das Brandenburger Tor. »Vive l'Empereur« riefen die beeindruckten Berliner. Der Stadtkommandant und Staatsminister Graf Friedrich Wilhelm von der Schulenburg hatte ihnen zehn Tage zuvor die Parole gegeben: »Der König hat eine Bataille verloren. Jetzt ist Ruhe die erste Bürgerpflicht. Ich fordere die Einwohner Berlins dazu auf. Der König und seine Brüder leben.« Der tapfer unterlegene und geflüchtete Preußenkönig gratulierte seinem bürgerlichen »Herrn Bruder« Napoleon zum Einzug in seine Hauptstadt mit der Kastellans-Adresse: »Ich habe den lebhaften Wunsch, daß Eure Majestät in meinen Palästen auf eine Weise aufgenommen und behandelt werde, die ihr angenehm ist, und mit Eifer habe ich schon zu diesem Zweck alle Maßnahmen getroffen, die die Umstände mir gestatten. Möge es mir gelungen sein!«

Soviel zur Verfassung Preußens und seines Monarchen.

Breslau Anno 1806

In Breslau, der Handelsstadt zwischen vier Himmelsrichtungen, nahm man die Entwicklung zunächst gemut und gelassen. Vorbote künftigen Unheils war der alte Generalleutnant von Thiele. Der neue Gouverneur eröffnete die Kriegsvorbereitungen mit der Order, den Bürgern abends ihre brennenden Tabakspfeifen wegzunehmen. Nach der Niederlage von Jena und Auerstedt ließ er der Bürgerschaft auch die Gewehre abnehmen, was sich schwerlich mit dem königlichen Befehl vereinbaren ließ, die Festung Breslau um jeden Preis zu halten. Graf Pückler, der voller Patriotismus zum Widerstand gerufen hatte, war durch diese Maßnahme so verschreckt, daß er sich mit einem Pistolenschuß das Leben nahm. Das spornte den von Thiele an, seine marode Verteidigungstruppe durch Invalide und Milizen auf 5000 Mann zu verstärken – ein schwacher Schutz gegen den heranrückenden bayerisch-württembergisch-französischen Armeekeil.

Er erreicht die Vorstädte Breslaus Mitte November 1806, beginnt mit der Kanonade, rückt wieder ab. Anfang Dezember wird es mit der Belagerung ernst. Die Oderbrücken werden gesprengt, die Vorstädte von beiden Seiten – in Brand gesetzt, Bombardement, Feuersbrünste, pflichtgetreuer Abmarsch 70 preußischer Offiziere nach Lissa und Spießrutenlaufen für die pflichtvergessenen Gemeinen, unter denen sich die Desertionen häufen.

Pietätvolle Waffenruhe am zweiten Weihnachtstag. Eine Entsatztruppe unter dem Fürsten von Anhalt-Pless wird zurückgeschlagen, der Breslauer Gouverneur versäumte aus Schwäche oder Rivalitätserwägungen den befreienden Ausfall. Erneute Kanonade, Waffenruhe, Verhandlungen. Am 5. Januar 1807 unterzeichneten die preußischen Generäle von Thiele, von Lindner und von Krafft die Kapitulation, die Garnison zieht in die Gefangenschaft, und bayerische Besetzer rücken durch das Nikolaitor ein. Am 8. Januar hält Napoleons Bruder Prinz Jerome seinen Einzug in Schlesiens Hauptstadt – unter

Kanonendonner – und versichert Breslau seines Schutzes. 130 Privatpersonen waren getötet oder verwundet, 13 Soldaten gestorben und 592 in den Spitälern.

Der Chronist fährt fort: »12 große Feuersbrünste, 7 Häuser ganz zerstört, 1500 der inneren Stadt schwer beschädigt; die Vorstädte lagen zum großen Teil in Trümmern. 4 800 000 Taler Kontribution wurden gefordert. Requisitionen an Leinwand, Leder, Tuch usw. fanden statt. Im Ganzen aber benahm sich der Prinz nicht unliebenswürdig.« Er leitete zum Beispiel auf Befehl seines kaiserlichen Bruders schon am nächsten Tag die Schleifung der Breslauer Wälle und Tore ein, die bis 1813 andauerte. Das geschah übrigens mit Billigung des preußischen Königs.

Am 9. Juli 1807 hatte Friedrich Wilhelm III. den Frieden zu Tilsit zu unterzeichnen. Darin mußte er nicht nur den Großteil der preußischen Gewinne aus den polnischen Teilungen an das Großherzogtum Warschau abtreten, sondern auch die westelbischen Gebiete für ein Königreich Westfalen des »nicht unliebenswürdigen« Napoleon-Bruders und Breslau-Eroberers Jerome. Und außerdem verpflichtete er sich zum Wirtschaftskampf, zur Kontinentalsperre gegen England. Davon, allerdings, hatten Breslau und Schlesien Nutzen.

Juden unter dem Toleranzedikt

Zur Zeit der französischen Besetzung kam 1807 ein junger Jude nach Breslau, Chaijim Wolfsohn. 1791 im oberschlesischen Loslau (Wodzisław) geboren, war er früh verwaist und bettelarm aufgewachsen. Daran wohl auch scheiterte sein ursprünglicher Wunsch, Rabbiner zu werden. So wandte Chaijim sich weltlicheren Zielen zu, dem Handel. Der Zeitpunkt war einfach günstig.

Einmal erleichterte sicher die französische Herrschaft dem Zureisenden den Zugang zur Stadt Breslau, in der wie in fast allen Städten des Reichsgebietes für die Zahl der jüdischen Familien ein strenges Limit galt. Doch der französische Konvent hatte als erste europäische Nation 1791, in Chaijims Geburtsjahr, die bürgerliche Gleichstellung der Juden beschlossen – eine Errungenschaft der Aufklärung und Revolution, die mit den Siegeszügen der französischen Armee auch den Niederlanden, Piemont, der Lombardei, Venetien und Rom aufgezwungen wurde. In den besetzten Gebieten des deutschen Reiches war zumindest eine zeitweise Lockerung der diskriminierenden Judenordnungen die Folge.

Breslau besaß da eine eigene Tradition. 1453 ließ der päpstliche Generalinquisitor Johannes von Capistrano alle Juden einkerkern und ihre Habe inventarisieren. Dann machte er ihnen mit Billigung des Bischofs und des Hofes von Wien den Prozeß. 14 »Angeklagten« wurde mit glühenden Zangen das Fleisch von den Knochen gerissen und in Pfannen geworfen, dann erfolgte »in der gewöhnlichen Art« Vierteilung und Aufhängung der Teile an Kreuzwegen. Vor der Alternative »Taufe oder Verbrennung« kapitulierten 20 Jünglinge vor der Macht des Christentums, 41 wanderten in den brennenden Holzstoß. Der Gemeinderabbiner Pinchas erhängte sich. Der Rest der Judenschaft wurde aus der Stadt vertrieben. 1455 erhielt die Stadt durch den 15jährigen König Ladisław das »ius Judaeos non tolerandi« – das Recht, ihnen den Aufenthalt in der Stadt zu verbieten.

Weit über 200 Jahre gab es dann in Breslau keine Juden mehr; sogar der Besuch der Jahrmärkte war ihnen verboten. Zulassen mußte man ihren Besuch nur, wenn sie als Vertreter und Sachwalter polnischer Adliger oder böhmischer Häuser auftraten. Aber die Handelsstadt brauchte doch ihre Kapitalkraft und ihr Handelsgeschick, duldete sie in den Vorstädten, zog sie schließlich auf die Märkte. 1713 gewährte man ihnen – gegen Gebühren selbstredend – wieder die Ansiedlung innerhalb der Stadtmauern.

Der aufgeklärte Preußenkönig Friedrich II. schätzte die Juden keineswegs, aber er wußte um ihren Nutzen. 1746 dekretierte er darum für seine neugewonnene schlesische Provinzstadt, es sollten diejenigen Juden, die dem Handel förderlich seien, »von jeder Fessel frei sein«. Näheres regelte acht Jahre später die erste Judenordnung in Breslau. Sie bestellte eine Kommission zur Oberaufsicht und ein Judenamt, das die Einkünfte und den Zuzug der Juden überwachte. Zur Verwaltung ihrer Angelegenheiten durfte die jüdische Gemeinde auf je drei Jahre ihre Ältesten wählen, aber jede Familie höchstens ein Kind verheiraten. Darüber hinaus besaß sie keine bürgerlichen Rechte. Jedoch gestand man ihnen in Breslau 1760 großzügig einen Friedhof, ein Lazarett und ein Gemeindehaus zu.

Wieder ein Menschenalter später, 1790, wurde eine neue Judenordnung für Breslau entworfen und der Begriff des »Breslauer Schutzjuden« eingeführt. Ausgesuchte Juden von »untadelhafter Aufführung« erhielten einen Schutzbrief und durften in strikt bemessenen Grenzen Handel treiben, sogar ein zunftgemäßes Gewerbe ausüben, Dienstboten halten, einen Sohn verheiraten. Die anderen Söhne hatten mit dem 16. Lebensjahr Breslau zu verlassen. Damit die königliche Huld nicht mißverstanden werde, setzte Friedrich Wilhelm II. die Höchstzahl jüdischer Familien in Breslau auf 160 fest; das konnten dann 2000 Menschen sein. Die jüdische Gemeinde nutzte ihre Chance und eröffnete schon ein Jahr darauf ihre eigene »Wilhelmsschule«. Dazumalen war das Bildungsverlangen in Preußen und erst recht seiner schlesischen Provinz noch sehr gering.

In dieses aufstrebende Breslauer Judentum zog 1807 der junge Chaijim Wolfsohn ein. Er war kein »kleiner galizischer Jude«, kam aus Oberschlesien. Sein Vater Feitel Barun hatte ihn gewiß nicht zum »Chassid« bestimmt, zum Anhänger der Lehre des Rabbi Israel ben Elieser, die mystisch das Ziel der Herzensfrömmigkeit und Gottesoffenbarung, Gefühl und Innerlichkeit zum Kern mosaischen Glaubens machte. Feitel Barun war von Moses Mendelssohn, dem jüdischen Aufklärer, dem Freund Lessings, beeindruckt: Achtung und Würde des Juden in der »Welt« waren sein Streben. Sohn und Enkel folgten ihm auf Etappen, die ihrer Zeit entsprachen und ihren Möglichkeiten.

Der zum Handel neigende Chaijim traf 1807 in Breslau noch eine zweite günstige Konstellation, die das Vorankommen eines Menschen seiner zielstrebigen Bedachtsamkeit fördern mußte: Eine Konjunktur kündigte sich an.

Die strengen Regeln des Gewerbelebens in Breslau lockerten sich, die Abgrenzungen zwischen Kaufherren, Reichskrämern und Partkrämern (Partieren) waren so eng nicht mehr aufrechtzuerhalten, es gab Platz für neue Leute. Die Kontinentalsperre gegen England machte Schlesiens Hauptstadt zu einem Hauptumschlagsplatz für agrarische und Gebrauchsgüter, die im Westen verlangt und im Osten hergestellt wurden – von der Kartoffel bis zum Tuch. Und er geriet in eine Stadt, die voller Trümmer lag, deren Bautätigkeit durch die Schleifung und Umwandlung ihrer Befestigungsanlagen zusätzlich in Atem gehalten wurde. 3000 Menschen arbeiteten dort zeitweilig an der Umwandlung der Wälle in Promenaden, die zwei Jahrzehnte andauerte. Die ersten industriellen Ansätze hatten sich mit staatlicher Beihilfe in Breslau schon vor der Jahrhundertwende entwickelt. Vor dem Ohlauer Tor gab es eine Chintz- und Kattundruckerei, drei Seidenfabriken und eine Herstellung türkischen Garnes. Die Leinenweberei war in Schlesien seit alters her heimisch. Es lag nahe, daß sich Chaijim Wolfsohn dem prosperierenden Textilgewerbe zuwandte: Er wurde Seidenhändler.

Widerwillig hatte Friedrich Wilhelm III. nach dem Tilsiter Frieden den eigentlich konservativen Reformer Karl Freiherr vom und zum Stein zum Minister bestellt, der die Umgestaltung des absolutistischen Staates in Angriff nahm. Seine erste Großtat war das Edikt zur Bauernbefreiung im Oktober 1808, das Leibeigenschaft und Gutsuntertänigkeit aufhob und ihm den Haß der Junker eintrug. Stein selbst notierte ein Jahr später, »daß die besten Gesetze und namentlich die, welche dem ganzen Volk zustatten kommen sollen, nichts vermögen, wenn die Ausführung derselben in die Hände der Gutsherren gelegt ist, welche solche Gesetze, um ihren Interessen oder vermeintlichen Rechten nicht zu schaden, den Eingesessenen nicht einmal gehörig publizieren«.

Den zweiten Schritt bildete im November 1808 eine neue Preußische Städteordnung, die mit der Beseitigung staatlicher Bevormundung und Stärkung der Selbstverwaltung Gemeinsinn und politischen Anteil der Bürger heben sollte. Sie durften selbst ihre Stadtverordneten und diese den Magistrat wählen. Den Schutzjuden wurden städtische Bürgerrechte zugestanden. Es entstand damit die reichlich absurde Situation, daß es in Berlin oder Breslau jüdische Stadtverordnete gab, die aber nicht die *preußischen* Bürgerrechte besaßen. Breslau zählte damals 52000 Einwohner, von denen fünf Prozent Juden waren.

Stein stolperte über seine Napoleonfeindschaft. Eine unvorsichtige Korrespondenz an den Fürsten Wittgenstein – »das französische Joch abschütteln« – wurde Anlaß seines Sturzes. Derselbe Napoleon, der nach Tilsit in Verkennung des Reichsfreiherrn seine Bestellung verlangt hatte, erzwang jetzt seine Entlassung; dem Preußenkönig und den Junkern war es recht. Das Reformwerk kam unter Steins Nachfolgern ins Stocken.

Sie waren mit dem miserablen Zustand der Staatsfinanzen beschäftigt und mußten erst ihren Abschied nehmen, als sie ihrem König zur Erfüllung der Kontributionen an die französischen Besatzer den Verkauf Schlesiens empfahlen. Friedrich Wilhelm berief im Juni 1810 Karl August Fürst von Hardenberg zum Minister und Staatskanzler.

Der liberale Hardenberg setzte mit Augenmaß und Geschick die Bemühungen Steins gegen die Opposition junkerlicher Kreise fort: Demokratische Grundsätze in einer monarchischen Regierung, im Wirtschaftsleben rechtliche Gleichheit bei freier Konkurrenz. Noch im Jahr seines Antritts wurden die Vorrechte der Zünfte beseitigt, die Gewerbefreiheit proklamiert und eine allgemeine Gewerbesteuer eingeführt. »Ich stimme für kein Gesetz der Juden, das nicht die vier Worte enthält: ›Gleiche Rechte, gleiche Pflichten‹.« Hardenberg hielt Wort, sein Entwurf für die Emanzipation der Juden folgte diesen Grundsätzen. Friedrich Wilhelm III. allerdings mißfiel ein Punkt der Vorlage ganz besonders: die Zulassung der Juden zum Staatsdienst. Er schloß sich dem Widerspruch seines konservativen Justizministers Kircheisen an und verlangte die Fassung: »Inwiefern die Juden zu anderen öffentlichen Bedienstungen und Staatsämtern zugelassen werden können, behalten Wir Uns vor, in der Folge gesetzlich zu bestimmen.«

Das Toleranz-Edikt »betreffend die bürgerlichen Verhältnisse der Juden in dem Preußischen Staate« wurde am 11. März 1812 erlassen. »Die in Unseren Staaten jetzt wohnhaften mit Generalprivilegien, Naturalisationspatenten, Schutzbriefen und Konzessionen versehenen Juden und deren Familien sind für Einländer und preußische Staatsbürger zu achten ... Die für Einländer zu achtenden Juden ... sollen gleiche bürgerliche Rechte und Freiheiten mit den Christen genießen. Sie können daher akademische Lehr- und Schul-, auch Gemeindeämter, zu welchen sie sich geschickt machen, verwalten ...« Zu den Pflichten zählte auch, daß die Juden erstmals der Militair-Conscription unterstanden: Man konnte sie zum Waffendienst heranziehen.

Innerhalb der vorgeschriebenen sechs Monate kam Chaijim Wolfsohn seiner Pflicht nach, einen festen Familiennamen anzunehmen und sich behördlich anzumelden. Er wählte seinen Geburtsort Loslau als Patronat und nannte sich von da an Heyman Lassal. Die Vorschrift des Ediktes, alle Rechtsdokumente nur mehr »in der deutschen oder einer anderen lebenden Sprache« abzufassen, bereitete Heyman Lassal keine Schwierigkeiten. Wie viele der nun namhaften Juden war er besser gebildet und belesen als die meisten seiner christlichen Geschäftsfreunde.

Befreiungskriege und Judenstürme

Acht Tage vor dem Toleranz-Edikt hatte Friedrich Wilhelm III. noch ein ganz anderes Papier unterzeichnen müssen: den Vertrag von Paris. Darin stellte er Napoleon für seinen Rußlandfeldzug 20000 Mann, fast die Hälfte der preußischen Armee, zur Verfügung, sicherte freien Durchmarsch und das Recht zu Requisitionen zu. Hardenberg fand sich unter dem Druck drohender französischer Truppenbewegungen damit ab, widerwillig. Der Militärreformer August Neidhardt von Gneisenau schrieb erbittert: »Mit Feigheit haben wir einen Unterwerfungsvertrag unterzeichnet, der uns mit Schande besudelt, Blut und Vermögen des Volkes fremder Willkür preisgibt!... Armes Deutschland! Von deinen Fürsten zur Sklaverei gezähmt, können deine redlichsten Söhne künftighin für ein fremdes Land fechten.« Mit Hermann von Boyen und Karl von Clausewitz setzte er sich nach Rußland ab und stellte seine Dienste wie zuvor schon der Freiherr vom Stein dem Zaren zur Verfügung. Scharenweise quittierten patriotische junge Offiziere, vor allem aus den Garnisonen Schlesiens, den preußischen Dienst.

Mit 610000 Mann schritt Napoleon im Juni 1812 über den Njemen. Im September brannte Moskau. Als die Grande Armée am 10. Dezember wieder den Njemen erreichte, war ihr Glanz erloschen und ein zerlumpter Haufen von 5000 erschöpften Männern übrig.

In Napoleons Katastrophe lag die Chance der preußisch-deutschen Patrioten. Der konservative General von Yorck war mit seinen preußischen Hilfstruppen im Baltikum von der französischen Armee abgeschnitten. Unter dem Drängen der preußischen Berater des Zaren – von Clausewitz, Graf Dohna und im Hintergrund vom Stein – gelang es, Yorck am 30. Dezember 1812 zur Konvention von Tauroggen zu bewegen. Zar Alexander ließ ihm zusagen, Rußland werde den Krieg zur

Wiederherstellung Preußens und Befreiung Europas fortsetzen. Yorck verpflichtete sich, sein Korps in Ostpreußen zu »neutralisieren«, und gab damit den Russen freie Bahn.

Es war ein eigenmächtiger und kühner Schritt in kritischer Situation, den Yorck gegen den Willen seines Königs tat: »Der Schritt, den ich getan, ist ohne Befehl Ew. Majestät geschehen. Die Umstände und wichtige Rücksichten müssen ihn aber für die Mit- und Nachwelt rechtfertigen.«

Friedrich Wilhelm III. erkannte nicht die Rettung seiner Truppen und die Gelegenheit, sein Königreich in letzter Minute auf die Seite der Sieger zu bringen. Er sah nur den Ungehorsam eines Generals und die Macht der Franzosen, erklärte Yorck für abgesetzt und die Abmachungen für null und nichtig. Auch Hardenberg lavierte noch, bestimmte aber seinen König am 22. Januar zur Übersiedlung nach Breslau, um ihn aus der Schußlinie zu bringen. Dort überrollte auch den zögerlichen Preußenkönig die patriotische Woge der Befreiung von der Franzosenherrschaft.

Unter der Zivilverwaltung vom Steins und Graf Dohnas wurde in Ostpreußen nach den Vorschlägen von Clausewitz' eine Landwehr von 20000 Mann ausgehoben. In Breslau trat eine Rüstungskommission unter Leitung Scharnhorsts zusammen, rief im Februar zur Bildung freiwilliger Jägerbataillone, hob alle Befreiungen von der Wehrpflicht auf und verkündete die Mobilmachung. Am 24. kam vom Stein als russischer Bevollmächtigter nach Breslau und bearbeitete den König, an der Universität feuerte der Philosoph Henrik Steffens die akademische Jugend zum Kampfe an. Nach dem Einzug des Zaren in Breslau am 15. März 1812 erklärte das mit ihm nun verbündete Preußen Frankreich den Krieg. Zwei Tage später erließ Friedrich Wilhelm III., widerwillig bekehrt, den Aufruf »An mein Volk«. Schlesien wurde Zentrum der Rekrutierung und Ausrüstung des preußischen Heeres und Schauplatz und Hinterland der Auseinandersetzungen mit Napoleon bis zur Völkerschlacht von Leipzig im Oktober 1813.

Auch angesichts aller patriotischer Begeisterung läßt sich kaum behaupten, daß auf den Ruf des Königs »alle, alle kamen«. Unter preußischen Fahnen standen im Sommer 1813 rund 265000 Mann – einschließlich Landsturm, Landwehr und der Altgedienten. Aber darunter waren nicht 80000 Freiwillige, wie die Fama von »Freiheitskrieg und Volkserhebung«

glauben machen will – sondern höchstens 12000. Es waren vor allem die Söhne des gebildeten und selbstbewußt gewordenen städtischen Bürgertums, die in die Freikorps eilten. Darunter auffallend viele hugenottischer und – jüdischer Herkunft.

Die Juden zeigten sich dankbar für das Geschenk ihrer Emanzipation und bürgerlichen Gleichstellung – die sie ja eigentlich nicht einer jäh erwachten Liberalität der Herrscher in deutschen Landen verdankten, sondern der revolutionären Tradition und fortschrittlichen Grundhaltung der französischen Zwingherren, gegen die sie nun ins Feld zogen! Der vaterländischen Begeisterung ordneten sie auch religiöse Pflichten, strenge Speisegesetze und traditionelle Gebetsformen unter. Bei der Einsegnung der ausrückenden Freiwilligen entband sie der Oberlandesrabbiner von Schlesien von ihrer Einhaltung, da Gott »den Dienst fürs Vaterland als Gebet annehmen« werde.

In den Feldzügen der Jahre 1813 bis 1815 kämpften von Bautzen bis Waterloo sicher 1000 Juden als Jäger in den preußischen Korps. 444 sind namentlich bekannt, 700 nach den Listen zu errechnen. Viele gaben teils aus Scheu, teils aus Anpassung oder weil sie sich taufen ließen, ihr religiöses Bekenntnis nicht an. 23 wurden zu Offizieren befördert, 73 erhielten das neugestiftete Eiserne Kreuz, einer den Orden Pour le mérite. Selbst von jüdischen Frauen wird berichtet, die sich als Jäger oder Kavallerist verkleideten und auszeichneten. Jüdische Ärzte und Mädchen halfen in Lazaretten, Lagern, Liebeswerken, die Gemeinden spendeten ansehnliche Geldsummen für den Kampf gegen die Fremdherrschaft.

Staatskanzler Hardenberg schrieb im Januar 1815 an den preußischen Gesandten in Hamburg mit Genugtuung: »Die Geschichte dieses Krieges wider Frankreich hat bereits erwiesen, daß sie des Staates, der sie in seinem Schoß aufgenommen, durch treue Anhänglichkeit würdig geworden sind, die jungen Männer jüdischen Glaubens sind die Waffengefährten ihrer christlichen Mitbürger gewesen, und wir haben auch unter ihnen Beispiele des wahren Heldenmutes und der rühmlichen Verachtung der Kriegsgefahren aufzuweisen, sowie die übrigen Bewohner, namentlich auch die jüdischen Frauen, in Aufopferung jeder Art den Christen sich angeschlossen haben.«

Ein solider Händler zu Breslau konnte in diesen bewegten Jahren wohl den Grundstock zu einem Vermögen legen. Der Hof in Breslau, Schlesien das Aufmarschgebiet – die Truppen mußten schließlich ausgerüstet werden. Kämpfe zwischen Dresden und Breslau, noch einmal eine französische Besetzung der Stadt, dazu die Schlesische Armee der Preußen und Russen im Hinterland – beide Seiten hatten ihren Bedarf an Ausstattung und Nachschub. Der Kaufmann Heyman Lassal, Seiden, Kattun und andere Stoffe en gros, schuf die Grundlagen einer angesehenen Handelsfirma. Am 26. Dezember 1815 heiratete er die sechs Jahre jüngere Rosalie Herzfeld, die ihren Namen auf den Ort Herdingsfeld am Main zurückführte. Die Zukunftsaussichten für ein fortschrittliches jüdisches Bürgertum in Preußen schienen verheißungsvoll.

Auf Drängen Hardenbergs hatte König Friedrich Wilhelm III. noch während der letzten Feldzüge im Mai 1815 eine Verordnung erlassen, mit der die Bildung einer »Repräsentation des Volkes« in Aussicht gestellt wurde. Dem geistig regsamen liberalen und nationalen Bürgertum kündigte das die Chance an, auch politische Verantwortung zu übernehmen. Preußen war unterdes größer denn je. Es hatte die an Polen verlorenen Provinzen zurückerhalten, dazu die Rheinprovinzen und Westfalen, Teile von Sachsen und des Großherzogtums Warschau.

Doch die liberalen und nationalen Ansätze wurden schnell erstickt. Als auf dem Wiener Kongreß 1814/15 eine neue europäische Friedensordnung gezimmert wurde, setzten sich unter Metternichs Führung die Prinzipien Restauration und Legitimität durch. Das bedeutete: Wiederherstellung der politischen Zustände von 1792 und Vorherrschaft der alten Dynastien, die sich zur Abwehr revolutionärer Bewegungen zu einer gemeinsamen Interessenpolitik zusammenfanden. Preußen geriet in den Schraubstock der konservativen Großmächte Rußland und Österreich, der Einfluß reformoffener Staatsmänner wie Hardenberg, vom Stein oder Wilhelm von Humboldt wurde zurückgedrängt und endete mit ihrer Verabschiedung. Auch an der Haltung gegenüber den Juden läßt sich diese Reaktion verfolgen.

Nach der Volkszählung von 1816 war die jüdische Bevölkerung Preußens auf 123 823 Seelen angewachsen. Auf Anordnung der Regierung galten in Übereinstimmung mit den

Beschlüssen des Wiener Kongresses jedoch in allen Provinzen die alten Judenordnungen: Damit gab es im Königreich Preußen nicht weniger als zwei Dutzend voneinander abweichende Judenrechte – von den aufgeklärten französischen der Rheinprovinzen bis zu den mittelalterlichen Sachsens oder Polens! Damit nun die Einwohner Preußens sich nicht etwa durch Abwanderung in fortschrittlichere Regionen eine bessere Rechtsstellung sichern könnten, wurde die Freizügigkeit aufgehoben und ein Gebot erlassen, daß niemand in eine Provinz übersiedeln dürfe, »woselbst eine abweichende Judenverfassung besteht«.

Bei Kriegsausbruch war jedem Preußen von seinem König eine behördliche Anstellung versprochen worden, der als Militärinvalide heimkehrte. Für Juden galt das Königswort nun nichts mehr. Den Gesuchen der Christen wurde entsprochen, den jüdischen Antragstellern Anstellungen im Staats- wie Kommunaldienst verweigert, auch Inhabern des Eisernen Kreuzes unter Hinweis auf ihre Konfession versagt. Justizminister von Kircheisen lieferte die Begründung, daß »die Vermutung weniger Moralität durch temporelle Tapferkeit nicht entkräftet ist«.

Vorurteile und Widerwille beherrschten auch die neuen Minister, die 1816 über den weiteren Umgang mit dem Toleranz-Edikt zu befinden hatten. Der Finanzfachmann Wohlfahrt: »Es wäre zu wünschen, wir hätten gar keine Juden im Lande. Die wir einmal haben, müssen wir dulden, aber unablässig bemüht sein, sie möglichst unschädlich zu machen. Der Übertritt der Juden zur christlichen Religion muß erleichtert werden, und mit dem sind alle staatsbürgerlichen Rechte verknüpft. Solange der Jude aber Jude bleibt, kann er keine Stellung im Staate einnehmen, in welcher er als Repräsentant der Regierung über christliche Staatsbürger gebieten würde.« Das war nach dem Sinn des Königs und der staatlichen Bürokratie gesprochen. Die Zusicherungen des Ediktes wurden praktisch außer Geltung gesetzt. Jüdischen Juristen verweigerte man den Zutritt zum Anwaltsstand, jüdischen Ärzten die Anstellung im Kommunaldienst, kein Jude konnte Bürgermeister werden, keiner einen Zugang zur akademischen Laufbahn erlangen. Es sei denn, er ließe sich taufen. Die Taufe, so formulierte Heinrich Heine, wurde zum »Entréebillett zur europäischen Kultur«. Das Mittelalter lebte wieder auf.

Die mit Aufklärung und liberalen Ideen verbundene nationale Begeisterung der Befreiungskriege wich einem deutsch-preußischen Patriotismus. Ernst Moritz Arndt, einst nationaler Rufer zur Einigkeit, wetterte gegen den Judensinn der Humanität und des Kosmopolitismus und warnte vor einer Überschwemmung aus dem Osten. Turnvater Jahn zog gegen die »Mangvölker« kernig vom Leder; Fichte wollte Menschenrechte für die Juden, aber keine Bürgerrechte; der Historiker Friedrich Rühs wollte sie mit Zwangsmaßnahmen assimilieren, der Philosoph Jakob Friedrich Fries die ganze Kaste mit Stumpf und Stiel ausrotten. Bei aller Drastik, ja Brutalität war das gar nicht »persönlich« gemeint, war eher wirr, romantisch, unreflektierter Chauvinismus. Aber es brachte eine verhängnisvolle neue Komponente ein: Die religiöse Intoleranz wurde um eine völkische Diffamierung angereichert.

1819 schon zeitigte das Folgen. »Hep« ist die Abkürzung für »Hierosolyma Est Perdita« – Jerusalem ist verloren. Unter dem Geschrei »Hep, Hep, Jude verreck!« begannen an der Würzburger Universität antijüdische Ausschreitungen, jüdische Läden wurden gestürmt und die Waren auf die Straßen geworfen. Auf Bamberg und andere Städte Frankens und Bayerns folgen Darmstadt, Mannheim, Bayreuth, Meiningen, Karlsruhe, Heidelberg, Frankfurt, Hamburg. In Preußen wachte die Polizei über »Ruhe und Ordnung« – sie hielt die judenfeindlichen Kundgebungen in Düsseldorf, Danzig, Königsberg und einigen anderen Städten in Grenzen. Doch diese »Judenstürme« paßten gut ins Konzept der Reaktion, zeigten an, was aus Toleranz und Liberalismus in wenigen Jahren geworden war. 1823 traute sich Preußens Friedrich Wilhelm III. auch den offiziellen Schritt zu tun: »Seine Majestät der König haben die Paragraphen 7 und 8 des Ediktes von 1812, wonach die für Inländer zu achtenden Juden zu akademischen Lehr- und Schulämtern zugelassen werden sollen, wegen der bei der Ausführung sich zeigenden Mißverhältnisse aufgehoben.« Ausnahme: das vorausgehende Bekenntnis zur christlichen Religion.

Assimilation und Taufe: Entreebilletts zur europäischen Kultur

Diese wortbrüchige, treulose und terrorisierende Praxis der Zwangsbekehrung wird in der deutschen Historie als »Assimilierung der Juden« bezeichnet. Sie findet in einem Zeitraum statt, den die Geistesgeschichte als Höhepunkt und Blüte der deutschen Aufklärung und des Humanismus, der Klassik und Romantik verzeichnet: Von Lessing und Moses Mendelssohn über Goethe, der sich über ein weimarisches »skandalöses Gesetz« zur Zulassung jüdisch-christlicher Mischehen empörte, bis Heine. Es war nicht orthodox und borniert, sondern in Übereinstimmung mit der Aufklärung und dem christlichen Glauben, wenn Rabbi Samson Raphael Hirsch in Frankfurt zur Treue im jüdischen Glauben aufforderte: »Man mag mir das Recht verkümmern, das Recht, Mensch zu sein und gerechte Menschenleben zu entwickeln auf dem Boden, der dich geboren – du – lasse nicht von deiner Pflicht – sei gerecht dem Namen, den du trägst, der Pflicht, die Gott von dir fordert: Treue gegen den Fürsten und das Land, und Heilsförderung, wo und wie du kannst.«

Doch was helfen solche Mahnungen gegen die Macht des Staates zur Entrechtung und Entwürdigung des Menschen. Die Enkel Moses Mendelssohns, des Vorkämpfers der Emanzipation, waren alle getaufte Christen. Rahel Varnhagen-Ense, die »dame de lettres« ihrer Zeit, ließ sich taufen. Löb Baruch aus der Frankfurter Judengasse trat 1818 zur evangelischen Kirche über und rechtfertigte sich als Ludwig Börne: »Um den Juden zu helfen, muß man ihre Sache mit dem Recht und den Ansprüchen der allgemeinen Freiheit in Verbindung bringen.« Der ausgebildete Jurist Heinrich Heine erwarb sich 1825 mit dem protestantischen Bekenntnis die Eintrittskarte zur europäischen Kultur. Der Staatsrechtler Friedrich Julius Stahl wurde 17jährig 1819 getauft und als konservativ-klerikaler Cheftheoretiker des »christlich-deutschen« Staates gegen die jüdische Emanzipation eingespannt. Die Familie Marx führte ihren Sohn Carl Heinrich 1824 bereits sechsjährig im katholischen Trier zur protestantischen Taufe – eine von 3370, die in Preußen zwischen 1812 und 1845 ausgewiesen sind.

Gabriel Riesser, jüdischer Vizepräsident der deutschen Nationalversammlung in der Frankfurter Paulskirche 1848, schrieb im Jahre 1828: »In Preußen ist durch den unseligen Geist der Bekehrerei, der sich seit einer Reihe von Jahren der Regierung bemächtigt hat, die freie Entwicklung gehemmt worden. Zu städtischen Ämtern wurden die Juden nicht selten gewählt, aber zur Zulassung zu einem Staatsdienst hat die Regierung immer die Taufe als eine Präliminar-Maßregel verlangt, und leider hat ein großer Teil derer, die darauf Anspruch machten, ihren Willen getan. Ja, der König hat sich soweit vergessen, durch eine Kabinetts-Ordre von 1823 zu erklären, daß dem ausdrücklichen Ausspruch des Gesetzes zuwider auch zu Schul- und Universitätsämtern keine Juden zugelassen würden...«

1823 lebten in Breslau 4800 Juden. Der Zuwachs läßt auf einen freieren oder sagen wir: korrekten Umgang mit dem Juden-Edikt in der schlesischen Provinzhauptstadt schließen. Dahinter stand, daß man die Tüchtigkeit und das Kapital der Juden brauchte an einem Platz, der vom Handel zwischen Ost und West, Nord und Süd lebte. Denn Breslau war ein Knotenpunkt im Wirtschaftsgeflecht der Zeit.

Heyman Lassal war ein treues Mitglied der jüdischen Gemeinde. Kein Orthodoxer, obschon man das nach seiner Talmud-Schule in Loslau gerne annehmen möchte: ein Reformer, ein entschiedener Neuerer in der Gemeinde. Als »schwarz-weißer«, also preußischer Liberaler wurde er Jahre später (1841) sogar Stadtverordneter in Breslau. Heyman Lassal hatte unterdes eines der reputierlichen Steinhäuser bezogen, die, schmalbrüstig und eng aneinander gedrängt, in der Innenstadt die feuer- und zerstörungsanfälligen alten Holzbauten ablösten. Es lag an der Ecke Roßmarkt und Schloßstraße, handelsgünstig dem geschäftigen Stadtring zugewandt, und entsprach der zeitüblichen Raumaufteilung. Zu ebener Erde das offene Gewölbe – die Verkaufsräume, in denen die Ballen von Seide, Kattun, Leinen für Angebot und Begutachtung ausgelegt und gelagert waren. Darüber die Büroräume des Textilgrossisten, der in reger Korrespondenz mit seinen Handelspartnern stand, und die Wohnräume der Familie, Unterkunft für das Personal. Der Haushalt einer angesehenen Bürgersfamilie konnte damals bei guten Geschäften acht oder zehn Personen umfassen und sogar beherbergen; Heyman Lassal beschäftigte drei bis vier.

In diesem Haus wurde reichlich sechs Jahre nach Heymans

Heirat mit Rosalie Herzfeld am 11. April 1822 die Tochter Friederike geboren, und genau drei Jahre später kam ein Junge zur Welt. Im Breslauer Hebammenregister wird zwar das Datum vom 13. verzeichnet; doch nicht zuletzt an den getreulichen Glückwünschen des Bruders an seine Schwester wird offensichtlich, daß sie am gleichen Jahrestag das Licht der Welt erblickten – der Bruder sagte Friederike bei aller geschwisterlichen Liebe immer wieder, daß sie das rechte Licht nicht sei und sehe.

Ferdinand Lassal wurde am 11. April 1825 geboren. 1838 wurde die Bar Mizwah, die jüdische Feier seiner Volljährigkeit, begangen.

Im Mittelpunkt der Familie: Ferdinand

Die 30er Jahre wurden zur hohen Zeit des Biedermeier. Es waren nur Teile des Bürgertums, die sich von den Auswirkungen der Pariser Juli-Revolution 1830 ergriffen fühlten und dadurch Auftrieb für ihre nationalen und liberalen Bestrebungen fanden. Die Mehrheit der Bürger beschied sich in den engen Grenzen, die ihnen polizeiliche Unterdrückung und Willkür in den 34 Staaten des Deutschen Bundes gestatteten. Sie richteten sich entsprechend eng, bescheiden und kleinherzig ein und waren bemüht, brave Bürger zu sein und ihr Teilchen an dem einsetzenden wirtschaftlichen Wachstum zu erhaschen und zu sichern. Nach den Agrarkrisen und Hungerperioden der 20er Jahre nahm durch liberale Reformen die Landwirtschaft im Osten Preußens einen Aufschwung. Die Ausweitung des Zollvereins hob die kleinlichen Handelsbeschränkungen im Innern des Bundes auf und schuf die Voraussetzung für einen freien Wirtschaftsmarkt. Dampfmaschine und Eisenbahn erschienen als Vorboten der Industrialisierung und dichten Verkehrsbeziehungen.

Über den Gewölben des Handelshauses am Breslauer Roßmarkt wuchs der junge Ferdinand Lassal in bürgerlichem Wohlstand heran. Der Vater beschäftigte im Kontor zwei Angestellte, die mit an der Familientafel saßen. Der nörgelnden, schwerhörigen und weichherzigen Mutter standen Köchin und Hausmädchen zur Verfügung, an denen sie wohl nicht selten ihre ständige Unlust und Unzufriedenheit ausließ.

Heyman Lassal war ein zärtlicher Vater, der seine Unbeholfenheit in der Bewältigung von Gefühlsbeziehungen und seine Nachlässigkeit in Sachen Erziehung gelegentlich durch abrupte Ausbrüche und patriarchalische Gesten zu überspielen versuchte. Er war ein grundsolider und charakterfester Mann, doch derlei Standhaftigkeit galt wenig gegenüber der Familie, wo sein Eingreifen immer den Eindruck völliger Konfusion hinterließ, und gar nicht gegenüber dem einzigen Sohn Ferdinand, bei dem er zeitlebens und in aller anhänglichen Liebe auf beiden Seiten den kürzeren zog.

Der Knabe Ferdinand muß früh begriffen haben, daß Vater, Mutter und in einigem Zwiespalt auch die zurückgesetzte ältere Schwester Riekchen auf ihn schauten wie ins Licht der Welt. Jedenfalls schaltete er mit ihnen nach Belieben und bestätigte sich und ihnen seine Intelligenz und Überlegenheit, indem er dabei nie die Spielregeln und Formen verletzte, die jeder der Beteiligten für seine Selbstachtung nötig hatte. Es liegt allerdings nahe, daß ein so verwöhntes Kind, ein so selbstgewisser Junge und so bewunderter Jüngling für seine Person eigene Verhaltensregeln entwirft, die der anderen damit partiell außer Kraft setzt und für seine Beurteilung nicht anerkennt.

Der Schüler Ferdinand ist wie andere seines Alters auf Süßigkeiten und Spiele erpicht. Im Unterschied zu vielen kann er sich da einiges leisten, denn sein Taschengeld ist nicht übel bemessen – aber es langt halt nicht. Er verdient sich etwas hinzu durch Gefälligkeiten zu Hause und Hilfen für die Schulkameraden, wobei er eifrig und verbissen um die Honorarhöhe handelt. Ist Not am Mann, fordert er auch die Mutter zum Kartenspiel heraus in der sicheren Erwartung, sie um ein paar Groschen zu erleichtern. Die läßt er dann wieder am Billardtisch oder in der Konditorei. Am Geschäftssinn des Jungen ist nicht zu zweifeln. Als sich die Schwester mit Heiratsplänen trägt, beansprucht er im Familienrat ganz selbstverständlich finanzielle Mitsprache und keiner wehrt sie ihm. 1839 verlobt sich Friederike jedoch mit einem anderen, dem Vetter Ferdinand Friedländer.

Selbstverständlich interessiert sich dieser frühreife Bursche auch früh für Mädchen und übt sich in der Courmacherei, wie er überall mit seiner Gewandtheit und anspielungsreichen Geistreichelei Eindruck zu machen verstand. Als Zwölfjähriger fordert er einen Mitschüler höchst formell zum Duell heraus – die Eifersucht auf die gemeinsame Schülerliebe bot dazu gewiß weniger Anlaß als die Gelegenheit, Selbstbewußtsein und vermeintlich verletzte Eigenliebe pathetisch zur Schau zu stellen.

Beliebt sind solch selbstgefällige Herrlein bei ihren Altersgefährten und Lehrern sicher nicht; noch weniger, wenn sie sich in ihren Leistungen unangreifbar zeigen. Ferdinand war auf dem Reformierten Gymnasium und noch bis in die Sekunda des protestantischen Magdalenen-Gymnasiums ein blendender Schüler. Er lernt rasch, zwischen Tür und Angel, und was sein Gedächtnis einmal aufgenommen, ist jederzeit abrufbar. Nebenher schmökert er sich pubertär durch die Unterhaltungsliteratur seiner Zeit. Er ergötzt sich an den sinnenfrohen Erzählungen Wielands aus dem Rokoko, die er »schlüpfriger« findet als die französischen Bohème-Romane Paul de Kocks. Er freut sich am aufklärerischen Spott Karl Julius Webers in den Bänden »Demokritos oder hinterlassene Papiere eines lachenden Philosophen«, an des verhinderten Rabbi Berthold Auerbach emanzipatorischer Erzählung »Dichter und Kaufmann« und an Edward Bulwers Historienroman »Leila«. Der Vielleser stößt auf Shakespeare, Molière und Nestroy, dessen »Lumpazivagabundus« im Breslauer Theater aufgeführt wird. Mit derlei literarischem Arsenal versehen, fühlt sich mancher Jüngling seiner Umwelt überlegen. Erst recht dieser junge Ferdinand, dem in der heimischen Umgebung und von ein paar wenigen gut dressierten Freunden ein täglich Maß an Staunen und Bewunderung serviert wurde.

Aufgewecktheit, Stolz und Hoffart liegen in der Pubertätsphase eng beieinander. Die meisten hindert oder veranlaßt nur die natürliche Unsicherheit dieser Jahre, vom einen ins andere zu wechseln. Nicht so bei Ferdinand Lassal. Neben seinem unübersehbar gehätschelten Selbstwertgefühl, einer nicht berechnungslosen Gefallsucht und entschiedenem Ehrgeiz stehen hier ein rücksichtsloser Gerechtigkeitsfanatismus – aufs allgemeine bezogen – und eine schonungslose Unbestechlichkeit – auf die eigenen Maximen bezogen –, die ihresgleichen suchen. Wenn das Kind Ferdinand Lassal auffahrend, hochfahrend, borniert wird, geschieht das nicht aus Unsicherheit, sondern aus verletzter Konsequenz.

Am Magdalenen-Gymnasium ist ein Lehrer, durch dessen

Tadel Ferdinand sich ungerecht behandelt fühlt: Er wird in Latein eine Bank zurückgestuft, und nicht nur Ferdinand, sondern die ganze Klasse meint nach einem Bericht, »daß es die totalste Ungerechtigkeit war«. Dann will er sich den Tadel auch »verdienen«: Der Junge reagiert mit Verweigerung. Er arbeitet im Unterricht nicht mehr mit, schreibt die Schulaufgaben kurzerhand vor der Stunde ab und bekommt natürlich immer schlechtere Noten. Die elterlichen Unterschriften auf den miserablen Führungszeugnissen fälscht er seit dem Herbst 1839. Der Zustand muß auch für ihn selbst unhaltbar werden – und er wird es.

Ein Tagebuch zur Selbstkontrolle

Am 1. Januar 1840 – ein systematischer Geist! – beginnt der Junge zu seiner Selbstklärung und Rechtfertigung ein Tagebuch zu schreiben.

»Vorliegende Blätter sind bestimmt, alle meine Handlungen, meine Fehler, meine guten Taten aufzunehmen. Ich will mit der größten Gewissenhaftigkeit und Aufrichtigkeit in ihnen nicht nur das aufzeichnen, was ich tat, sondern auch die Motive dieser Handlungen angeben. Für jeden Menschen ist es sehr wünschenswert, seinen eigenen Charakter kennenzulernen. Und wie man in einem Roman aus den Handlungen und Gesprächen der verschiedenen Personen auch ihren Charakter kennenlernen kann, so kann wohl auch jeder, der sein Tagebuch aufmerksam und ohne daß ihn die Eigenliebe blendet – wenn er anders sich mit Gerechtigkeit und streng geschildert hat – durchliest, hieraus sich selbst kennenlernen. Und wenn ich eine ungerechte Tat verübt habe, werde ich dann nicht erröten, wenn ich sie später überlese? Dieses doppelten moralischen Zweckes willen, wie auch wohl deswegen, weil es Vergnügen gewährt, wenn man nach Jahren liest und sich ins Gedächtnis zurückruft, was man vor Jahren genossen oder gelitten hat, habe ich es unternommen, ein Tagebuch zu schreiben.«

Der Knabe war nicht dazu geboren, über seinen Charakter oder seine Taten zu erröten. Seine Selbstquälerei, deren tieferes Vergnügen er richtig erkannte, war eine andere: Er war wirklich gewissenhaft, streng, moralisch in der Offenlegung seines Handelns und seiner Motive. Aufrichtig genug, verschwieg er darin auch nicht seine Unaufrichtigkeiten und Eitelkeiten, die von leidenschaftlichen Ergriffenheiten und hochgemuten Zielsetzungen klar zu unterscheiden sind. Die Begründungen sprechen nicht für sich selbst, sondern für ihn: Er weiß, wo er spitzfindig wird, klärt seine Erfahrungen, zeigt seine Begabungen und versichert sich seiner Ziele.

Das hebt ganz schamlos an, ohne Erröten, schlüpfrig nach der Manier seiner Konversationslektüre: Das kann Ferdinand auch.

Der noch nicht 15jährige schildert (2. Januar), wie er sich als Salonlöwe und Kuppler geriert. Die Familie hat Gäste geladen, und Ferdinand macht sich an Dr. Shiff heran, ihm zu erklären, wie er sich bei Madame N. liebenswürdig mache: »Ich glaube, diese Festung wird am besten mit Sturm genommen!« Ferdinand leistet bei der stürmischen Konversation Hilfestellung und notiert genießerisch, daß der Doktor ihm schmeichelte (»Ferdinand, du bist gar nicht bitter.« – »Ihr Bruder ist geistreich, und dies sehr.«) und Madame »in eine Wut von Komplimenten« gegen ihn ausbrach. Das kühnste Stück leistet sich der Pennäler auf Shiffs Artigkeit, er hätte Madame als Braut sehen mögen: »Ich bin so glücklich gewesen, Doktor! Und nie werde ich den Augenblick vergessen, als Madame zur Trauung schritt. Denken Sie sich dieses seelenvolle Auge halb geöffnet, halb zu Boden geschlagen, mit den Tränen ringend, die es zu verdunkeln drohten, ein Myrtenkranz im bräutlichen Haar, ein rauschendes weißes Atlasgewand um diese reizenden Glieder...« Selbst Vater Heyman wird derlei Poesie seines Sprößlings zuviel – »halb scherzend, halb mißfällig«. Doch was verschlägt's dem Jungen: Er bedauert insgeheim, nicht 20 Jahre alt zu sein – und gibt dem animierten Verehrer Regieanweisungen, wie er am nächsten Tage Madame am ehesten allein zu Hause antreffe. Nur einige mißliche Umstände, so versichert sich der Tagebuchschreiber, verhinderten den Erfolg dieses Rezeptes: »Wäre das nicht, so wäre Monsieur N. wohl schon zu beklagen.«

Auch in familiären Zwistigkeiten – deren es bei der Natur der beiden Frauen wohl nicht wenige gab – weiß er die Situation für sich zu nutzen. Freilich ist schwer zu übersehen, daß Mutter und Schwester nicht weniger eigensüchtig handelten – nur weniger geschickt.

Mutter Rosalie hat das Hausmädchen Emilie wegen einer Nachlässigkeit geohrfeigt, die Schwester geht auf die Mutter los, Ferdinand unternimmt einen Schlichtungsversuch, worauf Friederike den Vater gegen Bruder und Mutter ausspielt. Vater Heyman entrüstet sich, daß in seinem Haus eine Waise geschlagen werde. Ende des ersten Auftritts: Ferdinand ist erbittert gegen Schwester und Vater.

Die zu tröstende Mutter beklagt sich über das Benehmen der Tochter – darauf kehrt sich Ferdinand mit Vorwürfen gegen sie, weil sie Friederike in der gescheiterten Verlobungsaffäre gegen den Vater und ihn beigestanden habe, und gibt ihr Verhaltensmaßregeln: »Ach! wenn doch die Mutter dies täte, wieviel Unannehmlichkeiten würden erspart werden.« Ende des zweiten Auftritts: Ferdinand hat gegenüber der Mutter Oberwasser.

Bei Riekchens Rückkehr geht der Tanz zwischen Mutter und Tochter erneut los, Ferdinand als selbsternannter Praeceptor familiae greift die Schwester etwas hart an, die darauf einen dramatischen Schreiausbruch inszeniert. Ferdinand fürchtet das Hinzukommen des Vaters, überlegt messerscharf, stürzt Friederike nach, wirft sich auf die Knie und brüllt wie wahnsinnig: »Gott, Gott, gib, daß ich gedenke, gib, daß ich nie ... nie dieser Stunde vergesse ... Ha, Schlange mit deinen Krokodilstränen ... das, diese Stunde sollst du bereuen ... Bei Gott, bei Gott, bei Gott, ich beschwöre es! Und leb' ich so und leb' ich 100 Jahre ... ich will sie auf dem Totenbette nicht vergessen! Aber du sollst es auch nicht.« Die Schwester war eingeschüchtert, Ferdinand ließ sich erschöpft besänftigen. Ende der Affäre: »Aber wie Frieden nur durch Krieg erlangt wird, so war auch nur mein übergroßer Zorn das Mittel gewesen, Ruhe zu schaffen.«

Eine respektable Leistung für einen Pennäler. Es gehören wohl die leise Hysterie und die stete Nachgiebigkeit im Lassalschen Familienklima dazu, solche Talente zur Entfaltung zu bringen. Daß der bewunderte Sohn sie in aller Liebe nutzte und ausspielte, ist leicht zu verstehen. Schließlich beherrschte er diese Klaviatur perfekt: äußerste Aufwallung kombiniert mit klarer Selbstbeobachtung. Das Meisterstück lieferte er kurz darauf.

Ferdinand ärgerte sich, daß an seinen »Inexpressibles« einige Knöpfe fehlten und niemand bereit war, sie ihm gleich anzunähen. Er weigerte sich, die gebrauchten wieder anzuziehen – das seien ja alles nur Plundern. Der erzürnte Vater prügelte ihn durch und wurde ob des brüllenden Protestes seines Sohnes nur noch heftiger. Ferdinand verstummte plötzlich und reagierte nur noch trotzig mit höhnischem Lächeln, worauf Heyman verwirrt das Strafgericht abbrach. Der gekränkte Junge zieht sich ruhig an, verabschiedet sich und »ging mit dem Vorsatz hinunter, mich in die Ohle zu stürzen«. Am Geländer des Stadtbachs vergegenwärtigt er sich die nächsten Schritte ins Wasser, denkt wohl auch an den Kummer der Eltern, geht aber in seiner Aufregung entschlossen die Stufen hinab. Da ruft ihn der erblaßte Vater an:

»Ferdinand! ... Was machst du hier?«

»Ich sehe mir das Floß an.«

»Du brauchst nicht in die Stunde zu gehen, geh ins Kontor.«

Ferdinand folgt, beruhigt sich und findet, »daß ich sehr unrecht getan habe, einen solchen Vorsatz gefaßt und meinem Vater solche Furcht verursacht zu haben ... wenn ich mir das Leben genommen hätte, wie unglücklich hätte ich nicht meine Eltern gemacht!«

Die Antwort Ferdinands scheint von berechnender Kaltblütigkeit, wenn man das Temperament und die Situation des Jungen außer acht läßt. Doch der empfindliche und stolze Jüngling war durch die Schläge des geliebten Vaters, denen überdies ein nichtiger Anlaß zugrunde lag, begreiflicherweise tief verletzt und antwortete mit einer pubertären Überreaktion. Dabei dämmerte ihm wohl die Einsicht, zu weit zu gehen, denn an seinem nachfolgenden Bekenntnis, unrecht getan zu haben, ist nicht zu zweifeln. So wird er denn unterbewußt das Eingreifen des reuigen Vaters auch erhofft haben: Die rasche Antwort ist eher aus Erleichterung denn aus Hohn geboren.

Nicht immer freilich kann Geistesgegenwart Ferdinand vor den Folgen seiner konsequenten Fehlhandlungen retten. Im Februar zirkulieren auf dem Gymnasium die neuen Konduiten, und der Schüler Lassal ist wieder betroffen, obschon er sich jüngst mehr angestrengt hat. Zunächst beschwichtigt er sich damit, sein Talent werde eben verkannt und er passe, wie der Freund Wollheim sagt, nicht aufs Gymnasium: »Hic sum barbarus, quia non intelligor illis.« (Hier gelte ich für ungebildet, weil ich nicht verstanden werde!)

Doch solche Tröstungen helfen wenig, wenn es konkret um

Unterschriften geht. Rektor Schönborn stellt ihn zur Rede, weil immer nur die Unterschriften seiner Mutter, nie die des Vaters unter seinen schlechten Zeugnissen stünden: Lassal zeige wohl nur ihr die Zensuren. »Der Mann wußte nicht, daß ich es in der Virtuosität so weit gebracht, sie niemand zu zeigen.« Vor der drohenden Gefahr der Aufdeckung seiner Fälschungen und erleichtert, das Zensurenbüchlein selbst in der Hand zu haben, überwand Ferdinand auch die bisherige Scheu und unterzeichnete mit dem Namen Heyman Lassal.

Auch dafür zimmerte er sich eine Rechtfertigung. »Wirklich, wenn mein Vater über das Konduitenwesen die richtige Ansicht hätte, ich würde ihm die Konduiten zeigen, und wenn mich die härteste Strafe erwartete. Aber mein Vater würde sich wirklich zu sehr ärgern, es würde ihn auf Wochen angreifen, er würde sich wunder was für Gedanken über meine Untauglichkeit machen und nie recht glauben, wenn ich ihm zuriefe: Laß dich nicht Irren des Pöbels Geschrei/Nicht den Irrtum rasender Toren.«

Heyman war sicher nicht der einzige Vater, den miserable Noten und solcherart Untauglichkeit irritierten – und Ferdinand nicht der einzige Sohn, der ihre Offenlegung mit allen Mitteln zu verhindern suchte. Aber auf Dauer konnte das nicht gelingen, und darum entschied er sich für einen drastischen Schritt, seine bösen Bubenstreiche zu kaschieren und der sicheren Kalamität zu entgehen. »Ich sah ein, ich konnte das Gewebe von Lügen nicht mehr lange fortführen. Es ging nicht. Ich wollte das Gymnasium und Breslau fliehen, noch ehe der Betrug entdeckt war.«

Ferdinand gab vor, sich ungeheuer für den Kaufmannsberuf zu interessieren und unbedingt ein tüchtiger Geschäftsmann werden zu wollen. Dazu mußte er auf eine Handelsschule; und die war in Leipzig.

Handelsschüler in Leipzig

Die Eltern waren zu Recht überrascht, der Vater eher entsetzt. Er hatte dem Sohn eine regelrechte akademische Ausbildung zugedacht, damit er einst als Anwalt oder Arzt, vielleicht gar in Staatsdiensten den Weg bürgerlich-jüdischer Emanzipation fortsetzt. Doch der Sohn machte glaubhaft, daß er »freiwillig jedem aesthetischen Leben entsage, um Ladenschwengel zu werden« – so seine Tagebucheintragung im August 1840 mit dem Eingeständnis, wegen der »damals überaus schrecklichen Lage« gegen den Rat der Eltern gehandelt zu haben. Denn natürlich setzte Ferdinand seinen Willen wieder durch.

Im Mai 1831 reist Heyman Lassal mit Ferdinand nach Leipzig und bringt ihn dort in der Eingangsklasse der dreijährigen »Öffentlichen Handelslehranstalt« unter. Vier Wochen später kann der frischgebackene Handelsschüler dem Vater schon stolz berichten, daß er wegen hervorragender Leistungen in die 2. Klasse versetzt wurde und nun eifrig kaufmännisches Rechnen und Mathematik, Fakturen und Kontorwissenschaften aufzuholen hat.

Das Leipziger Jahr führt zur entscheidenden Selbstklärung des jungen Lassal – jedoch in anderer Richtung, als es nach der Panik des Entschlusses und den ersten Erfolgsmeldungen den Anschein haben mochte.

Nicht etwa, daß er sich nun einer asketischen Lebensweise befleißigte und alles Vergnügen hintenansetzte. Das hat er nie getan und nie verschwiegen. Aber er arbeitete zielstrebig und arbeitete an sich selbst, wie der Vater ihm geraten. Die Vergnügungen bedeuteten eben auch einen Mehraufwand an Arbeitszeit, damit er sie sich leisten konnte: »Meine Arbeiten sollen gar nicht dadurch gestört werden; ich will recht gern eine Stunde früher, um 4 aufstehen und von 4 bis 5 meine Schwimmstunden nehmen.« Ferdinand lernte Schwimmen, Reiten, Fechten. Mit dem Karten- und Billardspiel und den damit verbundenen Schwindeleien um Geld war es vorüber. Der große Schwindel mit dem Gymnasium scheint ihn kuriert zu haben. Über seine Geldangelegenheiten legt er in Briefen an den Vater peinlich Rechenschaft ab, freiwillig.

Dabei kümmerte ihn besonders die Unzulänglichkeit seiner Garderobe. Schon immer war es deshalb zu Reibereien mit dem Vater gekommen, der in diesem Punkte hart blieb und kein Verständnis für solche Eitelkeiten zeigte, deren sich Ferdinand bewußt war. In Leipzig, wo der junge Herr auf sich selbst gestellt und den Sticheleien der Freunde wegen seines einzigen – »noch dazu sehr schlechten« – Rockes ausgesetzt war, ärgerte ihn das bis zum Räsonnement. »Ich tat, als läge mir an Kleidung nicht das geringste, und erheuchelte mir auf diese Weise einen Zynismus, der meiner Seele nur allzu fremd ist.

Ich bin kein Geck, kein Modenarr, werde mich dereinst aber stets aufs sorgfältigste kleiden. Kleider machen Leute, ist einmal die Meinung des 19. Jahrhunderts. Und es ist töricht, wenn ein Mensch, der von den Menschen abhängt und von ihnen leben will, die Urteile und sogar die Vorurteile der Welt verhöhnt. Verachten mag er sie, bespötteln im Innersten seines Herzens, aber ihnen offen Trotz bieten – nein, bei Gott nicht! Dann ist er ein Tor.« Und mit fast naiver Aufrichtigkeit, dem Zeichen eingestandener Schwäche, gibt er zu: »Es gewährt gewiß jedem einiges Vergnügen, wenn er sich fein gekleidet im Spiegel betrachtet. Wer sich aber um deswegen elegant kleidet, um sich im Spiegel zu gefallen, ist ein Narr und ein Geck. Anderen soll meine Kleidung gefallen. Ich kleide mich schön um anderer willen. Und mein Vater hat unrecht, wenn er mir darin wehrt.«

Gefallen, Eindruck machen durch seinen Geist wie durch sein Äußeres wollte der junge Mann auch bei den Damen. Die Schwester Rosalie seines Freundes Robert Zander war in Leipzig die Auserwählte, der er Briefe und Gedichte widmete. Sie sind verloren, doch vom Stil seiner Anbetung vermitteln Eindrücke eine Ahnung, die er im Sommer 1841 nach einem Besuch der Dresdner Gemäldegalerie notiert. Dort entzückt ihn die ideale Schönheit, die er naturgetreu bei den Florentiner Malern findet: »Diese nackten schwellenden Formen, dieses weiße blendende Fleisch, das elastisch hin und her zu wogen schien, diese kühn hervortretenden Lenden, das gänzliche Fehlen einer Bedeckung oder eines Feigenblattes . . .«

Beobachtungsgabe und Wunschvorstellungen fließen ineinander, wenn er anschließend beschreibt: »Dicht neben mir stand eine Dame, die mit mehr Aufmerksamkeit und weniger gêne die Göttin betrachtete. Ein hoher geistiger Ausdruck lag in dem wahrhaftig schönen Gesicht. Auf ihm lagerte ein Trutz, dessen Ursache ich erforschen wollte. Ich heftete meine Blicke auf sie und las in ihren schwarzen Feueraugen, die unverwandt auf das Gemälde gerichtet waren, und las in ihrem stolzen Blick und las in dem höhnischen Zucken der Oberlippe das Bewußtsein ihrer Überlegenheit. Könnte mich, so sprach Aug' und Lippe, und wollüstig hob sich der Busen, könnte mich diese Masse sehen, die jetzt bewundernd vor der Leinwand steht, wie würde des Meisters Bild verdunkelt, wenn sie meine Reize sähe, diesen Busen und diesen – in dem Augenblick fiel ihr

Aug' auf den hinter ihr stehenden ältlichen Mann mit abgelebten eingefallenen Zügen, es war ihr Gatte, und das alles, sprach ihr Aug' weiter, indem ein tief zuckender Schmerz über ihr Gesicht flog, und alle diese Reize für einen –.«

Es fällt nicht schwer, die Gedanken des 16jährigen zu ergänzen: Wenn ich 20 wäre! Und doch, wie groß die Ähnlichkeit auch ist, sind dies nicht mehr knabenhafte Phantasien. In diese Dame werden schon Motive und Ambitionen projiziert, die den Vorstellungen des Mannes entsprechen. Und der war allerdings bar jeder Prüderie, ein Mann sans gêne – soweit es nicht die Ehre berührte, von der er eine sehr hohe Vorstellung entwickelte.

Judentum und Aufklärung

Gerechtigkeitsdrang und Ehrgefühl verbinden sich in den heroischen Momenten des impulsiven Jünglings zu der Vorstellung, sich für eine große Sache in die Schanzen zu schlagen – zum Beispiel für die der Juden. Im Hause Lassal hängt man einem aufgeklärten, feinsinnigen Judentum an, dem jeglicher Fanatismus fremd ist. Man achtet die Traditionen und Zeremonien, ohne ihnen allzu gewichtige Bedeutung beizumessen. Seder- und Pessach-Feier im März/April werden in der Familie hochgehalten; Ferdinand vermißt es in Leipzig, sie erstmals nicht in ihrem Kreise begehen, die Lesungen nicht zu Hause hören zu können, und verspricht dem Vater, jedenfalls in der Garküche zu essen. Er versteht sich als guten Juden und bringt das auf die Formel: »Als wenn man nicht *treife* (Gegensatz von *koscher* = rein nach den jüdischen Zeremonialgesetzen, d. V.) essen und doch ein guter Jude sein könnte.« Ein Gespräch mit dem Schulfreund Bloch darüber entflammt ihn schon in der Breslauer Zeit zu der Suada: »Ich glaube, ich bin einer der besten Juden, die es gibt, ohne auf das Zeremonialgesetz zu achten. Ich könnte wie jener Jude in Bulwers *Leila* mein Leben wagen, die Juden aus ihrer jetzigen drückenden Lage zu reißen. Ich würde selbst das Schafott nicht scheuen, könnte ich sie wieder zu einem geachteten Volke machen. O, wenn ich meinen kindischen Träumen nachhänge, so ist es immer meine Lieblingsidee, an der Spitze der Juden, mit den Waffen in der Hand, sie selbständig zu machen.«

Die Distanzierung, die Einsicht in die überspannte Abwegigkeit solcher Knabenträume steckt schon in seiner eigenen Formulierung. Kein Zweifel, für *notwendig* hielt der junge Lassal eine solche allgemeine Erhebung – nicht um die Kinder Mose ins Gelobte Land heimzuführen, sondern um einem unterdrückten Volk zu seinem Recht zu verhelfen. Doch war ihm zugleich auch die *Unmöglichkeit* eines solchen Kampfes bewußt; sicher nicht allein in Kenntnis seiner eigenen bescheidenen Kräfte, gewiß nicht wegen der jetzt und hier in Preußen bestehenden Verhältnisse, sondern wegen der allgemeinen Fatalität der Juden in der Welt. Jüdisches Sendungsbewußtsein ist das letzte, was man Ferdinand Lassal unterstellen kann, von Zionismus keine Spur. Wohl aber wurde er tief betroffen von jeder Form von Ungerechtigkeit. Und es kam hinzu ein Gefühl empörter Scham, persönlichen Getroffenseins, wenn Juden sie erduldeten. Unterdrückung hinzunehmen – das lief seinem leidenschaftlichen Naturell zuwider.

Im Frühjahr 1840 eilten Meldungen von grausamen Judenverfolgungen im Orient durch Europa, die alten Blutbeschuldigungen, die Mär von den jüdischen Ritualmorden wurden wiederbelebt.

In Damaskus verschwand am 6. Februar der Kapuzinerpater Thomas mit seinem Diener, er soll zuletzt im jüdischen Viertel gesehen worden sein. Seine Ordensbrüder verbreiten das Gerücht, er sei zu rituellen Zwecken umgebracht worden: Die Juden hätten sein Blut zur Bereitung des Osterbrotes gebraucht! Unter Prügeln beschuldigte ein willkürlich ergriffener Barbier sieben Gemeindeälteste des Verbrechens. Sie bleiben unter der Folter standhaft, Scherif Pascha kerkert 63 Kinder ein. Schließlich legen fünf Älteste unter Qualen das erwünschte Geständnis ab. Kurz darauf findet man auf Rhodos die Leiche eines erhängten jungen Griechen, gibt wieder den Juden die Schuld, erpreßt Geständnisse. Es kommt zu Verfolgungen, Übergriffen, Brandstiftungen in Damaskus, Smyrna, Beirut.

Die Kunde dringt nach Europa. In Rom setzen die Kapuziner dem »Märtyrer« Fra Tommaso ein Denkmal. In Frankreich werden jüdische Politiker bei der Regierung Thiers und dem »Bürgerkönig« Louis Philippe vorstellig – erfolglos. Im Londoner Mansion House kommt es zu gemeinsamen Protestkundgebungen der Christen und Juden. England, die Vereinigten

Staaten, selbst Metternichs Österreich erheben offiziell Einspruch gegen die Greuel in Damaskus, eine englisch-französische Delegation erreicht in Kairo die Freilassung der durch Folter verstümmelten Juden in Damaskus und bestimmt in Konstantinopel den Sultan zu einem Ferman, der die Beschuldigung des Ritualmordes zur groben Verleumdung erklärt und allen im Osmanischen Reich lebenden Juden künftig freie Religionsausübung sowie Schutz ihres Eigentums und Lebens garantiert.

In deutschen Landen geschah nichts dergleichen. Man begnügte sich mit der schaudervollen Lektüre der Zeitungsnachrichten. Darin war auch von neuen Judenverfolgungen in Lemberg zu lesen.

In Leipzig gab Ferdinand Lassal seiner Empörung und Wut im Tagebuch freien Raum. »Ein Volk, das dies erträgt, ist schrecklich, es räche oder dulde die Behandlung. Gab es je eine Revolution, welche gerechter wäre als die, wenn die Juden in jener Stadt aufständen, sie an allen Ecken anzündeten, den Pulverturm in die Luft sprengten und sich mit ihren Peinigern töten? Feiges Volk, du verdienst kein besseres Los. Du bist zum Knecht geboren.« Gelegentlich versteigt er sich zu höchst martialischen Tönen und meint, es sei die Zeit bald reif, daß Christenblut fließe. »Aide toi, et le ciel t'aidera.« (Hilf dir selbst, so hilft dir Gott.)

Diese Maxime hat der junge Lassal von Ludwig Börne übernommen, und damit ist für ihn der größere Zusammenhang der sogenannten Judenfrage gewonnen, die er als solche, als isoliertes Problem gesellschaftlicher Emanzipation, nie gestellt hat.

Ferdinand absolvierte neben seiner pflichtgetreuen Arbeit für die Handelsschule, die ihn weder befriedigte noch ausfüllte, ein unheimliches Bildungspensum. Er las sich durch die noch nicht ganz klassische Literatur von Shakespeares Gedichten über Corneille und viel Voltaire bis zu Schillers Dramen und Goethes »Wahlverwandtschaften«, »Clavigo«, »Xenien« und »Wilhelm Meister« und kokettierte vor dem Vater mit der »Verderbtheit«, Jean Jacques Rousseaus »Emile ou De l'éducation« zu studieren. Casanovas Memoiren und Fürst Pücklers »Briefe eines Verstorbenen« stehen in seiner Liste und neben Lustspielen auch Aufführungen von »Hamlet«, »Egmont«, »Die Räuber«, »Kabale und Liebe« und »Fiesco« am Leipziger

Stadttheater. Und Lessings »Nathan der Weise«, den er nicht nur auf der Bühne erlebte, sondern »gleich hundert- und aber hundertmal gelesen« hat. Das große Drama der Aufklärung, die rationale Parabel der Toleranz und Emanzipation hat den Schüler tief beeindruckt: »Was ich dabei fühlte, als ich von solchem Meister so meisterlich mein Volk verteidigen sah, läßt sich denken.« Doch war's gewiß nicht die Verteidigung des Juden allein, die die Begeisterung des zielsuchenden Jünglings entfachte.

»Ich habe hier schon zum zweitenmale den Namen genannt, den kein Deutscher aussprechen kann, ohne daß in seiner Brust ein mehr oder minder starkes Echo laut wird. Aber seit Luther hat Deutschland keinen größeren und besseren Mann hervorgebracht als Gotthold Ephraim Lessing. Diese beiden sind unser Stolz und unsere Wonne. In der Trübnis der Gegenwart schauen wir hinauf nach ihren tröstenden Standbildern, und sie nicken eine glänzende Verheißung. Ja, kommen wird auch der dritte Mann, der da vollbringt, was Luther begonnen, was Lessing fortgesetzt, und dessen das deutsche Vaterland so sehr bedarf – der dritte Befreier! – Ich sehe schon seine goldene Rüstung, die aus dem purpurnen Kaisermantel hervorstrahlt, ›wie die Sonne aus dem Morgenrot!‹

Gleich dem Luther wirkte Lessing nicht nur, indem er etwas Bestimmtes tat, sondern indem er das deutsche Volk bis in seine Tiefen aufregte, und indem er eine heilsame Geisterbewegung hervorbrachte, durch seine Kritik, durch seine Polemik. Er war die lebendige Kritik seiner Zeit, und sein ganzes Leben war Polemik. Diese Kritik machte sich geltend im weitesten Bereiche des Gedankens und des Gefühls, in der Religion, in der Wissenschaft, in der Kunst. Diese Politik überwand jeden Gegner und erstarkte nach jedem Siege. Lessing, wie er selbst eingestand, bedurfte eben des Kampfes zu seiner eignen Geistesentwickelung ... Begreiflich ist es, daß solch ein streitlustiger Kämpe nicht geringen Lärm in Deutschland verursachte, in dem stillen Deutschland, das damals noch sabbatlich stiller war als heute. Verblüfft wurden die meisten ob seiner literarischen Kühnheit. Aber eben dies kam ihm hilfreich zustatten; denn oser (Dreistigkeit, d. V.) ist das Geheimnis des Gelingens in der Literatur, ebenso wie in der Revolution – und in der Liebe ...

Merkwürdig ist es, daß jener witzigste Mensch in Deutschland auch zugleich der ehrlichste war. Nichts gleicht seiner Wahrheitsliebe. Lessing macht der Lüge nicht die mindeste Konzession, selbst wenn er dadurch, in der gewöhnlichsten Weise der Weltklugen, den Sieg der Wahrheit befördern konnte. Er konnte alles für die Wahrheit tun, nur nicht lügen. Wer darauf denkt, sagte er einst, die Wahrheit unter allerlei Larven und Schminken an den Mann zu bringen, der möchte wohl gern ihr Kuppler sein, aber ihr Liebhaber ist er nie gewesen.«

Diese glänzende Würdigung stammte freilich nicht von Lassal, sondern aus einer Feder, deren Eleganz er nie erreichte: von Heinrich Heine. Doch Ferdinand hat sie gekannt, gut gekannt wie alles, was von Heine kam. Heines, des damals größten deutschen Dichters ganz unsentimentale Verehrung für Lessing hat gewiß auch auf ihn Einfluß gehabt – konnte der entflammbare, von hohen Idealen träumende Jüngling dem Porträt doch Züge entnehmen, die er wohl auch für sich in Anspruch nehmen mochte. Die dritte, die politische Befreiung des Vaterlandes durch die aufwühlende Tat; Kritik, Polemik und Streitlust, Streitbarkeit, Kühnheit und Dreistigkeit; und hinter allem der absolute, der kompromißlose Wille zur Wahrhaftigkeit, zur Gerechtigkeit.

Das junge Deutschland

Denn die größte Entdeckung des jungen Lassal in dieser Leipziger Zeit war eine literarische: das »Junge Deutschland« mit seinen Protagonisten Ludwig Börne und Heinrich Heine, eine Gruppe liberal und revolutionär engagierter Schriftsteller, deren Stil und Ziel seinem Temperament und seiner Neigung entsprachen.

Das »Junge Deutschland« war keine literarische Schule und keine politische Bewegung. Es war ein später, von Ludolf Wienbarg eingeführter Sammelbegriff, unter dem man eine Schar von Publizisten und Autoren verstand, die enttäuscht, aber nicht entmutigt durch den Fehlschlag der Juli-Revolution von 1831 den Kampf für konstitutionelle Reformen, liberale Verfassungen und freiheitliche Rechte publizistisch fortsetzte. Sie erblickten im Hambacher Fest 1832 und im Sturm auf die Frankfurter Hauptwache 1833 die Signale der neuen Zeit; sie prangerten den Feudalismus, den Absolutismus und die Indolenz der deutschen Zustände an; sie drängten auf politische und soziale Erneuerung, traten ein für die Freiheit des Geistes und des Wortes, die Emanzipation des Individuums, der Frau, der Juden, für nationale Selbstverwirklichung im Geiste eines umfassenden Kosmopolitismus... Es war eine bunte Gruppe, vielfältig in ihren Anschauungen, durchsetzt von persönlichen Animositäten, wie sie gerade die Exilsituation hervorruft – einig in ihrer Gegnerschaft zu den bestehenden Zuständen. Die besten Köpfe allerdings schufen eine neue literarische Form und ein neues Verständnis, was Literatur auch sein kann: eine aufgelockerte politisch-feuilletonistische Prosa, ein polemisch witziger oder hintergründiger Stil, Ausdruck und Anklage gesellschaftlicher Wirklichkeit. Die Schriften, Briefe und Attacken des »Jungen Deutschland« waren so sensationell und in der Öffentlichkeit wirksam, daß die Reaktion auch offiziell dagegen vorgehen mußte und nur auf die Gelegenheit einer Denunziation wartete. Am 10. Dezember 1835 beschloß der Deutsche Bundestag: »Nachdem sich in Deutschland in neuerer Zeit, und zuletzt unter der Benennung ›das junge Deutschland‹ oder ›die junge Literatur‹, eine literarische Schule gebildet hat, deren Bemühungen unverhohlen dahin gehen, in belletristischen, für alle Klassen von Lesern zugänglichen Schriften die christliche Religion auf die frechste Weise anzugreifen, die bestehenden socialen Verhältnisse herabzuwürdigen und alle Zucht und Sittlichkeit zu zerstören: so hat die deutsche Bundesversammlung sich zu nachstehenden Beschlüssen vereinigt: Sämtliche deutschen Regierungen übernehmen die Verpflichtung, gegen die Verfasser, Verleger, Drucker und Verbreiter der Schriften aus der unter der Bezeichnung ›das junge Deutschland‹... bekannten literarischen Schule, zu welcher namentlich Heinr. Heine, Carl Gutzkow, Heinr. Laube, Ludolf Wienbarg und Theodor Mundt gehören, die Straf- und Polizei-Gesetze ihres Landes, sowie die gegen den Mißbrauch der Presse bestehenden Vorschriften, nach ihrer vollen Strenge in Anwendung zu bringen, auch die Verbreitung dieser Schriften... mit allen ihnen zu gebot stehenden Mitteln zu verhindern.« Ludwig Börne, der eloquenteste Vermittler des aufrührerischen Gedankengutes, war in dem Ukas vergessen worden, Ironie des Schicksals: Er ritt mit gutem Recht die heftigsten Attacken gegen die unmenschliche Judenpolitik in seiner Vaterstadt Frankfurt, in der die Bundesversammlung tagte.

Das Verdikt gegen das *Junge Deutschland* wurde erst 1842 aufgehoben, aber die Schriften seiner Autoren zirkulierten in »allen Klassen von Lesern« und zählten zum geistigen Reservoir in den bürgerlichen Arsenalen des Vormärz. Börnes und Heines »Briefe aus Paris« und über »Französische Zustände« wurden 1831/32 in Cottas *Augsburger Allgemeinen Zeitung* veröffentlicht; mit mehr als 20 Bogen Umfang entgingen sie aber auch später der Zensur. Von ihrer Sprengkraft hatten sie auch ein Jahrzehnt später wenig verloren, denn die deutschen Verhältnisse hatten sich nicht verändert.

Das wurde auch Ferdinand Lassal deutlich, als er in Leipzig auf Heinrich Laubes »Politische Briefe eines Hofrats oder Bekenntnisse einer bürgerlichen jungen Seele« stieß; ihr Autor war aufgrund des Bundesbeschlusses zu sieben Jahren Gefängnis verurteilt worden, die er dank der überraschenden geistigen Alliancen jener Zeit ganz angenehm bei Fürst Pückler auf Muskau absitzen konnte. Ferdinand memorierte Heines Gedichte; memorierte sie schlecht, denn er hat nie Zugang zu metrischen Maßen gefunden und nie rhythmisches Gefühl für Sprache entwickelt, darum stimmen seine lyrischen Zitate selten, und seine Verse holpern. Doch das war ihm auch nicht so wichtig: Ihn interessierten die Inhalte.

Und da fand er geistige Nahrung für sein politisches Erwachen im Übermaß. In Heines »Salon«, den »Französischen Zuständen«, den »Gedanken über Deutschland« – das war ein Dichter, ein Demokrat mit dem blitzenden Schwert der Rhetorik! Was den jungen Lassal jedoch trotz anhaltender Liebe und Bewunderung störte wie seine emphatischen Zeitgenossen irritierte, das war der Friede, den der unberechenbare Heine mit dem politischen Gegner geschlossen zu haben schien, als er den französischen Bürgerkönig akzeptierte und den Atheismus ironisierte: »Und dieser Mann ist abgefallen von der Sache der Freiheit! Und dieser Mann hat die Jakobinermütze von seinem Haupt gerissen und einen Tressenhut auf seine edlen Locken gedrückt.«

Man muß die politischen Schriften Heines und Börnes heute lesen, um einen Eindruck zu bekommen, wie unmittelbar jede Nuance, jede Stimmungsschwankung und gar Veränderung der Tendenz auf den der Information wie des Vorbildes harrenden Leser, ja Anhänger damals wirkte. Noch heute reißen Verve und Eleganz dieser Tiraden, Sottisen und Verdikte mit, wirken ganz gegenwärtig, faszinieren: Wieviel mehr den Mitlebenden, wie hart wird den Parteigänger der »Verrat an der Sache« getroffen haben.

Bei Lassal überlebt die Bewunderung für das Genie Heines alle Unstimmigkeiten, so harsche Worte später auch fallen. Da gibt es in Heines Büchern über Börne eine Stelle, die Wahlverwandtschaft in der Übereinstimmung des Bemühens und der Aufrichtigkeit andeutet: »Ich fühle eine sonderbare Müdigkeit des Geistes; wenn er auch in der letzten Zeit nicht viel geschaffen, so war er doch immer auf den Beinen. Ob das, was ich überhaupt schuf in diesem Leben, gut oder schlecht war, darüber wollen wir nicht streiten. Genug, es war groß; ich merkte es an der schmerzlichen Erweiterung der Seele, woraus diese Schöpfungen hervorgingen... und ich merke es auch an der Kleinheit der Zwerge, die davor stehen und schwindlicht hinaufblinzeln... Ihr Blick reicht nicht bis zur Spitze, und sie stoßen sich nur die Nasen an dem Piedestal jener Monumente, die ich in der Literatur Europas aufgepflanzt habe zum ewigen Ruhm des deutschen Geistes. Sind diese Monumente ganz makellos, sind sie ohne Fehl und Sünde? Wahrlich, ich will auch hierüber nichts Bestimmtes behaupten. Aber was die kleinen Leute daran auszusetzen wissen, zeugt nur von ihrer eigenen putzigen Beschränktheit.«

Des jungen Lassal Einwände – nicht Abwendung – gegen Heine sind vor allem durch Börne vermittelt; ja, sie sind recht eigentlich Literatur, Buchstabe. Denn Ferdinand teilt ja nicht eine akute Auseinandersetzung, deren persönliche Akzente er ohnehin nicht durchschauen kann, sondern nimmt nur durch seine Lektüre wahr, was da vorgegangen sein könnte. Und in dieser Situation des lernenden Nachvollziehers imponiert ihm natürlich der entschieden konsequente Ludwig Börne mit seinem hartnäckig erbitterten Stakkato der Anprangerung, mit seiner Unerbittlichkeit des Forderns und Insistierens mehr: Der Mann hat Courage, ein Ziel, einen Wegweiser.

»Ich lese Börnes Briefe, die mich ungemein ansprechen. Wenn man sieht, was für ein großer Kerker Deutschland, wie Menschenrechte mit Füßen getreten werden, wie 30 Millionen Menschen von 30 Tyrannen gequält werden, so möchte das Herz weinen ob der Dummheit dieser Leute, die ihre Ketten nicht zerreißen, da sie es doch könnten, wenn sie nur ihren Willen hätten. Ich bewundere Börne. Wahr ist, was er sagt, wahr seine Verwünschungen gegen Deutschlands und Europas Tyrannen, die Asiens Despoten nichts nachgeben. Aber seine Worte: ›Kein europäischer Fürst ist so verblendet, daß er glaubt, seine Enkel werden seinen Thron besteigen‹ – diese Worte muß ich leider bezweifeln. Es muß ärger werden, ehe es besser wird.«

Es geht nicht mehr um die Juden allein, die in Beirut und Damaskus und anderswo von asiatischen Despoten geknechtet werden. Ferdinand entdeckt durch seine Lektüre ein viel näherliegendes Betätigungsfeld seiner geheimen Zukunftswünsche: den Kerker Deutschland, in dem die Menschenrechte von 30 Millionen von 30 Tyrannen getreten werden. Denn nichts weniger als bescheiden sind seine Hoffnungen, was er dereinst würde bewerkstelligen können. Ja, im Grunde zweifelt er noch eher daran, *wofür* er sich einsetzen solle, als daran, daß es dies Ziel dann auch erreichen werde. Der stets sich begeisternde Jüngling ist bestechlich für Größe an sich – und wenn sie in der Gestalt des Herrenmenschen Fiesco, Graf von Lavagna, auftritt. Doch selbst diesen wenig schmeichelhaften Widerspruch gesteht er sich schonungslos ein.

»Ich war im Theater. Loewe gab den Fiesko. Bei Gott, ein großartiger Charakter, dieser Graf von Lavagna! Ich weiß nicht, trotzdem ich jetzt revolutionär-demokratisch-republikanische Gesinnungen habe wie einer, so fühle ich doch, daß ich an der Stelle des Grafen Lavagna ebenso gehandelt und mich nicht damit begnügt hätte, Genuas erster Bürger zu sein, sondern nach dem Diadem meine Hand ausgestreckt hätte. Daraus ergibt sich, wenn ich die Sache bei Licht betrachte, daß ich bloß Egoist bin. Wäre ich als Prinz oder Fürst geboren, ich würde mit Leib und Leben Aristokrat sein. So aber, da ich bloß ein schlichter Bürgerssohn bin, werde ich zu seiner Zeit Demokrat sein.«

Für einen tatendurstigen Republikaner ist das eine sehr nüchterne Besinnung: Die Macht der Verhältnisse – oder: die gesellschaftlichen Bedingungen – hat seine Position bestimmt. Realitätssinn kann man dieser Selbstdiagnose nicht absprechen. Den gleichen kritischen Sinn für Zusammenhänge und Entwicklungen zeigt der junge Lassal ja auch, wenn er Börnes Orakel vom bevorstehenden Untergang der Dynastien in Frage stellt. Hier ist er mit seiner persönlichen Erfahrung der bürgerlichen Ruhe und Ordnung in Breslau und Leipzig, der deutschen Zustände, den Wunschträumen des erbitterten Feuerkopfes in Paris schlicht überlegen: Es muß noch ärger werden, ehe es besser wird! Andererseits: Dazu kann man »zu seiner Zeit« als Demokrat etwas beitragen. Denn die Ideen sind ja da, die Bewegung ist nur unterdrückt – also muß die Unterdrückung nur noch ärger spürbar und bewußt gemacht werden, dann läßt sich die Bewegung zu Kräften bringen. Die Ruhe ist trügerisch.

In dieser skeptisch besonnenen Einschätzung steht Lassal dem geschmähten Mentor Heine näher als dem bewunderten Cicerone Börne. Empfängt von diesem sein revolutionärer Eifer Antriebe, so schöpft bei jenem sein aristokratisches Pathos Hoffnung, zur rechten Zeit die Hand nach dem Diadem zu strecken. Prophezeite Heine doch in der Vorrede zu den »Französischen Zuständen«: »Nur vor einem möchte ich euch warnen, nämlich vor dem *Moniteur* von 1793. Das ist ein Höllenzwang, den ihr nicht an die Kette legen könnt, und es sind Beschwörungsworte darin, die viel mächtiger sind als Gold und Flinten, Worte, womit man die Toten aus den Gräbern ruft und die Lebenden in den Tod schickt, Worte, womit man die Zwerge zu Riesen macht und die Riesen zerschmettert, Worte, die eine ganze Macht zerschneiden wie das Fallbeil einen Königshals.

Ich will euch die Wahrheit gestehen. Es gibt Leute, die Mut genug besitzen, jene Worte auszusprechen, und die sich nicht gefürchtet hätten vor den grauenhaftesten Geistererscheinungen; aber sie wußten eben nicht das rechte Wort im Buche zu finden und hätten es auch mit ihren dicken Lippen nicht aussprechen können; sie sind keine Hexenmeister. Andere, die, vertraut mit der geheimnisvollen Wünschelrute, das rechte Wort wohl aufzufinden wüßten und wohl auch mit zauberkundiger Zunge es auszusprechen vermöchten: diese waren zagen Herzens und fürchteten sich vor den Geistern, die sie beschwören sollten – denn ach! wir wissen nicht das Sprüchlein, womit man die Geister wieder zähmt, wenn der Spuk allzu toll wird...

Verlaßt euch aber nicht auf Ohnmacht und Furcht von unserer Seite. Der verhüllte Mann der Zeit, der ebenso kühnen Herzens wie kundiger Zunge ist, und der das große Beschwörungswort weiß und es auszusprechen vermag, er steht vielleicht schon in eurer Nähe.«

An seinem Talente, zu erreichen, was immer er sich zum Ziele setzte, hegte der junge Lassal nicht den mindesten Zweifel. Warum sollte er nicht die Beschwörungsworte des *Moniteur* von 1793 schleudern, mit denen man Königsthrone stürzte und eine Herrschaft der Vernunft errichtete, zur Not auch durch eine Diktatur der Minderheit? Er würde es auf einen Versuch ankommen lassen, die Geister zu bannen oder mit ihnen unterzugehn. »Soll ich klug, soll ich tugendhaft sein in meinem Leben? Soll ich den Mantel nach dem Winde hängen, den Großen schmeicheln, mir durch feine Intrigen Vorteil und Ansehen verschaffen, oder soll ich wie der trotzigste Republikaner an der Wahrheit und Tugend halten, alles andere nicht beachten und nur darauf ausgehen, dem Aristokratismus den Todesstoß zu versetzen? Aber nein, ich will, obwohl ich auch dazu Talent hätte, kein lächelnder feiger Hofschranze werden! Ich will den Völkern die Freiheit verkünden und sollt' ich im Versuch untergehen. Ich schwöre es bei dem Gott unter den Sternen, und Fluch mir, wenn ich je meinem Schwur untreu werde.«

»Ich will den Völkern die Freiheit verkünden«

Das war im August 1841 und für einen angehenden Handelsmann eine recht merkwürdige Zukunftsperspektive. Doch inzwischen war Ferdinand wieder aufgegangen, »keineswegs gezwungen zu sein, einem öffentlichen, ästhetischen oder politischen Leben zu entsagen«. Er vertraute auf den Zufall, der ihn schon aus dem Comptoir herausreißen und auf einen Schauplatz werfen werde, auf dem er seinen Mann stellen könne. Ganz ohne eigenes Zutun wird das freilich nicht geschehen. Ferdinand beginnt wieder einmal, neue Weichen zu stellen. Auf der Handelsschule, meint er schon nach einem Vierteljahr, könne er nichts weiter lernen – auch für eine kaufmännische Zukunft nicht. Er hätte eben doch auf dem Gymnasium bleiben sollen! »Es ist mir jetzt klar geworden, daß ich Schriftsteller werden will; ja, ich will hintreten vor das deutsche Volk und vor alle Völker und mit glühenden Worten zum Kampf für die Freiheit auffordern.«

Ein junger Mann mit solch hochfliegenden Plänen macht sich bei den Kameraden und Lehrern einer Handelsschule schon auffällig. Ihnen entgeht nicht, daß er sich »mehr um die Freiheit als um die Warenpreise« kümmert. Sein Bildungshunger und Revolutionseifer sind in solcher Umgebung geradezu verdächtig – und wenn er auch die besten Noten erhält.

»Meine war wirklich gut. Doch sagte mir Schiebe: ›Bei dir habe ich noch ein Anhängsel gemacht. Du hast einen zu großen Dünkel. Du willst Voltaire lesen und verstehst ihn doch nicht. (So?) Du denkst, du weißt wunder was, alter Lassal.‹

›Sie entschuldigen‹, entgegnete ich, ›ich kann mit Sokrates sagen: Ich weiß, daß ich nichts weiß.‹

Da war ich schlecht angelaufen.

›Ein Kaufmann, der von Sokrates und Cicero spricht‹, sagte Schiebe, ›wird gar bald seinem Bankerott entgegengehen.‹

Welche Dummheit!!«

Die selbstbewußte Impertinenz – Heines »oser« – bricht bei dem »alten Lassal« – wie Direktor Schiebe den Musterschüler tituliert – immer wieder durch, und er ist auf diese Schlagfertigkeit nicht zu Unrecht stolz, muß sich dabei einiges verkneifen. Beliebt macht er sich durch solch offene Demonstrationen von Überlegenheit und Hochmut auch in der Klasse nicht. »Ich weiß nicht, wie es kommt, daß ich mit meinen Mitschülern so schlecht stimme, da ich doch keinen beleidige und mich bestrebe, jedem gefällig zu sein.«

Dabei hungert er doch so nach Freundschaft – oder ist es eher Bewunderung? Einen Aufsatz über »Freundschaftsregeln«, in dem er schwungvoll gegen alle Philister und dummen Theoretiker loslegte, »die sogar unseren Gefühlen Regeln vorschreiben wollen«, hatte er sogar gegen die Angriffe seiner Klassenkameraden zu verteidigen. Sie nannten seine idealen Begriffe der wahren edlen Freundschaft schlicht überspannt. Das saß, da hob er sofort wieder ab zum Höhenflug und vertraute seinem Tagebuch sein Mitleid an: »Die Armen! Wenn sie heute schon so nüchtern von der Freundschaft sprechen, was werden sie in einem Alter von 50 Jahren darüber sagen! Wenn sie schon heute nur jener spießbürgerlichen Freundschaft fähig sind, heute als kaum ins Leben getretene Jünglinge, wie engherzig werden sie als Greise sein! Ich bedauere sie, diese Menschen, die schon von ihrer Geburt an alte, bedächtige Philister sind.«

Am meisten trifft ihn, daß auch Freund Wilhelm unter den

Philistern war: Das kann nicht wahr sein, das war gewiß nur ein Scherz des Augenblickes – müßte er ihn sonst doch unter die »gewöhnliche Rasse« zählen! So wie den L., dem er gestern die Türe wies und der heute wieder harmlos zu einer Partie Whist erschien – wie ehrlos, welche Niedrigkeit der Gesinnung! Aber Ferdinand öffnet auch ihm die Tür, um »Charakter dieser Art« studieren zu können.

Das klingt zwar höchst melodramatisch, und man vermutet dahinter leicht ein wenig Heuchelei. Doch empfand der leicht erregbare Lassal unter dem Eindruck von Gemeinheit und niedriger Gesinnung selbst körperliche Leiden. Sein sogenannter Pensionsvater Karl Gottlob Hander in Leipzig war ein solch widerwärtiger Patron. Hander kujonierte und unterdrückte seine schwache und willfährige Frau nach allen Regeln hinterhältiger Schikane, die ein verbiesterter Schulmeister auf Lager hat. Er brachte ihre Mitgift durch, preßte auch die letzten 2000 Taler aus ihr heraus und brachte den Schwager, der sich für die betrogene Schwester einsetzte, noch ins Gefängnis. Ferdinand hatte diese »raffinierteste Schlechtheit« täglich vor Augen, und es war ihm schwach vor Ekel. Hander versuchte den jungen Logisgast durch Schmeicheleien zu gewinnen und reagierte mit verstärkter Bosheit und Verleumdungen, als er dabei nur auf kalte Verachtung stieß.

Unter solch, gelinde gesagt, unbehaglichen und gespannten Lebensverhältnissen empfindet Ferdinand die Ferien zu Hause während der Weihnachtswoche mit dem Fest der elterlichen Silberhochzeit als Labsal. Schon als Knabe hatte er die Eltern rührender Weise angedichtet; jetzt schreibt der Junge sehnsüchtig nach Hause: »Mir ist's, als wenn's ein Traum gewesen wäre, als ob ich noch träume, und ich möchte mir die Augen reiben, um mich vom Gegenteil zu überzeugen. Soviel ist gewiß, war's ein Traum, so war's ein schöner, und ich will Morpheus um solche Träume bitten. Sie sind mir lieber als die triste Wirklichkeit hier! Aber beim wunderbaren Gott! der Übergang ist plötzlich! Vor wenigen Tagen noch in Breslau in dem Hause meiner angebeteten Eltern, wo ich aus den Armen meines geliebten Vaters in die meiner zärtlichen Mutter und von dieser an den Hals meiner liebenswürdigen Schwester flog, wo ich nur Liebe atmete und nur Liebe mich umfing – und jetzt wieder hier, in den ›Regionen des Hasses‹, wo man das Wort auf die Waagschale legt ehe man es ausspricht, wo man die

Blicke bewacht! – Wenn ich zurückdenke und alles, was ich bisher erlebt, Revue passieren lasse, so finde ich, daß ich noch nie acht so glückliche Tage verlebt habe.«

Da kündigt sich etwas an – und die Fortsetzung des Briefes verrät die Intention. »Wahr ist der Ausspruch der Weltweisen: Der Mensch selbst ist die Ursache der meisten und größten Widerwärtigkeiten, die ihm begegnen. Daß ich den Satz auf meine Kosten bestätigt sehen muß! Ich selbst war es ja, der sich herausriß aus dem väterlichen Haus. Wie oft bat mich nicht meine gute Mutter: Bleibe bei uns, und noch klingen mir die Worte meines Vaters im Ohr, die er sagte in der Stunde des Scheidens: Du wirst Dich oft zurückwünschen in das Haus Deiner Eltern, trotzdem daß Du jetzt hinauszukommen verlangst. Ja, Vater, Deine Prophezeiung ist längst eingetroffen.«

Wie so oft bei Lassal vermengt sich die Aufrichtigkeit des Gefühls mit der Berechnung des Gedankens. Er hat selten Bedenken getragen, das eine für das andere zu nutzen, den Partner über seine Absichten etwas im unklaren zu lassen und ihn durch Charme und Zuneigung in die wünschenswerte Richtung zu lenken. Denn es galt ja der richtig, der für gerecht befundenen Sache.

So ist auch hier an der kindlichen Dankbarkeit seiner Versicherungen kaum zu zweifeln. »Ich bin eitel und habe es gern, gelobt zu werden«, schrieb er dem Vater bald darauf einmal – und gelobt wurde der Mustersohn bei seinem Besuch zu Hause von den Eltern gewiß, verzärtelt auch und bewundert. Doch dieser sanfte Beschuß soll zugleich auch eine Bresche schlagen für seinen Wunsch, recht schnell nach Breslau zurückzukehren. Die Sache ist vorbei, schreibt er – und setzt in Klammern hinzu: obwohl noch zu ändern. Es ist nicht billig, daß ich andern das Herz schwer mache, schreibt er – und bohrt nach: weil ich voreilig gewesen.

Denn natürlich bleibt für einen willensstarken Burschen von der Intelligenz Ferdinands die Einsicht, den falschen Weg eingeschlagen zu haben, studieren und Schriftsteller werden zu wollen, nicht in hilflosem Bedauern stecken. Schon im Herbst 1840 bearbeitet er den Vater, seinem Wunsch nach Rückkehr stattzugeben. Doch diesmal bleibt Heyman hart. Der Sohn soll auch die letzte Klasse der Handelsschule noch absolvieren und nach anderthalb Jahren mit einem ordentlichen Abschluß nach Hause kommen; sonst seien alle seine Opfer und der ganze finanzielle Aufwand umsonst gewesen. Die unvermutete Konsequenz wider die eigenen Ambitionen erinnert ein wenig an die Haltung des zärtlichen Stammvaters Abraham; und ein wenig Rache an dem Sohn, der alle Verwöhnung so fordernd angenommen, mag auch im Spiel gewesen sein. Ferdinand, mit feinem Gespür für die geschürzte Situation, fügte sich dem Opfer: Duldend und standhaft will er dies ertragen. Doch bleibt ihm ja die Hoffnung auf den »wunderbaren Gott!«, und seinen Fügungen kann er etwas nachhelfen. Mit solchen Briefen und Reuebekenntnissen zum Beispiel. Vielleicht auch mit einem entschiedenen Auftreten an der Handelsschule?

Wer die Autorität mißachtet ...

Lassals Rolle an der Schule wird im Frühjahr 1841 prekär. Nicht bei den Mitschülern – da hat er sich offenbar durch Dämpfung seines Hochmuts und Behauptung seiner Respektlosigkeit gegenüber den Lehrern Achtung erworben. Anders ist nicht zu erklären, daß er jetzt alle Tage in der Klasse »die herrlichsten Reden von Robespierre« halten kann und versucht, »mit allen Feuerworten glühendster Beredsamkeit die naßkalten deutschen Jünglingsherzen« zu entzünden. Als er einige Tage an einer Art Grippe erkrankt – später wirft ihn auf drei Wochen eine Schwäche aufs Lager, die er auf Rektor Handers Niedertracht zurückführt –, da besuchen ihn die Schüler einzeln, und er ergreift die Gelegenheit, »das einzelne Individuum« bei seinen Lieblingsideen und Schwächen zu packen und weiter zu agitieren. Was ihn stört, ist, daß diese Leipziger Handelsschule eben keine Ecole Polytechnique ist – aus der sich zu Paris der Geist der Revolution erhebt. »Meine herrlichste Rede wird vergessen über das Mittagessen und der größte Mut, den ich entzündet, verkrampft vor dem finster grollenden Blick Schiebens.«

Direktor Schiebe schrieb seinem »alten Lassal« ins Zeugnis, er sei: vorlaut, naseweis, liederlich und anmaßend. An seinen Schulleistungen war nicht zu rütteln. Sie waren – außer in Zeichnen – blendend. Aber seine revolutionären Tiraden waren im reaktionären Königreich Sachsen ganz außer der Ordnung, für die Schulleitung außerordentlich gefährlich und überdies nach ihrem methodischen Selbstverständnis an einer Handelsschule gänzlich fehl am Platz. Lassal störte das juste-milieu und den Schulbetrieb. Seine Existenz irritierte den Direktor und sein Kollegium so sehr, wie das ein außergewöhnlicher Geist nur tun kann. Denn sich geistig mit ihm auseinanderzusetzen, verlangte dieser Schüler ja; und dazu waren die Lehrer weder bereit noch in der Lage. Und außerdem verstieß er gegen das Schulregulativ, kam mit fadenscheinigen Entschuldigungszetteln seines Cousins Ferdinand Friedländer angerückt – das war eine Gelegenheit, dem Quälgeist den Prozeß zu machen.

Lassal wurde vor die Schulsynode zitiert, und vor dem versammelten Kollegium zogen Dreie gegen ihn los. Schiebe, Schierholz und Feller. Der Schüler Lassal reagierte stoisch und hob in bewährter Manier wieder einmal zum Höhenflug ab: Er sah nur Raben und Elstern, die nach seinen Augen und seinem Fleische pickten, und schwang sich miteins mit rauschendem Gefieder als Adler zur Sonne empor. Hinter ihm krächzten sie Beschuldigungen: heuchlerisch, betrügerisch, schlecht, eigennützig, überspannt, hinterlistig, verrückt, verdreht. Fellers falsches Organ drang noch an sein Ohr:

»Meine Herren, Messieurs, Sie müssen wissen, Lassal betrachtet alles mit dem Auge eines Philosophen. Wir sind nicht seine Vorgesetzten. Den Begriff Vorgesetzten gibt er überhaupt nicht zu. Wir sind seine Untergebenen, denn wir werden ja bezahlt. Überhaupt Liebe, Hochachtung, Dankbarkeit, die kennt Lassal nicht. Alles, was aus dem Herzen kommt, ist ihm unbekannt, so wie das Wort Herz selbst. Er hat zu niemand Liebe. Sein Grundsatz ist, Liebe zu heucheln, solange er jemand benutzen kann.«

Die Geschichte hält den Atem an; Gegenwärtigkeit ist ihr Ruhepunkt. Wenn es einen Moment in Leben, Erfahrung und Entwicklung des Ferdinand Lassal gibt, wo er jenseits aller Streitigkeiten um Vorbildlichkeit oder Fragwürdigkeit der Person, Gründerschaft oder Irreführung der politisch-gesellschaftlichen Emanzipation des Menschen ganz gegenwärtig, ganz lebendig, ganz weltlich »ecce homo« ist – dann in diesem Augenblick.

Brutaler kann man nach immergültigen Regeln einen unruhigen und verletzlichen jungen Geist nicht angehen. Er stört die Genügsamkeit und Autoritätsbesessenheit seiner Umgebung, die sich im Abglanz der Macht zur eigenen Erleichterung ihren

Anteil an Unterdrückung zu sichern sucht. Sie verhöhnt ihn, weil er dies nicht als selbstverständliches Erbe hinnimmt, sondern darüber nachdenkt, philosophiert. Sich auflehnt. Und weil man ihn nach den Leistungsgesetzen ja nicht packen kann, weil er im Felde der staatserhaltenden und wirtschaftlichen (Schul-)Ansprüche alle Forderungen erfüllt, greift man die Intention seines Wollens, seine moralische Integrität, seine emotionale Identität an. Wer die Autorität nicht achtet, besitzt auch keine Liebe, Hochachtung und Dankbarkeit. Das Philistertum behauptet sich selbst, indem es seine sogenannten sittlichen Prinzipien bei Andersdenkenden denunziert und daraus einen Makel des Denkens ableitet: Weil der Widerspruch sich gegen das beruhigende Herrschaftsgefüge und den darin eingerichteten eigenen Nutzen richten kann und die eigene so mittelmäßige wie vermittelte Autorität gefährdet. Dann sagt man halt wie Feller: Der heuchelt Gefühle nur, um andere zu benutzen. Daran ist ungewohnt aufrichtig und menschlich, daß es dem eigenen Verhaltensmodus entspricht. Doch auf diese Weise diffamiert man Widerspruch und bricht den Widerstand, auch wenn darunter junge Menschen zerbrechen.

Die moderne Geschichte hält den Atem an, und Gegenwärtigkeit ist ihr Ruhepunkt. Psychische Rituale wiederholen sich. Ferdinand Lassal hat dieses Erlebnis akribisch notiert: minuziös, wortgetreu, mit Sinn für dramaturgische Zuspitzungen.

»›Ein schöner Grundsatz!‹ höhnte der Alte. ›Dabei‹, fuhr der Alte fort, ›weiß er sich einen Schein zu geben.‹

›Einen Schein‹, wiederholte Schierholz.

›Einen Schein‹, tönte es aus Fellers Lippen wie das Echo in Adersbach.

›Du tätest am besten‹, sagte nun der Alte, ›du würdest Komödidant. Da könntest du heute den Shylock und morgen eine andere schlechte Rolle geben, denn du bist zu jeder schlechten Rolle fähig.‹«

Auch das versagten sich die Herren nicht: den Schüler Lassal auf seine makelhafte, rechtlose Herkunft zu verweisen – ein Jude. Und bewiesen ihm doch nur, wie schlecht und wie gar nicht sie den Lessing und seinen Shylock verstanden. Eine schlechte Rolle?

Lassal hält fest: In diesem Stile ging es fort. Keine Urteile. Das spricht für mehr Robustheit, als man dem oft so eifernden Jüngling zutrauen möchte. Er steckt das ein, aber er steckt das nicht weg. Sonst gibt ihm jede Trivialität Anlaß zu wortreichen Selbstdarstellungen. Hier schweigt er. Stellt nur fest – daß ihm drei Wochen Hausarrest vom Herrn Direktor zugemessen wurden, daß der Herr Hander davon benachrichtigt und im Falle der Zuwiderhandlung die Justiz angedroht ward; überlegt – daß ihn der Direktor Schiebe so denn doch nicht ausweisen lassen könne. »Ich will mich von nun an nicht gut betragen, denn ich habe mich nicht schlecht aufgeführt, aber ich will, mit einem Wort, mich gar nicht betragen. Bis jetzt war meine Hoffnung, Ostern abzugehen. Von nun an ist es mein fester Entschluß, den vollen Kurs durchzumachen. Ich fürchte S. nicht.«

Diese Reaktionen zeigen, wie tief ihn die bösartigen Attacken getroffen. Er kommentiert nicht, nichts von Überheblichkeit, Wurschtigkeit, Chuzpe. Er wird's ihnen zeigen. Ferdinand Lassal bekommt Boden unter die Füße. Er wird springen. Aber den Ausgangspunkt seines Sprunges und den Zeitpunkt wird er bestimmen. Er wird sich gar nicht betragen, die anderen werden nicht merken, wie er sich an seine Positionen heranpirscht; sie können ihm selbst unklar bleiben, aber er wird das nicht mehr so kindlich naiv oder durchschaubar vor sich hertragen; seinem Tagebuch noch einiges anvertrauen, auch im Blick auf Mitleser, bewundernde möglichst, auf Nachleser.

»Ich will mich der publizistischen Sache widmen«

Ferdinand beugt sich seinem Vorsatz. Im April kann er dem Vater melden, daß das Examen ohne bemerkenswerte Umstände verlief und er in der ersten Klasse ist: Über die Besorgnis Heymans, er könne nicht versetzt werden, kann der Sohn nur lächeln. Er geht sogar noch einen Schritt weiter: Schurken wollen betrogen sein. »Zwar ist es eine Art Heuchelei, von Reue zu sprechen, wenn man den Haß im Herzen trägt« – aber dem Vater zuliebe sichert er Direktor Schiebe Besserung seines Verhaltens zu und empfängt dafür einmal ein paar Komplimente für seinen Verstand und zum anderen die wiederholte Belehrung, daß er ein durch und durch verbranntes Hirn haben müsse. Lassal zweifelt selbst, daß die Aussöhnung lange Bestand haben werde.

Er hat ja auch ganz andere Gedanken im Kopf. »Bis zum Ende des vorigen Jahrhunderts war die Welt in Ketten dumpfen

Aberglaubens gehalten. Da erhob sich, durch die Macht der Geister angeregt, eine materielle Gewalt, die blutig das Bestehende in Trümmer stürzte. Der erste Ausbruch war schrecklich und mußte es sein. Seitdem hat jener Kampf ununterbrochen gewährt. Er wurde geführt nicht durch die rohe psychische Macht, sondern durch die Macht des Geistes. Freilich muß später durch die physische Gewalt die Wahrheit unterstützt werden, denn sie wollen es nicht anders, die Leute auf den Thronen. Nun, so laßt uns die Völker nicht aufregen, nein, erleuchten, aufklären.« Während er scheinbar gleichmütig seinen Pflichten an der Handelslehranstalt nachgeht, nimmt seine Lebensplanung feste Umrisse an. Er sucht nach einem Studium, das ihm die Waffen in die Hand gibt, mit denen er die Leute aufklären und zum Kampf für die Freiheit führen kann. Dabei schwebte ihm sicher so etwas vor wie die politische Publizistik Börnes und Heines – aber viel unabhängiger, unbestechlich, nicht als Brotberuf.

Doch dies Problem lag noch in der Ferne – zunächst ging es ums Studium, um die Rückkehr aufs Gymnasium, die er sich mitnichten aus dem Kopf geschlagen hatte. Irgendwann wird er nach all den leisen Andeutungen dem Vater wieder deutliche Forderungen stellen, bis dahin sorgt er für Bewährung durch gute Leistungen in der Handelskunde.

Lange läßt die Attacke nicht auf sich warten – kein Wunder bei der Ungeduld Lassals. Bald nach Ostern besucht Heyman den Sohn in Leipzig, und Ferdinand eröffnet ihm seinen »unwiderruflichen Entschluß« zu studieren. Der Vater reagiert überrascht, denn nach den jüngsten Beteuerungen hatte er wohl glauben mögen, der Sohn werde seine kaufmännische Nachfolge antreten. Was er studieren wolle?

»Das größte und umfassendste Studium der Welt, das Studium, das am engsten mit den heiligsten Interessen der Menschheit verknüpft ist: das Studium der Geschichte.«

Das ist, wendet der Vater ein, eine brotlose Kunst: Nirgends in Preußen bekommt er damit ein Amt oder gar einen Lehrstuhl. Ob es nicht etwas anderes gebe, Medizin zum Beispiel, Jura?

»Der Arzt wie der Advokat sind Kaufleute, die mit ihrem Wissen Handel treiben. Oft auch der Gelehrte. Ich sehe es an Hander, der im eigentlichen Sinne des Wortes Kaufmann ist.«

Der Junge ist nicht schlecht präpariert. Er will, erklärt er dem

Vater, der Sache, des Wirkens wegen studieren! Heyman wird mißtrauisch: Ob Ferdinand glaube, daß er ein Dichter sei?

»Nein, aber ich will mich der publizistischen Sache widmen. Jetzt«, hebt er an, »jetzt ist die Zeit, in der man um die heiligsten Zwecke der Menschheit kämpft.« Und er redet von den Männern, die mit dem Worte kämpften, fielen oder siegten; von seiner Absicht, die Völker zu erleuchten und aufzuklären.

Heyman ist ein praktischer Mann, er versucht, seinen Jungen auf den Boden zurückzuholen: Das sei schon wahr – doch warum wolle gerade sein einziger Sohn, die Hoffnung und Stütze der Eltern, zum Märtyrer werden. Sollten nicht Leute kämpfen, die weniger zu verlieren haben?

Das war ein gutes Argument, denn es appellierte an die kindliche Dankesschuld und damit an Ferdinands Gerechtigkeitssinn: Hatte er nicht die Pflicht, dem müden Vater die Last von den Schultern zu nehmen, statt ihn noch weiter zu beschweren und ihm auch fürderhin die Bürde des Unterhalts für die Schwester Friederike und den studierenden Sohn aufzuerlegen?! Andererseits: Wenn jeder sich feige zurückzöge, wann sollte dann je ein Kämpfer für die edelsten Zwecke aufstehen?

Doch auf die Gefahr hin, daß der Vater ihn für lieblos halte: Ferdinand muß seiner Neigung, seinem »unverkennbaren Berufe« folgen. »Warum? Weil Gott mir die Stimme in die Brust gelegt, weil Gott mir die Kraft gegeben, ich fühle es, die mich befähigt zum Kampfe! Weil ich für einen edlen Zweck kämpfen und leiden kann! Weil ich Gott um die Kräfte, die er mir zu bestimmtem Zweck gegeben, nicht betrügen will! Weil ich, mit einem Wort, nicht anders kann!«

So vollendet wird das Ferdinand seinem Vater nicht dargestellt haben, wie er es im Tagebuch begründet. Im Gespräch wird es hitziger und brüsker zugegangen sein: Heyman muß begreifen, daß es nicht um Erwägungen oder Überlegungen geht, sondern nur um seine Einwilligung in den Entschluß des Sohnes. Er ist nicht zu ändern: Und in der Tat kann Lassal das tiefere Recht für seine Entscheidung in Anspruch nehmen. Hier irrt er nicht in der Einschätzung seiner Fähigkeiten, die er als Berufung empfinden muß.

Der Vater gesteht schließlich einen Aufschub zu: Michaeli solle sich's entscheiden.

Ferdinand spürt richtig, daß dies keine Lösung ist. Es ist nicht so sehr das Studium und nicht einmal das der Geschichte, wogegen sich Heyman sträubt; schließlich ist er kein unvermögender Mann mehr und wird seinem begabten Sohn auf einem ordentlichen Karriereweg schon behilflich sein können. Ihm werden mit einemmal die ungebärdigen politischen Intentionen des Sohnes in all ihrer Konsequenz deutlich, und sie machen ihm angst: Wo wird das enden?!

Für Ferdinand bedeutet das: Der Vater wehrt ihm die Meinung – »die heilige, durchwehende Idee, die er Liberalismus nennt«. So formuliert er es für sich selbst mit einem Dreh, der die politische Haltung Heymans einschließt und gegen diesen selbst wendet, um die eigenen Ziele durchzusetzen; wobei der andere als Partner genutzt wird. Ein altes politisches Kabinettstück.

Hier allerdings kann es nichts verfangen. Es spielt sich nur in Ferdinands Kopf ab, der Vater geht nicht darauf ein. Zum erstenmal steht Lassal an einem Punkt, an dem er Widerstände nicht umgehen und sie nicht durch eine gewagte Transaktion – wie beim Schulwechsel nach Leipzig – aus dem Weg räumen kann. Er muß den Widerstand brechen, und er tut es.

Das Schulbeispiel: Wenn auch nur ein einziges Individuum unterdrückt wird!

Ferdinand wartet Michaeli gar nicht ab, denn eine Sinnesänderung Heymans deutet sich auch in den folgenden Wochen nicht an. Gegen den Willen des Vaters kehrt er im August 1841 nach Breslau zurück. Es scheint, als habe sich der auch hier wieder halb nachgiebige, dem Schritt sich fügende Heyman in seinem Groll dem Sohn zu Hause verschlossen: Ferdinand soll sich auf eine Dachkammer zurückgezogen haben, in der ihn nur Mutter und Schwester besuchten und er in einem eleganten Schlafrock Freunde empfing.

Der widerspenstige Jüngling paukte, umgeben von wüsten Haufen von Büchern und Papieren, ging ganz gegen seine geselligen Gewohnheiten tagelang nicht aus und entwickelte einen immensen Fleiß. Er demonstrierte sich und den anderen, daß er für einen edlen Zweck kämpfen und leiden kann – die Reifeprüfung und das Studium im Visier.

Für die Ansprüche einer Gymnasialbildung sind seine Schulkenntnisse logischerweise lückenhaft. Er hat schließlich nicht nur 15 Monate an einer Handelslehranstalt verbracht, sondern davor auch in der Sekunda geschludert. Im Selbststudium bessert Lassal sein Wissen auf, erhält Privatunterricht in Mathematik und Deutsch.

Sein Mathematik-Professor Brettner vom katholischen Matthias-Gymnasium war übrigens mit der Familie bekannt: Heyman Lassal rückt als Stadtverordneter in der liberalen Opposition endgültig in den Kreis angesehener Bürger auf. Er bekleidet dieses Amt sechs Jahre, und es hat ihm gewiß nicht nur Prestige gebracht, sondern auch Engagement abverlangt. Breslau galt für ziemlich fortschrittlich. Gerade erst hatte König Friedrich Wilhelm IV., von dem sich die Liberalen doch so viel erhofften, bei einem Besuch in der schlesischen Landeshauptstadt die Behörden gerüffelt, weil sie sich im Landtag für die Berufung von Reichsständen eingesetzt hatten: Sie sollten sich hüten, der Zeit vorzugreifen.

Genau in diesem Punkte wird der junge Lassal aktiv. In der *Breslauer Zeitung* veröffentlicht er seinen ersten Artikel, mit dem er Heinrich Heine gegen übereifrige Anhänger Ludwig Börnes in Schutz nimmt. Er wendet sich der Philosophie zu, studiert die Stoiker und Epikureer, lernt in den »Hallischen« und »Deutschen Jahrbüchern« die Schriften der Junghegelianer kennen. In seiner Vorbereitung auf das Abitur tauchen Aufsatzthemen auf wie: »Wie konnten die Alten bei ihrem ausgebildeten Rechtsgefühl die Sklaverei dulden?« oder: »Kann die Realbildung die klassische Bildung ersetzen?« Er entwirft eine Ansprache zu Lessings Geburtstag. »Schon damals«, erinnert sich der Jugendbekannte David Honigmann, »beschränkte er sich nicht auf das Nächstliegende, sondern trieb gleichzeitig mit uns literarisch-philosophische Allotria.« Es waren Fingerübungen für ernsthaftere Aufgaben, selbstgestellte freilich.

Das Nächstliegende vergaß er darüber keineswegs: die Reifeprüfung. 16jährig bewirbt er sich als Externer um die Zulassung zum Ostertermin 1842. Aber das geht nicht. Das Prüfungsreglement schreibt vor, daß der Examinant mindestens anderthalb Jahre die Sekunda besucht und sie vor wenigstens zwei Jahren verlassen habe. Die zweite Voraussetzung erfüllt der Kandidat Lassal, die erste nicht. Das Provinzialschulkollegium verfügt seine Zurückweisung, bis auch bei ihm die Vierjahresfrist seit Eintritt in die Sekunda verstrichen sei.

Doch so läßt sich ein Ferdinand Lassal nicht bescheiden. Er überspringt gleich ein paar Stufen und richtet am 19. Februar an den preußischen Kultusminister Johann Friedrich Albrecht Eichhorn direkt ein Gesuch, ihn zur Prüfung zuzulassen. Und er hat Erfolg! Drei Tage vor dem mündlichen Examen kommt die Genehmigung.

Die schriftlichen Arbeiten haben schon begonnen, Lateinaufsatz und Mathematikaufgabe holt Lassal im Direktoratszimmer des Matthias-Gymnasiums nach. Das Urteil der Lehrer faßt Direktor Wissowa zusammen: »Seine lateinische Arbeit, die von großer Bekanntschaft mit der Latinität zeugt, und seine mathematische sind völlig reif, seine griechische hat er in Versen abgefaßt und seine deutsche ist die beste von allen Abiturienten.« Auch sein mündliches Examen ist nach dem Schulprotokoll eines der besten.

Lassal, des Wohlwollens und Lobes von Direktor und Kollegium schon vor Eingang der offiziellen Bestätigung der ministeriellen Prüfungserlaubnis gewiß, kann triumphieren. Könnte, denn am Tag vor der Zeugnisverkündung erfährt er, daß der mit der Examensleitung betraute Konsistorialrat David Schulz sich nach dem mündlichen Termin nochmals seine schriftlichen Arbeiten hatte kommen lassen. Ihm schwant Böses, doch die Kameraden machen ihm Mut. Dann verliest der Königliche Kommissarius Schulz die Namen der für reif Befundenen: Lassal ist nicht darunter! Er eilt zu Direktor Wissowa – der vertröstet ihn auf morgen. Am nächsten Tag schildert ihm der erregte Direktor die Komplikationen und das letzte Resultat: Lassal ist durchgefallen.

Was war geschehen?

Gegen die Erwartung des Gymnasiums war nicht der Schulrat Dr. Vogel, bei eben dem sich der Direktor vorher schon für Lassal verwandt hatte, sondern der Theologieprofessor Dr. Schulz vom Provinzialschulkollegium als Regierungskommissar eingesetzt worden. Man kann sich denken, daß dieses Kollegium dem aufgezwungenen Kandidaten Lassal kaum gewogen war, der sich über seine Ablehnung glatt hinweggesetzt und ihre Aufhebung bei der höheren Dienstbehörde erreicht hatte. Auch bei Schulz selbst lassen sich Animositäten ausmachen, die er nicht einmal zu verbergen notwendig fand.

Bereits am Tage der mündlichen Prüfung ereiferte er sich während der Mittagspause gegenüber den Lehrern, daß Lassal schon jetzt das Abitur bestehen solle, während sein eigener Sohn, auf dem Magdalenen-Gymnasium noch mit Ferdinand in einer Klasse, jetzt erst in die Prima komme!

Schulz stürzte sich zunächst auf Lassals Lebensbeschreibung, aus der er deutliche Zeichen von Charakterunreife herauslesen wollte. Wahrscheinlich störte ihn der Mangel an Bescheidenheit, der gewiß auch hier in Lassals Diktion deutlich genug zu erkennen war. Offensichtlich argumentierte er mit Ferdinands »Kampf mit dem Vater um die Standeswahl«, bei dem ihm der Eigensinn des Sohnes wider den Vater ebenso aufstoßen mochte wie der willkürliche Übergang des jungen Mannes vom profanen Handelsstand zur hehren akademischen Bildung.

Aber das waren noch keine ausreichenden Gründe, den Jungen durch die Matura fallen zu lassen. Der Theologieprofessor begab sich auf seine ureigene Domäne, dem Schüler Unreife zu beweisen.

Im Deutschaufsatz wurde eine »Entwicklung des Begriffs Humanität« verlangt – und Schulz war ein Vertreter des vulgären Rationalismus, suchte Ideen des Urchristentums mit dem modernen aufklärerischen Begriff der Humanität zu verschmelzen. Sein Urteil über Lassals Bemühen: »Sein deutscher Aufsatz über den Begriff der Humanität ist ein Gemisch von unverdauten und mißverstandenen Phrasen ohne rechtes Verständnis für die Sache, ohne Plan und mit zahlreichen sprachlichen und orthographischen Fehlern, besonders ohne richtige Interpunktion, die auch sonst bei den übrigen Arbeiten fehlt.« Ein richtig schulmeisternder Verriß also, oberflächlich, kleinlich, Autorität statt Argument.

Der beurteilende Lehrer war zu einem ganz anderen Eindruck gelangt, hatte von glücklichem Talent der Darstellung und großer Gewandtheit im Ausdruck gesprochen. Auf Schulzes Schmähungen hin beschäftigte sich die Prüfungskommission nochmals mit dem Aufsatz und bestätigte ihre Einschätzung. Sie zeugt bei aller Vorsicht nicht nur von pädagogischer Verantwortung, sondern auch von Einfühlung in den jungen Verfasser: »Dem von den Schriften mancher der neuesten, zumal jüdischen Schriftsteller angeregten Lassal war Humanität mit Toleranz und Liberalismus in leicht möglicher Begriffsunsicherheit als eines erschienen und manche moderne Zeitidee und Lesefrüchte haben sich ihm dabei dargeboten, aber Geist und Sprachgewandtheit waren uns darin in einem Grade wie bei keinem anderen der Geprüften erschienen, und insofern hatten wir die Arbeit für die beste gehalten.«

Die Überprüfung war notwendig geworden, nachdem Konsistorialrat Schulz in der Zeugniskonferenz Terror machte: Er wollte den Lassal nicht durchlassen. Die erste routinemäßige Sitzung dauerte seinetwegen drei statt einer halben Stunde und endete unentschieden. Trotz massiver Pressionen bestand das Kollegium darauf, daß Lassal die Matura verdient habe. Schulz warf den Lehrern vor, von Lassal bestochen zu sein! Wissowa erklärte mit Heldenmut, dann wolle er öffentlich verlesen, die Entscheidung über Lassal sei auf des Herrn Rat ganz besonderen Antrag suspendiert worden! Der Königliche Kommissar fuhr ihn an: Er solle es nur wagen und gar noch die Sache vor das Provinzialkollegium bringen – das nehme er alles auf seine Kappe! Dieser Hut war dem zitternden Direktor zu groß, denn schließlich war ihm bewußt, daß dort der Herr Schulz Vortragender Rat war und das Ganze nur mit Unannehmlichkeiten für sein Gymnasium enden konnte. Man gab also nach und räumte dem Herrn Schulz eine schlechtere Benotung ein – das Zeugnis hätte dann immer noch ausgereicht.

Das zweite Rencontre zeigte, daß der Wut des Herrn Schulz damit nicht Genüge getan war. Er verweigerte seine Unterschrift, das Kollegium fügte sich und akzeptierte den Durchfall Lassals.

Von diesen Vorgängen erfuhr Ferdinand Lassal durch Direktor Wissowa, und er war nicht der Mann, sich darein zu schicken. Am 31. März schickte er einen durchaus maßvoll und geschickt abgefaßten Protestbrief an den Kultusminister, bat um Prüfung der Akten wie seiner schriftlichen Arbeiten und bot sich an, das mündliche Examen vor einer Berliner Kommission noch einmal abzulegen, damit alles kontrollierbar bliebe. Auf jeden Fall sei er überzeugt, Ihre Exzellenz werde seiner gekränkten Ehre Genugtuung verschaffen.

Damit nicht genug. Am gleichen Tag verfaßte er noch einen weiteren Bericht an den Kultusminister mit dem Vorsatz: »Dies ist ein Privatbrief.« Im ersten, offiziellen Schreiben hatte Lassal relativ ruhig nachprüfbare Fakten und widersprüchliche Resultate dargestellt. Jetzt wird er direkt, schildert die ihm bekannt gewordenen Hintergründe und seine eigenen – durchaus diskutablen – Folgerungen und klagt das willkürliche und pflichtvergessene Betragen des Konsistorialrats Schulz an. »Ich bin überzeugt, daß Hochdieselben nicht dulden werden, daß unter der weisen Verwaltung Ew. Exzellenz ein schuldloser junger Mann zum Opfer falle der Willkür und Eitelkeit eines einzelnen Beamten. Es handelt sich hier nicht um eine unbedeutende Sache, es handelt sich um die Unterdrückung eines Individuums, das seinem Staat einst nützlich sein und ihm seine Kräfte widmen will. Sprechen Ew. Exzellenz nicht selbst mir Recht, so habe ich die traurige Gewißheit, selbst mit den besten Kenntnissen in jedem Examen, das ich hier mache, durchzufallen. Aber eben diese Gewißheit war es, welche mir den Mut gab, an Ew. Exzellenz zu schreiben. Was soll man sagen, was denken, wenn in dem liberalsten und erleuchtetsten Staate Deutschlands, wenn in Preußen, das besonders in diesem Fache, im Schulwesen, allen übrigen Ländern Europas ein Muster geworden ist, unter der hohen Verwaltung Ew. Exzellenz Dinge, wie die erwähnten, nur *möglich* sind?« Diesen Brief überreicht er persönlich Eichhorn, der sich im Gefolge des Königs gerade in Erdmannsdorf aufhält.

Es gibt einen Rechenschaftsbericht von Direktor Wissowa an die vorgesetzte Behörde, in dem er die klägliche Rolle seiner Prüfungskommission in aller Namen eingesteht, weil sie »durch Heftigkeit und Drohungen sich einschüchtern und zur Anerkennung fremder Absicht, mithin zur Selbstherabwürdigung zwingen« ließ. Es gab einen Bericht des Königlichen Provinzialschulkollegiums nach Berlin, eine ministerielle Einsichtnahme in alle Unterlagen. Am Ende (23. August 1842) steht ein Schreiben des Ministers »der geistlichen, Unterrichts- und Medizinal-Angelegenheiten« an Ferdinand Lassal mit der lapidaren Feststellung, Eichhorn habe die gegen seine Reife erhobenen Bedenken nicht unbegründet finden können und überlasse es ihm, »sich einer abermaligen Prüfung zu unterwerfen«.

Das Ganze ist ein Schulbeispiel aus dem Vormärz des 19. Jahrhunderts – im doppelten Sinne.

Einmal beleuchtet es die Bemühungen aufgeklärter Geister, auch im Schulwesen die schließlich von preußischen Bildungsreformern eingeführten Gedanken des Neuhumanismus zu behaupten, »die Grenzen der Wirksamkeit des Staates« (Wilhelm von Humboldt) gegenüber der Freiheit des Individuums abzuwägen, kurz: eine Art Souveränität im Bildungsbereich herzustellen. Diese Vorstellungen hatten ja in der Tat dem Bildungswesen in Preußen den übertriebenen Ruf der Liberalität eingetragen. Die direkte Anrufung des Kultusministers war nicht nur denkbar, sondern konnte sogar Erfolg haben! Es gab einen gewissen Spielraum.

Doch die Kultusverwaltung und die zwischengeschalteten Instanzen waren so beweglich nicht und hatten gar kein Interesse, den Spielraum auszunutzen. Die Kollegien waren fest in der Hand von Autoritäten, die ihre Vorrechte und ihr Zipfelchen Macht in keinem Fall antasten oder »in Frage stellen« ließen. In ihrer Fixierung auf die Allmacht des Staates und den eigenen Vorteil waren sie gewiß, sich eher durch die Abwehr individueller Ansprüche und liberaler Tendenzen verdient zu machen und Meriten zu erwerben. Und mit dieser Spekulation, die freilich auch persönlicher Willkür weit die Tore öffnete, lagen die Verwalter und Beauftragten des staatlichen Schulwesens ja auch völlig richtig. Sie schotteten ab, was da an liberalem Geiste hochkam – wie etwa am Breslauer Matthias-Gymnasium des Direktors Wissowa; und ersparten mit solcher Routine den Staaten der Restauration in der gründelnden Unruhe des Vormärz aufsehenerregende Auseinandersetzungen – wie die Entlassung der Göttinger Sieben (Professoren) nach ihrer Protestation gegen die oktroyierte Verfassung im Königreich Hannover. Die Träger und Honoratioren des Bildungswesens selbst exekutierten als staatliche Büttel das Bemühen um Bildungsreform. Ein Schulbeispiel nicht nur des 19. Jahrhunderts.

Und ein Schulbeispiel auch des Ferdinand Lassal. Kühnheit des Unternehmens, Sorgfalt der Recherche und taktisches Geschick des Vorgehens greifen in einer Weise ineinander, die man weder einem knapp 17jährigen noch diesem impulsiven, scheinbar hochfahrenden und eitlen Ferdinand L. zutrauen möchte. Aber selbst wenn er hier mit dem Argument der Unterdrückung eines Individuums, das einst dem Staate nützlich sein will, operiert – dann zeugt dies keineswegs von Selbstgefälligkeit, sondern von kühlem Kalkül: Denn was konnte es für eine bessere Rechtfertigung für die Hartnäckigkeit eines jungen Mannes geben als seine Absicht, möglichst bald dem Staate dienlich zu sein? Nur sagte dieser gewandte Formulierer nicht dienlich, sondern nützlich; sprach von Unterdrückung des Individuums und beugte vor, daß ihm aus dieser Aktion gegen die Schuloberen nicht auch künftiger Schaden erwüchse: Denn wenn die Obrigkeiten seinen Erfolg diesmal schon mit so schlechten Gründen abschmettern konnten – warum nicht das nächste und alle Male mit anderen? Stand nicht der besondere Fall für das allgemeine Verhalten? Verlangte das nicht den Einsatz, für edle Zwecke zu kämpfen und zu leiden?

Ein Jahr später trat Ferdinand zur abermaligen Prüfung an, wieder am Matthias-Gymnasium. Diesmal überwachte Schulrat Vogel das Abiturium, und das Thema des Deutschaufsatzes barg so wenig Tiefen wie Untiefen: Welche Verdienste erwarben Kaiser Karl den Beinamen »der Große«?

Am 21. April 1843 wurde Lassal amtlich die Reife bescheinigt.

Kapitel II

Lehrjahre (1843–1846)

Zum Sommersemester 1843 schreibt sich Ferdinand Lassal an der Universität Breslau ein, um »das größte, umfassendste Studium der Welt« aufzunehmen, das Studium der Geschichte. Aber seitdem er seinem Vater vor zwei Jahren diese Absicht eröffnete, hat er seinen Begriff der Geschichte gewaltig erweitert. Er hat sie – und sich – »auf den Begriff gebracht«, als er der Philosophie Georg Wilhelm Friedrich Hegels begegnete. Das geschah bereits 1842: Lassal hat das erzwungene zweite Jahr der Vorbereitung auf eine Reifeprüfung, die er eigentlich bereits im ersten Anlauf absolviert hatte, dazu genutzt, sich ganz in das philosophische System Hegels einzulesen und einzuarbeiten.

Und da fand er einen Deutungsschlüssel nach seinem Geschmack: Der Prozeß der Geschichte ist der Fortschritt des Geistes im Bewußtsein der Freiheit. Deutlicher noch: Die Geschichte selbst ist nichts anderes als die Entfaltung der sittlichen Vernunft in Familie, Gesellschaft und Staat.

Im Menschen wird sich der Geist seiner selbst bewußt. Durch den Schritt ins Bewußtsein wird das Gedachte Wirklichkeit, das »Außer-sich-Sein« wird zum »Für-sich-Sein«, wird *subjektiver* Geist. Auf dieser Stufe *beginnt* Geist, ist aber noch an das »Anders-Sein«, an die psychische Eigenart des einzelnen gebunden: das Besondere. In Familie, Gesellschaft und Staat tritt der individuelle, subjektive Geist in die höhere Ordnung des *objektiven* Geistes ein, weil er dann nicht nur das eigene Bewußtsein und Bedürfnis, sondern auch das der anderen in sich aufnimmt. Er stellt sich unter überindividuelle Gesetze, deren Inbegriff die Ethik ist.

Auf der dritten Stufe stehen nach Hegel Kunst, Religion und Philosophie. In diesem Bereich des *absoluten* Geistes sind die Spannungen zwischen dem subjektiven und dem objektiven Geist aufgehoben, die das geschichtliche Leben – die Auseinandersetzung der einzelnen in der Gesellschaft – vorantreiben. In der Kunst offenbart sich die Harmonie des absoluten Geistes in der Form äußerer Sinnlichkeit, in der Religion wird das

Vorgestellte und Gefühlte zu innerer Gegenwart. In der Philosophie, der höchsten Form aber, wird das Geschaute und Gefühlte zum reinen Gedanken umgesetzt: Der Geist ist ganz zu sich selbst gekommen.

Die Welt wird »auf den Begriff gebracht«, und im Begriff die Bewegung (These) und die Gegenbewegung (Antithese) in ihrer Aufhebung, der Synthese, erkennbar. Bei Hegel ist dieser *dialektische* Ablauf von Spruch-Widerspruch-Aufhebung nun nicht nur eine logische Form des Denkens, sondern eine metaphysische Größe: Die Form des Denkens entspricht der Selbstbewegung der Wirklichkeit. Deshalb ist die Wirklichkeit auch auf den Begriff zu bringen und die Philosophie nichts anderes als »die unendliche Kraft zu erkennen, der kein Objekt Widerstand leisten kann«.

Die Welt auf den Begriff gebracht: Hegel

In diesem ungeheuren und ungeheuerlichen Gedankensystem und Welterklärungsmodell kann Lassal sich selbst unterbringen: Es fliegt seinem hochgespannten Selbstverständnis und seinem spekulativen Tatendrang zu, liefert ihm Standort und Begründung. In der Philosophie des reinen Gedankens wird er zum Herr der absoluten Erkenntnis: Bringt er die Wirklichkeit zum Bewußtsein und auf den Begriff, so vollzieht er sie mit und kann sich als ihr Werkzeug wie als ihre Verkörperung empfinden – nein: wissen. Denn nicht der einzelne handelt und nicht das Besondere ist wichtig, sondern das Allgemeine. Geschichte ist ein dialektischer Prozeß, und der Weltgeist bedient sich des Individuums. Man muß den richtigen Zeitpunkt abwarten, denn die Geschichte listet mit der Vernunft des einzelnen. Wer aber tief genug denkt, sich auf den Begriff bringt: Der kann vorantreibend in den Gang der Geschichte einwirken und sich als ihr »Herr« fühlen.

Es gehört zur Faszination des Hegelschen Systems, daß seine Anhänger die Bedeutung der Empirie – die Erfahrungstatsachen und Erfahrungswerte – und die Eruptionen der Wirklichkeit – vom Grollen im gesellschaftlichen Untergrund bis zu revolutionären Begehren und vor allem das alltägliche Leiden der Unterdrückten und Benachteiligten – unterschätzen: Im dialektischen Weben des Weltgeistes müßte sich das ja aufheben und zum Ausgleich kommen, irgendwann und irgendwie, doch im objektiven Geiste sittlicher Vernunft. So entwickelten sich denn nach und mit Hegel in den Jahren der Restauration und des Vormärz zwei Schulen. Die einen vertraten vermeintlich mit Hegel den Standpunkt, daß alles Gewordene und Bestehende vernünftig und gut sei und der gegenwärtige Staat den Zustand höchster Sittlichkeit, einen Endpunkt geschichtlicher Entwicklung erreicht habe. Das war die konservative, die reaktionäre, die rechte Schule, die Hegel als preußischen Staatsphilosophen etablierte.

Die radikale, die linke Schule beschied sich so einfach nicht. Sie verfolgte das dialektische Prinzip weiter und deckte auf, daß der *logische* Widerspruch und die *reale* Gegensätzlichkeit nicht eins, Begriff und Dasein fundamentale Unterschiede sind. Das logische Gegenteil läßt sich ableiten und auf den Begriff bringen – der reale Widerspruch und seine Folgen sind nicht in den Griff zu bekommen. Barrikaden und Katheder sind keine logischen, aber existentielle Gegensätze. Die Identität des Hegelschen Systems zerbricht. Die Dialektik in der Geschichte ist kein stabilisierendes, konservatives Prinzip, das der Bewahrung des Bestehenden oder der Macht der Herrschenden dient. Nicht mit dem dialektischen Prinzip, sondern in dieser Schlußfolgerung irrte Hegel. Die linken Hegelianer setzten an dem Punkte an und entwickelten daseinsbezogen reale Leitlinien wie Historismus und Positivismus, theologischen Radikalismus oder Atheismus, Naturalismus, Sozialismus, Materialismus, Ökonomismus. Je nach Fach und Interesse; die Etiketten wurden ohnehin erst später aufgeklebt. Zu ihrer Zeit wogte der Weltgeist in so kurzen und unfaßbaren Intervallen, daß all dies gleichermaßen für liberal und radikal galt. Die Differenzen oder Allianzen waren eher von persönlicher Sympathie oder Antipathie bestimmt. Denn der Gegner war übermächtig und einend: die Restauration und Reaktion, die Staatspraxis und das Untertanenverhalten in den 34 Staaten und Städten des Deutschen Bundes. Was einer war – außer Staatsfeind –, mußte er selber bestimmen.

Der Schüler Lassal war Revolutionär im sicheren Bewußtsein: Die Dinge müssen anders werden, damit der Mensch zu seinem Recht komme. Dabei hatte er auch sein eigenes Interesse im Sinn, denn er war nun einmal kein Aristokrat und dennoch intelligent und strebsam. Also mußte er gegen das

Bestehende und für das Recht der vielen einstehen, damit Gerechtigkeit werde: Demokrat sein.

Der Student Lassal versteht sich bereits als Sozialist, wie unklar der Begriff auch sein mochte. Er hat mit ernster Begeisterung und stiller Leidenschaft ein Gedankensystem – die »Phänomenologie des Geistes« – studiert und eine Methodologie des Denkens in sich aufgenommen und verstanden, an deren Höhe er seinen subjektiven Geist prüfen konnte. Er bestand die Probe: Lassal hat nicht nur wortgetreu die schwer lesbaren und unglaublich komplexen Schriften Hegels seinem Gedächtnis eingeprägt, sondern auch die Denkbewegungen dieses phänomenalen Geistes seinem Kopf nutzbar gemacht.

Lassal ist Denker in der Nachkommenschaft Hegels so gut wie Feuerbach, Marx oder Engels – ein paar Jahre jünger als sie freilich. Wie sie alle, Bürgerssohn jeder von ihnen, faszinierte ihn das Denken per se: Sie stammten aus aufstrebenden Schichten; hungerten nicht nur nach Aufklärung, sondern auch nach Erleuchtung des Menschengeschlechtes; wollten die Befreiung des Menschen aus selbstverschuldeter Unmündigkeit (Kant) durchsetzen. Und alle durch Schreiben und Lehren, gegen alle evidenten Widerstände. Der Reichsrittersohn Ludwig Feuerbach bekam seinen Lehrstuhl nie, der Juristensohn Marx nie seine Zeitschrift, der Fabrikantensohn Engels nie das für den Freund Marx gedachte Publikationsforum. Lassal war da bescheidener oder konsequenter: Er wollte wirken aus eigenen Kräften, aus eigenem Anlaß, mit eigenen Mitteln, den subjektiven mit dem objektiven Geist vermitteln zu eigenem Erfolg …

Der junge Lassal wurde zum Hegelianer, doch nicht zum Schüler Hegels. Er lernte von ihm und zog daraus seine eigenen Konsequenzen, die er ein Leben lang verfolgte und veränderte. Die erste eindeutige war jedenfalls: Das Bestehende ist nicht das Vernünftige, sondern in der Ankündigung und dem Werdenden zeigt sich die Vernunft der Geschichte. Sie verwirklicht sich im steten Prozeß. Dessen Ende ist nicht abzusehen, doch sein Ziel durch den absoluten Geist des Philosophierenden zu erkennen – durch Ferdinand Lassal. Weil er über Hegel hinaus dieses Wissen dank Hegel besitzt, hat er seine Chance, der sittlichen Vernunft des objektiven Geistes zur gesellschaftlichen Wirklichkeit zu verhelfen. Peu à peu, ohne Überanstrengung des Gedankens und der Aktivität – jedoch in aller Sicherheit.

Mit Hegel im Kopf beschäftigte er sich auch eine Zeitlang mit den Reformbestrebungen im Judentum. Weniger, weil ihm die Religion der Väter so am Herzen lag, als weil es ihn reizte, sein geistiges Rüstzeug zur Schau zu stellen.

Mit einigen anderen Gymnasiasten und Schülern gab Lassal an einer Art freiem Vorgymnasium aus Polen zuwandernden jungen Glaubensbrüdern Nachhilfeunterricht: Diese Jungen waren bildungshungrig und im Talmud bewandert, doch für den Erfolg in den höheren Gymnasialklassen fehlte es ihnen noch schlicht an Kenntnissen, in Latein und Griechisch etwa. Dieses Vorgymnasium stand in enger Verbindung mit dem jüdischen Lehr- und Leseverein, den Breslaus zweiter Rabbiner Abraham Geiger ins Leben gerufen hatte. Geiger wiederum war eines der Häupter der liberalen Bewegung im Judentum, die in Breslau in hartnäckiger Auseinandersetzung mit der orthodoxen Richtung stand. Bei dem starken Zustrom jüdischer Bevölkerung aus dem polnischen Hinterland wurde diese Diskussion gerade in Breslau besonders heftig geführt und strahlte auch in den Westen aus: Es ging um Emanzipation, um den Anschluß an die geistigen Strömungen und die bürgerlichen Aufstiegsmöglichkeiten in der protestantischen Welt.

Beim liberalen Engagement Heyman Lassals in seiner Gemeinde war es nicht verwunderlich, daß auch der selbstbewußte Sohn da irgendwie irgendwann zu wirken versuchen würde. Er sympathisierte offenbar mit einer Gruppe, die dem Reformer Abraham Geiger mit ihrer radikalen Dialektik zu weit ging: Geiger sträubte sich gegen »das Junghegeltum mit seinem Subjektivitätsdünkel« und seinem »gemeinen Ankämpfen gegen alle Demut in der Menschenbrust«.

Ferdinand Lassal sah seine Vorstellungen wohl eher bei entschiedeneren Reformern wie Theodor Creizenach – der später zum Christentum übertrat – oder Gabriel Rießer erfüllbar – dem nachmaligen Vizepräsidenten der Nationalversammlung. Jedenfalls schrieb er dem Doktor Creizenach nach Frankfurt und drückte seine Freude aus über den neuen Reformverein, der »die Fesseln einer verrosteten Orthodoxie zu sprengen und die Autonomie des menschlichen Geistes in eine innerhalb des Judentums nun länger als anderthalb Jahrtausende unterdrückten, aber unveräußerlichen ewigen Rechte wieder einzusetzen« zum Ziele habe. Er kündige seinen Beitritt an und könne mitteilen, daß es ihm bereits gelungen sei, das Interesse angesehener Männer in Breslau für die Sache zu gewinnen.

Doch damit nicht genug. Der junge Lassal erlaubt sich noch eine drei Seiten lange Frage, die darauf hinausläuft, daß er den Vereinsgründern erklärt, welche Aufgabe und Taktik sie zu verfolgen haben! Dabei kümmert ihn wenig, ob er ihre Intentionen trifft – er unterstellt ihnen einfach die seinen. Im Kerne sei danach zu streben, das Judentum mit der modernen Philosophie zu vermitteln – das ist natürlich Hegel. So unverblümt könne man das ja aber nicht sagen, denn leider seien auch die gebildeten unter den heutigen Juden noch zuwenig geläutert durch das kritische Feuer und hingen am Alten. Es empfehle sich daher, die Entwicklung des Mosaismus und die Interpretation des Talmud noch ein wenig beizubehalten – »soweit sie vor dem Forum der gesunden Vernunft bestehen« können. Hüten müsse man sich vor einem dogmatischen System, sichern einen unendlich freien Spielraum.

Der schon nicht mehr kühne, sondern verwegene Vorschlag zielt direkt auf die Aufhebung des Judentums, um in den Kindern Israels »die Autonomie des menschlichen Geistes« in der Ausformung der modernen Philosophie, als absoluten, zu sich selbst gekommenen Geistes zu verwirklichen. Solche Radikalität hatten freilich auch die fortschrittlichsten unter den liberalen Reformern des Judentums nicht im Sinn. Wohl wollten sie sich von den Fesseln einer verrosteten Orthodoxie freimachen, einen freien, moralbezogenen Deismus kreieren – aber doch die Religion nicht einfach abschaffen, und das auch noch mit höchst unmoralischen, betrügerischen Methoden!

Der Vorstoß des jungen Mannes ging also ins Leere, und es ist kaum anzunehmen, daß er sich ernstlich davon Erfolg versprochen. Er hatte es halt probiert, hat brieflich und in den zahlreichen erregten Gesprächen junger Leute seine Meinung eloquent vertreten – aber im Grunde war ihm die Diskussion viel zu lax und lau, nicht radikal genug für Folgerungen und Weiterungen seiner Art. Überdies: Er war zwar Jude, aber ohne jedes religiöse Engagement – schließlich hatte er bereits den Gipfel der Philosophie erklommen. So handelte es sich für ihn hier gar nicht um eine Glaubensfrage, sondern um Aufklärung und Erleuchtung der Menschheit und ein philosophisches Problem.

In Sachen Religion hielt Ferdinand Lassal es da mit Ludwig Feuerbach, dessen kritischen Schriften er in den »Hallischen« und den »Deutschen Jahrbüchern« begegnete; sein Werk über »Das Wesen des Christentums«, 1841 erschienen, hatte er auch schon studiert. Nach Feuerbach sind Gott und die Inhalte der Religionen nichts anderes als Projektionen der menschlichen Ideale, Nöte und Wünsche. Der Mensch entwirft sich seine Götter selbst, weil er glückselig sein will und in ihnen den Spiegel seiner Bedürfnisse findet. »Was er selbst nicht ist, aber zu sein wünscht, das stellt er sich in seinen Göttern als seiend vor; die Götter sind die als wirklich gedachten, die in wirkliche Wesen verwandelten Wünsche des Menschen... Hätte der Mensch keine Wünsche, so hätte er trotz Phantasie und Gefühl keine Religion, keine Götter. Und so verschieden die Wünsche, so verschieden sind die Götter, und die Wünsche so verschieden, wie es die Menschen selbst sind.«

Feuerbachs Religionskritik löste in Deutschland Stürme aus – einen Sturm der Entrüstung und stürmische Auseinandersetzungen. Sie wirkte auf Marx und Engels und auf Lassal. Denn Feuerbach blieb nicht dabei stehen, die Entstehung der Religion aus dem Egoismus des Menschen zu erklären. Er befand den Glückseligkeitstrieb zwar für sehr menschlich, weil es der Selbstliebe schmeichelt, sich unter den Fährnissen der widrigen Natur ein höheres menschenähnliches Wesen zu denken, und gemütlich ist, »unter dem Obdach des himmlischen Schutzes einherzuwandeln«. Aber daß man nur unter dem Obdach einer eingebildeten Religion die Befriedigung aller Bedürfnisse findet – das ist ein kindlicher Traum. Die Menschheit muß aus ihm erwachen und die Bewältigung ihrer Wirklichkeit handelnd, in die eigenen Hände übernehmen. Nicht in der Phantasie der Religion, sondern in der Bändigung der Natur durch Bildung, Kultur – und Wissenschaften – sollen die Menschen ihre Bedürfnisse stillen und ein freies Dasein gewinnen.

»Es handelt sich nicht mehr um das Sein oder Nichtsein Gottes, sondern um Sein oder Nichtsein von Menschen; nicht darum, ob Gott mit uns eines oder anderen Wesens ist – sondern darum, ob wir Menschen einander gleich oder ungleich sind; nicht darum, wie der Mensch vor Gott – sondern wie er vor Menschen Gerechtigkeit findet; nicht darum, ob und wie wir im Brote den Leib des Herrn genießen – sondern darum, daß wir Brot für unseren eigenen Leib haben; nicht darum, daß wir Gott geben, was Gottes ist, und dem Kaiser, was des Kaisers ist – sondern darum, daß wir endlich dem Menschen geben, was des Menschen ist ...«

Um von solchen Sätzen fasziniert zu werden, braucht man nicht Hegelianer und sein eigener Gott zu sein. Es genügt, jung zu sein, aufgeklärt, unruhig, radikal.

Der Student Lassal war jung und Hegelianer. Ein hübscher, schlanker Bursche »von guter Haltung, üppigem dunkelblondem krausen Haar, hoher Stirn und großen, klugen, blauen Augen«. Leicht idealisiert ist dieses Bildnis zwar, doch in der Tat hat sich der Eindruck pubertärer Verschwommenheit aus seiner Leipziger Zeit verflüchtigt. Der junge Mann imponierte seinen Studienfreunden, mit denen er nächtelang im Kiesslingschen Bierkeller leidenschaftlich debattierte. Als Vordenker verstand er sich ohnehin, jetzt vervollkommnete er sich auch noch als Vorredner. Sie bewunderten sein ungeniertes und selbstgewisses Auftreten, seine Gewandtheit mit dem Wort. In seinen Tiraden führte er seltener das Florett als den Degen: Er neigte zu ungeheuren Suaden und Ausbrüchen, in denen er eine Flut von Argumenten und Kenntnissen hervorsprudelte, seine Zuhörer überwältigte. Sehr kalkuliert beeindruckte, denn er schliff seine Redekunst in schriftlicher Übung: Jedes Schreiben entsteht zuerst im Konzept, und diese Konzepte sind nichts anderes als die ausgefeilten Skripten emphatischer Reden mit allen Stockungen, Abbrüchen, Wiederholungen, Wiederanknüpfungen, Verstärkungen, abrupten Wechseln, rhetorischen Stimmungsschwankungen und Stilmitteln bis in die Feinheiten einer Interpunktion, die kaum einen Halt oder eine Besinnung zulassen – es sei denn, um dann desto vehementer fortzufahren, einzusetzen, zu steigern.

Er genießt diese wilden Abende, den »Breslauer Tanz«: Der Zauberlehrling hat da weniger ein kritisches Forum als ein selbsterrichtetes Podium, auf dem er seine Kunstfertigkeit präsentiert. Er führt den Meister Hegel vor, daher bezieht er seine Autorität. Aber was er darstellt, ist Ferdinand Lassal, und das mit Brillanz. Das Licht des klassischen Idealismus fällt auch auf ihn, wenn etwa die beeindruckten Zeitgenossen von seinem »feinen griechischen Profil« oder seiner »blassen Gesichtsfarbe« sprechen: Das sind eher Übertragungen von Stimmungen,

Assoziationen geistiger Wirkungen als Personenbeschreibungen.

Von dieser außerordentlichen persönlichen Leuchtkraft und unglaublichen Belesenheit abgesehen, war an dem Breslauer Studenten Lassal nichts ungewöhnlich. Er belegt Vorlesungen über Sophokles, griechische Altertümer, lateinische Sprache und die Methodik des philologischen Studiums bei dem alten Burschenschafter Friedrich Haase, und der Professor bescheinigte ihm nach insgesamt drei Semestern »rühmlichsten Fleiß«. Die Vorlesungen über Geschichte der neuesten Zeit besuchte er nach dem Urteil seines Lehrers Richard Roepell, eines Ranke-Schülers, »recht fleißig«. Der Philosophieprofessor Christian Julius Braniss bescheinigte ihm lediglich die Meldung. Das ist nicht auffallend, denn Braniss war ein reaktionärer Ordinarius, dessen Vorträge den Widerspruch des Junghegelianers herausfordern mußten.

»Verzichten ist meine Sache nicht«

Es war auch nicht ungewöhnlich, daß der gesellschaftlich gewandte und attraktive junge Herr Studiosus auf Frauenbekanntschaften ausging. Darum bemühten sie sich alle und unterschieden wohlweislich zwischen Fräulein und Frauenzimmer. Bei den Töchtern aus gutem Hause – also ihresgleichen – hatte sich der Liebesdrang der Jünglinge auf Artigkeiten, heiße Blicke und einen verstohlenen Händedruck bei offziellen geselligen Anlässen zu beschränken. Inoffizielle Begegnungen waren schwer zu arrangieren, weil die Eltern und die Umgebung aufpaßten und es auch schon im Erziehungskodex der studierenden Söhne so angelangt war, daß man ein Mädchen aus den eigenen Kreisen zwar zu erobern versuchen durfte – doch wehe, wenn sie dabei ins Stolpern geriet. Dann war sie für den erfolgreichen Bewerber noch verwerflicher als für die geprellten Eltern. Die zweite Kategorie der Frauenzimmer war wohlfeil: Renommierobjekte studentischer Sexprotzerei, in denen sich die Doppelmoral der Väter oder des Standes auf die Söhne übertrug – Dienstpersonal, leichtfertige Weiber, Huren. Universitätsstädte und Garnisonen waren seit jeher Hochburgen der Prostitution.

Daß auch der Student Lassal seinen sexuellen Trieb zu

befriedigen suchte, war demnach nichts Besonderes und keinesfalls wider die studentisch-bürgerlichen Bräuche. Auch die Lassalsche Intensität des Bedürfnisses erreicht keine besondere Qualität – da gab es allezeit robustere Kommilitonen. Und doch stellt ihn dreierlei außer die Regel: erstens bewahrte er Diskretion und renommierte weder mit Erfolgen noch Mißerfolgen; zweitens orientierte er sich eher zu unbefriedigten jungen Ehefrauen hin und glich nur im Notfall sein ungestilltes Interesse durch käuflichen Umgang aus; und drittens spiegelte er niemals ewige Liebe und Treue vor. Lassal schrieb und redete von Besitz und Wollust und der Bestimmung des Weibes dazu, und das meinte er auch so. Aus den Breslauer Jahren sind – in seinen Briefentwürfen! – Dokumente erhalten, die Verhalten, Aufrichtigkeit und Taktik des »Frauenhelden« Lassalle umreißen.

Emma war eine der gut behüteten Bürgerstöchter. Lassal hat sich ihr bei der ersten Begegnung genähert, mit Artigkeiten freundlich gemacht, sie mit Blicken beschossen und ihre Hand berührt – sie war beeindruckt, wehrte ihm nicht. Er sah die Festung schon genommen, schrieb ein glühendes Billet für das nächste Treffen – Lassal bereitete sich für alle absehbaren Gelegenheiten vor.

Es geschah, was jeder bedächtige Betrachter sich vorher errechnen kann. Das Mädchen, umgeben von alarmierten Anstandslöwen, nimmt das mutmaßlich amouröse Blatt nicht an. Lassal legt es ihr auf der Abendgesellschaft in den Schoß – »ach Gott, was empfand ich, als mein irrender Finger über Deine Glieder glitt« –; Emma läßt das Billett fallen, und Lassal rafft es rasch wieder an sich. Er schiebt es ihr beim anschließenden Spaziergang zu – »in der Stadt ihn zwischen Arm und Busen Dir barg«: Sie läßt den schriftlich fixierten Ansturm seiner Leidenschaft in den Straßenschmutz entgleiten.

Ferdinand rast und singt mit vielen Zwischenpunkten einen Brief seiner Qual und Enttäuschung. Ein Mädchen, ein Weib, »das Milch an eines Weibes Brust gesogen, hätte das gerührt«. Aber Emma blieb marmorn kalt. Und nun beruft er sich auf das *Recht* seiner Leidenschaft und seines Verlangens: denn sie hätte ihn gleich bei der ersten Begegnung abweisen müssen – so aber sei sie nur eine Kokette und er habe ihr zu fluchen, ihre Liebe sei nur Trug... Seitenweise geht das weiter in dieser erhitzten Tonart.

Lassal verlangt. Verlangt Liebe und Rechtfertigung für die Leidenschaft, die in ihm erweckt wurde. Man muß ihn zurückweisen, sofort zurückweisen – oder sein Verlangen befriedigen. In diesem Punkt hat nach seinen Kriterien Emma gesündigt. Doch nun eröffnet sich die Möglichkeit der Versöhnung – bei all ihrer Grausamkeit, die nur die Projektion des Selbstmitleids und der Unverschämtheit dieses Jünglings ist. »Eine einzige Stunde, eine halbe auch nur muß ich Dich allein und ungestört sprechen. Das ist alles, worum ich Dich bitte. Bestimme Wo und Wann.«

Die Stunde wird ihm gewährt, und Ferdinand ist selig. Keine Frage: Er genießt auch dieses Auf und Ab, forciert seine eigenen Stimmungen. »Um eine Viertelstunde lang wieder ein Gott zu sein, nachdem ich drei Tage mit jedem Paria, jedem bewußtlosen Tier getauscht hätte. Denn das ist ja das Vorrecht der Menschennatur, zu erklimmen aufrasend die Leiter der Lust und dann wieder in des Wehs tiefuntersten Abgrund sich zu verlieren.«

Er ist zu bezweifeln, daß die »reizende Prinzessin und Fee« Emma ihren »bezauberten Ritter« auf der Leiter der Lust viele Sprossen erklimmen ließ, eher unwahrscheinlich. Wie leicht hätte das Skandal geben können! Lassal mußte andere Wege suchen, sein Begehren zu stillen.

»In Fieberhitze liege ich, und meinen ganzen Körper überläuft ein leiser Schauer, der sich umsetzt in die verzehrendste Glut, meine Blutgefäße dehnen sich bis zum Zerspringen, losgebunden martert mich meine Phantasie mit Gebilden der Lust, so voll zugleich von unerträglicher Folterqual, daß mir der rote Zorn aus dem Auge springt, mein ganzes Leben ist aufgegangen in Wollust, in unaussprechliche Wollust nach Dir ...

Nein, nein, ich mag sie nicht länger tragen die Qual der Selbstverzehrung, herauswälzen muß ich den Lavastrom aus dem Vesuv meines Innern. Ergebung, Verzichten ist meine Sache nicht, ich muß es Dir sagen, Du mußt mich hören ... so höre mich, Weib ... Weib, höre mich ... ich will ruhig zu Dir sprechen und kalt. Sieh, ich habe nie ein Bedürfnis gekannt, ich bin es gewohnt, daß die tausendarmige Erfüllung meilenweit vorhereilt einem jeden meiner Bedürfnisse, sie befriedigt, eh sie entstehen ... Seitdem ich Dich gesehen, ist der Teufel meines Blutes freigeworden und schüttelt mich wie der Sturm das Schiff, ich kann ihn nicht bekämpfen und mag ihn nicht bekämpfen; ihn bekämpfen wäre Todsünde gegen den obersten Gott, den Gott der Wollust und des Fleisches.

Weib, weißt Du, was Schönheit ist? Sie ist die körperliche Offenbarung Gottes, und die Wollust ist die große heilige Passion für den fleischgewordenen Gott.«

Das ist nun nicht die Tonart, mit der man über ein sittsames Bürgermädchen herfällt. Lassal richtet diesen Überfall an eine verheiratete junge Frau, die ihm verschwiegene Hoffnungen gemacht hat, und erklärt klipp und klar, was er von ihr will; eine Nacht, eine einzige Nacht, in der sie seine ganze Mannheit trinken soll, für die er ihr Himmelsseligkeit verspricht und ein Kind, »das der Gott werden soll künftiger Geschlechter«! Denn, bitte sehr, sie kann doch nicht befriedigt sein von den hektischen Umarmungen ihres alten Graukopfes – »komm zu mir ... und wenn unsere Lüste um die Wette rennen, will ich die Deinigen zu Tode hetzen«.

Das ist kühn, wahrhaftig, und nicht nur für einen 18jährigen Jüngling. Es ist Lassal und beschreibt sein Verhältnis zum Weib, in das er seine Wünsche projiziert. Wenn eine Frau seine Leidenschaft erregt, so hat sie kein Recht, sich ihm zu verweigern, er aber ein Recht – nein, nicht auf ihre Liebe, sondern auf ihren Besitz. Mit solch direkter Auffassung vom Geschlechterverhältnis steht er natürlich außerhalb der moralischen Begriffe seiner Zeit; das ist ihm klar, aber auch selbstverständlich. »Schütze nicht Prüderie vor, nicht Sittsamkeit, nicht Pflicht der Ehe, ich weiß, Du verlachst sie, diese Borniertheit des Bürgers, die er Tugend nennt, diese Ammenmärchen der Großmutter.«

Erfolge oder Mißerfolge seines Drängens hat keine Klatschspalte festgehalten. Doch es umgab ihn der Ruf, Frauen gefährlich zu sein, schon in seiner Studienzeit. Und ein unüberlegter Mann war er ja wirklich nicht, hartnäckig und selbstgewiß überdies: So wird er auch hier Anlaß und Chance für die Direktheit seines Vorgehens gesehen und abgewogen haben. Es steht außer Zweifel, daß er eine bestrickende Taktik gerade im Umgang mit verheirateten Frauen entwickelt hat – und schließlich war Lassal ja ein imponierender junger Mann von interessanter Schönheit, der das Wohlgefallen mancher frustrierten jungen Ehefrau mit einen ältlichen Ehegatten wecken konnte. Und darauf spekulierte er ja auch hier.

So gerne der junge Lassal in der Schönheit dem fleischgewordenen Gott seine Passion entgegenbrachte – eigentlich wichtig war das trotz aller wortreichen Raserei seines Verlangens und seiner Episteln nicht. Frauen waren keine Partner für seine geistigen Ansprüche – das konnten sie nach seiner Überzeugung gar nicht sein. Ihre Funktion war die Hingabe an den Mann. Im günstigen Fall waren sie vielleicht unzulängliche Objekte der Erziehung. Mehr konnten sie nicht sein, denn die Welt des absoluten Geistes, des reinen Gedankens war ihnen verschlossen – die war den Männern vorbehalten, und in ihr hatte sich der Hegelianer zu bewähren.

Das akademische Lehrstück: Wenn auch nur ein einziges Individuum unterdrückt wird!

Es war natürlich, daß der junge Feuerkopf zu den Burschenschaften stieß, um Atmosphäre zu saugen und Bestätigung zu erlangen. In den Burschenschaften, die in direkter Anlehnung an die studentischen Freiwilligenformationen der Befreiungskriege gegründet waren und die Lützower Farben Schwarz und Rot und Gold zum Symbol wählten, war über alle Beschränkungen und Gegenbewegungen der Reaktionszeit hinweg der Geist der nationalen Einheit wach geblieben und hatte sich immer wieder mit konstitutionellen und liberalen Gedanken verbunden. Burschenschaften waren immer dabei, wenn es im Vormärz Unruhe gab. Das ging mit dem Wartburgfest 1817 los, wo sie gegen die Obrigkeit und die Reaktion demonstrierten, erlebte Höhepunkte auf dem Hambacher Fest und in ihrem Sturm auf die Frankfurter Hauptwache im Vormärz und endete erst mit dem Versuch einer deutschen Revolution 1848, als sie in Berlin und Wien hinter den Barrikaden lagen und im Südwesten Deutschlands gegen die Truppen der Fürsten kämpften. Man hatte die Burschenschaften mehrfach verboten, ihre Anführer in Karzer gesperrt und der Universität verwiesen, die entschiedensten Köpfe mit jahrelanger Kerkerhaft belegt und des Landes verbannt. Doch die Burschenschaften überlebten und blieben ein Herd der Unruhe.

Die Raczeks in Breslau zählten 1843 zu den radikalen Burschenschaften. Lassal schloß sich ihnen an. Hier wurde über Feuerbach gestritten und über die Sozialisten Saint-Simon,

Fourier, Louis Blanc. Natürlich las man die Jahrbücher Arnold Ruges, das Organ der Junghegelianer. Sie begeisterten sich für den revolutionären Dichter Georg Herwegh, der in die Schweiz geflüchtet war, und für die politische Lyrik ihres Kommilitonen Rudolf Gottschall, der gerade von der Universität in Königsberg verwiesen worden war und jetzt an der seiner Heimatstadt Breslau studierte. Sie hatten ihr eigenes, handgeschriebenes »Journal für moderne Philosophie«, das Gottschall und der Führer der Breslauer Burschenschaft Max von Wittenberg herausgaben. In diesem avantgardistischen Blatt veröffentlichte Lassal seine erste philosophische Abhandlung über die Gegenwart und die Rolle Hegels in ihr. Er hat diese Arbeit geschätzt und rechtzeitig gesichert – der Vater mußte ihm später die Ausgabe nach Berlin nachsenden –, ist aber in der Folgezeit nicht mehr darauf zurückgekommen: Vielleicht, weil er darin Heine mitsamt seiner Poesie als »im gemeinsten Realismus befangenes Subjekt« verdammte, das vor der sittlichen Substanz Hegels nicht standhielt?

Die Burschenschaften jener Zeit waren jedenfalls keine geheimen Diskutierzirkel und keine Paukbodenvereine. Einmal trafen sie sich in öffentlichen Kneipen und waren's ganz zufrieden, wenn die Bürger ein wenig unter ihren trotzigen und aufrührerischen Reden litten. Und zweitens war das damals eine Frühform von Jugendbewegung; aber eine, die ihren Protest noch nicht auf die Entwicklung eigener Lebensformen zurückgezogen hatte, sondern nach außen wirken und ihre Ideale verwirklichen wollte. Aus den Breslauer Raczeks sind oppositionelle und revolutionäre Geister hervorgegangen. Johannes Ronge zum Beispiel, der als Priester wegen seiner rationalistischen Kritik am Papsttum exkommuniziert wurde. Wilhelm Wolff, auch Lupus oder Kasematten-Wolff, der kommunistische Publizist, dem Marx den ersten Band des »Kapital« widmete. Und Ferdinand Lassalle.

Die Raczeks wollten aber auch unmittelbar wirken. Wenn ihnen etwas nicht paßte, meldeten sie Protest, demonstrierten. Auch an den deutschen Hochschulen jener Tage konnte einem manches nicht passen. An der Universität Breslau wurde der Grimmschüler August Heinrich von Fallersleben, seit 1835 ordentlicher Professor für deutsche Sprache und Literatur, auf Beschluß des preußischen Staatsministeriums um die Jahreswende 1843/44 seines Amtes enthoben. 1841 hatte der liberale

Patriot die Verse gedichtet: »Deutschland, Deutschland über alles.« 1842 erschienen seine »Unpolitischen Lieder« – und die nahm die Kultusbehörde zum Anlaß seiner Entlassung. Hoffmanns Verse waren ziemlich harmlos gegen die politischen Lieder, die Gottschall dichtete und die Burschenschafter sangen. Der Konflikt lag in der Luft.

Er entzündete sich an den Vorlesungen des Philosophen Braniss, den Lassal eh nicht mochte. Braniss war so dumm, professoral und reaktionär, sein Kolleg mit Ausfällen gegen Feuerbach und all diese radikalen Ideen zu spicken. Im Hörsaal bestand die Mehrzahl aus dialektisch geschulten, glühenden Anhängern Feuerbachs – man kann getrost annehmen, daß sie die Grundlagen und Gründe der Feuerbachschen Kritik besser verstanden hatten als Professor Braniss. Nach Lassals Begriffen waren sie im vollkommenen Recht, als sie Rabbatz machten. Ein Student namens Hermann Grieben, der später Redakteur bei der »Kölnischen Zeitung« wurde, war anderer Meinung und veröffentlichte das mit Angriffen auf seine Kommilitonen in der *Breslauer Zeitung*. Der Burschenschaftsvorsitzende Wittenberg lud darauf Grieben vor eine Studentenversammlung, damit er sich für seine Polemik rechtfertige. Natürlich lief das auf eine Demonstration für Feuerbach und gegen die reaktionäre Universität hinaus. Rektor und Senat untersagten also die Veranstaltung – aber sie fand dennoch statt.

Wittenberg eröffnete die Versammlung mit der Verkündung des Rektoratsbeschlusses und forderte die Studenten auf, nach Hause zu gehen. Natürlich taten sie es nicht, sondern diskutierten Griebens Artikel und verrissen dabei Braniss. Und Lassal war einer der eifrigsten, trat vor dem großen Auditorium als Ankläger im Geiste Hegels auf.

Die Folge waren akademische Verweise und Relegationen. Als erste traf es Wittenberg und Gottschall.

Lassal formulierte eine Eingabe an den akademischen Senat, in der er Wittenberg verteidigte und gleiche Gerechtigkeit für alle Beteiligten forderte. Wittenberg habe sein Versprechen gegenüber dem Rektor, die Versammlung aufzulösen, erfüllt; aber der Vollzug habe nicht in seiner Macht gestanden. Und was Wittenberg an Argumenten vorgebracht habe, sei die Gesinnung aller. Also müßten sie alle gleich behandelt werden: Gleiche Straflosigkeit für Wittenberg oder gleiche Strafe für alle. Mit Lassal unterzeichneten 14 Studenten.

Nach dem Schulbeispiel also hier ein akademisches Lehrstück. Die wilde Demonstration der Studenten wie die Taktik des Protestes und ihre formale Rechtfertigung sind überraschend nur, weil sie nicht aus den 70er Jahren des 20. Jahrhunderts, sondern aus den Jahrzehnten des Vormärz bezeugt sind. Und auch die Reaktion der akademischen Lehrherren gleicht sich.

An dem Consilium abeundi für Wittenberg ändert sich natürlich nichts: Er darf in Breslau nicht mehr studieren. Gottschall wird der Stadt verwiesen, in der er eben sein Trauerspiel »Robespierre« vollendete, noch bevor er in die Immatrikel der Universität eingetragen wurde: Da hatte man offenbar nur auf die Gelegenheit gewartet.

Das war auch den Studenten klar, und sie beantworteten die Provokation auf ihre Weise. Sie bereiteten dem gefeierten und gefeuerten Dichter ein lärmendes Komitat, geleiteten ihn mit großem Brimborium feierlich zur Stadt hinaus.

Und dem folgt wiederum der zweite Teil des akademischen Lehrstücks, denn die Kultusbürokratie ist rachsüchtig und zählebig. Die am Komitat – und der Eingabe – beteiligten Studenten – werden in eine neue akademische Untersuchung gezogen. W. Anders (Casca) wird wie Wittenberg von der Universität gewiesen und Lassal, der mit Wittenberg und Gottschall zu den Hauptrednern gehört hatte, dank dem rabulistischen Geschick seiner Verteidigung nur wie einige andere zu 14 Tagen Karzer verurteilt.

Es war seine erste Begegnung mit Gefängnisgittern, aber gewogene Universitätsbeamte erleichterten sie ihm. Als ehrenrührig konnte er die Haft gewiß nicht empfinden. Alleinsein war ihm vertraut aus der Studiermansarde, er konnte die Zeit zu Studien nutzen. Wichtig war, auf alle auch in der Haft gegebenen Rechte zu pochen. Er hat daraus gelernt. Für einen konsequenten Revolutionär von der persönlichen Beharrlichkeit Lassals war es gewissermaßen eine sanfte Einübung in die Zukunft, und diese Lektion hat er auch im Hegelschen Sinne begriffen: Damit wird er leben können.

Andererseits ist das Signal deutlich. In Breslau wird Ferdinand Lassal jetzt nicht weiterkommen und das umfassendste Studium der Welt nicht vervollkommen können. Als Aufrührer argwöhnisch beobachtet, drohen ihm an der Universität nur Schwierigkeiten und der endgültige Verweis. Es ist Zeit, den Ort zu wechseln.

Im April 1844 reist Ferdinand Lassal an einem Montagabend von Breslau mit der Postkutsche ab, Mittwoch früh trifft er in Berlin ein.

Die Hauptstadt Preußens stand damals im Begriff, eine Metropole zu werden. Ihre Bevölkerung hatte sich im vergangenen Vierteljahrhundert auf 400 000 Einwohner verdoppelt. Seit den 30er Jahren machten sich auch die Anfänge der Industrialisierung bemerkbar. Noch überwogen freilich im Gewerbe das Handwerk und die staatlichen Manufakturbetriebe; ein Viertel der Bevölkerung nährte sich von gewerblicher Arbeit, sie beschäftigte 25 000 Meister und 22 000 Gesellen und Lehrlinge, 78 000 Gewerbetreibende wurden 1846 insgesamt gezählt. Doch schon waren einige Handwerkszweige hoffnungslos übersetzt. Unter den Schuhmachern konnte man zwei Drittel, unter den Tischlern ein Drittel zum neu entstehenden Proletariat zählen. Die Lebensverhältnisse der zahlreichen Heimarbeiterinnen und Handnäherinnen im Textilgewerbe sahen nicht viel anders aus.

Die geschickten Handwerker wurden zuerst von der Industrie aufgesogen und zum besten Arbeiterstamm in den Fabriken. Wer besonders erfolgreich wirtschaftete, konnte es zum Unternehmer bringen: Im Maurergewerbe beschäftigten 100 Selbständige 2000 abhängige Meister, 2700 Gesellen und 300 Lehrlinge. In den 26 Maschinenfabriken standen erst 3000 Arbeiter, in der ganzen Stadt liefen nur 62 Dampfmaschinen. 61 Lokomotiven fuhren auf den neuen Verkehrswegen der Eisenbahn nach Potsdam, Dessau, Stettin und Frankfurt an der Oder; erst 1847 wurde die schlesische Eisenbahn mit Breslau verbunden. In der Hauptstadt selbst rollten 400 Droschken – und die erste Pferdeomnibuslinie mit drei Wagen zwischen dem Potsdamer Bahnhof und dem Alexanderplatz.

Doch der Anfang zur industriellen Entwicklung war gemacht. Leistungsfähige Bankhäuser wie die der Gebrüder Schickler, der Mendelssohn und Bleichröder sorgten für das notwendige Kapital. Nach zwei mäßigen Vorversuchen wurde die Gewerbeausstellung des Zollvereins in Berlin 1844 zu einem glänzenden Erfolg. Von 3040 Ausstellern kamen 685 aus der Hauptstadt.

Auch die sozialen Probleme deuteten sich bereits an. Nach

den strengen Bestimmungen des Steuerzensus besaßen nur 20 000 Bürger, eine Spitzenschicht von fünf Prozent, das aktive Wahlrecht, das passive noch weniger. Das Honoratiorensystem, gesellschaftlich ohnehin exklusiv, wehrte auch der politischen Einsicht: Bis 1843 waren nicht einmal die Wahlbürger zu der Stadtverordnetenversammlung zugelassen, und es bedurfte starken liberalen Druckes, bis 1845 die Öffentlichkeit hergestellt wurde.

Auf der anderen Seite waren durch den starken Zuzug aus Brandenburg und den preußischen Provinzen im Osten die Wohnverhältnisse knapper geworden, die Leute hausten dicht gedrängt, vor dem Hamburger Tor entstanden die ersten Massenquartiere, und die Mietpreise stiegen.

Das respektable Preisniveau der Hauptstadt ist es denn auch, das die Einfallsgabe des Ankömmlings Lassal gleich auf die Probe stellt. Er steigt im Gasthof zum König von Preußen ab – nicht ganz billig, täglich ein Reichstaler und Trinkgeld für Hausknecht und Kellner. Mit der Droschke – die kostet ihn in den ersten Tagen auch anderthalb Taler – eilt er zum Mittagsmahl bei Kusine Dorchen Schweder und ihrem Mann. Dann macht er sich unternehmungslustig auf Wohnungssuche, im besten Viertel. Unter den Linden kosten die Appartements per Monat ein Dutzend Taler: Der sparsame Vater hatte ihm ein Limit von drei Talern mit auf den Weg gegeben. Dann schaut er sich auch noch ein paar Stuben in einfacheren Gegenden an – 120, wie er dem Vater schreibt. Selbst bei Gebrauch der Droschke eine respektable Leistung für einen Nachmittag. Diese kümmerlichen Kammern kosten alle mindestens acht Taler, nur eine könnte er vielleicht für sieben haben oder gar sechs; aber sie ist schrecklich weit weg von der Universität, und er würde wahrscheinlich viel Zeit für die Wege vergeuden.

Am nächsten Tag kommt Ferdinand ganz en passant die rettende Idee. Er trifft einen braven armen Verwandten, der gerade in schrecklicher Wohnungsverlegenheit ist, und da fällt ihm jene hübsche Wohnung Unter den Linden wieder ein, die er für acht Taler haben könnte! Er bietet dem kleinen May an, für zwei Taler mit ihm zu wohnen, übernimmt die anderen sechs und ist sich des Einverständnisses des Vaters mit seiner guten Tat sicher. Natürlich werde er den Jungen, der ihn in keiner Weise bei der Arbeit stören könne und dürfe, sofort hinauswerfen, wenn er nicht spure, und erwarte sich von ihm auch kleine Hilfsdienste als Gegenleistung für die geistige Stütze, die er ihm geben werde. Und nun hat er eine elegante Wohnung nahe der Universität, Unter den Linden 52, mit Blick vom Königlichen Schloß bis zum Brandenburger Tor! Der Vater möchte ihm doch bitte noch 200 Zigarren zum Preis von vier Talern schicken, die Berliner Qualität sei gar zu mies oder zu teuer (den Betrag vom Wechsel abziehen!). Die Mutter möchte ihm noch einige Oberhemden machen; neun sind zuwenig, wenn er wöchentlich zwei braucht und der Sommer heiß wird. Es kostet alles ungeheures Geld und verursacht so viele Nebenausgaben, an die er gar nicht dachte. Er spare dafür am Essen, das leider nicht sehr gut sei und dennoch teurer als veranschlagt. Dein Dich liebender Sohn.

Der Student Lassal, endlich dem direkten Zugriff von zu Hause wie der knickrigen Gewinnsucht eines Pensionsvaters entzogen, richtet sich ein, und zwar so angenehm, wie er dem zahlenden Vater irgend plausibel machen kann. Keine Frage, das Leben in Berlin ist teurer als in Breslau; aber wenn man dies und das eigene Bemühen um Sparsamkeit noch ein bißchen übertreibt und farbig schildert – dann entsteht der Eindruck, der Sohn habe mit seinem Geschick das große Los gezogen. Und das hat er ja auch.

Es sind auch nicht so sehr die Taler, um die sich Heyman Lassal ängstigt. Sorgen bereiten ihm mehr das Temperament, der unruhige Geist und der ihm fragwürdige Arbeitseifer des fernen Sohnes. Läßt er gar wieder seinen subversiven Tendenzen freien Lauf? Eine unnötige Furcht, belehrt ihn Ferdinand. Zwar wurde er auf die Universität bestellt, an der er sich am 27. April 1844 immatrikulierte. Aber er mußte dort nur einen routinemäßigen Revers unterschreiben – der ihm von Breslau nachging –, daß er sich an keinerlei Rumoren beteiligen werde. Doch gibt es noch einen triftigeren Grund, weshalb er mit seinem Revolutionspathos nicht auf die Straße stürzen werde: »Grade ich, der ich in Hegelscher Schule geschult worden bin, weiß am besten, wie man hierzu vor allem die Zeit abwarten muß und ein Individuum auf keine andre Weise als der zur Beschleunigung eines solchen Ereignisses beitragen kann, die Bildung und Philosophie zu verbreiten.« Der Satz verrät, daß der scheinbar friedfertige junge Mann weder lügt noch sich gehäutet, sondern lediglich die Konsequenz seines Selbst- und

Weltverständnisses weiter ausgebaut hat. Er hat nach dem wilden Tanz der Breslauer Studentenzeit jetzt, aufmerksam beobachtend, Wartestellung bezogen, der Gelegenheit zum Eingreifen harrend. Unterdes arbeitet er an sich, sein Wissen und sein System zu vollenden, den Gang der Dinge auf den Begriff zu bringen.

»Meine Tätigkeit ist jetzt eine begrenzte und auf die Produktion meines Systems gerichtete, mit deren Anfang ich wohl erst in zwei Jahren anfangen kann ... Es drängt mich, wie natürlich, mein Werk zu schreiben. Denn einmal ist es wirklich Zeit, der immer mehr einreißenden Unwissenschaftlichkeit und Flachheit ein Ende zu machen, und dann, wie ich mein Werk geschrieben habe, bin ich ein gemachter, weltberühmter Mann, jetzt doch immer ein obscurus homo. Warum sollte ich damit zögern, in das Licht meines Ruhmes herauszutreten? Grund also über und über zum Fleiß.«

Lassal entwickelt einen immensen Fleiß. Nicht auf der Universität, deren Bildungsangebot er binnen 14 Tagen Valet sagt. Erst will er täglich acht Stunden belegen, dann fünf oder sechs Kollege, dann hört er sich einiges an. Daß der Hegel-Gegner Friedrich Adolf Trendelenburg bei ihm nur müde Empörung auslöste, versteht sich. Schlimmer ist für ihn die Erfahrung, wie langweilig der Nachfolger auf dem Lehrstuhl Hegels, G. A. Gabler, die Lehre des verehrten Meisters vorträgt. Lassals Einwand ist nicht von der Hand zu weisen. Er beklagt den miserablen Bildungsstand und das Fehlen jeder philosophischen Vorkenntnis bei den Studenten, die Anlaß dieser ellenlangen Einleitungen und Salbaderei der Professoren seien. Das trifft schon etwas den Zustand der Berliner Universität nach ihrer Humboldtschen Blüte.

Auf Friedrich Wilhelm von Schelling, den der Preußenkönig eigens zur Bekämpfung der Hegelschen Schule nach Berlin gerufen hatte, läßt Lassal sich gar nicht erst ein. Da ist nichts als Intuition und Mystik zu erwarten, doch der Kuriosität halber werde er mal hingehen. Auch bei dieser saloppen Vernichtung darf man nicht übersehen, daß der junge Lassal schon ein philosophisch brillant geschulter Kopf war. Oder sagt er etwas anderes als der Dichter Friedrich Hebbel nach einem Besuch in Berlin einige Jahre später: »Schelling klappert zwar noch immer mit seinem Schlüssel zur absoluten Wahrheit, aber niemand glaubt daran, daß sich etwas damit aufschließen läßt.«

Lassal reagiert auf so viel »Fadaisen« (Abgeschmacktheiten) und Trivialitäten rigoros. Er streicht die Philosophie aus seinem Lehrplan, belegt pro forma ein Kolleg Logik. Bezeichnenderweise bleiben nur zwei *reale* Disziplinen der Wissenschaft, textkritische Studien übrig, die durch ihr stoffliches Angebot zur Interpretation vor seinen Augen Gnade finden: eine Einleitung ins Alte Testament bei dem Altphilologen Karl Albert Agathon Benary und ein Kolleg über Denkmäler der griechischen Kunst bei dem Archäologen Theodor Ponafka. Das macht täglich eine Stunde Universitätsbesuch.

»Meine Zeiteinteilung und sonstige Lebensweise kurz zu schildern, verhält es sich so mit ihr. Ich stehe früh etwas vor 4 Uhr auf, arbeite bis 9 Uhr Hegel, um 9 gehe ich ins Kolleg, um 10 komm ich zurück, ziehe mich aus, Schlafrock, Pantoffeln und Nachthemde an und arbeite bis abends 10 Uhr ununterbrochen; um 10 Uhr lege ich mich schlafen. Ich ziehe mich immer, wenn ich um 10 Uhr früh aus dem Kolleg komme, aus, sagte ich, weil ich den Tag nie wieder ausgehe, ich esse nämlich gewöhnlich zu Hause Mittag; nur zweimal die Woche höchstens gehe ich zu Mittag essen. Wenn ich zu Hause esse, so esse ich Butterbrot, überhaupt habe ich mir das Essen in hohem Grade abgewöhnt... Von 4 Früh bis abends 10 sind 18 Stunden, da geht eine für Kolleg und zwei für An- und Ausziehen, Essen etc. ab, bleiben noch 15 Stunden, da kann man schon etwas tun; und bin ich mit meinen Arbeiten sehr zufrieden, was viel sagen will, denn ich bin die strengste Behörde gegen mich selbst, strenger als irgendein andrer sein könnte oder selbst dürfte.«

Mit einem Gewaltakt geistiger und körperlicher Anstrengung stürzt sich Lassal auf seine Studien. Die Universität kann ihm nichts bieten – wohlan, so wird er sich unter Anleitung Meister Hegels selbst erarbeiten, was er braucht. Störungen schaltet er aus, sein Lebensstil ist ungeheuer frugal. Er ernährt sich von Butterbroten, Semmeln und Kaffee; dann streicht er auch noch den Kaffee, der ihm ohnehin schädlich sei. Nicht verzichten mag er auf seine Zigarren, und auf gepflegte Kleidung legt er einigen Wert. Was er einspart, kommt seiner Bibliothek zugute, die Liebhaberei und Bedürfnis zugleich ist.

Die überraschende Askese entspricht einem Vorsatz seines Willens, er hat diese konzentrierte Arbeitswut offenbar in seine Berlin-Planung eingebracht. Ein neuer »Abschnitt seines Lebens«, wie der Vater mahnend meint, ist das für ihn freilich nicht. Denn ein Lebensabschnitt ist eine *qualitative* Umgestaltung des Geistes selbst, ein Stadium im Entwicklungsprozeß des Geistes, und diese Entwicklung in den Stufen Hegels hat der 19jährige bereits abgeschlossen.

»Ich zähle nur drei Abschnitte in meinem Leben, d. h. drei Phasen, und es gibt keine Phase mehr für mich, denn ich habe die höchste Phase des gegenwärtigen Standes erreicht und kann mich nur innerhalb dieser, d. h. nur *quantitativ* ausbilden. Die drei Phasen aber, die ich durchgemacht, sind die: von meiner Geburt an bis ich nach Leipzig ging, oder kurz vorher, in welchem Abschnitt ich ein dummer Junge war, von meinem Aufenthalt in Leipzig an, wo ich meiner inneren Leere bewußt wurde und von einem unbestimmten, unklaren Sehnen, sie zu erfüllen, ergriffen wurde. Ein dunkler Drang, der mich damals aus meiner Sphäre herausriß, ohne mir doch bestimmten positiv erfüllten Inhalt geben zu können. Das dauerte bis vor 2½ Jahren. Und vor 2½ Jahren häutete ich mich zum dritten Mal. Die Philosophie trat an mich heran, und sie gebar mich wieder und von neuem im Geiste. Diese geistige Wiedergeburt gab mir alles, gab mir Klarheit, Selbstbewußtsein, gab mir zum Inhalt die absoluten Mächte des menschlichen Geistes, die objektiven Substanzen der Sittlichkeit, der Vernunft etc., kurz, sie machte mich zu der sich selbst erfassenden Vernunft, d. h. zum selbstbewußten Gott (d. h. zu dem sich als Erscheinungsform und Verwirklichung des Göttlichen begreifenden Geist). Wer aber einmal ein Gott war, wird nie wieder ein dummer Junge!!!«

Es ist Lassal mit dieser Standortbestimmung vollkommen ernst. Er hat die höchste Warte des Geistes erklommen. Von hier kann er durch den Gedanken die Welt überblicken und erfassen, seinen Blick nur weiten, aber nicht den Begriff. Auf den hat er sich und die Welt schon gebracht und ist dadurch zum selbstbewußten Gott geworden.

Man kann sich denken, welches Selbstgefühl einem Jüngling daraus erwächst, welche Selbstbefriedigung ein Mann vom

Temperament Lassals daraus schöpft. Sie ist ein Antrieb, der jede Anstrengung, jede Schufterei und jedes Leiden verlangt und rechtfertigt, die Quelle einer unbesiegbaren Überlegenheit. Er versteht sich als gereiften Mann mit der Tatkraft und Energie des Jünglings und dem Erkenntnisvermögen des Philosophen. »Er macht die Erfahrungen der ganzen Welt- und Völkergeschichte von Anno 1 bis auf den heutigen Tag zu den seinigen, sie, diese großen Erfahrungen, diese Inbegriffe der göttlichen Weisheit werden zu seinen Errungenschaften. Er hat so viel Erfahrung, als wenn er von 1000 vor Christus bis 1844 nach Christus gelebt hätte; er reift mit einem Worte in dem Prozeß des geschichtlichen Lebens, er wird von dem geschichtlichen Leben, d.h. von Gott selber, geschult. So bin ich gereift, so bin ich geschult, und damit basta!«

Die Briefe an die Eltern aus jenem Sommersemester handeln von Geld und akribischen Abrechnungen: In diesem Punkt sind sie zielbewußte Demonstrationen seiner Bescheidenheit. Gelegentlich macht er eine Landpartie, einen Besuch bei fernen Verwandten, eine vergebliche Aufwartung bei dem gefeierten Komponisten und Generalmusikdirektor der Berliner Oper Giacomo Meyerbeer. Er knüpft erste freundschaftliche Kontakte – wenig mit Frauen – und nimmt zur Erholung und, wie ihm schon die Ärzte in Breslau empfohlen, 24 Reitstunden zum Preis von zwölf Talern. Sein Sitz ist im Juli schon fast vollkommen, doch mit der Führung des Pferdes hapert es noch: Ob ihm angesichts seiner leeren Kasse die Mutter vielleicht zu einem zweiten Kurs verhelfen kann?! Es besuchen ihn auch schon öfter Bekannte, und er geht hin und wieder aus – doch in all dem geselligen Treiben findet er nur Verschrobenheit und Unnatur, es macht ihn hohl und leer, genügt seinen geistigen Ansprüchen nicht – und darum isoliert er sich ja eben zum Beispiel in seinen Ausritten.

Lassals Bescheidenheit, man sieht es, ist durchaus nicht mit Bedürfnislosigkeit zu verwechseln. Soweit er Bedürfnisse hat, weiß er sie sich zu erfüllen. Nach Art des Studenten, der vom Wechsel des Vaters abhängig ist, kaschiert er sie natürlich ein wenig – aber ist es nicht richtig, daß ein anständiger Mann sich in feinere Hemden kleiden muß, als er es als »sansculotte« in Breslau noch tat? Um Argumente ist der Sohn nicht verlegen. Und seine Haltung ist nicht unaufrichtig. Der Umgang genügt seinen intellektuellen Ansprüchen nicht, die Zerstreuung tut ihm bei so viel intensiver Arbeit not, und seine Studien leiden nicht darunter. Im übrigen geriert sich der charmante junge Mann in seinen geselligen Begegnungen, welche ihn bisweilen so heftig langweilen, mit Sicherheit ebenso häufig nicht weniger demonstrativ überlegen, als er es gegenüber den Eltern tut. Er fordert und er belehrt.

Er erklärt Heyman Lassal, wie unzufrieden er mit seinen spärlichen und kärglichen Briefen sei. Er erteilt ihm Rat für seine Geldgeschäfte und spricht Urteile über Bekannte, fremde Menschen und Vorgänge, verteilt Zensuren und Anweisungen. Es ist ein boshafter Seitenhieb auf die Schreibfaulheit des Vaters, wenn Ferdinand der Mutter – die er gewiß für eines großen Geistes Kind nicht hielt – einen seitenlangen Brief über seine Stellung zum Judentum und zur Natur schreibt. Daß er dabei die jüdische Welt mit Hegel als »die Welt der erbärmlichen Persönlichkeit« bezeichnet, dürfte die gute Frau kaum erfreut haben. Weshalb in der Häßlichkeit des Judentums die schöne Einheit der Natürlichkeit durch die kalte Einseitigkeit der Abstraktion gebrochen wurde und dieser Riß ohne Versöhnung in der totalen Fülle des Geistes bleibe: Das hat sie gewiß nicht verstanden. Zuviel Hegel, zuviel Feuerbach. Was es bedeutet, wenn Ferdinand sein Unverhältnis zur Natur beschreibt und jene, die sich begeistern für Naturbetrachtung, Naturleben, schöne Gegenden etc., bezeichnet als »eine Klasse der modernen Affen, die in ihrer Geistesarmut nichts mehr zu verehren und lieben affektieren als eben die Geistestotheit, die Bewußtlosigkeit der Natur«: Das konnte seine Mutter niemals erfassen.

Lassal besitzt keine Beziehung zur Natur und hat sie auch nicht vermißt oder gar gesucht. Man kann sich in ihr wohl fühlen, darin zurückziehen und erholen, wenn man von der Unwahrheit des gesellschaftlichen Lebens gar zu angeödet oder vom Kampf im geschichtlichen Leben erschöpft ist. Sie ist hübsch, angenehm – aber für die Denkenden unzureichend, weil sie zwar die sinnliche Harmonie der Schönheit besitzen kann, aber niemals den Stempel des freien Geistes tragen, das zu sich selbst gekommene Bewußtsein. Vor Lassals Hegel verblaßt die Natur zum Beiwerk des Daseins. Sie gelangt nicht auf die Höhe des Absoluten, des Allgemeinen – und das Besondere besteht vor Lassals Augen nicht. Er wird viel reisen, viel sehen, ausreiten und auch wandern – aber der »Schoß des

Naturlebens« ist ihm kein Ersatz für das Reich der Geistigkeit, auch kein eigenes, in dem er Erlebnisfähigkeit entwickelt. Schön sind für den Denker nur die *geschichtlichen* Stufen, weil sie tief sind, die Entwicklung der Geschichte der Ausdruck des Geistes ist. Und deshalb gilt es dort auch, das *Besondere* zu beachten, aber es dem *Allgemeinen* zuzuordnen.

Altdeutschland, wir weben dein Leichentuch

Das Allgemeine gewittert am Horizont, als sich Anfang Juni 1844 in Peterwaldau und Langenbielau die schlesischen Weber erheben. Lassal hört es wohl, verfolgt die Zeitungsberichte und weiß, daß es hier Ernst ist, blutiger Ernst! »Seid ihr denn wirklich so stockblind, taub, dumm, an allen Sinnen gelähmt und geschlagen«, schreibt er dem Vater, »daß Ihr nicht merkt, was das alles zu bedeuten hat? Die Not, das Unglück, die Entzweiung mit dem gesellschaftlichen Zustand, die sich jetzt in so vielen Phänomenen kundtut, durch so unzählige Prismen bricht, Weberarmut und Aktienschwindel, das ist auf das engste innerlich verknüpft und ein Eines, die Prismen und Strahlenbrechungen nur verschieden, das Licht, der Strahl der eine. All diese verschiedenartigen Phänomene sind Möwen, Möwen sag' ich Euch, Sturmvögel, die da verkünden, daß der Sturm des neuen Geistes im Anzug sei.«

Lassal ist begeistert und voller Bewunderung für die einsichtige Haltung des Volkes, das sich weigert, die Fabriken niederzubrennen, weil die Fabrikherren versichert sind und auch kein Sinn darin liege, sie so arm zu machen, wie es selber sei. »Das ist schon nicht mehr rohe Vernichtungswut, das ist schon klare, selbstbewußte Zwecktätigkeit.«

Der Hegelianer, der Revolutionär und Sozialist analysiert: »Nein, nein, man täusche sich nicht. Das ist der Anfang jenes Krieges der Armen gegen die Reichen, der fürchterlich nah ist. Das sind die ersten Regungen und Zuckungen des Kommunismus, der theoretisch und praktisch unsere Adern erfüllt und durchdrungen hat. Das sind die ersten krampfhaften Anstrengungen, die der Embryo im Mutterleib macht, wenn er sich losringen will zum Fürsichsein und zur Tageshelle. Das sind die ersten Wehen.« Im fernen Paris dichtet Heine, dieses im gemeinsten Realismus gefangene Subjekt, dem nach Jung-

Lassals etwas zwiespältiger philosophischer Einsicht doch eigentlich die sittliche Substanz fehlt:

Im düstern Auge keine Träne,
Sie sitzen am Webstuhl und fletschen die Zähne:
»Deutschland, wir weben dein Leichentuch,
Wir weben hinein den dreifachen Fluch –
Wir weben, wir weben!

Ein Fluch dem Gotte, zu dem wir gebeten
In Winterskälte und Hungersnöten;
Wir haben vergebens gehofft und geharrt,
Er hat uns geäfft und gefoppt und genarrt –
Wir weben, wir weben!

Ein Fluch dem König, dem König der Reichen,
Den unser Elend nicht konnte erreichen,
Der den letzten Groschen von uns erpreßt
Und uns wie Hunde erschießen läßt –
Wir weben, wir weben!

Ein Fluch dem falschen Vaterlande,
Wo nur gedeihen Schmach und Schande,
Wo jede Blume früh geknickt,
Wo Fäulnis und Moder den Wurm erquickt –
Wir weben, wir weben!

Das Schiffchen fliegt, der Webstuhl kracht,
Wir weben emsig Tag und Nacht –
Altdeutschland, wir weben dein Leichentuch,
Wir weben hinein den dreifachen Fluch,
Wir weben, wir weben.«

Nein, so fern steht dieser Heine dem jungen Lassal nicht, wie der sich das einmal hegelianisch erklären mochte. Sie verspüren beide im schrecklichen Ereignis den Anhauch des Weltgeistes, doch sie pflegen einen unterschiedlichen Realitätssinn. Während den heimwehkranken Verfasser der »Zeitgedichte« bar aller Ironie die Not und das Leiden der Menschen ganz unmittelbar sinnlich ergreift und er es in politische Anklage umsetzt, begreift es der auf seine Stunde wartende Jungrevolutionär bar aller sichtbaren Betroffenheit als mittelbare Ankündigung des werdenden Allgemeinen im besonderen Ereignis. Philosophisch eben.

Es nützt nichts, erklärt er dem Vater, sich die Ohren zuzustopfen. Und hält ihm dann ein – ganz gescheites – Kolleg über die Idee und die Praxis und das Seiende, den Zusammenhang von Tauschhandel, Geldhandel und Aktienhandel, in dem das eigentliche Bedürfnis nach Ware schließlich ganz abhanden gekommen ist. »Der Handel hat seine Stadien durchloffen, er hat Welten miteinander vermittelt, Schätze von Bildung, Geist, Wohlfahrt, Glück in Fluß gebracht; ich brauche aber das negative Moment nicht erst hervorzuheben; er hat entsittlicht, korrumpiert, und jetzt endlich überschlägt er sich selbst, wie das notwendig; er, der Bereichernde, macht arm, saugt aus. Der Handel hat alle seine Stufen erklommen, er hört auf; das heißt, er geht aus seiner höchsten Unsittlichkeit und Widernatürlichkeit über in den Zustand der Sittlichkeit. Der Handel hört auf, die Fabrikation bleibt. Doch davon ein andermal.«

Die dialektische Ableitung imponiert – kühl, rationiert, bemessen, davon ein andermal. Aber wo bleiben die Weber, die historische Erfahrung, die sinnliche Wirklichkeit?

Preußische Soldaten schlugen die Weberunruhen im Eulengebirge blutig nieder. Das wußte Lassal, und das wußten die Breslauer schon, als die Truppen durch die Stadt zogen. Darum kam es dort während des Aufmarsches bereits zu Unruhen, Boykotten, Attacken. Die das veranstalteten, sind für Lassal »Gamins«, Gassenbuben, kindisches Gesindel! Warum haben die Behörden sie nicht mit Ruten gejagt, die heilige Ruhe und Sicherheit des gesellschaftlichen Zustandes gegen dies frevelhafte Spiel willkürlicher, losgebundener Kräfte bewahrt?! Soldaten gegen die Revoluzzer!

Es läßt sich schwer sagen, ob Ferdinand diese geistverlassenen Kommentare aus Gefälligkeit gegen den furchtsamen Vater, aus Angst um die Unversehrtheit der elterlichen Kontore oder wirklich aus bodenlosem Unverständnis abgegeben hat. Verblüffend ist es allemal, wenn er diesen Widerstand als etwas ganz anderes als den Aufstand der Weber bezeichnet, »im Namen der Idee eine ideeverlassene Wirklichkeit aufzuheben«.

Doch solche Brechungen des Wirklichkeitssinnes gibt es bei Lassal noch öfter.

Am 27. Juli 1844 verübt der Bürgermeister Tschech aus Storkow ein Attentat auf König Friedrich Wilhelm IV. Auf dem Weg zur Universität – es war 8 Uhr 45 – wird Ferdinand Augenzeuge. Eine Kugel durchdrang den königlichen Mantel und berührte selbst das nackte Fleisch. Eine andere schlug der Königin durch den Hut. Der Missetäter wurde von der Wache abgeführt, die Empörung des Volkes war im ganzen lau. Von Volkszorn konnte, merkwürdig genug, kaum die Rede sein, Ferdinand empfand unter allen Anwesenden den tiefsten Unwillen. »Hätte ich darüber zu bestimmen, ich würde den Kerl von unten nach oben rädern lassen.«

So schildert er den Vorfall seiner Mutter. Um sie zu beruhigen, um sie von ihrer Furcht vor seiner aufrührerischen Unbesonnenheit zu befreien?

Es gibt einen Schlüssel zur Erklärung dieser befremdenden Äußerungen, Lassal liefert ihn selbst. Im Falle des Attentats verurteilt er, daß hier ein einzelner für sich den bestehenden Zustand der Dinge aufzuheben versuche – und das ist eine Schandtat, ein Verbrechen. Geschähe es auf *allgemeine* Weise, um den bestehenden Zustand *für alle* aufzuheben, dann allerdings wäre dies Tun selbst Gesetz, Ausdruck der neuen Ordnung der Dinge.

Die gleiche Logik läßt sich auf die Breslauer Unruhestifter anwenden. Sie waren einzelne, die ohne Chance auf die Beteiligung der Allgemeinheit ihren Unwillen kundtaten und deshalb nur die bestehende Ordnung störten, ohne ihre Überwindung im Kopf zu haben – eine Schandtat also, Rabauken. Die Argumentation stottert hier ein wenig, aber sie greift gerade noch.

Entscheidend ist aber doch: Dieser aktive Feuerkopf unter den Leipziger Handelsschülern und den Breslauer Raczeks steigt nicht mehr unmittelbar in jede Agitation ein, provoziert sie gar selbst. Er hat Distanz genommen – dank Hegel. Er kann sich alle Dinge erklären, im Fluß der Geschichte unterbringen, auf den Begriff bringen. Das muß für ihn ein ungeheuerliches Hochgefühl sein, eine absolute Selbstversicherung. Der Gott seiner selbst, der Philosoph, der Weise. Ist er deshalb kein Revolutionär mehr?

Der Schüler Lassal hat geschrieben: Es muß alles ärger werden, damit es besser wird. Der Abiturient im Wartestand hat Hegel entdeckt. Der Student in Berlin erklärt, man muß abwarten können. Jetzt betreibt er, hegelianisch erhoben, die pragmatische Nutzanwendung. Der Staat buhlt um die Zeitbildung, macht Zugeständnisse an die neuen Ideen, und ihre Forderungen werden immer höher. Zitternd versucht dieser Staat Rückschritte, doch dabei wird seine nackte Häßlichkeit immer offenbarer, seine Gewaltsamkeit immer größer, bis ihn auch der friedfertigste Bürger nicht mehr erträgt. Das ist der Zeitpunkt des (dialektischen) Umschlages, der Befruchtung der Wirklichkeit durch den Gedanken. »Und diese Arbeit der Gottverwirklichung, die Lust und Anstrengung der Negation und die Inkarnation des Heiligen Geistes nennt man im gewöhnlichen Leben eine Revolution.«

Lassal lauert und begrüßt mit böser Freude jede Maßnahme der Reaktion – ob es der staatlich wieder eingeführte Examenszwang an der Berliner Universität ist, der auf den Protest der Hochschullehrer stößt – oder das Purgatorium der schlesischen Weber. Je größer der Rückschritt, desto näher die Auferstehung – Zitat Lassal: »Die Frage ist nur die, wie man etwas trägt – mit der Indolenz und der dumpfen Vertiertheit und Gleichgültigkeit des polnischen Bauern oder mit dem ganzen Ingrimm des denkenden Mannes.«

Der denkende Mann verfolgt die Entwicklung und bereitet sich vor, indem er den Gang der Geschichte auf den Begriff ihres Ausgangs bringt, den dialektischen Prozeß erforscht. Lassal studiert François Babeuf, der als Jakobiner fanatisch für die Gleichheit des Eigentums und eine soziale Revolution eingetreten und mit seiner »Verschwörung der Gleichen« gegen das Direktorium 1796 unter die Guillotine gestürzt war. Die Kritik des Eigentums findet Lassal auch in dem sittlich fundierten Sozialismus Saint-Simons, Anregungen zu genossenschaftlichen Selbsthilfeorganisationen bei Charles Fourier. Der kommunistische Staatsroman des Etienne Cabet, »Reise nach Ikarien«, scheint ihm tief und wahr, doch zu abstrakt und einseitig. Lorenz von Stein bestätigte ihn in der Auffassung, daß auf die politische eine soziale Revolution folgen müsse, in der die Widersprüche der bürgerlichen Gesellschaft erst ausgetragen würden; Lorenz Steins Schrift »Der Sozialismus und Kommunismus des heutigen Frankreich« beeindruckte ihn besonders, denn da waren seine hegelschen Kategorien angewandt.

Im Herbst 1844 findet im Berliner Zeughaus (!) die Industrieausstellung statt. Lassal hält nicht ohne nationalen Stolz fest, daß diese »wahrhaft großartige Konzentration unseres Gewerbfleißes und seiner Produkte« den bewundernden Beifall selbst der französischen Kommission gefunden habe, die aus Paris anreiste. Sein Interesse freilich ist von anderer Art »als das begriffslose Anstaunen der gedankenlosen Menge oder das nicht weniger begrifflose sogenannte Verstehen der Maschinen- und Industriekundigen«. Die reden zwar von der Macht der Industrie, nennen sie die Seele unserer Zeit, haben in Einzelheiten gehende Kenntnisse: doch ihre *wahre* Bedeutung erfaßt nicht einer von ihnen!

Lassal interessieren Details nicht, der Philosoph befaßt sich mit dem *Begriff* der Industrie. Und da erheitert ihn die Begriffsstutzigkeit, die Indolenz der sogenannten Kundigen: »Diese selbe Industrie, die man uns fortwährend entgegenhält, ist gerade Wasser auf unsere Mühle; und das ist der Humor davon, daß wir gerade mit den Waffen siegen, mit denen man uns anzugreifen gedenkt.«

Drei Tage, sieben Stahlfedern, 30 Manuskriptbogen und 39 Zigarren verwendet Lassal darauf zu beschreiben, mit welch dialektischer Zwangsläufigkeit die Mühle der Geschichte unter dem Antrieb der Wasser und Abwässer der Industrie zum Kommunismus hinmahlen werde. Dieser »Industriebrief« gerät zu Lassals kommunistischem Manifest. Ein Gespenst geht um in Europa – bei Lassal im Gewande des absoluten hegelschen Weltgeistes. Und der holt weit aus, bis in Christentum und Mittelalter, verfolgt die Auseinandersetzung von Subjekt und Objekt in der Geschichte.

Die Spannung, der Widerspruch schürzt sich in der Französischen Revolution. Sie konstituiert die individuelle Freiheit als die absolute Bestimmungslosigkeit des Menschen. Aber dies ist zunächst einmal nur eine Hülle: Der Staat garantiert diese Freiheit nur formal, aber nicht substantiell! Denn wahrhaft und realiter unabhängig ist der Mensch ja erst dann, wenn er nicht allein auf ein bloßes Recht auf Unabhängigkeit Anspruch hat, sondern auch über alle Bedingungen verfügt, die er für ein unabhängiges Leben und eine freie Existenz braucht: über Besitz, Eigentum, Geld. Er wird also versuchen, sich in den Besitz dieser Mittel zu setzen. »Und darum entsteht nun und von dieser Zeit an das Haschen und Ringen des Subjekts nach Besitz, Eigentum, Geld – das ist der *Materialismus.* Der Materialismus ist nichts anderes als das Streben und die Arbeit des Ich, seinen selbsteigenen Kreis um sich zu ziehen, seine persönliche Unabhängigkeit, die nur noch als formales Recht ist, auch wirklich *auszuführen,* sie zu vollenden, sich an der Dingheit des Eigentums das Gefühl seiner vollkommenen Ichheit und deren vollendeter Selbständigkeit zu geben.«

Die Idee der absoluten Freiheit, der Idealismus der Französischen Revolution, kann sich also erst in der Geist- und Ideallosigkeit des Materialismus selbst verwirklichen: Die These entwickelt sich fort zur Antithese.

Unter diesen Bedingungen freilich löst der Staat alle einzelnen auf in »atome« Punkte. Da ist keine Freiheit im Staat, sondern ein Freisein vom Staate, unter dessen Dach jeder seine Bedürfnisse gegen die der anderen zu befriedigen bestrebt ist: Ein Allgemeines gibt es nicht. »Dies ist der Kampf aller gegen alle, der seine Verwirklichung und Organisation in der Geschichte findet in dem – *System der freien Konkurrenz.* Wir leben noch in diesem Kampfe, er ist die gegenwärtige Weltlage; man ruiniert den andern, man stößt ihm auf erlaubte Weise den Dolch in die Brust, eben um sich das zu verschaffen, was, wie wir gesehen haben, das abstrakte Ich bedarf zu seiner Unabhängigkeit, den Besitz, und um sich an diesem das Gefühl und die Versicherung seiner vollkommenen Freiheit und Unabhängigkeit zu geben.«

Später hat man diesen selben Zustand mit »Nachtwächterstaat« und »Manchesterliberalismus« gekennzeichnet. Auch Lassal assoziiert dazu sofort den Begriff der Industrie: Sie ist das absolute und geeignete Mittel für das System der freien Konkurrenz. An diesem Punkt setzt er nun auch seine Überlegungen zum Handel – »davon ein andermal« – fort. Im Handel handelt es sich nur um die Ware, den Stoff – in der Industrie hingegen geht es »um die den Stoff formierende bearbeitende Persönlichkeit«.

An dieser Bearbeitung des Stoffes zur Erringung von Besitz, der industriellen Produktion also, haben zwei Größen teil. Das Subjekt, nämlich die Kraft und Tätigkeit der Industrie, verkörpern die Arbeiter; die Macht der objektiven Materie, nämlich Geld und Besitz, verkörpern die Kapitalisten. Und in der freien Konkurrenz wird der Nichtkapitalist von dem Kapitalisten besiegt. »Dieser Sieg des Kapitalisten über den Nichtkapitalisten ist nichts anderes als der Sieg der objektiven Materialität des Stoffes, des Geldes, der Sieg der Dingheit über die subjektive, bearbeitende Tätigkeit, über die Persönlichkeit, Subjektivität und ihre Kraft. *Daher* die Not der Arbeiter und *das* ihre Bedeutung für die Industrie, daher *die Not,* die noch immer größer werden wird und muß.«

»Aber die Idee der Subjektivität, absoluten Persönlichkeit ist einmal das treibende Rad in der ganzen neuen Geschichte. Diese Idee mußte wohl dazu kommen (wie jeder sich entwikkelnde Begriff), sich in den absoluten Gegensatz ihrer selbst zu verkehren, aber aus dieser Spannung und diesem Gegensatz nimmt sie sich ewig wieder in sich zurück. Sie hatte sich gesetzt unter die Macht des Stoffes, sich, die Persönlichkeit, selbst abhängig gemacht von einem Objektiven, das der Subjektivität als solcher schlechthin unerreichbar ist; aus diesem Verlust ihrer kehrt sie zu sich selbst zurück und setzt nun vielmehr jene Objektivität (des Stoffes, die Dingheit des Geldes etc.) als schlechthin subsumiert unter die Subjektivität, als schlechthin und von vorneherein zugehörig der Persönlichkeit – der Kommunismus. Im Kommunismus wird die freie unendliche Subjektivität wieder in ihre ewigen, unveräußerlichen Rechte eingesetzt.« Im Kommunismus vollendet sich also der Idealismus der Französischen Revolution und jeder Kampf für die unveräußerlichen Rechte des Menschen!

Die Tücke steckt wie üblich im Begriff. Natürlich ist der Kommunismus, den Lassal hier meint, etwas ganz anderes als die heutige Vorstellung davon. Auch anders als bei Karl Marx. Nicht das (materielle) Sein bestimmt das Bewußtsein, sondern in den Gegenbewegungen des Geistes ist der quasi kapitalistische Materialismus eine Durchgangsphase des Subjektes zu seiner Verwirklichung im Bewußtsein des Ganzen, im Staat. Denn in Lassals Kommunismus wird der Staat nicht überflüssig, sondern ist – Hegel getreu – die Form der gesellschaftlichen Selbstverwirklichung. Allerdings ist das ein gänzlich anderer Staat als der bestehende – es ist der werdende.

Im bestehenden »Eigentumsstaat« schreitet dank der Auswirkungen der Industrie die *formale* égalité der Französischen Revolution fort zum Kommunismus, zum *ausgeführten* Recht auf Eigentum. Der Staat selbst wird in diesem Prozeß das Eigentum dem Subjekt »vindizieren.« Das heißt wörtlich: Man wird *die Herausgabe des Besitzes verlangen* und ihn dann gleichmäßig auf alle zur Befriedigung ihrer Lebensbedürfnisse verteilen, damit sie in den Zustand wahrer Unabhängigkeit und Freiheit gelangen. »Der Kommunismus ist, wie aus allem bisherigen klar, die unmittelbare Weiterbildung des Industrialismus etc. und, als unmittelbare Fortentwicklung, daher auch unmittelbare Negation des Eigentumsprinzips etc. Es muß aber aus allem bisherigen noch etwas klar sein, das nämlich, daß die

Industrie selbst nichts anderes ist als die erste noch verhüllte Gestalt des Kommunismus.«

»Seit der Revolution ist der französische Staat aufgelöst in die nebeneinander seienden Atome (der einzelnen, d. Verf.). Der Kommunismus erfaßt zuerst wieder, aber noch dunkel und unklar, den Gedanken des Staates oder der Gesellschaft als eines organischen Ganzen. Er will daher diese vereinzelten Ichs diesem Kampfe, der in der heutigen Form der Industrie geführt wird, entnehmen und sie das Ziel als organische Totalität erreichen lassen – und daher kommt es, daß die verschiedensten kommunistischen Fraktionen als Hauptforderung aufstellen – eine Organisation der Industrie. – Dadurch nun, daß der Kommunismus diese Idee der Organisation, der einheitlichen Totalität aufstellt, hat er an sich (aber auch *nur* an sich) den Begriff des Staates der objektiven Sittlichkeit, der eine Konsequenz unserer Philosophie ist.«

Hier nun versucht der junge Lassal arg gewaltsam, die völlig ungeordneten Ansätze der sogenannten Kommunisten und Sozialisten auf einen Nenner zu bringen – auf seinen. Der ist freilich auch noch unausgeformt und unklar, bewußt nur das Ziel: der Staat der objektiven Sittlichkeit. Es mag sein, daß er schon etwas von den *politischen* Möglichkeiten einer Organisation verspürt hat: nämlich durch die »organische Totalität« einer politischen Partei das Ziel zu erzwingen. Diese *politische Organisationsform* vieler oder gar der Massen kannte das 19. Jahrhundert bisher ja nicht, sie lag auch außerhalb der feudalen Gesellschaftsstrukturen. So bleibt es denn auch bei der vagen Behauptung, der Kommunismus sei *an sich* die Idee des sittlichen Staates und sein Postulat.

An sich aber gibt es für Lassal auch keinen Zweifel, daß die Industrialisierung die zwangsläufige Vorstufe des Kommunismus ist; und hier trifft er sich mit Marx. Die Blüte der Industrie kann nichts anderes sein als der Vorbote der Krise – die Arbeiterunruhen deuten das an. Es muß nur alles noch viel ärger werden.

Lassal entwickelt seine Erkenntnisse weiter – jedoch immer innerhalb dieses hegelianischen Denkmodells, aus dem er hier die Entwicklung von Individuum und Industrie, Kommunismus und Staat ableitet.

Natürlich begnügt sich ein Mann vom Bekehrungseifer Lassals nicht damit, seine Überlegungen, nein: seine Philosophie auf Manuskriptbögen niederzulegen. »Wie gieße ich Dir ins Herz mein Wissen und meine Erkenntnis?« schrieb er selbst einer jungen Frau – und Frauen traute er ja wenig Erkenntnisvermögen zu.

Bei allem Studienaufwand erweitert er in selbstbestimmten freien Stunden zielstrebig seinen geselligen Umkreis. Er verbessert seine gesellschaftliche Position – und das bedeutet auch finanziellen Aufwand. Rechtfertigungen für seinen Mehrbedarf findet er immer, schaltet sich dabei auch als beflissener Ratgeber in die Geschäfte seines Vaters ein. Der Kaufmann Heyman Lassal ist mit seinem Schwiegersohn Ferdinand Friedland (früher: Friedländer) ins große Geschäft eingestiegen, hat in Breslau die Gasbeleuchtungsgesellschaft gegründet und bemüht sich um ein gleiches Unternehmen in Prag, für das noch Kapital fehlt. Der Student in Berlin ist dabei eine heftige Antriebskraft, geizt nicht mit Anweisungen und versucht seinerseits auch, Geld aufzutreiben.

Die Wohnung Unter den Linden hat die Wirtin gleich nach seinem Einzug mit dem kleinen May um anderthalb Taler gesteigert. Es kann aber auch sein, daß er mit dieser Begründung dem Vater nur die ursprüngliche volle Miethöhe nachschob. Jedenfalls findet er bald Vorwände – Unbequemlichkeiten und Unverschämtheiten –, zum angeblich gleichen Preis in eine noch befriedigendere Wohnung in der Kleinen Kirchgasse umzuziehen; von dem Zimmergenossen ist nicht mehr die Rede. Der Vater möchte ihm doch das Geld für das künftige halbe Vierteljahr vorausschicken, da er jetzt etwas knapp sei.

Das ist nicht verwunderlich, denn in einigen feinen Restaurants wird er zum vielgesehenen Gast. Von Ecarté ist die Rede, von Frauenbekanntschaften und Korsofahrten, auf den Rechnungen stehen respektierliche Weinnamen wie Medoc, Larose, Sherry und Champagner. In seiner elegant ausgestatteten Wohnung in der Mohrenstraße – das ist im November 1844 schon die dritte – empfängt er Freunde und Bekannte im vornehmen Schlafrock. Er trägt beachtliche Summen zum Schneider und steht auch einmal eine Stunde vor dem Spiegel, »um sich das Halstuch in beabsichtigter Nachlässigkeit in die nötigen Falten zu werfen.« Lassal pflegt seinem Vorsatz gemäß seine Eitelkeit, um anderen zu gefallen. Er erlangt ersten Zutritt zu den besseren bürgerlichen Kreisen der Hauptstadt, verkehrt im Hause des Bankiers Mendelssohn zum Beispiel und erwirbt mit seiner geschliffenen Intelligenz die Anerkennung und Bewunderung von geistigen Koryphäen wie dem Philologieprofessor August Boeckh. Lassal bereitet sich auch auf diesem Wege die akademische Karriere vor, die ihm zumindest die Stellung eines Privatdozenten öffnen könnte. Als Thema seiner Dissertation erwählt er sich die Philosophie Heraklits des Dunklen. Das erfordert nicht nur akribische philologische Detailarbeit – denn Heraklits Schriften sind nur fragmentarisch überkommen –, sondern eröffnet auch willkommene Möglichkeiten der Spekulation. Auf Heraklit hat sich schließlich auch Hegel bezogen, und es reizt seinen autodidaktischen Schüler Lassal, aus dem Weben von Werden und Vergehen das Wesen des in allem waltenden Logos, das Gesetz der reinen Vernunft herauszufiltern.

Zum engeren Umgang zählt Rudolf von Gottschall, mit dem gemeinsam Lassal schon in Breslau gefochten: ein eigenständiger, etwas spöttisch distanzierter Geist, der von dem Jüngeren nicht so leicht einzufangen war.

Stärker wirkt seine Ausstrahlung auf Felix Alexander Oppenheim. »Klecks« war bereits ordentlicher Gerichtsreferendar, stammte aus einer vermögenden Königsberger Bankiersfamilie und hatte damit einen soliden Hintergrund. Er war auch eher bedächtig, überlegte zweimal, eh er etwas für bare Münze nahm, und mußte angestoßen werden, um seine Skrupel zu überwinden. Es wirft ein um so helleres Licht auf die Überzeugungsgabe und Faszination Lassals, daß der sechs Jahre ältere Oppenheim lange Zeit ganz sein treuer Gefolgsmann war.

Sein Meisterstück vollendete der junge Lassal bei Arnold Mendelssohn – er machte ihn zu seinem Jünger, zu einem Freund nach seinem Bilde. Arnold war ein Enkel des Aufklärers Moses Mendelssohn, ein Vetter des Komponisten Felix Mendelssohn-Bartholdy, ein Neffe des Bankiers. Er hatte nur das Pech, zum ärmeren Zweig der so reich begabten Familie zu gehören. Sein Vater war Stempelrevisor und Arnold schon während des Medizinstudiums auf die Unterstützung wohlhabender Verwandter angewiesen. Als er Lassal im August 1844 kennenlernte, war er ein griesgrämlicher und frustrierter Studiosus von 26 Jahren, in seinem Studienfach Medizin recht tüchtig – er machte sogar eine pathologische Entdeckung –, doch von Geldsorgen geplagt und in seinen gesellschaftlichen Ansprüchen unbefriedigt: der zurückgesetzte Sproß einer glänzenden Sippe.

In dieser deprimierenden Lebenssituation begegnet ihm der strahlend überlegene, geistig und gesellschaftlich eindrucksvolle Lassal von 19 Jahren als Erlöser und Erwecker – Anreden wie mein Gebieter, Einziger, Meister, eingeborener Sohn Vater Hegels legen diese Formulierung nahe. Lassal erlöst Mendelssohn aus der Unzufriedenheit des Liberalismus und versöhnt ihn mit der wirklichen Welt – der Welt der Philosophie. Dies jedenfalls sind Arnolds eigene Worte – aber wahrscheinlich hat Ferdinand sie ihm aufgesetzt. Die Abhängigkeit ging sehr weit.

Lassal führte den Älteren in die Phänomenologie und das Denken Hegels ein, liest mit ihm, erklärt ihm. Natürlich erklärt er ihm dabei vor allem Lassal und benutzt den Freund, die Wirkungskraft seines eigenen Systems zu erproben. Es wird ein totaler Erfolg, der beide überzeugt. Im November lädt Lassal einen emphatischen Jüngling ein, mit ihm gemeinsam die neue Wohnung zu beziehen. Mendelssohn folgt dem Anerbieten nur allzu gerne, der kärglichen Enge seines Elternhauses zu entkommen und mit einem Menschen so »eminenter Geisteskraft« zusammenzuleben. Einige Wochen später schreibt er einen Brief an den Onkel Bankier, in dem er hymnisch seine Entwicklungsschritte und die Verdienste und Gaben seines jungen Meisters preist. Das Schreiben trägt verräterisch die Selbsteinschätzung und den Stil Lassals und läuft auf die Bitte um einen Vorschuß oder Kredit von 250 Talern hinaus, damit Arnold sich der Lebenshaltung seines großzügigen Gebieters einigermaßen würdig zeigen könne.

Der Bankier Joseph Mendelssohn ist ein nüchterner Mann. Er sieht eher die Gefahr, daß sein armer Neffe durch Lassal vom braven Weg zu einer soliden Arztpraxis abgeführt werde, und schlägt die Bitte ab. »Lassal ist ein vermögender junger Mann, er kann tun und sich beschäftigen auf jede ihm beliebende Weise, und ihm behagt das Grübeln in übersinnliche Kenntnisse, in Philosophie. Du weißt, wie ich – ganz unphilosophischer Geist – diese abstrakte Philosophie ansehe. Ich halte sie für nichts anderes als ein geistiges Spiel, etwas besser als Karten- oder Schachspiel, womit man aber keinen Hund aus dem Ofen lockt.« Die Imagebildung zur öffentlichen Figur Lassal nimmt ihren Anfang, sein hochmütiges Auftreten in den Berliner Kreisen kann daran kaum schuldlos sein: vermögend, ungebunden und schwer anzubinden, etwas anrüchig und in seinen Ambitionen nicht ganz geheuer.

Dem strikt gegenüber steht Arnolds Lassal-Verständnis und vorbehaltlose Verehrung. Da ist die junge und liebenswürdige Musiklehrerin, Pianistin Lonni Grodzka, ein scheues, auf sich zurückgezogenes Menschenkind. Arnold Mendelssohn verehrt sie seit Jahren so, daß er sie »vor lauter Liebe nicht ansehen konnte«. Doch er traut sich die entscheidende Erklärung nicht zu. Teils hindert ihn seine Vermögenslosigkeit, teils zweifelt er an seiner Kraft, dem anlehnungsbedürftigen und empfindsamen Mädchen die richtige Stütze sein zu können. Aber Lassal könnte dieser Mann sein! Arnold selbst gibt den Anstoß zu einer Himmelfahrtspartie, aus der sich die Beziehung der beiden zueinander entwickelt.

Arnold war mit Recht überzeugt, daß sein Freund der Freundin imponieren würde; doch es war die blanke Treuherzigkeit zu meinen, daß bei der Verschiedenheit der Naturen daraus ein Gewinn oder gar eine Zukunft für Lonni entstehen werde.

Lassal bestürmt das Mädchen, beeindruckt sie mit seinen Artigkeiten und Beteuerungen, seinem Intellekt und seinem Savoir vivre. Er spricht von Liebe und Lust, immer im hehren Zusammenhang von Geist und Gefühl; doch es ist nur eine Frage der Zeit, bis er zur Sache kommt, die so die ihre nicht sein kann. Verliebte Blicke und zärtliche Umarmungen gehören für Lonni zu der zarten Anlehnung, die sie vertrauensvoll sucht, sind erlaubte Vorgriffe auf vielleicht künftige eheliche Begegnungen. Für Lassal sind sie Ouverture zur völligen Hingabe, die er sofort einfordert. Doch Lonni wehrt ab, der Vorhang geht nicht auf. Und Ferdinand schlägt empört zurück.

Drei Tage nach seinen gebremsten Zudringlichkeiten erhält sie ein Ultimatum. Am Narrenseil seiner Liebe und Geduld spielt er eine lächerliche Figur, eine erbärmliche Rolle! Ein Weib, das Gunstbezeigungen gewährt, muß sie auch einlösen – oder sie ist eine Dirne! »Es gibt keinen Ausweg für Dich: entweder Du liebst mich – oder Du gehörst jener verworfenen Klasse von Geschöpfen an, deren Namen die Welt nur mit Erröten nennt. Denn was das Wesen der Jungfrau ausmacht, ist nicht das Jungfernhäutchen, ein gleichgültiger Lappe Fleisch, sondern die innere Keuschheit und Scham.«

Deutliche Worte, wahrhaftig; doch wenn sie als Buhle nur ein Spiel mit ihm getrieben, fühlt er sich bei Gott zu jeder Strafe berechtigt, verzichtet darauf nur, weil sie »das unverdiente Glück hatte, von mir geliebt zu werden«! Oder sollte sie gar darauf spekuliert haben, daß er eine »gute Partie« sei, ihn ködern wollen? Das zählt für Ferdinand nicht. »Das Weib, das stärker ist als ihre Liebe, ihre Liebe meistern und berechnen kann, das ist Fastenspeise, die mag ich nicht. Ein Weib, das sich schrankenlos hingibt ihrer Liebe, das ist der leibhaftige Gott auf Erden; Schmach über den Wicht, der von einem solchen Weib läßt, wenn er es gefunden, der sie nicht festhält und sei's mit der letzten schwindenden Kraft seines Lebens, und sei's mit dem letzten krampfhaften Zucken seiner Glieder.« Entweder ein klares Rendezvous oder Schluß!

Die Antwort bleibt aus. Darauf schickt Ferdinand die Brosche zurück, die er ihr vom Busen genestelt. Und den Gürtel, den er ihr genommen: Denn so abwegig waren seine Erwartungen ja nun doch nicht gewesen. Und dazu sendet er ihr einen Fluch: Was sie der Liebe verweigert, solle sie einst hingeben ohne Liebe aufgrund eines Ehekontrakts! Denn sie hat die größte Sünde begangen, die Seele vom Leibe getrennt, der Liebe den Körper verweigert.

Diese Verdammung traf das sensible Mädchen. Lassal muß es, insgeheim erschrocken, selbst verspürt haben, daß er da zu weit gegangen war. Denn er war ja nicht nur selbst überzeugt von seiner Argumentation: Diese war nach den Begriffen der Zeit zwar völlig moralwidrig, doch die logische und menschliche Konsequenz nicht zu übersehen. Liebe ist Hingabe: Das war auch ein Thema der zeitgenössischen Literatur von Goethe bis Heine. Strittig nur, ob das Sünde sei.

Lassal soll die Verwünschung zurücknehmen. Er tut es auf seine Art: wortreich, mit dem Arsenal Hegels, dialektisch. Das heißt: Er nahm nichts zurück, sondern erklärte sich. »Lonni, ich fluche Dir nicht, denn – ich – und wenn ich Dir fluchte, es wäre eine ohnmächtige, eitle Verwünschung.«

Denn Lonni hat die sündige Tat nun einmal begangen und die Pflicht verweigert, die auf der Seite der Leidenschaft steht: Liebe ohne Hingabe. Wie solle er, »ein beklagenswertes Opfer der Dummheit und Unvernunft, des Wahnsinns und seines

Götzendienstes«, ihr das nun erklären? Der natürliche Zugang, ein Weib Wissen zu lehren, ist ja versperrt. »Vom Munde solltest Du meine Worte mir küssen, und so sollten sie Eingang finden durch das offene Tor des Herzens in den widerspenstigen Kopf. Fest haftet am Weibe das Wort des geliebten Mannes. Das Herz hilft ihm in der schweren Arbeit der Vernunft. Das Wissen, die Einsicht, sie sollte ja kommen, sie wäre gekommen, nur sollte Deine Liebe stark genug sein, Dich mir zu geben, sie sollte das Fundament sein, auf das ich den Dom des Wissens gegründet hätte...«

Lassal bemüht sich, Lonni seine außerordentlich geradlinige und direkte Auffassung vom Verhältnis der Geschlechter in Liebe deutlich zu machen, es zu begründen.

Da sind die vereinzelten Wesen, die Tiere, die sich zur Gattung (dem Allgemeinen) erheben nur im Moment der Begattung, angetrieben durch die einzelne sinnliche Lust. Der Mensch unterscheidet sich vom Tier, indem er die Vorstellung der Allgemeinheit, die Gattung als Wesen sich bewußt gemacht hat. Seine Sittlichkeit besteht darin, seine Einzelheit mit dem Allgemeinen zu erfüllen. »Die Sittlichkeit ist die Einheit des Individuums und des Allgemeinen. Die Unsittlichkeit ist der Zwiespalt zwischen ihnen. Die Sittlichkeit ist das Heraustreten des Individuums aus seiner Individualität, das Sichhingeben an das Allgemeine. Die Unsittlichkeit ist das Laster, sich zu verschanzen in seine Ichheit, Individualität, sich zu sperren gegen das Allgemeine.«

So spielt sich das im Denken ab. In der Form des Gefühls heißt man den gleichen Inhalt *Liebe*. Die Liebe sträubt sich gegen die Getrenntheit der Individuen und treibt zur Hingabe. »Der Körper, diese absolute Einzelheit und Getrenntheit, gibt seine Einzelheit auf; wie der Geist der beiden Liebenden eins und identisch ist, so werden die Körper jetzt eins, die Schranke wird durchbrochen, die Getrenntheit verschwindet, die Seelen fließen zusammen, aus zwei Leibern wird einer, *ein* wunderbarer Organismus. Mann und Weib in der Umarmung, das Bild der Gattung. Jetzt ist die Liebe erst *wirklich*, das Sollen ist ausgeführt, die Einheit beider Ichs verwirklicht, das Wesen und sein Gebot vollzogen.«

Für Lassal ist das eine sonnenklare Sache. Er hat Körper und Seele, Gefühl und Bewußtsein auf einen Begriff gebracht. Dieses Modell taugt zur Erklärung seiner eigenen Interessen und seines Verhaltens, freilich: Ein Kopfmensch mit einer heftigen Sinnenlust und das eine mit dem anderen im selben Streben identisch. Lassal hat sich das zu seiner Rechtfertigung so zurechtgelegt und dabei seinen Hegel verbogen!

Diese Deutung hat man dem Ferdinand Lassalle später zukommen lassen, mehr oder minder schamhaft auftrumpfend. Sie ist nichts anderes als ein Stück negativer Imagepflege, mit der man den Eindruck und die Fortdauer philiströser – spießbürgerlicher – Moralvorstellungen beweist. Auf der einen Seite wird die ungewöhnliche Offenheit Lassalles gegenüber dem Verhältnis von Mann und Frau zueinander hervorgehoben – auf der anderen sein eigenes Verhalten und die Begründung sanft gerügt und beiseite geschoben.

Nimmt man Verhalten und Begründung für wahr, so bleiben drei Eindrücke. Einmal war er von der Überlegenheit männlichen Geistes im philosophischen Denken und gesellschaftlichen Engagement überzeugt. Daran ist vieles aus der Zeit zu begreifen und im einzelnen zu prüfen: Was für Emma oder Lonni Grodzka galt, muß nicht für die Gräfin Hatzfeld, vielleicht für Lisa Duncker, anders für Sophie Sontzew und überhaupt nicht für Helene von Dönniges gelten... Zum anderen stimmte bei Lassalle freie Sexualität tatsächlich in seinem Denken und seinem Verhalten überein. Er hat sich um die Schranken bürgerlicher Moralität einen Teufel gekümmert und war sogar so naiv, ihre Auswirkungen auf seine gewiß ehrgeizig und intelligent betriebene Karriere vollkommen zu negieren. Die Ursache dieses doch erstaunlichen Ausfalls könnte im dritten Punkt liegen: In Lassalles Kopf herrschte völlige Übereinstimmung zwischen Theorie und Praxis bis in die Leidenschaftlichkeit der Artikulation. Nicht der bestehende Staat war der vernünftige, sondern im werdenden verwirklichte sich das Gesetz der Gesellschaft: durch den revolutionären Akt. Nicht in der dauerhaften Liebesbeziehung verwirklichte sich die Aufhebung der Vereinzelung, sondern in ihrer Verschmelzung zur Zeugung der zukünftigen Gattung: in der sexuellen Vereinigung. Lonni Grodzka schreibt er: »Das wirst Du eingesehen haben, daß es das Höchste ist, sich mit Bewußtsein hinzugeben der Gattung.«

Mein Mädchen! – so redet er Lonni im letzten, dem vierten Brief an. Er weiß, daß er verspielt hat; doch es ist auch begreiflich, daß er ihre Gleichgültigkeit anklagt. Er sieht allerdings nicht, daß er sie überforderte und zu hart bedrängte. Die Versicherung seiner Zuneigung und die Schilderung seiner Bemühungen sind aufrichtig, dazwischen bricht der gekränkte Eigensinn wieder aus: Weißer Fischsaft muß in ihren Adern fließen, viel zu nachsichtig war er! Und dann kommt noch ein Pfeil kalter Bosheit von der Sehne des verletzten Hochmuts, mit dem er Lonni wie den Medizinerfreund Arnold (Asklepios ist der Gott der Heilkunst) abschießt: »Warum sollte ein Tempel, den Apollo verläßt, der glänzende Gott des ewigen Lichtes, sogleich in die düstere Öde des Klosters sich wandeln? Viele sind ja der heitern griechischen Götter, und der Sohn Asklepios folgt auf seinen strahlenden Vater. – So sei es denn, und zu des Griechen Gebet sprech' ich ein christliches Amen.«

Das ist weder schmerzlich bewegt noch überlegen, sondern einfach infam, eine Gemeinheit. Die Beziehungen waren abgebrochen und Lonni ganz erleichtert, dem Banne entkommen zu sein. Aber der Äskulap-Jünger Arnold wurde nicht der Nachfolger seines Sonnengottes Lassal oder der Nutznießer seiner Attacken, sondern sein Sendbote. Mendelssohn kümmerte sich wieder um die Freundin, ergriff die von ihr gebotene Chance nicht, spielte den Vermittler zu einem ganz anderen Bewerber, einem ziemlich unansehnlichen, doch herzlichen Gutsbesitzer aus Russisch-Polen, den Lonni Grodzka 1845 heiraten wird. Und so unglaublich es klingt: Im Hintergrund dieser Kumpelei und Kupplerei steht Lassal, dem Arnold getreulich von dem Stand seiner selbstlosen Bemühungen berichtet.

»Das Haben ist es, dem der Geist geopfert wird«

Im April 1845 verläßt Lassal Berlin und kehrt nach Breslau zurück. Er überläßt es dem Adlatus Mendelssohn, sich um seine Exmatrikel an der Universität zu bemühen: Es gibt wieder einmal Schwierigkeiten. Diesmal ist nicht revolutionärer Eifer, sondern seine persönliche Aufsässigkeit Ursache der Ungelegenheit. Lassal hatte sich gegen überhöhte Geldforderungen seines Schneiders – und ehemaligen Hauswirts – zur Wehr gesetzt, und der beschwerte sich darauf bei der Universität, um seinem Verlangen Nachdruck zu verleihen.

Nach Breslau geht Ferdinand, um sich »mit ungeteiltem Eifer« über seinen Stoff herzumachen, den Heraklit. In Berlin hatte er noch eine »Philosophie des Geistes« entworfen, die unausgearbeitet blieb, aber den Freunden bekannt war. Jetzt stürzt er sich mit solcher Wut über den philologischen Wust seiner Interpretationsversuche, daß ihm dabei das Philosophieren schier zu kurz zu kommen scheint und der Heraklit gelegentlich zum Hals heraushängt. Doch Heraklit ist nicht der einzige Grund seines Rückzugs ins Vaterhaus. Es geht ihm auch darum, sich eine künftige freie Existenz zu sichern, unabhängig zu sein – und darum schaltet er sich in die Geschäfte Heymans ein. So sehr, daß auch die ihm manchmal »zum Hintern hinaus«-wachsen.

Der geschäftstüchtige Schwager Ferdinand Friedland, seit drei Jahren mit Friederike verheiratet und in Breslau ansässig, ist im Begriff, nach der Gaskompagnie in Breslau auch in Prag eine Gasbeleuchtung einzurichten. Der Kontrakt mit dem Magistrat besteht, die ersten Investitionen sind getätigt, die richtigen Ingenieure und Techniker stehen zur Verfügung. Heyman Lassal ist der initiative Geldgeber in beiden Unternehmen. Das erste wurde mit Unterstützung Breslauer Bankhäuser realisiert, für das zweite in Prag sucht die Familie noch Kapital. Ferdinands Kalkulation: Wenn dieses Geschäft klappt, dann werden auch die Kapitaleinlagen des Vaters sich so gut verzinsen, daß er selbst sich in Zukunft keine finanziellen Sorgen mehr machen muß und unabhängig ist. Deshalb ist er schon in Berlin immer so ungeduldig und begierig auf Vetter Ferdinands Auskünfte, deshalb sucht er jetzt auch seine eigenen Kontakte für das Gelingen des Unternehmens einzusetzen.

Was läge da näher, als den großen Bankier Moses Mendelssohn anzuzapfen, in dessen Haus er verkehrte, mit dessen Neffen er befreundet ist? Lassal fragt bei dem Kommerzienrat um eine Kapitalbeteiligung von 120 000–110 000 Reichstalern an. Die Korrespondenz, die er von August bis Oktober 1845 darüber mit dem Bankier unterhält, zeigt die intensive Beschäftigung Lassals mit der Materie, eine respektable Detailkenntnis und einen Geschäftssinn, der ebenso ehrenhaft wie auf den eigenen Vorteil bedacht ist. Lassal weiß, wovon er schreibt, nennt Vergleichsdaten, technische und kaufmännische Einzelheiten, Gewinnchancen... Zwischendurch fährt er selbst nach Berlin, unterbreitet Vorlagen und Referenzen.

Doch die Bemühungen sind umsonst. An sich schien das Geschäft dem Bankhaus Mendelssohn zwar nicht unsolide, aber vielleicht ein wenig entlegen im fernen Prag. Außerdem wäre es wohl günstiger gewesen, der alte Heyman Lassal hätte sich selbst darum bemüht und sein grundsolides kaufmännisches Prestige eingebracht. Dem jungen Lassal mißtraute man ein wenig – da bestanden schon aus seinen Berliner Semestern persönliche Vorbehalte. So meinte schließlich auch der Freund Arnold, er hätte Ferdinand besser an seinen Vetter, den Juniorchef Paul Mendelssohn, als an den alten Kommerzienrat selber empfohlen.

Lassal versäumt daneben auch nicht, seine Fingerübungen in praktischer Politik fortzuführen, soweit sich ihm dazu Ansätze bieten. Zweimal sieht er Gelegenheit, über die Stadtverordnetentätigkeit des Vaters einzugreifen.

Die beiden süddeutschen Liberalen Friedrich Hecker und Adam von Itzstein wurden im Mai 1845 während eines kurzen Aufenthaltes in Berlin aus Preußen ausgewiesen. In den liberalen Kreisen des Königreiches erhob sich darauf heftiger Unmut, der bis ins Kabinett Wellen schlug. Die Breslauer Stadtverordneten beschlossen eine Immediateingabe an den König – die aber durch eine Intrige im Kollegium wieder rückgängig gemacht wurde. Gegen ihren Anstifter, den Professor des Kirchenrechts Michael Eduard Regenbrecht, entwarf Ferdinand Lassal einen Artikel für die *Breslauer Zeitung*.

Nicht viel weiter gedieh sein zweiter Anlauf zu praktischem Protest. Der Professor David Schulz in Breslau hatte sich an einer Erklärung zur freieren Organisation der evangelischen Kirche, einer Reformresolution also, beteiligt. Darauf enthob ihn im September 1845 eine Kabinettsorder seines Postens im Konsistorium: Es war derselbe Theologieprofessor, der Lassal einst das Abitur vermasselt hatte. Während die Stadtverordneten noch überlegten, ob sie dem schmählich relegierten Mann die Ehrenbürgerwürde antragen sollten, setzte Ferdinand eine Eingabe an den König auf, in der über die Amtsentsetzung des »in den weitesten Kreisen unserer Stadt hochgeachteten geistlichen Beamten« Klage geführt wurde. Heyman sollte diese Eingabe wohl beim Magistrat mit Hilfe der Stadtverordnetenversammlung durchbringen; doch die Stadt wagte nicht mehr als einen Glückwunsch zu Schulz' Geburtstag.

Beide Aktionen waren wenig erfolgversprechend, beide eher spontan geboren, beide überdies vom Geist braver liberaler Empörung getragen. Wo bleibt da der entschiedene Revolutio-

När, der über solch egoistischem Fürsichsein steht und mit dem Allgemeinen die Überwindung der bestehenden Zustände fest im Visier hat? Ist das ein Rückfall in die Sponti-Aktivitäten der vergangenen Breslauer Raczek-Zeiten? Der sogenannte *Bekenntnisbrief* an Hubert von Stücker gibt darauf Antwort.

Baron von Stücker war der Sohn eines westfälischen Advokaten, welcher zur Zeit der napoleonischen Unterdrückung seinen nationalen Unabhängigkeitsdrang bewiesen und später in österreichischen Diensten Adel und Besitztümer erworben hatte. Hubert von Stücker jonglierte mit dem An- und Verkauf solcher Güter, behielt weder Hultschin noch Schillersdorf noch Marquartowitz auf Dauer in seinem Besitz; er schien lieber über flüssige Gelder für industrielle Anlagen zu verfügen.

Lassal lernte den Baron in Berlin 1844 kennen, war auch als Gast auf seinen Gütern. Lassal versucht auch Stücker als stillen Teilhaber für die Gaskompagnie zu gewinnen mit einer Einlage von 150 000 Gulden. Das sind exakt die 100 000 Taler, die er auch den Mendelssohns antrug. Wohl auch aus diesem Grund trifft er sich mit Stücker im Juli 1845 in Salzbrunn. Die Anleihe scheint mißlungen, sonst hätte er sich nicht kurz darauf an die Berliner Bank wenden müssen. Doch der 17 Jahre ältere und vermögende Aristokrat stellt dem jungen Studenten ernstlich die Frage, wie er bei seinen Anlagen und Einsichten seine Zukunft gestalten solle. Zumindest versteht Lassal so den Inhalt eines Gespräches in Salzbrunn. Und er antwortet darauf in einem ausführlichen Brief, dem er die Arbeit von drei Tagen und Nächten widmet.

Lassal geht von seinem *Industriebrief* aus, den er auch Stücker zu lesen gegeben: »Wissen Sie, Baron, was das Schrecklichste, der härteste Vorwurf ist, den wir dem bestehenden Zustand der Dinge zu machen haben? Es ist der Vorwurf, daß nach dem jetzigen Zustand des Eigentums nur wenige Bevorzugte in den Stand gesetzt sind, auf eine des Menschen würdige Weise leben, d. h. sich mit geistigen Dingen beschäftigen, den Geist zum Gegenstand ihrer Tätigkeit machen zu können.« Nur wer Eigentum besitzt, kann das. Auf den Millionen anderer lastet der Fluch, nur für die leibliche Existenz sorgen zu müssen und keine geistige Weise des Daseins zu haben – das ist der Begriff des Proletariats.

Stücker aber begeht die unverzeihliche Sünde, trotz aller seiner Vorrechte und Vorzüge freiwillig auf dieses geistige

Dasein zu verzichten! Denn er bleibt in dem herrschenden Materialismus, begnügt sich mit der formalen Freiheit und dem Haschen nach Besitz, dessen Zeitidee die Industrie, dessen Prinzip der Erwerb ist: »Das Haben ist es, dem der Geist und die Existenz als Geist am Kreuze geopfert wird.«

Wie kann der Baron, der es doch besser weiß, diesen Abfall von seiner heiligsten Überzeugung nur mitmachen, sich atomistisch isolieren? Welch kältester Egoismus, welch sittliche Verwahrlosung, welche Gesinnungslosigkeit! »Man nennt es frivoles Kokettieren mit der Idee ... Ich habe nichts dagegen, wenn man ein Baalsdiener ist und dem goldenen Kalbe opfert, aber dann habe man auch den Mut und bekenne sich zu Baal!«

Nach dieser heftigen Standpauke greift er dem philosophisch gebildeten Aristokraten ans Portepee: Werden Sie Staatsdiener! Denn dies ist die höchste praktische und reine Tätigkeit im Dienste der Idee. Natürlich nicht so, wie das die gegenwärtige Bürokratie handhabt, und dennoch. Eine Menge *muß* man da tun; aber daneben gibt es den Ermessensspielraum der Beamten, und den muß man »zu unserm Nutzen, zu unserm Vorteil« handhaben.

»Für die nächste Gegenwart kommt alles darauf an, daß Männer unsrer Partei die Beamtenstellen in ihre Hand bekommen, und wir müssen dies zu erreichen suchen selbst unter der Larve des Konservativismus, wenn es nicht anders geht. Ich weiß, Sie werden, wenn Sie und noch tausend Gleichgesinnte Beamte sind, das System nicht umstoßen, unsern Staat nicht zu einem freien machen können. Aber das soll auch gar nicht sein. Worauf alles ankommt, und was Männer unsrer Partei in solcher Stellung tun können, zu tun Gelegenheit finden, das ist, uns manchmal Luft zu machen, manchmal soviel als möglich Spielraum zu verschaffen, während konservativ gesinnte Beamte ihn über die Grenze des Nötigen hinaus uns verengen. Alles kommt auf solchen Spielraum an ... Sehen Sie, Baron, das ist wahrhafter Ernst und Tun und Wirken für die Allgemeinheit, für die Freiheit. Wenn eine Revolution kommt, sich an ihr beteiligen – das ist leicht und mehr Wollust als Mühe, aber diese Kleinkrämerei, diese Detailhandlungen für die Freiheit auf sich zu nehmen, das ist mühsamer, aber verdienstlich, aber notwendig. Wenn wir nicht diese Detailhandlung auf uns nehmen, wir rücken noch ein halbes Jahrhundert nicht von der Stelle.«

Diese Ausführungen sind etwas anderes als ein »Bekenntnis«. Sie sind das taktische Handlungskonzept eines Politikers, der Partei macht, Gleichgesinnte scharen will. Dazu braucht man einen freien Handlungsraum – also müssen Gleichgesinnte in das System hinein, um in seinen Grenzen diesen Spielraum zu ermöglichen und zu erweitern. Illusionslos: Ein langer Marsch durch die Institutionen revolutioniert nicht das System selbst, er kann nur der Vorbereitung der Umwälzung dienen. Aber das konsequent. Und das bedeutet auch, daß man jedes Detail ernst nehmen muß, jede Kleinigkeit ausnutzen, um sie gegen das System zu wenden. Zum Beispiel die allgemeine Empörung über die Ausweisung zweier angesehener Männer oder den Unmut über die Relegierung eines Theologieprofessors. Mühsame Kleinkrämerei, aber notwendig.

Hubert von Stücker ist trotz der eindringlichen, ja zudringlichen und befehlenden Vorstellungen Lassals nicht diesen Weg gegangen. Dazu besaß der Ältere denn doch zuviel Distanz, wenn es auch Berührungspunkte zu Lassals Auffassungen gab. Er folgte auch nicht dem anderen, mit einem Unterton von Hohn vorgeschlagenen Weg: sich wenigstens als Subjekt gleich Goethe zur höchsten verklärten Vollendung zu bringen. »Ist man dann auch keine Eiche, unter deren weitreichendem Schatten dankbar Geschlechter ruhen, ist man auch eine unfruchtbare Palme, so ist man doch eine Palme geworden, unfruchtbar, einsam, zwecklos, doch schön, eine schlanke, himmelanragende Gestalt, die den Kranz wohl verdient, den sie trägt.«

Es gibt dann Verstimmungen zwischen Lassal und Stücker. Nicht aus grundsätzlichen Zwisten, sondern weil sie sich im gesellschaftlichen Umgang gegenseitig Formfehler vorwerfen. Das läßt sich zwar wieder ausräumen, aber schließlich kommt es doch zur Entfremdung. Stücker war kein Musketier für Lassal – weder in Staatsdiensten noch in der persönlichen Gefolgschaft.

Denn eine feste Gefolgschaft rekrutiert Lassal in diesem Halbjahr. Verblüffenderweise gelingt ihm das vom fernen Breslau fast noch besser, als wenn er selbst in Berlin wäre. Es scheint so, als mache den Freunden seine Abwesenheit noch deutlicher, wie sehr sie von seinen Anregungen und Anweisungen abhängen. Mit Ungeduld wartet vor allem Arnold Mendelssohn auf jede Zeile seines Herrn und Meisters und berichtet alle Berliner Ereignisse.

Lassal hat Arnold und Klex noch einen dritten Burschen in Obhut gesandt, Albert Lehfeldt. Diesen leichtsinnigen und unzuverlässigen, nicht sehr gescheiten, aber gewandten Studenten kennt er noch von den Raczeks. Isolani – so sein Kneipname – hat Lassal und sogar seinen Vater öfter anzupumpen versucht, und jetzt bewahrt ihn Ferdinand durch seine Bürgschaft vor einer peinlichen Schuldhaft in Breslau. Die Freunde sollen ihn in Berlin läutern. Sie besorgen ihm Unterkunft neben der gemeinsamen Wohnung, helfen ihm immer wieder aus seinen Geldverlegenheiten, führen ihn bei den besseren Familien ein mit dem Gedanken einer guten Partie für den amüsanten Gefährten, halten ihn zur Arbeit an und wollen ihn zum Lassaleaner machen. Lehfeldt akzeptiert das, soweit es ihm Vorteile bringt, bummelt aber fröhlich weiter. Auf die Dauer erkennen die Freunde die Vergeblichkeit ihrer Liebesmühen und lassen den Leichtfuß fallen. Lassal selbst empfiehlt einem Vetter Lehfeldts, den Jungen in eine Kleinstadt zu verfrachten und als Eisenbahnbeamten oder Kontoristen fern der Kasse unterzubringen.

Schon bald nach Lassals Abschied aus Berlin warten Arnold und Alexander auf das Programm und Startsignal einer Art kabristischer Verschwörung, eines revolutionären studentischen Zirkels, wie sie der Vormärz an vielen Orten hervorbrachte. Anders ist ihr Verlangen nach Lassals Manuskript zur »Philosophie des Geistes« kaum zu deuten, das Mendelssohn gelesen hat und Oppenheim lesen will. Lassal hat darin eine vierstufige Entwicklungsgeschichte des menschlichen Geistes umrissen, deren Endstufe jene Geister verkörpern, die sich ihrer bewußt sind »als des sich zur Wirklichkeit entlassenen und diese zu sich aufhebenden Tuns«.

Abends zu Bett klagt Alexander dem Wohngefährten, wie Voltaire einst das Spektakel der Revolution voraussah und es doch nicht mehr erleben durfte: »So wird es uns auch gehen, wir können auch nur wünschen.«

»Oho«, weist ihn Arnold zurecht, »der Unterschied zwischen jenen Leuten und uns ist sehr klar. Du vergißt, daß wir Lassals Stufe D sind! Jene sahen die Revolution nur als notwendig voraus, wir wissen und wollen ihren Inhalt, wir werden sie machen. Wenn wir nur erst hier fest sitzen und Geld haben, dann wollen wir Berlin wenigstens bald auf den Kopf stellen!«

Auch in der liberal eingestellten Familie Mendelssohn wittert man im Umkreise Lassals politischen Aufruhr – wohl der entscheidende Vorbehalt wider die finanziellen Anträge aus Breslau. Der junge Bankier Paul erkundigt sich beim Vetter Arnold, ob Lassal vielleicht die Welt mit einer neuen Religion beschenken wolle. Arnolds Vater mißtraut, der Sohn sei »ein Fourier, ein Kommunist«. Arnolds Schwager, der Mathematikprofessor Eduard Kummer in Breslau, wird noch deutlicher.

Als Arnold ihn bei einer Begegnung in Berlin fragt, ob er Lassal schon besucht habe, verneint er: »Nein, ich habe offen gestanden gar keinen Anknüpfungspunkt mit ihm.«

»Weißt du das so gewiß?«

»Ja, denn Lassal ist ein Mensch ohne sittliche Grundlage.«

»So? Was heißt das?«

»Ihm ist nichts heilig, und er wird dich ebenso mit Füßen treten, wenn es ihm zum Vorteil gereicht.«

»Meinst du seinen Vorteil als den eines einzelnen?«

Kummer bejaht.

»Nun, so sage ich dir, daß ich weiß, daß, wenn Lassal mich mit Füßen tritt, ich es als von meiner Seite verdient annehmen werde. Du wirst daraus wenigstens ersehen, daß wir in einem höheren Sinne Freunde sind, als dies alltäglich der Fall ist.«

Arnold selbst berichtet dieses Gespräch seinem »Freund und Gebieter« nach Breslau und fügt hinzu: »Von einem solchen Verhältnis hatte er natürlich gar keinen Begriff, und ich fühlte mich nicht berufen, ihm denselben beizubringen.« Für den vollkommen von Lassal gefangenen jungen Arzt ist es der glücklichste Zufall seines Lebens, ihm begegnet zu sein; getrost werde er abwarten, was sich daraus in der Zukunft ergebe. Es ist eine Ergebenheit, die nicht blind ist: Als Wissender im Sinne Lassals ist er überzeugt, der Freund werde ihn niemals zu seinem Vorteil »als einzelner« mißbrauchen oder im Stich lassen, sondern nur, wenn es »das Allgemeine« erfordere. Und dieser Möglichkeit fügt er sich, beugt sich dem überlegenen Urteil seines »Cortez der Neuzeit«.

Seine Verwandten läßt Arnold Moses möglichst im unklaren über seine Gesinnung, denn er braucht ja ihre Unterstützung. Untereinander tauschen sich die Freunde eifrig über die Fortschritte ihrer Lektüre aus, und immer wieder wird der ferne Meister um Rat und Hinweise gebeten. Arnold und Alexander lesen miteinander die Jahrbücher, die Schriften Moses Heß' werden genannt, der Frühkommunist Wilhelm Weitling, der

Sozialist Karl Grün und Friedrich Engels mit seinen Werken »Die Heilige Familie« und »Die Lage der arbeitenden Klassen in England«. Keine Frage, die »Lassaleaner« verstanden sich als Kommunisten.

Doch was ihnen fehlte, war eben der große Weckruf, das Wissensbekenntnis ihres Gestirnes Lassal. Bei seinem Besuch in Berlin Anfang September 1845 wird ihm diese Forderung der Freunde deutlich. Nach leidenschaftlichen Gesprächen trennen sie sich mit dem Kampfruf *Vainquons* – Wir werden siegen! »Wenn uns jemand gehört, hätte er uns vielleicht mit Fug für verrückt halten können«, glossiert Lassal. Doch ihm ist Ernst damit.

Mit »Vainquons« beginnt und endet der lange Brief, mit dem er seine »Triumviri« Mendelssohn, Oppenheim & Lehfeldt – doch vor allem erstere – über Recht und Inhalt des Kampfes aufklärt, in Kenntnis setzt: »Es handelt sich nicht nur um einen Krieg, sondern um einen vollkommen bewußten Krieg, um einen Krieg, zu dem wir von unserm Gotte, der Idee, ermächtigt und berechtigt sind; kurz um einen *Religionskrieg.*«

Noch einmal knüpft Lassal an den Feststellungen seines *Industriebriefes* an. Die Blüte der Industrie einerseits und die fürchterliche Armut auf der anderen: Das ist nichts anderes als der organisierte Räuberzustand der heutigen Welt. Geld und Eigentum sind die Zeitidee, das formale Grundgesetz. In ihm hat das besondere Fürsichsein, die ärgste Selbstentäußerung des Ich Wirklichkeit angenommen. »Das Geld also ist dieser Fluch, der da lastet auf dem freien Subjekt, der ihm wehrt, einzutreten in das Paradies, in den Fluß des Selbstverwirklichens. Seit ich das gesehen, habe ich Haß geschworen – und mit Recht jedem, der da besitzt. Das Geld ist die einzige Institution, gegen die ich meine Waffe kehre, alles andre lohnt sich der Mühe nicht, die Hand sich naß zu machen oder doch nur, insofern es hierauf Bezug hat. Das Geld ist der Schlüssel zu der versperrten Realität (in der jetzigen Welt), ist das Tor, durch das allein der Weg in die Wirklichkeit und den Selbstgenuß in ihr führt.«

Es wird kommen der Tag, »wo wir stürzen diesen glühenden Moloch und ihm nachwerfen seine Priester in die verzehrenden Flammen«. Doch auf diesen Tag braucht das sich als Realität erkennende Subjekt nicht zu warten, es kann sich selbst erlösen. Denn mit Gewißheit wird das Ich als bei sich seiende

Lebendigkeit über das tote, entäußerte Wesen des Ich, das Geld, siegen. Oder: Es steht in der Macht des Menschen, seine selbstverschuldete Unmündigkeit zu überwinden und seine Entfremdung aufzuheben. Auf Lassalsche Weise wird hier die kantische Idee der Aufklärung wie ein späterer Zentralbegriff Marx' in Hegelschem Geiste aufgenommen.

Beim Kampf gegen diese sündhafte Wirklichkeit, die Welt des Eigentums, muß man sich ihrer Waffen selbst bedienen – und man darf es mit dem Recht des Begriffes und des wahrhaften Bewußtseins. Lassal greift damit auf, was er schon in seinem *Bekenntnisbrief* an Stücker als taktische Route festlegte. »Denn indem ich, was jene an sich unbewußt tun, bewußt systematisch vollbringe, weiß ich die Nichtigkeit dieser Substanz und bin ungebunden. Gleich vor mir sind alle Mittel, nichts ist so heilig, daß ich es schonte, und ich habe errungen das Recht des Tigers, das Recht zu zerreißen. Für mich ist außer dem Recht, das mir die Menschen geben durch ihr eigenes Tun, mein Recht, das Recht des Begriffs, das Sichselbstrealisieren des Willens, dem man gottlos vorenthält die Realität. Das Geld ist dieser Schlüssel der Wirklichkeit:

> Wenn Du sechs Hengste zahlen kannst
> Sind ihre Kräfte nicht die Deinen?«

Das ist deutlich. Man kämpft gegen dieses »atomistische unsittliche Fürsichsein« mit seinen eigenen Mitteln – seien es Geld und Besitz oder die Menschen selbst, die diese Dinghaftigkeit verkörpern. »Gut, man nehme diese fürsichseienden Subjekte nicht nach der Würde ihrer menschlichen Existenz, deren sie sich durch jenes Urteil selbst begeben, man nehme nach dem Urteil diese Ichs als Dinger und mache von ihnen den Gebrauch der Dingheit, man zehre sie auf achtungs- und schonungslos für sein Fürsichsein, man benutze sie. Man betrachte ihre Innerlichkeit, ihr Fühlen und Seelenleben als ein Ding und wirtschafte damit. Soweit ich die Macht habe über das Innere eines Menschen, werde ich sie schonungslos mißbrauchen.«

Genau das haben nach Lassals Darlegungen auch Typen wie Cagliostro und Casanova getan, wahrhafte Industrieritter: »Sie packen die Leute bei ihrer Substanz, Glauben, Lust, Ehrgeiz, Begeisterung und wirtschaften nach Herzenslust mit diesen Faktoren der Menschheit.« Aber da gibt es einen entscheidenden, einen substantiellen Unterschied. Jene waren frivole Subjekte, weil sie nur für die inhaltlose unwahre Lust ihres kleinen besondern Daseins fochten. Sie taten Unrecht, weil sie auf demselben kleinen Standpunkt sich befanden wie die, die sie nutzten und mißbrauchten.

Nicht so Lassal. »Ich bin Träger und Apostel einer Gottesidee und habe die Pflicht, mich der Erfüllung und Realisation dieses substantiellen Inhalts zu weihen. Was ich tue, weiß ich als sittliche Forderung des Begriffs. Jene Männer hatten zu ihrer Waffe nichts als den kleinen Betrug; ich schwinge die Waffe des Zeus, den Blitz des Wissens.«

Nach 20 Manuskriptbogen, gerichtet an seine gläubig harrenden Triumvirn, ist Ferdinand von seinem eigenen Gedankenflug fasziniert. Er legt den Freunden dar, wie er selbst seine Leiblichkeit, seinen Körper ganz seinem Willen unterordnete und ihm den Stempel des Gedankens aufprägte – profan: Er wurde Schauspieler, plastischer Künstler. Und daran ist einiges wahr.

Allmächtigkeitsvisionen sind in dieser Stimmung nicht fern. Lassal versagt sich auch ihnen nicht. Er fühlt sich mit Heraklit, in den er tief vergraben ist, »der Weise, ob Gott, ob Tier – der von allen Getrennteste«, und schaut nicht seinesgleichen. Derartige Überspanntheiten schleifen sich mit den Jahren ab, auch bei Lassal. Nicht aber das Selbstbewußtsein, das dahintersteht.

Er charakterisiert seine ungeheuerliche Selbstforderung völlig korrekt, wenn er schreibt: »Vom Kopf bis Zeh' bin ich nichts als Wille, und Schlafen und Wachen gilt mir gleich.«

Er beschreibt seine schier arrogante Selbstgewißheit treffend mit dem abgewandelten Zitat: »Arm in Arm mit *mir* / So fordr' ich mein Jahrhundert in die Schranken.«

Und er kennzeichnet seinen eigensinnigen Tatendrang mit den Schlußworten: »Da habt ihr nun mein *Kriegsmanifest* gegen die Welt, und wenn Ihr mit mir einverstanden seid, so unterschreibt es. Wer aber jetzt mit mir Vainquons!! ruft – der weiß wenigstens den ganzen Inhalt dieses kleinen Worts.«

Die Freunde sind hingerissen. Isolani schreibt hymnische Verse auf den enormsten aller Briefbriefe. Im Bierzeitungsstil beginnend, steigert er sich zu dem Bekenntnis, sehr wohl verstanden zu haben. Und das hat er – denn deutlicher kann sein Vorbehalt nicht sein, er werde als Dichter den Kampf begleiten. Im übrigen habe der Flegel Stücker – den er gleichfalls andichtet – ihn sitzenlassen! Wahrscheinlich wollte Lehfeldt ihn anpumpen.

Ernstlich getroffen ist Oppenheim. Er sei nun imstande, jede Handlung Lassals zu begreifen, da ihre Seele der Begriff ist. Er stimme ganz in den Ruf Vainquons! ein und werde das in Zukunft beweisen. Er wird es.

Mendelssohn ist beglückt und kann nichts anderes denken als den Brief. Er betet zur absoluten Idee um einige lumpige 1000 Taler, »daß Du herkommst und uns in der Geschichte, in ihren Einzelheiten die göttliche Natur des Begriffs und sein Tun, was wieder ein und dasselbe ist, nachzuweisen«.

Doch aus dem innigen Wunsch der Verschworenen, Lassal möchte endlich kommen, damit sie unter seinen Fahnen fechten könnten, wird vorläufig nichts. Es fehlt am lumpigen Geld – für Lassals gesicherten Unterhalt, für die Prager Gaskompagnie. Arnolds Bemühungen, für den »Kerl aller Kerle« vielleicht bei dem vermögenden Klex finanzielle Arsenale zu öffnen, sind recht untauglich. Für Lassal stehen größere Beträge auf dem Spiel, damit er die Kräfte von sechs Hengsten zu seinen eigenen machen kann. Er braucht viel Geld, um Geld zu bekämpfen, nicht einen ungewissen Monatswechsel zur Finanzierung der Studienzeit. Der Herbst geht dahin, das Gasgeschäft stockt.

Industrieritter Friedland

Im Dezember 1845 reist Ferdinand Lassal nach Paris. Eine Lesart lautet: um in den dortigen Bibliotheken nach unbekannten Fragmenten Heraklits zu suchen. Vielleicht hat er das auch getan, doch ist es wenig wahrscheinlich. Denn dieser heraklitische Weise wollte keine kritische Werkausgabe des antiken Philosophen zusammenstellen und kannte die Literatur auch gut genug zu wissen, daß dies ein vergebliches Unterfangen sein müßte. Ihm lag eher an einer Interpretation Heraklits auf *seine* Weise, und dafür hatte er genügend Sekundärliteratur zusammengetragen und studiert. Gewiß waren Heraklit-Studien nicht der Zweck der Reise, denn dann hätte sie der sparsame Heyman nie finanziert.

Schon zwei Monate früher war davon die Rede, Lassal *solle*

nach Paris fahren. Jetzt ist die Sache spruchreif geworden: Es geht um neue Finanzquellen für das Familienunternehmen. Und das wiederum hängt mit den Beziehungen Ferdinand Friedlands, des Vetters und Mannes der Schwester Friederike, zusammen.

Lassal war mit dieser tatsächlich schillernden Figur in einer seltsamen Haßneigung verbunden.

Der Breslauer Vetter lebte schon seit 1838 in Paris, als er sich mit der inständigen Unterstützung seines Vaters – ein Verwandter Heymans aus der Loslauer Linie – um Friederike bewarb. Der Schüler Ferdinand hat diese Bewerbung noch 1840 hingebungsvoll hintertrieben. Er führte andere Anwärter ins Feld und rechnete deren Marktwert präzise vor. Doch plötzlich schlägt diese Antipathie um. Vielleicht war es die direkte Begegnung mit dem weltgewandten Cousin, dessen Geschick im Umgang mit dem so hochfahrenden wie begierigen jungen Verwandten, die den Leipziger Handelsschüler umstimmten.

Am 9. März 1841 erhält er ein Billett von dem Cousin Ferdinand Friedland *de Paris* und ist entzückt, ihn in drei Stunden sehen zu können. Er wirft den Argwohn von sich, den die Verleumdungen über des Vetters Karriere in Paris in ihm weckten. Er ist stolz auf den großen Vetter und stolz auf die Familie Lassal, deren Tochter Friederike Anlaß zur Heimkehr des erfolgreichen Mannes werden sollte, der sich in der glänzendsten Welt bewegte. Und dennoch bleibt da ein Unbehagen. »Unbegreiflich ist mir doch dieser Ferdinand. Ich habe eine sehr gute Idee gehabt, als ich ihn mit dem Chevalier de Seintgal (= Casanova, d. V.) verglich. Und so, wie Casanova, nachdem er an allen Höfen Europas die glänzendste Rolle gespielt, sich endlich zurückzog, um als armseliger Bibliothekar auf dem Schlosse des Grafen von Waldstein, von den Dummköpfen, die ihn nicht begreifen konnten, 1000fach angefeindet zu leben, so verläßt *mon cousin* Paris, Ehren, Würden, Berlioz, Heine, Salons und weiß Gott was Alles noch, um in unserem tristen Breslau Calicot zu verkaufen an polnische Jüdchen.«

Diese Rückblende ist eine Gelegenheit, die Konsequenz und das Gespür Lassals zu beleuchten, dem man oft genug Menschenkenntnis bestritten hat. Die unbestimmte Skepsis gegenüber dem Rückzug Friedlands in die Provinz und auch der Vergleich mit Casanova waren eine richtige Vorahnung. Denn der Vetter begnügte sich durchaus nicht damit, in Breslauer Gewölben Calicot en gros und en detail zu verkaufen. Er setzte vielmehr das so erworbene väterliche Vermögen und das größere seines Onkel Heyman mit seinen Beziehungen dazu ein, ins Gasbeleuchtungsgeschäft des Industriezeitalters einzusteigen. Und damit stimmte dann auch wieder der Vergleich mit Casanova: Ferdinand Friedland war ein großer »Industrieritter« nach den Begriffen des *Kriegsmanifestes* und wurde ein höchst erfolgreicher Industrieller.

Die Frage, weshalb sich Lassal so leicht und zeitweise klettenhaft mit diesem »an sich« verächtlichen oder frivolen Typus verband, läßt sich leicht beantworten. Man muß das System mit seinen Mitteln schlagen und sich seine Kräfte zu eigen machen, um dem Werdenden zur Wirklichkeit zu verhelfen. Über den Vetter kam er zu Geld.

Doch diese Antwort allein ist zu leicht. Lassal liebte, wie im *Kriegsmanifest* zu lesen, nicht nur den Vater. Dazu zählten 1845 auch die Freunde, Mendelssohn und Oppenheim. Dazu kam zeitlebens die brave Anhänglichkeit an die Mutter und die zärtliche an die Schwester Friederike. Und irgendwie schloß das aus Loyalitätsgründen auch ihren Mann, den Ferdinand Friedland, ein: auch als Lassal ihn später weder brauchen noch mißbrauchen konnte. Da ist ein beispielhaftes Moment von ungebundener, aber verläßlicher Treue, Freundschaft, Achtung.

Und noch ein Drittes. Friedland war auch als Karrieremacher nicht irgendwer. Er kannte die Berlioz und Börne und Heine aus den Pariser Salons nicht nur, er setzte sich auch für sie ein. Solche scheinbaren Widersprüchlichkeiten waren Lassal verwandt. Das Sowohl-Als-auch ist eine einleuchtende Sache, solange sie durch eine begreifliche Idee gedeckt wird.

Konkret: Als der Börne-Verehrer Lassal 1841 gegen die Lüge der Heine-Beschimpfer Kolloff, Schuster und Hamberg mit einem Artikel in der *Breslauer Zeitung* zu Felde zog, weil sie fälschlich behaupteten, die Ehre Börnes durch Prügel für Heine verteidigt zu haben – da führte der unbekannte Verfasser »F« nur die Sache Heines fort, für die sein Schwager Friedland schon drei Wochen zuvor in dem gleichen Blatt eingetreten war.

So wirr war das im Vormärz tatsächlich auch schon. Die liberalen Aufmüpfer beschuldigten sich in ihren kargen Spielräumen gegenseitig und erleichterten damit das Geschäft der Reaktion. Beachtlich der Einsatz des Industrieritters Friedland: Er wagte sein Renommee für den exilierten größten Dichter deutscher Zunge. Das war Heine damals. Bemerkenswert »F« Lassals Nachtarock, der dem unbekannten Gymnasiasten eine Duellforderung der geschmähten Herren Kolloff, Schuster und Hamberg eintrug. Denn Lassal *begriff* sich mit Börne gegen Heine. Doch er verteidigte ihn gegen ungerechtfertigte und ungerechte Angriffe. So wie er sich selbst gegen den Theologieprofessor David Schulz im einen Fall und den Theologieprofessor David Schulz gegen die staatliche Kultusbehörde im anderen Fall verteidigt.

Lassalle – ein neuer Mirabeau

Am 11. Dezember 1845 kommt Ferdinand Lassal in Paris an. Der Schwager Ferdinand war schon dort und hatte die geschäftlichen Verhandlungen mit der belgischen Firma »Iris« zur Finanzierung der Prager Gasbeleuchtung eingeleitet. Der junge Lassal konnte den Abschluß durch seine direkten Verhandlungen mit dem Bankhaus Mendelssohn beschleunigen, Anspielungen darauf waren wohl seine Aufgabe. Die Rechnung ging auf, »Iris« stieg ein und beteiligte sich am Friedland-Lassalschen Unternehmen.

Wenn Lassal schon nicht durch Forschungstätigkeiten aufgehalten war, so lag doch nahe, daß er in Paris Zugang zur vorrevolutionären Szene suchen würde. Die Freunde hatten sich ja intensiv mit den französischen Zuständen beschäftigt und jüngst erst mit Freude festgestellt, daß man sich jetzt auch dort dem Hegelschen Geiste zuzuwenden begann. Der Kreis deutscher Exilanten hatte allerdings seine wichtigsten Köpfe verloren. Auf Betreiben der preußischen Regierung war Karl Marx im Februar 1845 ausgewiesen worden und nach Brüssel gezogen. Friedrich Engels folgte ihm zwei Monate später.

Lassal macht die Bekanntschaft mit den Brüdern Karl und Albert Grün. Ihnen verdankt er die Begegnung mit Pierre Joseph Proudhon, die ihn sehr beeindruckte. Proudhons Schrift »Que'est-ce que la propriété?« (Was ist Eigentum?) gehörte zur Stammlektüre der Lassaleaner in Berlin. Der französische

Sozialist vertrat darin die Kernthese »Eigentum ist Diebstahl« und ließ nur durch Arbeit erworbenes Eigentum gelten. Vor einem Gerichtshof in Lyon hatte er sich gerade für diese Thesen höchst eloquent und eindrucksvoll erfolgreich verteidigt. Auch Georg Herwegh lernt Lassal in dieser Zeit kennen. Heinrich Heine stellt ihn dem streitbaren Revolutionsdichter mit dem Satz vor: »Je vous présente un nouveau Mirabeau.« (Ich stelle Ihnen einen neuen Mirabeau vor.)

Der Vergleich mit dem Grafen Mirabeau, dem brillanten Redner und leidenschaftlichen Kämpfer wider den Feudalismus, dem Präsidenten des Jakobinerklubs und der Nationalversammlung von 1791, mochte dem jungen Lassal wohl gefallen. Es wird ihm so wenig wie Heine die leise Anzüglichkeit des Bildes entgangen sein: Mirabeau war nicht nur ein eleganter und temperamentvoller Mann, sondern auch den Annehmlichkeiten des Lebens bis zur Zügellosigkeit zugetan. Gleichviel war das eine pathetische Geistesverwandtschaft, in der sich der Verfasser des *Kriegsmanifestes* erkennen konnte. Vielleicht brachte ihn auch dies auf den Gedanken, seine Herkunft aus dem Geist der Revolution namentlich auszuweisen. In der Französischen Revolution hatte ein General mit dem wohlklingenden Namen Antoine-Charles-Louis Comte de la Salle eine Rolle gespielt, und gewiß nicht allein des eleganten Wohlklangs halber französisierte Ferdinand Lassal jetzt die Schreib- und Sprechweise seines Namens. Ferdinand Lassalle – das war nicht nur eine Buchstabenkorrektur, das war auch ein *nom de guerre*, eine Kriegserklärung. Lassalle nimmt seinen ersten öffentlichen Kampf auf – für die gerechte Sache, für Heinrich Heine. Und dabei steht der Schwager Ferdinand Friedland Pate.

Friedland kannte Heine nicht nur, er kannte ihn gut. Er war sein finanzieller Berater, und das war keine leichte Position; denn Heine nahm Wohlergehen und Gewinne als ihm selbstverständlich zustehend hin und wütete gegen Spekulationsverluste und materielle Schwierigkeiten als Verrat an seinem Recht und Geiste, wobei er Ratgeber sofort als Urheber seines Debakels verdächtigte. Den aufrichtigen Helfer Friedland, der freilich ebenfalls ein Spekulant, doch ein erfolgreicher Industrieller auch war, verglich er einmal ziemlich abschätzig mit Calmonius, dem Hofjuden Friedrichs des Großen, und bagatellisierte: Der sei wohl kaum von seinem Schutzjuden abhängig gewesen.

Jedenfalls kannte Friedland Heines finanzielle Verhältnisse sehr gut, und die waren Ende 1845 sehr schlecht. Von seinem schwerreichen Onkel Salomon Heine hatte der Dichter im Exil eine anständige Rente erhalten. Salomon war im Dezember 1844 gestorben, ohne die Fortzahlung der Rente im Testament zu sichern. Der Hamburger Haupterbe Karl Heine machte sie von Bedingungen abhängig. Die Familie fürchtete nämlich, Vetter Heinrich werde seine Memoiren veröffentlichen und dabei nicht nur über die Verwandtschaft herziehen, sondern sie auch in einen Skandal verwickeln. Denn schließlich war das schwarze Schaf der Familie nicht nur moralisch anrüchig, sondern auch politisch als Befürworter des Kommunismus höchst degoutant. Die Hamburger Heines waren angesehene Kaufleute, und der Schwager Adolf Halle stand für einen Senatssitz an! Die knappe Bedingung Karl Heines also: Er werde dem Vetter die Hälfte der Rente gewähren, wenn er sich einer Vorzensur aller Äußerungen über seinen Vater Salomon füge.

Heinrich Heine forderte heftig die volle Rente auf Lebenszeit ein, doch sein Beweismaterial war kümmerlich, und Vetter Karl wußte das: Lediglich Giacomo Meyerbeer versicherte zu wissen, daß Salomon das so gedacht habe. Heine denkt an Skandal und öffentliche Kampagnen, durch deren Androhung er die Verwandten einzuschüchtern hofft. Heines Situation ist miserabel, zumal jetzt die Folgen seiner Syphiliserkrankung aufbrechen, er unter Siechtum und entsetzlichen Augenschmerzen zu leiden beginnt.

In dieser Situation führt Friedland seinen jungen Schwager bei Heine ein. Vielleicht nicht ohne den Hintergedanken, der tatendurstige Lassal werde sich in der Sache engagieren und Heine helfen.

Lassal hat seine Empfehlung an Heine in der Tasche: Jenen Artikel in der *Breslauer Zeitung*, mit dem er den Dichter gegen plumpe und beleidigende Angriffe verteidigt hatte. Freilich war seine einst glühende Bewunderung inzwischen matter geworden. Nicht allein, weil Heine sich die Jakobinermütze vom Kopf gerissen hatte. Schwerer wiegt, daß Lassal sich als eingeborener Sohn des Vaters Hegel im Besitz einer Wahrheit weiß, an der Heine gewiß keinen Anteil hatte. Seine »Poesie der Hurerei«, so das entschiedene Urteil des Jungen, entbehrte ja der »sittlichen Substanz«!

Doch die Begegnung mit Heine verhilft ihm dazu, dieses flotte Verdikt noch einmal zu überdenken. Die eine Sache ist, daß er die Eleganz und Suggestion von Heines Gedichten und Schriften liebte, dem wollte er sich nie entziehen: »Diese kühnen Ideen, diese alles zerschmetternde Kraft der Sprache!« Darauf ließ sich bauen. Lassal wird jetzt einsichtig, daß in der geschmähten Frivolität Heines als Gegenbewegung zur Romantik der Anspruch auf individuelle Freiheit, »die sittliche Selbstgewißheit des Subjekts« steckt. Daraus erklärt er sich nun die Ironie, mit der Heine auch dem »wirklichen und wahren Inhalt der Liebe« begegnet. Lassal revidiert sein Urteil und hält daran zeitlebens fest: »Diese Frivolität war ein unendlich wohltätiger Luftstrom, um das dicke Blut in den deutschen Adern wieder etwas frischer fließen zu machen. Das Verdienst und die Folgen seiner Gedichte waren daher enorm.«

Der zweite Punkt war der politische Dissens, der vermeintliche Abfall Heines von der Sache der Freiheit. Ob das wirklich so sei, ob dahinter nicht Spott und Ironie stecke, fragte sich schon der enttäuschte Schüler in seinem Tagebuch. Inzwischen hat der Student sich als Sozialist bekannt und seine Herausforderung an die Welt des Geldes und des Eigentums hinausgeschleudert, des Sieges der Idee gewiß. Die bestehende Ordnung trägt ihren Untergang in sich, weil sie keine sittliche Substanz besitzt. Am 15. Juni 1843 – also drei Jahre nach Lassals Tagebucheintrag, schreibt Heine: »Ich möchte ... hier ganz besonders andeuten, wie es für den Kommunismus ein unberechenbar günstiger Umstand ist, daß der Feind, den er bekämpft, bei all seiner Macht dennoch in sich selber keinen moralischen Halt besitzt. Die heutige Gesellschaft verteidigt sich nur aus platter Notwendigkeit, ohne Glauben an ihr Recht, ja ohne Selbstachtung, ganz wie jene ältere Gesellschaft, deren morsches Gebälk zusammenstürzte, als der Sohn des Zimmermanns kam.« Das war, nach dem Inhalt, die Sprache Lassals; freilich in einer Einfachheit und Klarheit, die er selten erreichte. Gerade darum verehrte er ja Heine.

Keine Frage, daß die beiden grundverschiedenen Männer genügend gemeinsame Anknüpfungspunkte haben. Nur ist Heine durch die einjährige fruchtlose Auseinandersetzung um seine Rente zermürbt. Verbittert, aber auch ein wenig wehleidig ob der unerhörten Schändlichkeit, mit der man an seinem Genius frevelt. Wohlmeinende Freunde haben ihm zu helfen versucht und ihn beschwichtigt – wie soll's weitergehen? Er denkt an öffentliche Kampagnen, aber aus denen will er sich auch wieder heraushalten, mehr mit öffentlichen Gerüchten operieren, die andere verbreiten sollen. Doch einen entschieden offenen Kampf aufzunehmen – dazu fehlen ihm die Kraft und das Talent. Er ist eher dabei, klein beizugeben.

Diese Situation ist wie geschaffen für Ferdinand Lassalle. Sein *Kriegsmanifest* hat er erlassen, jetzt hat er auch einen würdigen Anlaß, zu Felde zu ziehen. Da kommt sein empfindliches Rechtsbewußtsein ins Spiel: Hier wird ein leidender, von Armut bedrohter Mann mit einem evidenten Rechtsanspruch von seiner eigenen Familie übel drangsaliert. Dieser Mann ist obendrein der größte Dichter Deutschlands, der seit Jahrzehnten seiner aufrechten demokratischen Gesinnung wegen im Exil leben muß, der von allen fortschrittlichen Geistern Europas bewundert und von den Zensoren in 36 bundesdeutschen Ländern verfolgt wird. Und seine Feinde, die sein Leben verkümmern und seine Schriften vernichten, sind die Repräsentanten von Besitz und Eigentum.

Das ist ein Kampf, bei dem im Besonderen das Allgemeine zum Gegner wird. Arm in Arm mit der Sache Heines kann man *diese* Welt in die Schranken fordern.

Es gelingt Lassalle mit seinem feurigen Ungestüm rasch, Heine aufzurichten, aufzuputschen. Weihnachten schreibt er seinem Verleger Johann Julius Wilhelm Campe nach Hamburg, der Appell an die Großmut des Vetters Karl sei falsch und habe ihn nur in die Selbstdemütigung getrieben und elend gemacht. Heine läßt sich von Lassalle, einem neuen Mirabeau, zu einer neuen Taktik bewegen: Erst persönlicher Einsatz aller Mittel und Beziehungen, dann Erscheinen Heines selbst in Berlin, und schließlich auch den Einsatz der Öffentlichkeit als Tribunal. Lassalle erhält vollen Einblick in die Details des »Hamburger Erbfolgekrieges«, auch das einzige Beweisstück, den Brief Meyerbeers mit der Bestätigung von Salomons Rentenaussetzung auf Lebenszeit.

Mitte Februar reist Lassalle mit Heines Aufträgen im Gepäck nach Berlin. 1844 hatte Heine im Pariser »Vorwärts«, dem von Marx redigierten Emigrantenblatt, einige seiner Kampfgedichte veröffentlicht. Neben den »Schlesischen Webern« auch die »Doktrin«:

Schlage die Trommel und fürchte dich nicht,
Und küsse die Marketenderin!
Das ist die ganze Wissenschaft,
Das ist der Bücher tiefster Sinn.

Trommle die Leute aus dem Schlaf,
Trommle Reveille mit Jugendkraft,
Marschiere trommelnd immer voran,
Das ist die ganze Wissenschaft.

Das ist die Hegelsche Philosophie,
Das ist der Bücher tiefster Sinn!
Ich hab' sie begriffen, weil ich gescheit
Und weil ich ein guter Tambour bin.

Der Tambour Heines

Die bedeutendste Mitgift des Tambours Lassalle ist ein Empfehlungsschreiben Heines an seinen alten Freund Karl August Varnhagen von Ense. Es öffnet Lassalle endgültig den Zutritt zu den ersten Häusern in Berlin. Wo immer sich intelligente Leute und hervorragende Köpfe treffen, ist auch Lassalle zu begegnen. Und er weiß sich glänzend zu behaupten, ist bald selbst eine der Figuren, auf die man schaut.

Darüber hinaus ist das ein schöner Brief, ein Heinescher Brief. Er charakterisiert die Situation Heines ebenso wie den jungen Ferdinand Lassalle; und er kennzeichnet das seltsame, von Heines Seite so hellsichtige wie resignative Spannungsverhältnis, das zwischen dem alternden Dichter und seinem jungen Trommler bestand.

»Teuerster Varnhagen!

Es ist dieses der erste Brief, den ich in diesem neuen Jahre schreibe, und ich beginne ihn mit dem heitersten Glückwunsch. Möge in diesem Jahre leibliches wie geistiges Wohlsein Sie beglücken! Daß Sie von körperlichen Leiden oft niedergedrückt, höre ich mit großer Betrübnis. Ich hätte Ihnen gern zuweilen ein tröstliches Wort zugerufen, aber Hekuba ist eine schlechte Trösterin. Mir ging es nämlich in der jüngsten Zeit spottschlecht, und das Schreiben selbst erinnert mich beständig an mein körperliches Mißgeschick: ich kann kaum meine eigenen Schriftzüge sehen, indem ich ein ganz geschlossenes und ein bereits sich schließendes Auge habe, und jeder Brief mir eine Pein! Ich ergreife daher mit innigster Freude die Gelegenheit, Ihnen durch einen Freund mündlich Nachrichten von mir zukommen zu lassen, und da dieser Freund eingeweiht ist in allen meinen Nöten, kann er Ihnen umständlich mitteilen, wie entsetzlich mir von meinen nächsten Sippen und Magen mitgespielt worden, und was etwa in dieser Beziehung noch für mich zu tun wäre. Mein Freund, Herr Lassalle, der Ihnen diesen Brief bringt, ist ein junger Mann von den ausgezeichnetsten Geistesgaben: mit der gründlichsten Gelehrsamkeit, mit dem weitesten Wissen, mit dem größten Scharfsinn, der mir je vorgekommen; mit der reichsten Begabnis der Darstellung verbindet er eine Energie des Willens und eine Habilité im Handeln, die mich in Erstaunen setzen, und wenn seine Sympathie für mich nicht erlöscht, so erwarte ich von ihm den tätigsten Vorschub. Jedenfalls war diese Vereinigung von Wissen und Können, von Talent und Charakter für mich eine freudige Erscheinung, und Sie bei Ihrer Vielseitigkeit im Anerkennen werden gewiß ihr volle Gerechtigkeit widerfahren lassen. Herr Lassalle ist nun einmal so ein ausgeprägter Sohn der neuen Zeit, der nichts von jener Entsagung und Bescheidenheit wissen will, womit wir uns mehr oder minder heuchlerisch in *unserer* Zeit hindurchgelungert und hindurchgefaselt. – Dieses neue Geschlecht will genießen und sich geltend machen im Sichtbaren; wir, die Alten, beugten uns demütig vor dem Unsichtbaren, haschten nach Schattenküssen und blauen Blumengerüchen, entsagten und flennten und waren doch vielleicht glücklicher als jene harten Gladiatoren, die so stolz dem Kampftode entgegengehen. Das Tausendjährige Reich der Romantik hat ein Ende, und ich selbst war sein letzter und abgesetzter Fabelkönig. Hätte ich nicht die Krone vom Haupte fortgeschmissen und den Kittel angezogen, sie hätten mich richtig geköpft. Vor vier Jahren hatte ich, ehe ich abtrünnig von mir selbst, noch ein Gelüste, mit den alten Traumgenossen herumzutummeln im Mondschein – und ich schrieb den Atta Troll, den Schwanengesang der untergehenden Periode, und Ihnen habe ich ihn gewidmet. Das gebührte Ihnen, denn Sie sind immer mein wahlverwandtester Waffenbruder gewesen, in Spiel und Ernst; Sie haben gleich mir die alten Zeiten begraben helfen und bei der neuen Hebammendienst geleistet – ja, wir haben sie zutage gefördert und erschrecken. – Es geht uns wie dem armen Huhn, das Enteneier ausgebrütet hat und mit Entsetzen sieht, wie die junge Brut sich ins Wasser stürzt und wohlgefällig schwimmt!

Ich bin durch Buchhändler-Vertrag verpflichtet, den Atta Troll herauszugeben, das soll in einigen Monaten geschehen, mit Vorsicht, damit man mir nicht den Prozeß macht und mich köpft.

Sie merken, teurer Freund, wie vague mir zu Mute ist. Solche schwachmatische Stimmung ist jedoch zumeist in meiner Kränklichkeit begründet; schwindet der Lähmungsdruck, der gleich einem eisernen Reif mir die Brust eindrückt, so wird auch die alte Energie wieder flügge werden. Ich fürchte jedoch, das wird noch lange dauern. Der Verrat, der im Schoße der Familie, wo ich waffenlos und vertrauend war, an mir verübt wurde, hat mich wie ein Blitz aus heiterer Luft getroffen und fast tödlich beschädigt; wer die Umstände erwägt, wird hierin einen Meuchelmordversuch sehen; die schleichende Mittelmäßigkeit, die 20 Jahre lang harrte, ingrimmig neidisch gegen den Genius, hatte endlich ihre Siegesstunde erreicht. Im Grunde ist auch das eine alte Geschichte, die sich immer erneut.

Ja, ich bin sehr körperkrank, aber die Seele hat wenig gelitten; eine müde Blume, ist sie ein wenig gebeugt, aber keineswegs welk, und sie wurzelt noch fest in Wahrheit und Liebe.

Und nun leben Sie wohl, teurer Varnhagen; mein Freund wird Ihnen sagen, wie viel und wie unaufhörlich ich an Sie denke, was um so begreiflicher, da ich jetzt gar nicht lesen kann und bei den langen Winterabenden nur von Erinnerungen mich erheitere.«

Heinrich Heine ist den eisernen Reif nicht mehr losgeworden, richtig flügge wurde die alte Energie nie wieder; drei Jahre später wurde er endgültig an seine Matratzengruft gefesselt. Jetzt aber lehnt er sich noch einmal an die erstaunliche Energie des Willens, die Entschiedenheit des Handelns bei dem jungen Freund Lassalle an, läßt sich mitreißen. Von diesem Sohn der neuen Zeit erhofft er sich einen Sieg im Kampf gegen die schleichende Mittelmäßigkeit, Erfolg im fast verlorengegebenen Familienzwist.

Heine ist fasziniert von dem jungen Mann, doch es ist eine ambivalente, eine zwiespältige Faszination. Entsagung und Bescheidenheit sind ihm fremd – zum Teufel mit der verdammten Bedürfnislosigkeit und offen heraus mit der Kampfansage. Diese Haltung ist Heine gar nicht so fremd, wie er leise zu verstehen gibt: Schließlich hat er sie selber mit herbeigeführt, hat als Hebamme die Geburt der neuen Zeit begleitet, den Purpur der Romantik weggeschmissen und den Arbeitskittel angezogen. Und doch – er fühlt sich in diesem Gewand nicht recht wohl, es zieht ihn zurück, zu Atta Troll.

Doch Lassalle hat eine Mission, und er ist nicht der Mann, der halbe Sachen macht. Er hat den Vorbehalt Heines auch gar nicht verspürt. Lassalle stürzt sich, kaum in Berlin angekommen, mit Leidenschaft in diese Aufgabe. Er eilt mit dem Schreiben Heines zu Varnhagen von Ense, entwickelt ihm seine Pläne, bittet um Unterstützung. Mit Varnhagens Einführung sucht er am 26. Januar Fürst Hermann von Pückler-Muskau auf, erreicht ihn erst am nächsten Tag. Der Fürst steht sofort zur Verfügung, sich für Heine zu verwenden.

Pückler schreibt an Karl Heine einen Brief, der in die Geistes- und Gesellschaftsgeschichte des 19. Jahrhunderts gehört, ein Dokument wahrhafter Nobilität aus der besseren Tradition deutschen Adels. Er stellt dem Millionenerben Karl Heine vor, daß die Blutsverwandtschaft mit dem Dichter *ihn* ehre, er das schon dem alten Salomon gesagt habe. Die Verweigerung der unbedeutenden Pension könne doch nur durch einen momentanen Ausfall erklärlich sein.

»Bedenken Sie auch, daß Ihr Vetter trotz mancher Verirrungen, die ich nicht ableugnen will, doch nicht isoliert steht, sondern durch sein Genie ganz Deutschland angehört, wenigstens allem, was in Deutschland *Geist* besitzt. Unter diesen Geistern wird es auch Herzen geben, die H. H. im Unglück leicht verzeihen werden, was er sich im Übermut des Glückes zu viel erlaubt hat, und daß endlich alles dies eine öffentliche Meinung laut werden lassen kann, die sehr schwer auf Ihnen lasten würde, denn Gottlob! wir sind in eine Zeit getreten, wo weder Könige noch Millionäre mehr der öffentlichen Meinung ohne gerechte Besorgnis trotzen dürfen.

Man hat uns zwar gesagt, daß Ew. Hochwohlgeb. Ihrem Vetter ein *verkürztes* Jahrgeld angeboten hätte, aber nur unter der Bedingung, daß er nichts mehr schreibe, was Ihnen nicht vor dem Druck vorgelegt und von Ihnen rezensiert worden sei. Dies kann wohl nur ein Scherz sein, denn Ew. Hochwohlgeb. sind ein Gentleman und ein großer Kaufmann, dessen Beruf nicht nur ein ehrenwerter, sondern großartiger, ja meiner

Meinung nach praktischer ist, und mit dem Genius zu markten würde im Ernste ja selbst der gemeinste Krämer verschmähen.

Ew. Hochwohlgeb. sehen, daß ich mit deutscher Offenheit zu Ihnen spreche, ein Beweis meiner regsten Teilnahme an Ihrem Herrn Vetter, (den ich übrigens nur rein geistig durch seine Schriften und nicht persönlich kenne) sowie meiner Achtung für Sie. Demungeachtet gebe ich Ihnen alle Freiheit, mich, dafür daß ich mich so feurig einer fremden Sache annehme, für eine Art von Don Quichotte anzusehen, aber ich will 1000mal lieber diesem tapferen und edlen Narren gleichen, als zu der Fahne des infamen Egoismus unserer Tage schwören, der für alle niedrigen Seelen als Hauptlehre aufgestellt ist: Tue nie etwas für andre, wo nicht dein eigener Vorteil mit ins Spiel kommt. Ich hoffe, Ew. Hochwohlgeb. werden uns den schlagendsten Beweis geben, daß Sie dieser Klasse nicht angehören, dadurch, daß Sie großmütig Ihrem Vetter gerecht werden, denn wäre es nicht eine Schmach für Ihr Haus, wenn in Deutschland für dessen geistreichsten jetzt lebenden Schriftsteller, für den Sprößling einer Familie, deren Reichtum wie der der Rothschild sprichwörtlich geworden ist, zu dessen *Lebensunterhalt* eine Kollekte gesammelt werden müßte.«

Lassalle ist voll warmer Bewunderung für diesen Brief, den ihm Fürst Pückler zur weiteren Verwendung nach dem Ermessen Heines überläßt. Lassalle erkennt in dieser Haltung den »Fürst unter den Reihen unserer Schriftsteller und unseres Adels« – und dies ist ein aufrichtiges Kompliment. Denn muß es ihn neben dem persönlich überzeugenden Eindruck nicht überraschen, diesen schwerreichen Aristokraten in derselben Frontstellung gegen den infamen Egoismus unserer Tage und den gemeinen Krämergeist zu finden, in die er durch die Gräben revolutionär-demokratisch-republikanischer Gesinnung einzog!

Auch Heine ist, soweit er das gestehen kann, fast beschämt von diesem Meisterstück des *grand Seigneur* und erkennt darin das bedeutsame Merkmal der sozialen Verhältnisse und Umwälzungen der Zeit. »Das plumpe und selbstische Krämertum, ich hätte fast gesagt: das Bürgertum, findet hier seine kläglichste Niederlage; und an Verhöhnung wird es nicht fehlen, zumal von Seiten der allermodernsten Gegner der jetzigen Geldherrschaft.« Heine ist auch kritisch genug, das Zwielicht der eigenen Rolle darin zu sehen: »Der Genius freilich spielt hier eine trübselige Figur; die Romantik, die er selber auf den Tod befehdet, tritt hier großmütig für ihn selbst in die Schranken; denn am Ende, wenn Pückler auch Fürst in den Idealprovinzen des Geistes ist, so ist er es doch auch in Schlesien, und seine Handlung ist ebenso adlig wie edel.«

So schreibt er an Lassalle im Februar. Was der Fabelkönig sich selber, seinem Tambour und dem Fürsten nicht eingestehen mag: Daß er, dessen Fahne sie weithin sichtbar vorantragen, von ihrem Einsatz leise abrückt.

Lassalle ist unterdessen weiter aktiv gewesen, hat die Mendelssohn, Meyerbeer und Goddefroy mobilisiert und Schritte unternommen, sein Hauptziel zu verwirklichen: Heine selbst muß nach Berlin kommen, damit die Sache den nötigen Nachdruck und Applomb erhält!

Heine hat ihm auch einen Brief an seinen Jugendfreund mitgegeben, den bei Hofe hochgeschätzten Chirurgen Johann Friedrich Dieffenbach. Er soll nach Lassalles Plan den Vorwand liefern, für Heine die Einreisegenehmigung in Preußen zu erreichen. Der Ansatz gelingt. In den späten Januartagen erreicht Lassalle von Dieffenbach die offizielle Erklärung, »er wolle es mit Sicherheit unternehmen, die Gesundheit Heines vollkommen herzustellen, falls sich dieser einer Kur und Diät in Berlin unterwerfe«.

Diese Erklärung gibt Lassalle schleunigst an den Fürsten Pückler weiter: »Was mich mit Hoffnung erfüllt für die Sache Heines, ist die Wärme, mit der die zwar sehr kleine, aber gesuchte Anzahl seiner Freunde ihm zu dienen bereit ist.« Zu diesem erlesenen Kreis zählt auch Alexander von Humboldt. Den hat Heine mit Datum vom 10. Januar von der Absicht eines »Abstechers« nach Berlin informiert und um Fürsprache gebeten. Lassalle hat auch diesen Brief überbracht. Jetzt forciert er die Bitte mit dem Hinweis auf Geheimrat Dieffenbachs Erklärung, damit sich Ew. Exzellenz bei Hofe einsetze. Er weist darauf hin, daß auch Fürst Pückler-Muskau aktiv werden wolle, sich den Erfolg aber nicht allein, sondern nur in Allianz mit Humboldt zutraue.

Der *grand homme* Preußens reagiert darauf geradeheraus und indigniert: »... darf ich wohl hoffen, daß man von meinem besten Willen, meiner unerschrockensten Tätigkeit und meiner Kenntnis der hiesigen Verhältnisse genugsam überzeugt ist, um nicht die Mittel zu vervielfältigen und gerade dadurch zu stören, was ich zu erlangen strebe.« Zu deutsch: Humboldt ist verstimmt, weil er meint, Heine und Lassalle zweifelten an seinem aufrichtigen Bemühen und wollten ihm flankierend den Fürsten Pückler zur Seite stellen. Es glückt Lassalle, mit einer offenen Darstellung gegenüber Humboldt dieses Mißverständnis seiner guten Absichten aufzuheben.

Fast hätte Humboldt, wie er Heine dann durch Lassalle mitteilt, auch Erfolg gehabt. Er legte Seiner Majestät Friedrich Wilhelm IV., der nebenbei auch ein romantischer und gebildeter König war, nahe, welche Linderung der bewährte Hofarzt Dieffenbach dem armen Heine bereiten könne. Der König gab seine Einwilligung und meinte, »daß sich hier das Publikum nicht um den alten Mann mit dem Gesichtsschmerz kümmere«. Doch seine Polizei, der Minister des Innern Ernst von Bodelschwingh, sah das richtiger. Sie erkannte den Affront, den eine Anwesenheit Heines in Berlin bedeutet hätte. Besser als der Preußenkönig wußte man in der Bürokratie um die Resonanz der Heineschen Lieder in der Bevölkerung, den Anklang seiner Feuilletons und Zeitgedichte in den gebildeten Kreisen: Darin steckte zuviel politischer Zündstoff. Humboldts Ersuchen, vom König schon zugestanden, wird am 28. Januar abgelehnt. Kein Heine in Berlin.

Gleichzeitig kommt die prompte und rüde Antwort Karl Heines auf den Appell des Fürsten Pückler, eine brüske Ablehnung der millionenschweren Krämerseele. Keine Rente für Heine.

Solche Versagungen, die Ausweglosigkeit einer Situation – das ist nun just der Moment, in dem Lassalle erst richtig loslegt. Er nimmt Ungerechtigkeiten nicht hin. Weder in der Gestalt persönlicher Erklärungen noch amtlicher Bescheide. Das hat er als Schüler, Handelsschüler, Gymnasiast und Student mehrfach bewiesen. Und dabei auch Erfolge gehabt – selbst der Mißerfolg war ihm noch ein Erfolg des Willens.

Doch der große Dichter und Held seiner Jugendjahre, den er in Paris mit seinem Tatendrang und seiner ausgefeilten Strategie so überwältigte, ist müde geworden. Heine, um es schlicht zu sagen, hat schon längst die Position seines guten Tambours zu untergraben begonnen. Er ist zwar gescheit, aber er hat sie nicht begriffen. Heine greift schon nach dem Spatz in der Hand, während sich Lassalle an die Taube auf dem Dach anpirscht. Lassalle und Pückler geht es um den großen, den öffentlichen Skandal, um ein Skandalon, die Erbärmlichkeit der sozialen Zustände. Heine geht es um seine Rente. Und da fällt er zurück in seine kleinen, heuchlerischen Tricks, läßt seine Freunde im Stich.

Mitte Februar schreibt Heine an Varnhagen, wie er einen tollen Artikel gegen sich selbst veröffentlichen wolle, der dann den Heine-Freunden in Deutschland Gelegenheit gebe, für ihn einzutreten. Doch da dürfe um Gottes willen nichts gegen Karl Heine gesagt werden. Allein um dessen Pensionsbewilligung ging es.

Gleichzeitig versichert er Lassalle, daß Pücklers Brief selbstverständlich veröffentlicht werden müsse – doch das solle am besten Varnhagen tun.

In dem Brief an Varnhagen mit der Ankündigung des Schmähartikels, von dem Lassalle gar nichts wußte, schrieb Heine aber auch: »Das ist mein Plan, welchen ich gefälligst Herrn Lassalle mitzuteilen bitte.« Lassalle war ahnungslos zum Lakaien degradiert, die Vollmacht aufgehoben.

Varnhagen reagiert am 22. Februar aus dieser Kenntnis heraus für sich ganz vernünftig: Heine solle um Himmels willen den Schmähartikel wie die Pückler-Veröffentlichung unterlassen – »auf die Reden Ihres Freundes Lassal gäb' ich keinen Pfifferling an Ihrer Stelle«. Lassalle weiß auch davon nichts, wird von Heine unterlaufen und hat darüber nie beraten.

Das Ganze ist eine ungeheure, von Heine bewußt an Lassalle vorbeigesteuerte Wirrsal. Fünf Tage später schreibt er Lassalle, Varnhagen würde mit ihm kaum zusammenarbeiten können, sei zu moderat – und muntert ihn zu weiteren Aktionen auf! Der Varnhagen sei so vornehm. Heine will sich Lassalle gewissermaßen als Stoßtrupp für alle Fälle in petto halten – hat ihn aber durch seine Briefe an Varnhagen als Bevollmächtigten längst unmöglich gemacht, ja denunziert. Und als Lassalle sich mit einer Bitte an ihn wendet, reagiert er vollends widersinnig.

Lassalle bittet Heine, der ja nun wahrlich im Geschwätz und der *haute volée* von Paris kundig war, um Auskünfte über eine Frau Meyendorf. Heine verweist auf seinen Gesundheitszustand, rät zu bezahlten Informanten, Ausflüchte – und Lassalle ist großzügig genug, diese fadenscheinige Entschuldigung zu akzeptieren.

Doch Heine bringt mit diesem Brief vom 3. März noch eine

viel größere Unverschämtheit zustande. Wehleidig pfeift er die mit dem Tambour Lassalle vereinbarte Attacke ab, »da mein leidender Kopf mich zwingt, jede gewaltsame Handlung, überhaupt jeden offenen Krieg einige Zeit zu adjournieren. Das zu Ihrer Nachricht und Richtschnur.« Er verlangt äußerste Diskretion. Lassalle solle auch dafür sorgen, 1.) daß Meyerbeer einen versöhnlichen Brief an Karl Heine schreibe; 2.) daß Humboldt in einem privaten Brief seine Meinung an Vetter Karl äußere (»Wieweit Herr von Humboldt nützen könnte, weiß ich jetzt nicht«); 3.) daß er, Heine, Kopien all dieser Vorgänge sowie den wichtigen Beweisbrief Meyerbeers zurückbekomme.

Der Schluß des Schreibens seiner genialen Eminenz an den untertänigsten Adlatus: »Leben Sie wohl und bleiben Sie mir mit Gewissenhaftigkeit gut und liebend. Seien Sie überzeugt, ich denke oft mit der größten Sorge an Sie und Ihre Zukunft; ich spreche es aber nie aus, weder gegen Sie selbst noch am wenigsten gegen andere; dazu bin ich wieder zu klug und erfahren. Wie viele Rippenstöße werden Sie noch bekommen, ehe Sie meine Erfahrung gewonnen! Und alsdann werden Sie müde und krank sein wie ich, und alle Erfahrung wird Ihnen dann nichts nützen können. Das ist das Leben! Ich hab' es satt.«

Lassalle hat diese gottväterlichen Anweisungen und Belehrungen hingenommen und versucht, für Heine zu tun, was ihm dann zu tun noch übrigblieb. Er erfüllte die Aufträge, vermittelte zwischen Meyerbeer und Karl Heine. Der wollte aber immer noch nicht zahlen.

Ein Zufall kam zu Hilfe. In der Schweiz starb am 31. Juli 1846 ein Orthopäde namens B. Heine. Die Todesnachricht erreichte den hartnäckigen Vetter Karl so ungenau, daß er Heinrich verstorben wähnte. Das Bohren Lassalles und die Furcht vor der Öffentlichkeit, er könne eines Tages als schuldig am Tode des gefeierten Cousins dastehen, bewirkten eine wohlkalkulierte Wende der Heineschen Geschäftspolitik. Dem siechen Vetter Heinrich wurde sein Gnadenbrot zuteil, die Rente ab Herbst 1846 ausgezahlt. Die Auflagen, so scheint es, hat Heinrich Heine erfüllt: nichts über die Familie zu veröffentlichen. Die gefürchteten Enthüllungen oder Bosheiten sind jedenfalls nicht einmal im Nachlaß Heinrich Heines enthalten. Und Karl Heine hat selbst der Witwe noch mit Entziehung der Rente gedroht, wenn Derartiges erschiene.

Dieser »Hamburger Erbfolgestreit« ist ein überraschend erbärmliches Stück. Erbärmlich für Heinrich Heine, überraschend für Ferdinand Lassalle.

Man kann die trübselige Figur Heine verstehen. Da soll ein müder, kränkelnder und angsterfüllter Dichter sich zu einem politischen Schwanengesang erheben, nur weil er als Figuration der Konfrontation von Geist und Geld in die Zeit paßt, weil sein besonderer Fall ein allgemeines Exempel ist. Das schafft er, halbherzig, wie seine Stellung in der politischen Welt ist – das schafft er nicht. Nicht mit dem jugendlichen Antrieb Lassalles, nicht mit dem edlen Beistand Fürst Pücklers, nicht mit dem hochherzigen Anstand Alexander von Humboldts, schon gar nicht mit der zögerlichen Beratung des Zeitbetrachters Varnhagen. Die kleine, aber gesuchte Zahl seiner Freunde kann ihn dazu nicht bewegen. Das ist traurig. Doch statt des hellen bringt er nicht einmal einen ersterbenden, sondern nur einen häßlichen Schwanengesang zuwege, und das ist erbärmlich. Er enttäuscht, ja er betrügt seine Freunde, ihren Eifer, ihr Mühen, ihre Einsatzbereitschaft. Lassalle und Pückler und Humboldt. Auch Dieffenbach, auch Varnhagen. Im reaktionären Preußen dieser Vormärzjahre setzten sie alle einiges aufs Spiel, wenn sie sich für Heine einsetzten. Er hat das gar nicht begriffen, schrieb leichthin, daß er eigentlich ohnehin lieber ein Weilchen nach Italien ginge.

Die Rolle Lassalles in diesem einerseits erbärmlichen, andererseits hochherzigen Spiel ist überraschend. Nach der Entwicklung, dem Eigensinn und der Überheblichkeit Lassalles im Umgang mit anderen bisher müßte man annehmen, daß er entweder aussteigt oder auskeilt. Er tut weder das eine noch das andere, bleibt bei der Stange, macht, was immer er erreichen kann. Natürlich, er ist hartnäckig. Aber hier bemüht er sich noch weiter, nachdem ihm die Habilité des Handelns beschnitten wird, die eigene Entscheidung und sogar die vereinbarte Strategie genommen ist. Da er nicht dumm ist und das Spiel durchschaut, gibt es nur mehr wenige Erklärungen für diese Konsequenz: Verehrung, Freundschaft, Treue. Erstaunlich! Er wirkt für Heine, obwohl der ihm über Varnhagen in der Berliner Gesellschaft hintenherum die Legitimation entzogen hat: Der alte Freund Varnhagen ist der vertraute Mann, der alles weiß und nichts tut – Lassalle nur ein verführerischer Jüngling, mit dem der große ferne Heine mal eben so in

Kontakt gekommen ist und sich zu einigen frivolen Eskapaden wie dem Appell an die Öffentlichkeit verleiten ließ. Wie gesagt, es ist ein erbärmliches Spiel. Doch Lassalle hält seine Rolle durch. *Er* leitet den miserablen Ausgleich mit Karl Heine ein, der ihm nicht paßt. *Er* übergeht die Impertinenz Heines mit Stillschweigen. *Er* nimmt die Zwielichtigkeit auf sich, in die ihn Heines eigensüchtiges Rentengerangel gestellt hat mit aller infamen Taktiererei. Überraschend für einen 20jährigen, der bislang seine Umgebung wie Hörige im Geiste behandelte. Lassalle hat seine erste Erfahrung im öffentlichen Kampf gemacht und die zweite Herausforderung schon angenommen.

Die Erfahrung aus der ersten: Man muß die Kombattanten sehr genau kennen, eh man sich auf ihre Sache einläßt und damit sich ihnen anvertraut. Arm in Arm *mit Heine* – und niemand unter den Lebenden ist größer – kann man kein Jahrhundert in die Schranken fordern. Es ist besser, Arm in Arm *mit mir* den Gegner anzugehen: Und man versichere sich nicht nur des Zieles, sondern auch der Kampfgefährten. Wenn Heine nicht zu trauen, wenn Varnhagen nicht – wem dann? Der philosophische Mut des Für-sich-Seins im Eintreten für das Allgemeine hat in der Begegnung mit Heine und seinem Verrat an der gemeinsamen Sache eine schreckliche Rechtfertigung erfahren. Die überraschende Selbstbescheidung Lassalles in der Affäre Heine ist ein Moratorium, eine Überlegungspause seiner Kampfstrategie und persönlichen Entwicklung, in der er – uneingestanden – eine vierte Häutung vollzieht. Er wird sich nicht mehr anvertrauen, nicht in leidenschaftlichen Gesprächen und nicht in brieflichen Ergüssen. Er wird die Form den Zwecken unterordnen.

Kapitel III

Anwalt (1846/1847)

Als Lassalle im Januar 1846 zum zweitenmal seinen Wohnsitz in Berlin bezieht, zeichnet sich auch eine Stabilisierung seiner wirtschaftlichen Verhältnisse ab. Der Einsatz für die Familiengeschäfte hat sich für ihn rentiert. Er fühlt sich als gleichberechtigter Partner seines Vaters und fordert entsprechend seinen Anteil ein. Heyman hat sich – nicht zuletzt auf Betreiben seines Sohnes – vom Textilkaufmann zum »Industriellen« gewandelt, der mit Aktien und Anteilen jongliert und auch spekuliert. Das Geschäft mit den Gasbeleuchtungsgesellschaften kommt ins Rollen, Ferdinand Lassalle seinem Ziel finanzieller Unabhängigkeit ein Stück näher. Als stiller Berater und Teilhaber wirkt er in der Firma Lassal und Friedland weiter mit; in Verträgen, Transaktionen und Prozessen ist seine Hand erkennbar. Den Kleinkram überläßt er dem Vater – auch die Begleichung seiner Rechnungen, die Buchführung seiner Bezüge, selbst das Abschneiden seiner Coupons. Am unmittelbaren Finanzgebaren nimmt er nur soweit teil, als er Geldforderungen hat oder Kredite verlangt. Von beiden macht er reichlich Gebrauch.

Berliner Zwielicht

Als Freund und Beauftragtem Heines fliegt Lassalle natürlich auf dem Berliner Parkett auch eine andere Aufmerksamkeit zu als jene, die der junge Student allein aufgrund seines Geistes und seines Auftretens beanspruchen durfte. Der Aufenthalt in Paris und die Verbindung mit dem Dichterfürsten haben ihm in den Augen der Gesellschaft gewissermaßen die höheren Weihen verliehen. Man lädt ihn ein in die Salons, in denen er durchaus aus eigenem zu brillieren weiß. Er ist ein eleganter Plauderer, macht mit seinem etwas hochmütigen Charme bei den Damen ebenso Figur wie mit seinem Wissen und seiner Intelligenz bei den Geisteskoryphäen Eindruck. Und doch bleibt da eine Andeutung von Zwielicht, ein Hauch von Anrüchigkeit.

Varnhagen von Ense notiert in seinem Tagebuch einen Vorfall im Hause Mendelssohn, der ihm aus dem Winter 1846 zugetragen wurde. In einem philosophischen Gespräch mit Alexander von Humboldt war man über eine Hegelstelle uneins: Lassalle erklärte, der große Gelehrte zitiere falsch. Selbstverständlich empfand die Gesellschaft den Widerspruch des jungen Mannes als höchst unpassend und ungehörig – ein Humboldt hat in ihren Augen immer recht. Auch Humboldt war irritiert – doch in einer Weise, die seiner noblen Souveränität entsprach. Er schlug noch am selben Abend in seinem Hegel nach und fand, daß Lassalle tatsächlich im Recht war. Er schickt sofort ein Billett an die Dame des Hauses, um Lassalle von seinem eigenen Irrtum zu benachrichtigen. Sie hält das Eingeständnis zurück.

So weit ist die Geschichte glaubhaft, der Rest allerdings fragwürdig. Lassalle soll nämlich, als ihm Humboldts Eingeständnis schließlich doch zu Ohren kam, höhnisch gelächelt und erklärt haben, ihm sei ganz gleichgültig, ob Humboldt ihm recht gebe. Das ist nun ganz und gar nicht eine Reaktion nach der Manier Lassalles. So gewiß es ist, daß er auch dem großen Humboldt höflich, aber rücksichtslos widersprach, wenn er ihn bei einer Fehlinterpretation des größeren Meisters Hegel ertappte – so unwahrscheinlich ist es, daß er das noble Eingeständnis mit Geringschätzung oder gar Hohn quittierte. Nicht nur, weil er Manieren besaß und Humboldt ein Mann war, den man in Berlin und der gebildeten Welt respektierte. Sondern vor allem, weil er aufgrund der eigenen der Aufrichtigkeit anderer immer Respekt zollte. Er war darin sogar naiv und wurde nicht selten getäuscht – zum Beispiel von Marx. Unter seinesgleichen – und Humboldt erkannte er an – hat er sich nie arrogant oder überheblich gezeigt.

Genau das aber unterstellt der Bericht. »Man fand den Übermut hassenswert«, notiert Varnhagen. Damit bekommt das Gerücht seine Wahrheit: Es zeigt, wie man Lassalle sah, sehen wollte. Und dazu hat er nun durch sein beängstigend selbstsicheres Auftreten gewiß beigetragen. Die einen begeisterte es, sie waren hingerissen – wie Arnold Mendelssohn. Als die Freunde einmal gemeinsam bei Tietze dinieren, versichert Arnold seinem Herrn und Gebieter: »Ich werde mit dir gehen, wohin es auch sei, ich werde tun, was du von mir verlangst, weil deine Einsicht mir eine weitere zu sein scheint als die meine. Ich weiß zwar, daß du mich zum Teufel jagen wirst, wenn du erreicht hast, was du willst, weil dies nach meiner Meinung in der menschlichen Natur liegt. Ich verspreche mir aber keinen Vorteil von meinem Gehorsam, ich werde aber doch so handeln.« Wenn schon der Jünger Arnold in seiner Hörigkeit auf den Gedanken kommt, sein bewunderter Mentor werde ihn aus höheren Erwägungen im Stich lassen – wie suspekt muß der hochmütige Gestus Lassalles dann erst anderen, mittelmäßigen Gemütern erscheinen?!

Dieses latente Unbehagen ist der ungute Nährboden, aus dem jederzeit Vorurteile, abfällige Urteile und Verdächtigungen sprießen können. Was soll man auch von einem Mann halten, der in den Salons, bei Varnhagen, Humboldt und Pückler als Vertrauter Heines auftritt, wenn derselbe Heine gleichzeitig die Taktik Lassalles untergräbt, zu seiner anonymen Schmähschriften-Taktiererei zurückkehrt und dazu Varnhagen schreibt: »Das ist mein Plan, welchen ich gefälligst Herrn Lassalle mitzuteilen bitte!« Kann der ängstlich hinhaltende Varnhagen angesichts solcher Tatsachenverdrehung anders reagieren als mit den Worten: »Lassen Sie um Himmels willen Ihren künstlichen Plan fahren, unterdrücken Sie den mißhandelnden Artikel ... Auf die Reden Ihres Freundes Lassal gäb' ich keinen Pfifferling an Ihrer Stelle.« Varnhagen konnte ja nicht wissen, daß Lassalle von diesem unwürdigen Plan gar nichts weiß und seinerseits von dem zwiespältigen Heine einen Brief mit der Versicherung empfängt: »Ich liebe Sie sehr; es ist ja nicht anders möglich; Sie qualen einen ja so lange, bis man Sie liebt.« Es ist Heine, der hier ganz schofel seinen Trommler Lassalle zum Teufel jagt und ihn vor den Berliner Freunden in eine fatale Stellung bringt. Doch damit nicht genug. Als Verfechter der Interessen Heines, denen er ja schließlich doch zum Erfolg verhalf, hätte ein angehender Gelehrter Lassalle auf Dauer gewiß das Wohlwollen der liberalen Gesellschaftskreise erworben und das Mißtrauen gegenüber dem Aufsteiger geschmälert. Er besitzt den Bonus seines intellektuellen Ansehens bei den Häuptern der Wissenschaft. Er schreibt sich zum 6. Semester an der Universität ein und kommt um die Erlaubnis ein, Vorlesungen halten zu dürfen. Zum Privatdozenten hätte er es so wohl eines fernen Tages bringen können. In seiner Schublade liegt ein 1200-Seiten-Manuskript über Heraklit. Aber er vollendet es nicht, jetzt nicht. Er nimmt einen neuen Kampf auf – ungleich schwieriger, langwieriger und bedeutungsvoller als der für Heines Leibrente.

Sophie von Hatzfeldt

Bald nach der Rückkehr aus Paris lernt Lassalle durch einen gemeinsamen Bekannten, den Obersten Graf Keyserlingk, Gräfin Sophie von Hatzfeldt kennen. »Eine majestätische Gestalt, in deren edel geformten Gliedern ein gewisser Rhythmus vorherrschte, welcher mehr als einen Mann ergriff und gewann, schön geschnittene Gesichtszüge, schweres goldiges Haar, ein vornehmes, natürliches Benehmen, ein ruhiges Wesen, eine einfache, verständige Art, sich auszudrücken – das waren die Waffen dieses als eine gefährliche Sirene besprochenen Weibes.«

Nach dem Urteil der Zeitgenossen – das Georg Brandes hier zusammenfaßt – war Sophie von Hatzfeldt auch im reifen Alter von 41 Jahren eine schöne Frau und eine eindrucksvolle Persönlichkeit dazu. Den Ruf der »gefährlichen Sirene« haben ihr böse Mäuler erst später angehängt. Dazu hat ihr Gemahl nach Kräften beigetragen, der in seiner Scheidungsklage formulieren ließ: Die Gräfin »lernte im Jahre 1846 durch Vermittlung des Grafen Kaiserlingk den Jakob Lassall, Sohn eines jüdischen Kaufmanns aus Breslau, kennen und gleichzeitig den Kammergerichtsassessor Oppenheim, Sohn eines jüdischen Bankiers, und den jüdischen Arzt Dr. Mendelssohn . . . alle drei hatten ehebrecherischen Umgang mit der Gräfin.«

Das ist die Tonart, in der der Hatzfeldtsche Trennungs-, Scheidungs- und Versorgungskrieg von seiten des Grafen Edmund von Hatzfeldt geführt wird. Als Lassalle damit in Berührung kommt, toben die Untergrundskämpfe schon geraume Zeit. Nicht öffentlich, aber der gesellschaftlichen Öffentlichkeit wohlbekannt. Auch Lassalle. Den Freund Alexander von Oppenheim hatte Sophie von Hatzfeldt schon kurz vor dieser Begegnung um Rechtsberatung gebeten. Es ging um Geld, sehr viel Geld. Doch es ging auch um ein Musterbeispiel feudaler Willkür und individueller Entwürdigung – politische und menschliche Aspekte, denen sich Lassalle niemals entziehen konnte.

Feudale Zustände: Es herrscht soziale Unterdrückung ...

Die Hatzfeldts waren eines der ältesten und reichsten Adelsgeschlechter in deutschen Landen. Seit 1145 in Oberhessen nachweisbar, 1380 mit der reichsunmittelbaren Herrschaft Woldenburg im Bergischen Land belehnt, 1635 in den Reichsgrafenstand erhoben und für Verdienste im Dreißigjährigen Krieg vom Kaiser 1641 mit der schlesischen Herrschaft Trachenberg versehen, die 100 Jahre später Friedrich der Große zum Fürstentum erklärte; seit 1748 Reichsfürsten. Die fürstliche Linie starb 1794 aus und wurde vom preußischen General Franz Ludwig von Hatzfeldt beerbt, dem 1803 der preußische Fürstenstand bestätigt ward. Die Stammherrschaft Wildenburg-Schönstein mit ihren ausgedehnten Ländereien verblieb bei der gräflichen Linie der Hatzfeldts am Rhein.

Zwischen beiden Linien gab es nun, wie üblich, zähe Streitigkeiten um Majorate, Erbfolge, Standesrechte und Titel. Auch die Schlichtung der Auseinandersetzungen wurde wie üblich betrieben. Der Fürst von Hatzfeldt-Trachenberg verheiratete seine jüngste Tochter, die 17jährige Prinzessin Sophie, mit dem preußischen Kammerherrn und Malteserritter Graf Edmund von Hatzfeldt-Wildenburg, der seinen Sitz auf Schloß Kalkum bei Düsseldorf hatte. Lassalle behauptet, Graf Edmund habe Sophie ihren beiden älteren Schwestern nur deshalb vorgezogen, weil sie allgemein für beschränkt galt und er darin die Gewähr erblickte, sein ausschweifendes Männerleben ungehindert fortsetzen zu können.

Der Heiratsvertrag wurde 1822 geschlossen. 1825 brachte Gräfin Sophie den Erbfolger Alfred zur Welt, 1828 die Tochter Melanie, 1831 den Sohn Paul.

Hinter der standesgemäßen Kinderfolge steht eine erbärmliche Ehe. Von Zerrüttung kann nicht die Rede sein: Graf Edmund hatte niemals vor, einen moralgetreuen Lebenswandel aufzunehmen. Er war nicht allein ausschweifend, sondern eher pervers veranlagt. Wie seine junge Frau das sexuell verkraftete, ist unbezeugt. Manches spricht dafür, daß sie nicht nur ihre eheliche Pflicht erfüllte, sondern dabei auch Genuß empfand. Aber *eine* Frau konnte Hatzfeldts Ansprüche nicht genügen, und schon gar nicht die eigene, die er nach familiärem und finanziellem Brauch hatte übernehmen müssen.

Der Majoratsherr auf Schloß Kalkum war bemüht, seine Güter zu bevölkern. Es gab auch einen festen Tarif für die Folgen: zwei Morgen Land für ein uneheliches Kind. In seiner »Illustrierten Sittengeschichte« hat Eduard Fuchs 20 Seiten aus der Anklageschrift gegen den Grafen Hatzfeldt als »Dokument der Unsittlichkeit der Oberen Stände« übernommen. 30 Mätressen sind darin mit Namen genannt – Adelsnamen wie die Düsseldorfer Prostituierter. Dazu sind in den Akten Ort und Zeit einiger 100 weiterer Begegnungen angegeben. Im Verlaufe des Prozesses wurden über 300 Zeugen und Zeuginnen vernommen.

Natürlich bleiben sexuelle Hemmungslosigkeiten und Ausschreitungen dieser Größenordnung nicht verborgen. Natürlich war das Stadtgespräch, natürlich auch der Familie bekannt. Der Gräfin Sophie kam in diesen Exzessen Edmunds nur noch die Rolle einer lästigen Zeugin zu. Vertuschungen waren überflüssig. Der Graf verfügte in seinen Besitztümern über nahezu absolute Herrschaftsgewalt und besaß Geld und Einfluß genug, sie robust aufrechtzuerhalten. Nur ein Gerichtsbeschluß hätte ihn stoppen können; und das hätte öffentlichen Skandal bedeutet. Den aber scheute die Familie.

Die Brüder Sophies wußten um die desolaten und demütigenden Verhältnisse. Es fehlte nicht an Bemühungen und vorsichtigen Übereinkommen, die Situation zu kitten und zu kaschieren. Aber angesichts des Naturells und der Natur des polizeigewaltigen Eheherrn Hatzfeldt änderte das natürlich gar nichts. Er gerierte sich als Zwingherr.

Im Herbst 1840 zum Beispiel war wieder einmal eine solche »Versöhnung« zustande gekommen. Die Gräfin kehrt ins Schloß Kalkum zurück. Der Graf, im gleichen Schlosse, läßt ihr durch Bediente einen Brief mit seinen Anweisungen überbringen. Darin beteuert er, wie sehr ihm an der beiderseitigen Ruhe und Wohlfahrt liege und am Wohl der Kinder. Nach Maßgabe von Sophies Benehmen und Verfahren sei er nicht abgeneigt, billigen Wünschen Gehör zu geben. Voraussetzung dafür:

1. daß sie Haus und Park nicht verlasse noch überschreite;
2. daß sie ohne seine Entscheidung keine Besuche empfange und keinen Briefwechsel außer mit ihren Verwandten habe;
3. daß sie sich jeder Einmischung in die Erziehung der Kinder enthalte und etwaige Wünsche ihm schriftlich antrage. Münd-

liche Erörterungen sind ausgeschlossen, Zuwiderhandlungen werden mit Entzug der Kinder bestraft.

Ein erniedrigender Zustand. Der Graf betrog seine Frau ganz ungeniert und gelegentlich sogar in ihrer Gegenwart. Er ließ sie von seinen Lakaien bespitzeln und überwachen. Er legte es auf eine Scheidung an, bei der sie alle Schuld und er ihr Vermögen bekäme. Und dafür standen die Chancen nicht schlecht, denn er konnte alles und jeden bezahlen und tat das auch. Der älteste Sohn Alfred wurde zu einer standesgemäßen Erziehung außer Haus gebracht, die Tochter Melanie in ein Kloster nach Wien verfrachtet. Beide waren der Mutter völlig entfremdet. Wenn es jetzt auch noch gelang, ihr den Sohn Paul zu nehmen, brachen ihre letzten unmittelbaren vermögensrechtlichen Ansprüche zusammen.

Sophies Geschwistern war klar, an welch gemeinen Patron ihre Schwester gefesselt war. Aber ehe sie den öffentlichen Skandal zuließen, drohten sogar sie ihr mit Entziehung der Unterstützung. Graf Edmund machte sich auch diese Schwäche noch zunutze. Wenn Sophie von ihm getrennt lebte, mußte er nach einer Familienvereinbarung an ihren Bruder Hermann monatlich 8000 Taler für ihren Unterhalt zahlen. Also kam es darauf an, sie entweder auf Kalkum oder Schönstein gefangenzuhalten – oder sie gänzlich loszuwerden.

Ende 1842 reiste die Gräfin mit dem Sohn Paul, der auch so etwas wie ein Faustpfand war, nach Paris. Ihr Bruder Max tat dort als preußischer Gesandter Dienste. Er war krank, sie pflegte ihn. Und reiste dann mit dem Sohn weiter nach Italien.

Graf Hatzfeldt paßte den Zeitpunkt genau ab. Er sandte einen Zirkularbrief an alle Familienmitglieder, in dem er erklärte, den Aufenthaltsort seiner Frau nicht zu wissen. Er behauptet dreist, sie halte sich mit einem Liebhaber verborgen, um »unbemerkt die Frucht ihres ehebrecherischen Umgangs zu gebären«. Der Bruder Max, den Sophie gerade verlassen, ist blöde und kleinherzig genug, dem infamen Schwager auch noch zu bestätigen, daß er den Aufenthaltsort der Schwester gegenwärtig nicht kenne: Sie ist auf der Reise nach Neapel. Auf diese Weise sammelt Hatzfeldt Punkte für Schuldbeweise.

Die Konflikte und Machenschaften, nur halb verborgen hinter dem Vorrecht standesherrlicher Allüren und adeligen Familienzwists, erstrecken sich über Jahrzehnte. Tatsächlich hatte die geprellte und mißhandelte Sophie von Hatzfeldt gar keine Chance, ihr Leben, ihre Ansprüche und ihre Rechte gegen den Grafen zu behaupten. Wenn schon ihre eigene Familie, der fürstliche Bruder Generallandschaftsdirektor in Schlesien und der gräfliche Bruder Gesandte in Paris, ihr nicht helfen konnten oder mochten: Was sollte man da von der adeligen Gesellschaft erwarten? Daß sie das eigene Nest beschmutzte? Daß sie gegen den rheinischen Magnaten auf Schloß Kalkum antrat, der ihresgleichen war – nur ein bißchen reicher und ungenierter als die meisten von ihnen? Was so leicht vergessen wird: Der Vormärz, und zumal im Königreich Preußen, war nicht nur die Zeit, in der nationale und liberale, konstitutionelle und soziale Stimmen zum Ausbruch kamen. Es war auch die Epoche, in der die Reaktion mit ihren absolutistischen und feudalen Traditionen und Privilegien sich behauptete und den Aufbruch des Neuen schließlich triumphal abschmetterte. Für die herrschende Schicht – den staatstragenden und landbesitzenden Feudaladel großen Stils – gab es zwischen »vor 1848« und »nach 1848« nur einen geringen Unterschied: Die leise Sorge vor einem bevorstehenden Verlust der faktischen und sehr persönlich ausgeübten Macht schien behoben. Doch behauptet hatten sie die allezeit, völlig ungerührt.

Der Graf Hatzfeldt ist ein Musterbeispiel dafür. Seine Person und sein Verhalten, eingebettet und zugedeckt in der stillschweigenden Übereinstimmung seiner Kreise, haben exemplarisches Gewicht. Wer gegen den Grafen zu Felde zog, hatte die herrschenden Mächte zum Gegner. Wer für Sophie, eine bedauernswerte Randfigur der Verhältnisse, Stellung nahm, setzte sich gesellschaftlicher Mißachtung und einem Kampf auf Gedeih und Verderb aus. Er kämpfte nicht *gegen* den Grafen und *für* die guten Sitten; sondern für die Aufhebung von Privilegien und für soziale Gerechtigkeit.

Lassalle stürzt sich nicht Hals über Kopf in die umwitterten »Hatzfeldt-Händel«. Das tut er nie, sondern vergewissert sich, prüft, denn Wissenschaft ist sein Bekenntnis ebenso wie Revolution. Er studiert auf Bitten der Gräfin die Verhältnisse, sie legt ihm die Vorgänge offen. Seine Entscheidung wird ausgelöst durch ein persönliches Erlebnis.

... Wenn auch nur ein einziges Individuum unterdrückt wird!

Im Winter 1845 war zwischen dem Grafen und Sophies Brüdern wieder einmal eine Versöhnung vereinbart worden, nach der sie im April wieder zu ihm zurückkehren sollte. Aber Hatzfeldt versuchte wieder, die Abmachung zu unterlaufen und das einzige Druckmittel an sich zu bringen, das Sophie noch gegen ihn besaß: den 14jährigen Sohn Paul. Am 10. Februar 1846 schreibt er ihm bündig:

»Lieber Paul!

Obschon ich nicht zweifele, daß mein Brief vom 2. Januar d. J. Dir zugekommen, Du auch aus meinem am selben Tage an Deine Mutter gerichteten Schreiben meine Ansichten über Deinen Wunsch, in Österreichischen Militärdienst zu gehen, ersehen haben wirst, so halte ich es, bevor Du weitere Schritte Deine Zukunft betreffend tuest, jetzt wo Du das Alter erreichst, daß Du selber Deine Lage zu beurteilen vermagst, für Pflicht, Dir Folgendes zu eröffnen.

Die Art und Weise wie Deine Mutter mir die Leitung Deiner Erziehung bis dahin entzogen und unmöglich gemacht, ist Dir bekannt. – Ich kann und werde aber nur dann für Deine Zukunft sorgen, wenn Du Dich unter meine väterliche Gewalt und Leitung stellst.

Solltest Du in dieser Beziehung nicht bald, und solange es noch Zeit ist, Schritte tun, so muß ich annehmen, daß Du entschlossen bist, auch ferner der Leitung Deiner Mutter zu folgen, in welchem Falle Du was Deine Existenz und dereinstige Stellung in der Welt betrifft, auf keine Unterstützung von mir zu rechnen hast!!

Dein Dich liebender Vater
E. G. v. *Hatzfeldt*«

Lassalle ist zufällig zugegen, als Paul dieses Dokument der Vaterliebe der Mutter überbringt. Er sieht ihre Tränen und ihre Verzweiflung, kennt ihre Geschichte und ihre Ohnmacht. Er verehrt Sophie von Hatzfeldt. Und er erkennt im Besonderen sofort das Allgemeine, im Einzelfall das Symptomatische der Auseinandersetzung.

»Ich sah vor mir in dem Rahmen eines einzigen individuellen

Lebens alle Ungerechtigkeiten der alten Welt, alle Mißbräuche der Macht, der Gewalt und des Reichtums gegen den Schwachen, alle Unterdrückungen unserer Gesellschaftsordnung personifiziert. Ah! ich war stets ein Revolutionär aus der Schule von Robespierre, der in seine Verfassung schrieb: ›Es herrscht soziale Unterdrückung, wenn auch nur ein einziges Individuum unterdrückt wird.‹ Ich sah den ganzen Egoismus und die ganze Feigheit der aristokratischen Welt, welche dieses edle Geschöpf ihren herzlosen und verderbten Vorurteilen aufopferte.«

Da ist er wieder – der Geist von 1793, der Kampf für die Unterdrückten und Entrechteten, die Gedemütigten und Schwachen, gegen die Aristokratie und ein deutsches Bürgertum, denen es »an der geringsten Ritterlichkeit fehlt«. Das ist eine Lockung, der sich Ritter Ferdinand unmöglich entziehen kann. »Ich war ein junger Mann von 20 Jahren. Ich hatte gerade die Universität verlassen, wo ich Philosophie studiert hatte. Ich verstand nichts von der Rechtswissenschaft. Nichts hielt mich zurück!«

Lassalle bietet der Gräfin seine Hilfe an, den von ihr und der Familie so lange gescheuten Weg in die Öffentlichkeit: »Sie wissen sehr wohl, daß Sie, wenn Sie prozessieren, von Ihrer Familie im Stich gelassen werden, die sich gegen Sie wenden wird, wie sie es Ihnen immer wieder gesagt hat. Aber Sie wissen ebensogut, daß Sie von ihr nie etwas zu erwarten haben als leere Worte. Wenn Sie also fest entschlossen sind zu siegen oder zu sterben, werde ich Ihre Sache in diese junge, aber starke Hand nehmen, und ich schwöre Ihnen, bis zu meinem Tod dafür zu kämpfen.«

Lassalle weiß, auf welchen »unmöglichen Kampf« er sich da einläßt – allein, das Wörtchen »unmöglich« läßt er für sich nicht gelten, nie. Es ist gerade die Größe der Aufgabe, die ihn herausfordert. »Wer das Pathos der Substanz hat«, schreibt er in seinem *Kriegsmanifest*, »hat auch die Mission der Propaganda.« Diese Mission kann er hier antreten, in einem ganz konkreten Fall. »Und ich erhob mich, ein ohnmächtiger Jude, gegen alles, was es an furchtbarsten Mächten gab, ich allein gegen alle – gegen die Gewalten des Ranges und des ganzen Adels, gegen die Macht eines grenzenlosen Reichtums, gegen die Regierung und die Beamten jeder Ordnung, welche stets die natürlichen Verbündeten von Rang und Reichtum sind, und gegen die Vorurteile aller Art.«

In der Wahl der Mittel ist er nicht zimperlich. Sie wird ihm auch durch die hinterlistigen Taktiken und die Macht der Gegenseite aufgezwungen, die ihrerseits vor den infamsten Ränken und miesesten Tricks nie zurückscheute.

Kaum hat er den Auftrag übernommen, versucht Lassalle eine Bestechung des Schreibers des Grafen August L. F. von Nostitz. Nostitz ist mit der Schwester Klara der Sophie von Hatzfeldt verheiratet und steht mit dem Grafen Edmund in Geschäftsverbindungen. Lassalle erhofft sich Einblick in die Privatkorrespondenz von Nostitz mit Hatzfeldt, aus der dessen Rolle als Strohmann beim Kauf und bevorstehenden Verkauf von Gut Muskau hervorgehen könnte, und der Versuch, einen Kabinettsbefehl zur Auslieferung des jungen Paul zu erwirken. Die Sache fliegt auf, wird von Nostitz der Polizei und dem Universitätsrichter gemeldet. An sich müßte sie zu einer strengen Untersuchung und Rüge führen. Doch der Graf von Nostitz verzichtet auf den Verfolg der Sache, das Verfahren wird niedergeschlagen. Familienrücksichten: Wenn schon nicht die Peinlichkeit, so wäre doch Öffentlichkeit ein Erfolg für Lassalle gewesen.

Der hat unterdessen nämlich bereits gerichtlichen Protest gegen Verkauf der Herrschaft Muskau durch den Grafen Hatzfeldt eingereicht, um die Rechte des Erben Paul zu sichern.

Damit war auch der offene Bruch mit der Familie Hatzfeldt programmiert. Am 22. März warnt Fürst Hermann die Schwester: »Noch eins, liebe Sophie! Wie man hört, sollen viele Fremde bei Dir Zutritt haben, – verzeih daher, wenn ich Dir aufrichtig rate, von der Politik nicht zu sprechen und äußerst vorsichtig in Deinem Benehmen wie in der Auswahl Deiner Gesellschaft zu sein.«

Doch dieser Rat kommt viel zu spät – da hätte der Fürst schon früher für seine Schwester entschiedener eintreten müssen. Sie ist mutig und konsequent genug, nach so viel Fehlschlägen jetzt ihren eigenen Weg zu gehen – selbst als Frau, selbst gegen den Willen der Familie und die Macht des Grafen. 20 Jahre Demütigung und der Verlust der Kinder Alfred und Melanie waren genug – Paul will sie nicht auch noch verlieren. Dem Bruder macht Sophie deutlich, daß sie sich nicht länger von Gefühlen leiten lasse und von jetzt an »mit kalter unwiderleglicher Logik« verfahren werde. »Wie ich Dir aber schon mündlich gesagt, tue ich jetzt nichts, nicht das geringste mehr ohne fremden Rat und Beistand. Vielleicht merkst Du das auch an der Sicherheit meiner jetzigen Schritte. Mißtrauisch gemacht durch Euch gegen meine eigene Einsicht, bediene ich mich der einiger gesetzkundiger Männer, die mit einer sicheren Logik eine ganz unbezweifelte Bildung verbinden. Dadurch habe ich aus meiner Denkungs- und Handlungsweise das Schwankende verbannt, das immer der Charakter einer Frau ist. Wenn früher Vorwürfe und Vorstellungen, Deine besonders, auch wenn sie noch so unbegründet waren, innerlich mich immer wankend machten, wenn ich es auch äußerlich verbarg, so macht jetzt alles, was nicht wahr ist, keinen Eindruck mehr auf mich, und was ich weiß, das weiß ich jetzt. Ich finde meine Lage faktisch, wie sie de jure nicht sein sollte. Ich finde mich in meinen wesentlichsten Rechten als Mutter gekränkt. Ich will das Gesetz zur Herstellung des Rechtszustands anrufen.« (22. 5. 1846)

Man hört durch diese Zeilen die Argumentation Lassalles: Sophie von Hatzfeldt hat sich ihr voll angeschlossen. Sie ist ja auch überzeugend genug.

Kein Wunder, daß der Familie unheimlich wird. Sie sendet beschwörende Brandbriefe. Der Bruder Hermann: »Du stehst am Rande des Abgrundes, noch einen Schritt weiter, und Du bist rettungslos verloren! Möchtest Du endlich einmal auf die Stimme eines Bruders hören, der es stets ehrlich und gut mit Dir gemeint hat, der innig betrübt ist über Deine unselige Lage, der aber unbedenklich den Weg gehen wird, den Pflicht und Ehre ihm zuweisen.« Die Schwester Hermine von Landsberg: »Rufe Deinen früheren Stolz zurück und zerreiße diese Deiner unwürdigen Bande. Die früher so gefeierte schöne Gräfin Hatzfeldt wirft sich einer Judengesellschaft in die Arme!«

Inzwischen hat sich allerdings einiges ereignet, was die Aufregung und Angst der Familie verständlich macht.

Der Kassettendiebstahl

Lassalle kann mit seinem Einspruch – im Namen der Gräfin – den Verkauf der Herrschaft Muskau an den Prinzen von Niederland nicht verhindern. Doch dem Grafen Hatzfeldt wird sofort klar, daß er es jetzt mit einem Gegner von kalter Logik zu tun hat, der sich rechtskundig macht.

Die Lage ist die: Die angestammten Güter der gräflichen Linie Hatzfeldt – Wildenburg, Schönstein, Kinstein – kann man dem Grafen Edmund nicht streitig machen. Sie fallen automatisch dem Majoratserben, dem ältesten Sohn Alfred, zu. Anders verhält es sich mit dem Allodialbesitz, dem freien Eigentum und außerhalb der Stammherrschaft stehenden und erworbenen Gütern wie Muskau, das Hatzfeldt 1843 für fast eine Million Taler von Fürst Pückler kaufte. Darauf haben auch die späteren Kinder – also nicht nur der Erstgeborene – einen Erbanspruch. Also auch Paul.

Für den Grafen Hatzfeldt kommt es jetzt darauf an, seine Allodialgüter loszuwerden, zu versilbern oder zu belasten, so daß Ansprüche der Gräfin Sophie für den Sohn Paul auf Null schrumpfen, weil kein Erbgut mehr nachweisbar beziehungsweise der Kontrolle entzogen und dem Majoratsanspruch zugeschlagen ist. Er taktiert jetzt auf Trennung. Die ist weniger skandalös als eine Scheidung und sehr viel bequemer, weil dann ja alle Beteiligten den Schein aufrechterhalten müssen und er seinen Lebenswandel unter der zähneknirschenden Deckung der Familie und des Standes fortführen kann. Und wenn er sich mit dem finanziellen Kniff der Übertragung seines gesamten Eigentums auf das Majorat durchsetzt, dann kann er auch die Bedingungen diktieren. Das ist ja gar nicht so abstrus. Wenn die Gräfin überleben und ihrem Sohn Paul die Zukunft sichern wollte, dann war sie auf Rechtsansprüche oder auf freiwillige Zugeständnisse des Grafen Edmund angewiesen. Schaffte er die Rechtsansprüche aus dem Wege, so war auch ein gerichtliches Vorgehen sinnlos und die Abhängigkeit der Gegenpartei perfekt.

Diese Absicht durchschaut Lassalle. Der Graf wird sich als armen Mann darstellen, der über keinerlei Vermögen verfügen kann, weil ja alles dem Majorat zugeeignet ist! Doch es gibt eine Möglichkeit, diese Nuß zu knacken. Der Graf verfügt ja über Geld, über viel Geld, und das gibt er verschwenderisch aus. Wenn man ihm das nachweist, ist zweierlei erreicht. Einmal bricht das juristische Argument der Majoratsverwahrung zusammen, und man kann den Anspruch Pauls auf Erbe und der Gräfin auf angemessene Entschädigung beleben. Und zum anderen enthüllt man damit die Unsittlichkeit und Gemeinheit der oberen Stände, der Spitzen der Gesellschaft. Lassalle kontert die Taktik des Grafen mit dem Bemühen um eine Unterlassungsklage wegen Verschwendungssucht.

Dafür braucht er Beweise. Der erste Versuch mit der Bestechung im Hause Nostitz war schon danebengegangen. Die Sache muß größer angelegt werden – *Vainquons* ist die Parole. Lassalle stellt den Freunden Arnold Mendelssohn und Alexander Oppenheim den Fall noch einmal vor: Ob sie ihm helfen wollten, diese Frau zu schützen und dafür, wenn es sein müsse, ihre eigene Existenz aufzuopfern. Sie schworen es.

Die drei Verschworenen brechen die Zelte in Berlin ab und reisen in die Rheinprovinzen, um Beweise gegen das ausschweifende Leben des Grafen zusammenzusuchen. Das ist nicht sonderlich schwer. In Aachen spürt Lassalle den Grafen mit seiner neuesten Mätresse auf, der Baronin Sophie von Meyendorff-Uexküll, einer geborenen Holländerin namens Hogguer. Das ist eine etwas anrüchige Dame, welcher der Ruf russischer Spionage am französischen Hof und bestrickenden Intrigantentums vorangeht. Eine Frau von Talent und Reiz also, die ihren Vorteil zu erkennen weiß. Und ihn nutzen kann. Graf Edmund jedenfalls, der sonst eher für Bocksprünge bekannt ist, macht ihr bleibende Angebote.

Lassalle setzt dem Verhältnis sein Talent zur Spionage entgegen. Er erobert einen Brief, in dem der Graf der Baronin ein geheimes Treffen zum Zwecke einer völlig neuen Problemlösung zusichert. Eine weitere Bearbeitung der gräflichen Zwischenträger bestätigt Lassalles Vermutung: Es geht um Geld und Rente, auf Kosten von Sophie und des jungen Paul von Hatzfeldt. Graf Hatzfeldt will der Baronin Meyendorff eine phantastische Leibrente von 25 000 Francs ausstellen, die als fiktive Schuldverschreibung – sprich: Hypothek – auf die Allodialgüter Pauls (Schloß Kalkum) eingetragen werden. Die sind dann nichts mehr wert.

Die Gräfin wird von Lassalle sofort alarmiert. Sophie reist nach Aachen, erhält die Unterlagen, geht damit zu Edmund. Diese prompte Aktion hat den Grafen kalt und unvorbereitet erwischt. Natürlich kann er so immense Schulden gegenüber einer Baronin Meyendorff nicht begründen, nimmt die verkappte Schenkung – oder Alimentierung – zurück und benimmt sich bußfertig. Die Gräfin, sagt er, solle einen Notar aus Düsseldorf holen, damit man endgültig ein Abkommen aktenkundig mache.

Sophie von Hatzfeldt bringt den Notar nach Aachen – aber der Graf empfängt ihn nicht. Er mimt den toten Mann, ist nur über die Baronin Meyendorff erreichbar, widerruft nichts, verspricht nichts. Es ist eine absurde Situation. Beide Lager im selben Hotel, jeder den andern beobachtend, keinem – außer Hatzfeldt – der Dokumentenstand bekannt. Denn nur darum geht es: Hat er die Schenkung schriftlich fixiert oder nicht? Und: Wer besitzt diese Unterlage – die möglich, aber nicht einmal sicher ist?!

Und dann reist die Baronin ab. Hat sie das Dokument oder nicht?

Für den Generalprokurator Lassalle ist das ein klares kriminalistisches Problem: Die Assistenten Oppenheim und Mendelssohn müssen die Bewegungen der Meyenhoff verfolgen und zu erkunden suchen, ob sie eine Rentengarantie besitzt oder nicht.

Die beiden steigen mit ihr in den Zug, der sie nach Köln bringt; logieren im selben Hotel, dem »Mainzer Hof«; beobachten am nächsten Tag ihre Einschiffung auf einem Rheindampfer. Der Diener trägt das Gepäck herunter. Auch eine Schatulle, in der man gemeinhin Papiere verwahrt.

Und da passiert's.

Oppenheim sieht das Ding, vermutet darin das gesuchte Beweisstück, klaut die Schatulle und stürzt damit in Mendelssohns Zimmer. Mendelssohn ist verblüfft und konsterniert. Aber er kann den Freund, den er ja auf Lassalle eingeschworen, nicht hängenlassen. Außerdem ist das eine spontane Geschichte und reizvoll der Gedanke, das entscheidene Stück im Kasten zu haben.

Allein – die zwei hatten sich ja lediglich auf die Verfolgung der Baronin eingestellt, und Mendelssohns Koffer ist voll. Wohin mit der Kassette? Im Hotel ist schon Geschrei.

Arnold nimmt einige Klamotten aus dem Koffer, verstaut dafür die Schatulle. Klex, über seinem Streich in Panik geraten, setzt sich eilends ab. Arnold übernimmt auch noch seine Reisetasche. Geht zum Bahnhof, setzt sich in den Zug – aber da verfolgt ihn schon die Polizei.

Im Hotelzimmer hat man Mendelssohns zurückgelassene Kleidungsstücke gefunden und richtig kombiniert. Die Polizei funktioniert prompt und spürt ihm im Zug nach. Mendelssohn läßt Koffer und die Tasche des Freundes stehen, springt ab. Er flüchtet nach England, geht dann nach Paris, ist nicht mehr habhaft. Doch in der Reisetasche Oppenheims findet man Papiere. Er wird wegen Diebstahls verhaftet.

Lassalle entfaltet fieberhafte Aktivität. Als Generalbevollmächtigter Kassierer und Sekretär der Gräfin Sophie zieht er mit ihr nach Deutz in das Hotel »Bellevue«. Er findet Wege, Oppenheim im Gefängnis zu besuchen. Sie vereinbaren, daß Oppenheim über die Motive des Kassettendiebstahls schweigen werde, wenn der Graf seiner Frau endlich Gerechtigkeit widerfahren lasse – kein geringes Opfer von dem Freund, der in der Verhandlung dann als gemeiner Dieb dastehen würde!

Doch Hatzfeldt lehnt ab. Die Partei der Gräfin hat das ersehnte Beweisstück seiner Schenkung an die Baronin Meyendorff ja nicht in Händen – es war auch gar nicht in der Kassette –, und durch einen Prozeß läßt sich der Graf nicht erpressen. Der kann nur die anderen blamieren und unmöglich machen.

Daraufhin treibt Lassalle die Prodigalitätsklage für die Gräfin voran, in der er den unsittlichen und verschwenderischen Lebenswandel des Grafen und seiner Kreise, der Hompesch, Nesselrode und anderer erster Familien, ausführlich dokumentiert. Im September noch reicht er die Klage ein. Das Gericht weist sie am 28. September als »nicht gehörig substantiiert« zurück!

Gleichzeitig treibt er »Hilfskorps« für den kostspieligen Kampf auf – Geld. Den Vater, der ihn voller Sorge besucht, erleichtert er um 2000 und kurz darauf wieder um 500 Taler – mehr kann Heyman im Augenblick trotz heftigster Mahnung und besten Willens nicht flüssigmachen. Lassalle braucht die Summen für Bestechungen, zur Finanzierung einer Pressekampagne und zur Unterstützung des Freundes Mendelssohn.

Arnold ist mit den letzten Talern nach Paris gelangt und schickt verzweifelte Hilferufe, die Lassalle zunächst ebenso verfehlen wie dessen Sendungen den Freund. Er fährt ihn an als kompletten Narren. Wie er auf den blödsinnigen Gedanken kommen könne, er werde ihn im Stiche lassen? »Glaubst Du, daß mein Herz so klein ist wie Dein Gehirn?« Mit getrennter Post 20 Napoleons, beiliegend 100 Reichstaler. Und noch einmal 500 Taler für Karl Grün, der sich mit Artikeln in rheinischen Blättern in den Schmähfeldzug gegen den Grafen Hatzfeldt einschaltet. Die Unterlagen und Anweisungen liefert Lassalle, schreibt selbst teils anonyme Artikel, bearbeitet die Redaktionen und Journalisten. Der Graf wird allmählich in der Öffentlichkeit unmöglich gemacht, selbst gemäßigte Blätter ergehen sich in Andeutungen über die obskure Sittenverderbnis in den obersten Kreisen.

Lassalle wendet sich auch an Alexander von Humboldt, stellt ihm den Fall dar, legt die Klageschrift bei und bittet den Edelmann, sich bei Seiner Majestät für Niederschlagung des Verfahrens gegen Oppenheim einzusetzen. Diesmal ist Humboldt wirklich indigniert: »Ich bin weit davon entfernt, Ihnen für das Vertrauen, womit Sie mich haben beehren wollen, zu danken. Wie würde ich mich in eine so unerfreuliche, unheimliche Sache gemischt haben! ... Da ich fast alle Personen kenne, die sich gegenseitig beklagen, so bitte ich Euer Wohlgeboren, mir nicht mehr über diese gehässige Angelegenheit zu schreiben.« Das übersandte Material kommt postwendend ungelesen zurück.

Aber noch hat Lassalle den stärksten Pfeil im Köcher. Hat er nicht für den großen Heine sich aufs entschiedenste eingesetzt und ihm durch seine Vorstellungen gegenüber Giacomo Meyerbeer die ersehnte Rente schließlich auch noch gesichert, als Heine den interessanteren öffentlichen Kampf schon abgeblasen hatte? Wohl hatte Heine ihm im Frühjahr die Bitte abgeschlagen, sich in der Sache Hatzfeldt für ihn zu verwenden. Doch das war eine Kleinigkeit, die Lassalle im Eifer der neuen Aufgabe nicht so wichtig genommen hatte. Jetzt aber kommt es auf eine große Solidaritätserklärung Heines an. Sie wird der Öffentlichkeit demonstrieren, daß es hier nicht um einen schmählichen Diebstahl geht, sondern um die Sache der Unterdrückten!

Ursprünglich hat Lassalle vor, den Freund selbst in Paris davon zu überzeugen, doch findet er keine Zeit zu einem Besuch. Er schreibt ihm einen Brief und stellt ihm die außerordentliche Situation in eindringlichen Superlativen vor. »Die größte Bewunderung der seltensten geistigen Eigenschaften und des reinsten Idealismus hat mich mit dem dauerndsten tiefsten Interesse und der unverbrüchlichsten Treue für die Gräfin Hatzfeldt erfüllt. Wenn dies Interesse noch durch irgend etwas gesteigert werden konnte, so war es durch die maßloseste Empörung über die unbeschreibliche Reihe der grausamsten Mißhandlungen, der ehrlosesten Infamie, mit welchen seit dem Jahre 1822 dieses unschuldige und bewundernswürdige Weib aus dem einzigen Grunde, weil sie reiner, besser und durchgeisteter war als diese seelenlosen Fleischklumpen, mit denen eine ungerecht ironische Geburt sie in Verwandtschaft gebracht, unausgesetzt überhäuft wurde. Sie haben mir oft die alte, seit Menschengedenken stets wiederkehrende Elegie geklagt, wie Sie um des Lebens Blüte gekommen sind, scheiternd an der einen großen gemeinschaftlichen Klippe, die uns allen droht, an der faulen Gesinnungslosigkeit, der Gemeinheit und Perfidie jener Filzläuse, die annoch als die furchtbare Majorität in der Welt herumwimmeln. Andere haben auch gelitten wie Sie und viele mehr als Sie.«

Geschickt verknüpft Lassalle den lebenslangen Ärger Heines mit seiner Verwandtschaft mit den Mißhandlungen und Schlechtigkeiten, die die Gräfin durch den Gatten, aber auch durch die bequemen Brüder erfahren hat. Und das Ganze mündet nun in die empörende Schenkung an die Baronin Meyendorff, durch die der Gräfin das Vermögen geraubt werden soll.

Lassalle bittet Heine stürmisch und flehentlich um Aufsätze im »Journals des Débats«, der »Times« und der »Augsburger Allgemeinen«, in denen 1. der Graf schonungslos ruiniert und 2. auf die Brüder Hatzfeldt moralischer Druck zum Beistand ausgeübt werde. »Der Standpunkt, von dem diese Geschichte aufgefaßt wird, muß ein allgemeiner sein; Ihr gedankenvolles Auge wird in der Tat sehr leicht die soziale Bedeutung von dieser Affäre durchsehen. Man muß sprechen von der feudalité allemande, von der brutalité allemande etc.« Und von dem stumpfen Egoismus und der seelenlosen Lauigkeit der Deutschen, der Zerfahrenheit und sittlichen Verkommenheit unseres privilegierten Adels, von der allen Gesetzen und jeder Menschlichkeit hohnsprechenden Niedertretung einer Frau.

Er appelliert an Heines Freundschaft, eilends seinen ganzen Einfluß für ihn aufzubieten.

Die Antwort läßt auf sich warten. Im November kommt sie ihm durch Freund Arnold zu: Heine verweigert den Freundschaftsdienst.

Lassalle ist wie vor den Kopf geschlagen. Er wirft einen zornigen Brief aufs Papier, in dem er sich seine Empörung von der Seele schreibt. Erinnert Heine, was er alles für ihn getan, wie er sich für ihn eingesetzt und was Heine selbst dazu gesagt: »Noch nie hat ein Mensch das für mich getan, was Sie.« Nie habe er geglaubt, jetzt *diese* Erfahrung mit Heine machen zu müssen. Doch kenne er wohl die Gründe. »Sie sind faul, Sie sind vornehm, Sie wollen sich wohl bemühen für mich, aber nicht unter Ihrem Namen.« Heine könnte sich dann womöglich die Sympathie seiner Pariser Freunde verscherzen: »Aber – wären Sie in Geldverlegenheit und wären dabei 5000 Fr. zu gewinnen – hol' mich und Sie der Teufel –, es würde Ihnen bald möglich sein.« Gott behüte ihn vor den Folgen Heinescher Lebenserfahrung – der ihm Pflicht, Liebe und Treue gebrochen. Er beharre auf seinem Verlangen nach den Veröffentlichungen. »Übrigens wiederhole ich, daß ich es durchaus begreiflich finden werde, wenn Sie Ihre Faulheit, Vornehmheit und einige Verbindungen mit der Merlin etc. in der einen Wagschale mir und dem unsicheren Nutzen von mir in der andern vorziehen. Es hat ein jeder das unbestrittene Recht der Gesinnungslosigkeit, ein teures Beiwerk der Freiheit, das ich Ihnen nicht verkümmern will.« Ach ja, und weil Heine wegen des hohen Briefportos so wütend gewesen – hier liege die Rückzahlung bei.

Allerdings, das ist bitterer Tobak oder – in Lassalles Worten an Mendelssohn – »das Ärgste an kalter Malice, was ich je geschrieben«. Aber die Analyse war auch so unrichtig nicht.

Heine besaß tatsächlich Beziehungen zu den Kreisen der Baronin Meyendorff, kannte sie auch persönlich. Es war gewiß von Bedeutung, daß er durch öffentliche Anfeindungen gegen die Hatzfeldts seine gute Position in den Pariser Salons gefährdet hätte. Noch wichtiger war wohl, daß diese Verbindungslinien über Freundschaften und Liebschaften bis zu dem französischen Außenminister Guillaume Guizot reichten, dem Heine eine Staatsrente der französischen Regierung dankte! Deshalb findet Lassalle das Verhalten Heines ja verständlich.

Nur erwartete er, daß Heine noch umschwenkte, und das tat er nicht. Er war zu sehr verletzt, er war auch voreingenommen, sah den Kassettendiebstahl und den zweifelhaften Ruf, in den Lassalle dadurch gekommen, auch Mendelssohns Kommentare ließen den Freund im Zwielicht erscheinen. Die Beziehungen brachen ab. Allerdings nicht die finanziellen und persönlichen Kontakte Heines mit der Familie Lassalles, mit Heyman, mit Ferdinand Friedland und Friederike. In Äußerungen ihnen gegenüber ergeht sich Heine noch jahrelang in finsteren, zum Teil bösartigen und obskuren Beschuldigungen gegen seinen einstigen Trommler.

Lassalle muß sich in dem bevorstehenden Prozeß auf andere,

die weniger überzeugende Unterstützung Grüns und Mendelssohns verlassen: »Also, wackere Trommler, werdet nicht müde, schlagt Reveille. Geht mir trommelnd voran.« Der Tambourmajor Heine war nicht bereit, sein gewaltiges Renommee für die »Partei der Unterdrückten« unter Führung Lassalles einzusetzen. Auch das ist zu begreifen.

Der beste Agitator in der Hatzfeldtschen Angelegenheit ist der unermüdliche Lassalle selbst. Es gelingt ihm, die gesamte demokratische Presse rebellisch zu machen, Kommunisten und Radikale, Sozialisten und »etwas liberales Volk sogar, gesinnungstüchtiger als einsichtig« in die Attacken gegen Hatzfeldt einzubeziehen. Ganz billig ist das nicht, kostet 1500 Taler; aber der Graf, so schätzt Lassalle, wendet 40 000 Taler auf für seine Kampagne. Lassalles Zuversicht, Oppenheim herauszuhauen, ist berechtigt. Sie wird unterstützt von dem Einfluß, den des Königsberger Bankierssohn Familie mit minderem Aufsehen geltend macht.

Am 24. November 1846 wird von einem Geschworenengericht in Köln wegen Diebstahls der Kassette der Baronin Meyendorff gegen Dr. Alexander Oppenheim verhandelt. Er gesteht die Tat, legt aber auch die Motive bloß. Die öffentliche Meinung ist schon für ihn eingenommen, die Geschworenen folgen ihr. Oppenheim wird freigesprochen. Dem Schutz- und Trutzbund für die Gräfin Hatzfeldt ist er verloren. Auf Drängen seiner Familie und wohl auch aus eigener Einsicht in die Verwegenheit des Unternehmens zieht sich Freund Klex zurück.

Hatzfeldt-Händel

Der Krieg geht weiter. Klagen, Beschwerden, Einsprüche, Verfahren überschneiden einander in immer rascherer Folge. Im Laufe der Jahre wird in der Hatzfeldt-Sache vor 36 Gerichten verhandelt. Der Generalbevollmächtigte Lassalle entwikkelt sich zum fulminanten Gesetzeskenner und brillanten Gerichtsredner.

Im Oktober 1846 hat der Graf die vereinbarten Unterhaltszahlungen für Sophie und Paul eingestellt, um die Gegenpartei finanziell auszutrocknen, ein probates Mittel. Lassalle verlangt für die Gräfin Wiederaufnahme auf der Standesherrschaft oder

Fortführung der Alimente seit dem Oktober. Graf Edmund verweigert beides. Dafür strengt er Calomnieprozesse gegen die »Trierer Zeitung« und die »Mannheimer Zeitung« wegen beleidigender Artikel an. Ihm ist ja klar, wer dahintersteht, und irgendwann werden die Blätter den Verfasser preisgeben. Dann besteht die Wahrscheinlichkeit, daß er für ein bis anderthalb Jahre hinter Gitter wandert – denn nach rheinischen Gesetzen gilt die *exceptio veritatis*, die Rechtfertigung der Beleidigung durch den Nachweis der Wahrheit, nicht. Dann hat die Gräfin ihren Chefberater los und der Graf freie Bahn, seine Mittel ohne Widerstand zum Ziele zu führen.

Lassalle flüchtet vor dieser unmittelbaren Bedrohung in eine Reise nach Paris – übrigens versehen mit einer Reihe von Empfehlungsschreiben Alexander von Humboldts an französische Gelehrte. Doch treiben ihn nicht wissenschaftliche Interessen nach Paris, sondern die Geschäfte der Gräfin, deren Not sich zuspitzt.

Einmal sucht Lassalle jemanden, der die Verfasserschaft für die beklagten Artikel auf sich nimmt und gegebenenfalls auch ins Gefängnis marschiert – für Geld natürlich. »Zu diesem Zweck, zu dem Zweck, meine Anhänger zu bezahlen, die stürmisch Sold fordern und bei längerer Verzögerung nichts mehr für mich tun würden, während ich ihre Hilfe mehr als je noch brauche, zu dem Zweck, die Prozeßkosten zu bestreiten, die in zwei Monaten goldene 1000fache Früchte bringen werden, zu dem Zweck, einige drückende Schulden bezahlen zu können, zu dem Zweck, mit der Gräfin etc. ein bis zwei Monate unsere täglichen Bedürfnisse gesichert zu haben – brauche ich eine letzte Sendung Geld.«

Zu den Anhängern gehören Freund Mendelssohn, von dem er erschüttert feststellt, daß er für ihn und die Sache gehungert habe; zählen die Brüder Grün, zählen Lohnschreiber und Informanten, die er für ihre Dienste und Auskünfte in der Hatzfeldt-Affäre zahlen muß. Keiner tut etwas umsonst, die Freunde fordern seine Unterstützung – und selbst die Gräfin ist von den Mitteln abhängig, die er auftreiben kann.

Indes ist Lassalle ungeheuer zuversichtlich. Von Justizrat Holthoff in Köln, der die letzten Hatzfeldtschen Friedensverhandlungen zu vermitteln suchte, hat er gehört, der Graf sei mürbe und völlig gebrochen. In zwei, drei Monaten sei alles gelaufen und der große Sieg errungen. Wenn er nur Geld, genügend Geld hat, durchzuhalten – aber im Moment ist Lassalle pleite.

Es geht um 5000 Taler. Lassalle fordert sie – wieder einmal – von seinem Vater. Als Gabe oder Darlehen, aber auf Tod oder Leben. Sein Schicksal, sein Lebensmut, seine Existenz hängen daran.

Heyman antwortet klar und mannhaft. Er hat das Geld nicht frei, Kredite kann er im Augenblick nicht auftreiben, und Ferdinand hat, weiß Gott, von ihm schon viel und vieles ultimativ verlangt. Eindrucksvoll und mannhaft verweist er dem Sohn allerdings auch seine pathetische Kleinherzigkeit. Und zu der realistischen Frage, ob es nicht gescheiter, jetzt ein Abkommen mit dem Grafen zu schließen, und sei's auf 15 000 Taler jährlich, gesellt sich eine bewundernswerte moralische Rückenstärkung. Lassalle kann sie brauchen, sein Beutel ist wirklich leer. Die Freunde gehen ihn um Unterstützung an, und er kann nicht einmal das Briefporto aus Paris bezahlen. Er bettelt den Schwager Friedland an – um 20, 40, 60 Francs. Er übergibt ihm den Diamantschmuck der Gräfin im Wert von 4500 Talern. Der schofle Friedland läßt sich nur mühsam zu 1200 Talern erweichen. Heymann schickt an Friedland ein Akkreditiv auf 3000 Taler; doch der behauptet, es gelte nur auf 600, und beschimpft und verleumdet den alten Lassal. Die Empörung Ferdinands ist mehr als gerechtfertigt – aber er scheut keinerlei Zugeständnis, um seine Sache voranzubringen. Die Gräfin kann nicht mehr weiter, braucht Geld und seine Hilfe in Köln. Lassalle schindet aus dem verdammten Schwager Friedland noch einmal 1125 Taler heraus – also 2325 für Schmuck und Akkreditiv im Wert von 7500 – und fährt damit Anfang Januar 1847 nach Köln zurück.

Er stürzt sich auf den liegengebliebenen Kleinkram, den juristischen, den publizistischen und den finanziellen, Rechnungen, Veröffentlichungen, Klagewege.

Im Februar hält sich Lassalle mit Gräfin Sophie in Arnsberg auf. Es gelingt, den Grafen Clemens August von Westphalen zu Fürstenberg für die Sache zu gewinnen. Westphalen war ein eigenwilliger Kopf, einer der Führer der katholisch-ständischen Opposition gegen die Kirchenpolitik Preußens, hatte sich zeitweise mit dem Hofe überworfen, konnte das als westfälischer Magnat aber ganz gut aushalten. Es ist verblüffend, wie Lassalle mit dem gläubigen Katholiken zurechtkommt. Der

Graf nimmt den »verehrten Freund« in ironischer, aber aufrichtiger Sympathie auf. Zwar verzeihe der ihm seinen Ultramontanismus nicht und wolle ihn zu Hegel bekehren, und nun müsse er wohl sehen, was er davon sich aneignen könne. »Vor allem aber grüßen Sie ihn herzlich von mir«, schreibt Westphalen kurz darauf an Sophie von Hatzfeldt, »auch er ist mir eine erfreuliche Begegnung im Leben und eine Bekanntschaft, die ich gern festhalte.«

Der einflußreiche Aristokrat tritt offen für die Gräfin ein – allerdings mit einer moderierten Haltung, die Lassalles Widerspruch findet. Der weltläufige Mann meint nämlich schlicht, daß »die Sache der Gräfin doch nicht so schlecht sei, als man glaube«. Lassalle ist entrüstet. Westphalen müsse sagen, daß die Sache »so gut, so durchaus gut und gerecht und sonnenrein« sei, daß man Anteil nehmen müsse! Und zwar aus zwei Gründen, einem äußerlichen und einem inneren.

Man könne eine Sache nicht überzeugend vertreten, wenn man sie für »nicht so schlecht« erkläre; dafür stecke niemand seine Hand in kaltes Wasser. Man müsse vielmehr die Extreme suchen, um fertige Urteile anzugehen: »Um ein Vorurteil zu erschüttern, braucht man die Paradoxe!« Und gerade der Graf mit seinem Ansehen könne so etwas bewirken.

»Das Dogma von der freien Liebe«

Dann wendet sich Lassalle noch an den Verehrer Goethes und des Westöstlichen Diwans und versucht ihn zu überzeugen, daß gerade in der freien und unbedingten Hingabe an die Macht der Liebe der Beruf, die Sittlichkeit, das Wesen, die Reinheit des Weibes bestehe. Für Lassalle ist das eine »sonnenreine« Sache. »Wie unendlich höher steht nicht ein Weib, welches sittlich und rein genug ist, ihre Überzeugung, das Dogma von der freien Liebe zu proklamieren und selbst das Kreuz des Leidens auf sich zu nehmen für die frei bekannte Gottesidee!« Die Gräfin hat nie geheuchelt und wurde darum angegriffen, nur weil sie nicht der hausbackenen Bequemlichkeit den Vorzug gab. »Gerade darum inkarniert sich mir in der Sache der Gräfin – mehr als in den hohlen und abstrakten Theorien der Liberalen und Landtagsstürmer – die Sache der

Menschheit, die Passionsgeschichte der menschlichen Freiheit und edler Genußberechtigung.

Es wird von Ihnen nicht bestritten werden, daß die Befreiung, die Freigebung der Liebe eine der sozialen Arbeiten ist, für welche sich die Kräfte unsrer Zeit mit am meisten begeistern müssen. Ehe der Menschengeist mit Erfolg die ganze gegenständliche Wirklichkeit sich erobern und zum ungetrübten Element seiner Freiheit umschaffen kann, muß er erst sein unmittelbarstes Dasein, seinen eigensten Tempel, seinen Leib zur freien Stätte seines Waltens errungen haben. Aber die soziale Befreiung der Geschlechter kann nur vom Weibe und seiner mutigen Hingebung an die Macht, an den Genuß der Liebe ausgehen. Und wo ein Weib hierfür leidet als mutige Bekennerin, leidet sie als Vorkämpferin für die große Sache der Menschheit, und es ist Pflicht der ganzen befreiungssüchtigen Menschheit, ihr beizuspringen und Gut und Blut aufzuopfern zu ihrem Schutze.«

Keine Frage, das ist ganz Lassalle. Die besondere Anwendung des Gedankens bei Emma oder Lonni Grodzka geklärt ins Allgemeine: das Prinzip der freien Liebe, die Emanzipation der Frau. Liest man genau, so geht sie nicht allein auf ihre Kosten: Alle müssen ihr in der sozialen Befreiung der Geschlechter für die Sache der Menschheit beispringen, sie schützen, sich selbst helfen damit. Zeitgemäß gewandet: Die Emanzipation der Frau ist die Emanzipation des Mannes, eine soziale Aufgabe. Daß die Frau dem Manne nie ganz folgen kann, geistig, ist Lassalles eigener oder traditioneller Akzent. Aber alles andere ist ganz unkonventionell, gegen die Zeit, für aufkommende Tendenzen, revolutionär.

Der Teufel mag wissen, weshalb er gerade den kirchengläubigen Witwer Westphalen zum Adressaten dieser emanzipatorischen Erklärung machte. Vielleicht war es der vorerwähnte Sinn für die Paradoxe, mit denen allein sich Vorurteile erschüttern lassen. Sicher ist, daß kluge, ebenbürtig erkannte Gesprächspartner Lassalle zu den gescheitesten, offensten Gedanken und Bekenntnissen veranlaßten. Graf Westphalen scheint dazuzugehören: Nie hat Lassalle sich über die Geschlechterbefreiung des Menschen und die sexuelle Emanzipation der Frau als soziale Aufgabe besser erklärt und bewußt gemacht.

Die Entgegnung des Grafen Clemens spricht für die Vermutung. Er schreibt ganz lebensklug und tolerant, mit gleichfalls eindrucksvoller Überlegung, daß »auch unsere Freundin manches im Leben zu bereuen haben mag«, ob sie nicht selbst gegen das noble Prinzip der Selbstbestimmung verstoßen und die »Sonnenreinheit« in Frage gestellt.

»Mir nun – grade im entschiednen Gegensatz der von Ihnen aufgestellten Theorie – ist das Individuum alles, und – um mich in einem philosophischen Barbarismus zu ergehn – die Verallgemeinerung der Idee gar nichts, eben weil ich an sie nicht glauben kann, sie mir mindestens viel zu fern liegt, um nicht lieber meine nächste Tätigkeit dem nächsten Individuum zuzuwenden, als sie in unberechenbare Zukunft – ins Blaue zu vergeuden.

Und so liegt mir denn in unserm Fall auch wesentlich nur daran, daß unsre Freundin – nicht etwa in Kalendern künftiger Zeitrechnungen für unverschuldetes Martyrium mit rotgedruckten Lettern prangen möge, einer emanzipierten Frauenwelt zum erbaulichen Vorbild ungebundenen Venusdienstes, sondern nur daran, daß sie je eher je lieber zum Nachdenken über sich selbst gelange – es sich gestehn und zu begreifen lerne, daß auch sie – ich will nur sagen manches dumm, manches schlecht gemacht...«

Graf Clemens, gewiß nicht neumodisch und von knorrigem Stamm, richtet sein Augenmerk aufs nächste und hilft, weil die Sache gar nicht so schlecht ist und die Gräfin Hatzfeldt – sie ist seines Alters – und der junge Lassalle ihm gefallen. Für eine gerechte allgemeine oder individuelle Sache tritt er ein, auch wenn er der einzige ist. Er ist der einzige Aristokrat von traditionellem Rang, der in diesen Händeln gegen den Herrn von Schönstein, Kinsweiler, Wildenburg etc. und seine Verwandten und die Vorurteile beim preußischen Hof und den Regierungsbezirken und die Willfährigkeit der Bürokratien einzutreten und aufzutreten wagt. Westphalen stellt der Gräfin Hatzfeldt bedingungslos 17000 Taler zur Verfügung.

Diese finanzielle Grundlage schafft der Gräfin und ihrem Adjutanten Luft und Handlungsfreiheit. In den persönlichen Beziehungen scheint den beiden das nicht sehr gut zu bekommen. Es gibt Auseinandersetzungen, sie fallen sich auf die Nerven, der große Beschwörer Lassalle hat Schwierigkeiten im Umgang mit der Gräfin, befiehlt dem fernen Freund Mendelssohn kategorisch, der Gräfin lange Briefe zu schreiben, weil sie so launisch sei.

Der Punkt ist heikel.

Einmal sprechen ziemlich viele Stimmen dafür, daß der Umgang mit Geld weder der Gräfin noch Lassalles stärkste Seiten waren. Sie gaben es – so sie welches hatten – für Kombattanten, Freunde und sich aus. Uneigennützig, aber unkalkuliert. Jetzt hatten sie welches. Und das verlockt, befreit von Bindungen, zumal so symbiotischen wie die der Gräfin an Lassalle und umgekehrt.

Zum anderen war die Gräfin, fast 20 Jahre älter als Lassalle, eine attraktive und erfahrene Frau. Außenstehende und sogar heiratswillige Bewerber wie den Grafen Bassenheim hatte es in ihrer desolaten und trennungsreichen Ehezeit schon früher gegeben, freie Liebesbeziehungen auch. So bürgerlich sonnenrein war ihr Leben nicht, da stimmt die verständige Einschätzung Westphalens durchaus. Das trägt ja auch zum Engagement Lassalles unter umgekehrten Vorzeichen bei, genau diese Hingabe an die freie Liebe bewundert er ja. Aber zunehmend fasziniert ihn nicht nur die Haltung, sondern auch die Frau. Bei seiner überraschenden Fähigkeit, sich ohne Selbstverleugnung anderen Menschen auch dann zu stellen und sich zu verständigen, wenn sie persönlich oder durch die von ihnen vertretene Sache für ihn interessant sind, darf man den Selbstvorbehalt nicht unterschätzen.

Im Klartext. Man hat Ferdinand Lassalle sofort, in allen Prozessen, in der veröffentlichten Meinung, unter Freunden und Feinden, zu Lebzeiten und noch mehr nach seinem Tode unterstellt, daß er von Anfang an sexuelle Interessen und sehr lange Liebesbeziehungen zu Sophie von Hatzfeldt unterhalten habe. Das war von 1846 bis 1864 ein vorzügliches Mittel der Diffamierung, das unter den radikalen Revolutionären und Neuerern so gut wirkte wie unter den Reaktionären, Aristokraten und Bürgern. Und auch noch 50, 100 Jahre später unter Sozialdemokraten und Sozialisten, Kommunisten und Marxisten verfing, wenn der Name Lassalle fiel. Das ist eine klägliche und erbärmliche Geschichte. Sie erzählt von den moralischen Befangenheiten und den spießbürgerlichen Vorurteilen der sozialistischen oder kommunistischen oder sozialdemokratischen Neuerer, die von Emanzipation sprechen. Sie kennen nicht einmal ihre eigene Tradition und ihre Vorkämpfer gut genug, sie bei sich aufzunehmen. Sie schwätzen und ignorieren. Doch man muß zugeben, daß ihnen das von Marx und Engels, Bebel und Liebknecht und aus der ganzen sogenannten

»Revisionismus-Diskussion« aufs Haupt fiel. Sie haben den Kopf allerdings wenig benutzt. Nicht gedacht, geforscht, geprüft; sondern geglaubt, belächelt, verwiesen.

So kommt man von Lassalle zu Diskriminierung oder von sexueller Emanzipation zur Reformproblematik.

Der Zeitpunkt 1847 im Leben Lassalles ist heikel. Ging er da oder später oder überhaupt ein sexuelles Verhältnis mit der Gräfin Hatzfeldt ein – oder sie mit ihm? Und was kann das bedeuten, welche Bedeutung haben?

Für Vermutungen ist freier Lauf, Beweise pro und kontra gibt es nicht. Die Beziehungen zwischen der Gräfin und ihrem Bevollmächtigten sind sehr gespannt. Er bekennt, keine Remedia, keine Heilmittel mehr gegen ihre Launen zu besitzen. Das spricht wahrhaft gegen die Möglichkeit emotionalen Zugangs – aber auch für das Interesse. Einerseits geht es den beiden da einmal ganz gut, sie haben keine unmittelbaren finanziellen Sorgen. Andererseits sind sie davon bedroht, daß Lassalle verhaftet wird, weil er Papiere an Oppenheim bei seinem Anwalt an sich genommen und zerrissen hat, dem Gericht also erfaßte Beweisstücke entzogen. Und schließlich zieht sich Lassalle im März 1847 eine, seine Syphilis zu. Nicht bei der Gräfin Sophie. Deutet man die Fakten psychologisch, so könnte dieses Bild entstehen: Nach einem Jahr der Überspannung unter finanziellem Druck entsteht eine Phase der Entspannung und Ermattung, in der sich zwei Partner der drängenden Komplikation und Zuspitzung ihres Verhältnisses bewußt werden, aber davor flüchten. Zu deutsch: Sie wollen zueinander, aber sie hacken aufeinander und befriedigen ihre Bedürfnisse anderweitig.

Der unmittelbaren Lösung des Problems werden Gräfin Hatzfeldt und Ferdinand Lassalle durch die Behörden enthoben. Am 26. März 1847 wird Lassalle zum erstenmal eingesperrt, weil er jene ihm gehörenden Papiere bei seinem Anwalt vernichtet hat.

Kerker und Kassiber

Unter diesem Vorwurf sitzt Lassalle sechs Wochen im Gefängnis. Die Haft hebt seine offensichtliche Lähmung, Frustration auf: Sie ist ihm Beweis, daß er sich für eine brisante und spannende Sache einsetzt und öffentliche Aufmerksamkeit besitzt. Er entfaltet neue Aktivitäten, Kräfte und Fähigkeiten, als hätte er nur darauf gewartet. Lassalle entwickelt sich zum Meister von Mitteilungen, die von den Behörden nicht zu verbieten, von Kassibern, die nicht zu erfassen sind. Er lernt die Knastregeln kennen und beherrschen mit einer konspiratorischen Begierde, als hätte er nur dafür gelernt.

Das ist ja auch keine einfache Sache, aber im Geiste der Revolution notwendig; den Leuten zu erklären, warum man im Gefängnis sitze – endlich. Und zwar aus historischer Notwendigkeit und persönlicher Überzeugung – im Deckungsfeld von Hegel, Geschichte und Revolution. Als Lassalle.

Er schreibt einen froh-vergnügten Geburtstagsbrief an die Gräfin und den Vater. Nur so und zum Durchgeben, selten humorvoll und vergnügt, aus dem Kerker. Zitiert einen trivialen Vers, der sich ihm seit Jugendzeiten eingeprägt:

Auch Leiden, sind sie vergangen,
Laben die Seele wie Regen die Au!

So gelassen ist Lassalle selten – aber ernst wird er immer. Hier wendet er sich an den Vater, der ihn einst auf dem Katheder zu finden gehofft und nun in der Kriminaluntersuchung begegnen mußte. Lassalle fragt: Wo ist der Unterschied? Sind nicht alle Gelehrten und Schriftsteller aus dem Amt entlassen und/oder mit Kerker bestraft, wenn sie konsequent waren und das Maul aufmachten? Wo sonst sollte man sie suchen? Und leben die auf dem Katheder nicht noch gefährlicher? Proudhon hätte man für seine wissenschaftliche Glanzleistung zu zwölf Jahren Galeere verurteilen können: »Zwölf Jahre Galeere dafür, daß er sich des Schlafes beraubt, um ein großes und gedankenvolles Buch zu schreiben, welches durchaus nicht einmal aufregend geschrieben ist, welches bloß streng kritisch und wissenschaftlich das Eigentum behandelt!« Wir erinnern uns: *Eigentum ist Diebstahl.* Das war das kritisch-wissenschaftliche Resultat Proudhons. Lassalle schreibt das vergnügt aus dem Gefängnis, es passiert die Kontrollen, natürlich wissen sie nichts damit anzufangen.

Doch neben diesem Spaß intellektueller Täuschung gibt es auch Aktivitäten Lassalles zur linken Hand, die durch geheime Kassiber erfolgen und schwerer zu verfolgen sind.

Auf den Hatzfeldtschen Gütern werden die Bauern unruhig.

Die Bauern des Kreises Schönstein im Siegerland reichen an den König von Preußen eine Beschwerde ein, in der sie wegen Bedrückung durch den Grafen Hatzfeldt klagen. Jetzt tritt in Berlin der Vereinigte Landtag zusammen, eine mehr ständische als demokratische Versammlung, in der Mitglieder aus allen Provinziallandtagen in vier Kurien vertreten sind. Auch dort wollen die Bauern Klage führen, denn im neuformierten Landtag steht die Beratung eines Bescholtenheitsgesetzes an.

Es klingt nicht sehr wahrscheinlich, daß ausgerechnet die Bauern auf Schönstein sich aus eigenem so fortschrittlich verhielten, sich organisierten und so zielbewußte Proteste wie Eingaben und Beschwerden an die richtigen Instanzen formulierten. Zu Recht vermutet man dahinter einen Organisator. Die Gräfin schreibt Lassalle ins Gefängnis, sie wolle den Bauern aus Schönstein, die als Deputation an den Landtag wollen, gerne das Reisegeld geben, aber sie habe keines. Lassalle verlangt in einem Kassiber, der geheim aus dem Gefängnis geschmuggelt wird, ganz kategorisch die Summe von 300 Talern – wieder einmal von Vater Heyman. Er ist entrüstet, daß der Vater nicht längst der Gräfin beigestanden ist. Morgen früh noch muß sie mindestens die 300 Taler in bar haben, damit die Deputation abgehen kann – sonst ist es mit der Liebe und dem Vertrauen des Sohnes endgültig aus. Im übrigen soll die Gräfin von diesem Brief nichts wissen. So rabiat und kategorisch er dem Vater gegenüber in Gelddingen auftritt – er spricht von seiner kältesten und ernstesten Unzufriedenheit und warnt den armen Heyman als herrischer Ratgeber vor dem häßlichsten Laster des Geizes! –, so dezent stellt er sich darin bei der Gräfin.

Am 4. Mai wird Lassalle, wie er nicht anders erwartet, aus dem Gefängnis entlassen. Der schnelle Griff, womit er Papiere Oppenheims bei einem Anwalt an sich genommen und zerrissen, reicht nicht aus, um eine Anklage wegen Vernichtung von Beweismaterial zu rechtfertigen – aber immerhin für eine Untersuchungshaft von sechs Wochen.

Er reist sofort nach Berlin – natürlich wieder in Sachen Hatzfeldt. Vom 12.–31. Mai logiert er im Hotel Luz. Er konferiert mit dem Grafen Westphalen, der sich beim König für die Gräfin einsetzen will. Aber der Versuch Westphalens, Friedrich Wilhelm IV. in einer persönlichen Unterredung zu einer Aussage für Gräfin Sophie zu bewegen, schlägt fehl.

Schon einmal war der König 1843 mit der leidigen Angelegenheit befaßt worden und hatte auf Betreiben der Brüder Hatzfeldt den Grafen Edmund zu anständigerer Aufführung ermahnt, was den Standesherrn allerdings gar nicht beeindruckt hatte. Jetzt, nachdem die Geschichte so skandalöse öffentliche Ausmaße angenommen, ist Friedrich »ganz entschieden« gegen die Gräfin eingestellt. Graf Westphalen, ein aufrichtiger Freund Sophies, will darüber hinaus noch sehen, was er für sie über den Vereinigten Landtag erreichen kann.

Der Vereinigte Landtag ist eine der halbherzigen Erfindungen Friedrich Wilhelms IV., in denen er die liberalen und nationalen Hoffnungen, die in ihn gesetzt wurden, mit seinen ständisch-patriarchalischen Staatsideen zu verquicken suchte. Ein zentralistisches Organ war das nicht, kaum auch ein repräsentatives; daneben gab es auch noch konkurrierende Institutionen wie die Vereinigten Ausschüsse. Die Abgrenzung der Kompetenzen blieb unklar. Dem Vereinigten Landtag wurde das Recht der Steuerbewilligung und der Genehmigung von Staatsanleihen zugemessen, nicht aber die Periodizität der Sitzungen. Was aber blieb von den Rechten eines Landtages, der nicht regelmäßig zusammentrat, sondern nach dem Gutdünken des Landesherrn einberufen wurde?

An diesem Punkt entzündete sich sofort der Streit, als der Landtag im Mai 1847 erstmals Beratungen aufnahm. Er sollte eine Anleihe von 25 Millionen Talern für den Bau einer Ostbahn nach Königsberg garantieren. Doch die Stände lehnten das unter Führung der rheinischen und ostpreußischen Liberalen ab, solange ihnen nicht zuvor die Periodizität des Landtages zugestanden sei. Die erregten Debatten wirkten auch ins Land und erhöhten die Unruhe und Unzufriedenheit des Vormärz.

Auch Lassalle ist am 14. Mai im »Rheinischen Hof« zu finden, wo die Opposition ihre Taktik und ihre Ablehnung beschloß. Es war eine geschlossene Sitzung, vor deren Beginn zwei ungeladene Teilnehmer aus dem Saal entfernt wurden. Einer davon war nach dem Bericht der *Augsburger Allgemeinen* der »aus dem Hatzfeldtschen Prozeß bekannt gewordene Doktor Lassalle«.

Was Lassalle – der nie promovierte, aber meist den Doktortitel zugelegt bekam – bei den Sitzungen sucht, ist leicht zu erraten. Einmal läßt er sich die Gelegenheit nicht entgehen, diese fragwürdige scheindemokratische Veranstaltung selbst zu inspizieren, ihr Klima und ihre Tendenzen zu studieren. Zumal er – zweitens – darin ganz besondere Interessen verfolgt.

Vor dem Vereinigten Landtag stand auch ein Bescholtenheitsgesetz zur Beratung. Der Zweck war nach den Vorstellungen der Regierung, unliebsamen Personen die Mitwirkung in öffentlichen Angelegenheiten zu verwehren. Aber natürlich ist es strittig – auch in den Beratungen –, wer und wann man als bescholten zu gelten hat.

Lassalle erhofft sich eine möglichst enge und moralische Fassung: Dann könnte er mit seinen Verschwendungsklagen und Bloßstellungen vielleicht erreichen, daß Graf Hatzfeldt aus dem Vereinigten Landtag ausgestoßen und damit unheimlich blamiert würde! Eine Tatsache, die sich mit Sicherheit in den Prozessen niederschlüge und den Grafen zumindest vor Gericht unmöglich machte.

Zu diesem Zweck will er auch von Carl Grün dringend eine Broschüre über den Grafen Hatzfeldt und das Bescholtenheitsgesetz haben. Aber Grün in Brüssel liefert nicht, hauptsächlich aus Bequemlichkeit und Geldverlegenheit. Daneben kann er aber ein richtiges Argument anführen: Es kann ja sein Interesse nicht sein, im Sinne moralischer Inquisition auf den Landtag einzuwirken und als Liberaler engherzige Bestimmungen zu verlangen! Also muß das Gesetz erst da sein, damit er sieht, was auf den Grafen paßt. Lassalle ist da sicher anderer Meinung, doch zerschlägt sich das ganze Unternehmen: Es gibt kein Bescholtenheitsgesetz und keine Broschüre.

Im Juni ist Lassalle wieder im Rheinland, und jetzt wird deutlich, daß er tatsächlich direkte Drähte zu den Bauern auf den Hatzfeldtschen Besitzungen gezogen hat.

Wie in Berlin, wo er bei König und Landtag das Ansehen und die Standesrechte Graf Hatzfeldts unmittelbar attackierte, so setzt Lassalle auch hier zum direkten Angriff auf die Hatzfeldtsche Herrschaft an. Hatte er sich auch in der Abschätzung der Zeitspanne von einem Vierteljahr geirrt, in dem der Graf endgültig niedergeworfen sein werde, so zeigt diese offene Angriffslust mit ihren Teilerfolgen doch, wie sehr dieses Jahr 1847 auf eine Änderung der Verhältnisse hoffen ließ. Die herrschenden Kräfte waren unsicher geworden, die öffentliche Stimmung verlangte Zugeständnisse und Nachgiebigkeiten,

Gerichte und Administration ließen sich vorsichtig auf liberale Kompromisse ein, um heftigere Konfrontationen zu vermeiden.

Zwischen Gräfin Sophie und Graf Edmund besteht Gütergemeinschaft, Einnahmen und Nutznießung des Besitzes gehören ihnen gemeinsam. Der Graf hat ihr aber aus standesherrlicher Machtvollkommenheit den Zutritt zu seinen Gütern verboten und seinen Untergebenen untersagt, sie auf seinen Schlössern aufzunehmen. Lassalle gelingt es nun, beim zuständigen Richter eine Verfügung zu erwirken, die den freien Zugang der Gräfin zu den Hatzfeldtschen Besitzungen anordnet. Mehr noch: Der standesherrliche Richter des Grafen selbst gibt seinen Gendarmen den Befehl, Schloß Krottorf gewaltsam aufzubrechen, um ihr Eintritt zu verschaffen!

Die Vorgänge dieser Tage Ende Juni nehmen sich wie eine feudale Groteske aus. Begleitet von einer Schar aufrührerischer Bauern – Lassalle nennt eine Zahl von 200 bis 400, die sie ständig als Leibwache und Bedeckung mit sich herumführten – erscheint die Gräfin mit Sohn Paul und ihrem Generalbevollmächtigten auf den Besitzungen. Aber die Gendarmen verweigern den Gehorsam, gehen gegen den eigenen Polizeirat vor und berufen sich auf den Landrat von Brilon, der dem Grafen Hatzfeldt untersteht. Bewaffnete Förster stellen sich der Gräfin entgegen, empörte Bauern drohen mit Brechstangen die Schlösser zu stürmen, Beamte überwerfen sich mit Beamten, untertänige Bediente streiten gegen untertane Bauern – Dinge wie Tausendundeine Nacht, schreibt Lassalle. »Mein Lebtag habe ich nicht so viel gelacht, als diese letzten acht Tage in der Standesherrschaft.«

Letztlich behält der Graf, der auf seiner Herrschaft eben doch die staatliche Obrigkeit verkörpert, die Oberhand gegen rheinisches Recht und preußische Richter. Die Gräfin und ihre mühsam beschwichtigte Bauerneskorte müssen unverrichteterdinge abziehen.

Dennoch hat Lassalle gut lachen. Die allgemeine Konfusion scheint seinen Erwartungen recht zu geben, Weiterungen stehen bevor. Lassalle rechnet mit fürchterlichen Untersuchungen gegen Gendarmen, Bürgermeister und Landräte. Sie finden zwar nicht statt, aber auch von einem Verfahren gegen die aufrührerischen Bauern wird nichts bekannt. Und zählt man alle Erfahrungen dieser Zeit zusammen – den Freispruch Oppenheims, die Niederschlagung des eigenen Verfahrens, die Hilfe Westphalens, die Opposition des Vereinigten Landtags, die Verwirrung der Behörden, die Mobilisierung der Bauern –, so mag Lassalle wohl Grund für seine revolutionären Hoffnungen haben.

Wichtig ist, daß seine Aktivitäten jetzt nicht unterbrochen werden und er frei bleibt für künftige. Mit Unterstützung des Vaters betreibt er seine Befreiung vom Militärdienst – er ist schließlich erst 22 Jahre alt. Am 3. August wird ihm in Breslau »wegen Brustschwäche bei Anlage zu Brustkrankheiten« der Halbinvalidenschein ausgestellt.

Lassalle ist wohlgemut, hochgemut. Seine Adjutanten im Exil, Carl Grün und Arnold Mendelssohn, bekommen das zu spüren. Schon geraume Zeit beschweren sie sich über das hochfahrende Verhalten des Herrn Generalbevollmächtigten und seine Befehlshabertonart, lamentieren gleichzeitig freilich heftig über unzureichende finanzielle Unterstützung. Mendelssohn insbesondere klagt, er sei kein Leibeigener und Vasall, stimme nicht mit den Anweisungen und Ansichten seines ehemaligen Freundes überein, wolle endlich zurückkehren.

Die Chancen für eine unbehelligte Rückkehr Mendelssohns stehen auch günstig. Lassalle verfolgt eingehend, ob da wohl noch Anklage wegen des Kassettendiebstahls erhoben werde, rät aber noch zum Abwarten. Doch Mendelssohn fühlt sich nur hingehalten und im Stich gelassen. Anfang Juli reißt ihm der Faden. Er fährt nach Köln und stellt sich in der Hoffnung, nur kurze Zeit arrestiert zu werden. Man inhaftiert ihn im Klingelpütz. Hin und her gerissen schreibt er teils wütende Briefe über den Freund an die Gräfin, teils vertrauensvolle und zutrauliche an den Freund selbst. Lassalle kümmert sich um seinen gefangenen Jünger – eigensinnig in der philosophischen und intellektuellen Position, voller Verständnis für die Nöte und Qualen des weichen und labilen Freundes in der Haft. »Hast Du Zigarren? Auf welcher Nummer sitzt Du? Wie heißt Dein Schließer? Ist Dir das Essen erträglich? Darüber antworte mir ausführlich, damit die geeigneten Anstalten getroffen werden können?« Lassalle weiß, wie man das macht.

Im Grunde sind sie sich einig, daß Menselssohn nichts passieren kann. Wenn Oppenheim, der die Kassette gestohlen hat, freigesprochen wurde, dann kann man nach allem Recht Mendelssohn, der dabei nur sein Komplize war, nicht verurteilen. »Eine Verurteilung, das war die unmöglichste Sache der Welt.«

Doch sie unterschätzen die Macht und die Mittel des Grafen. Während sich die Hatzfeldtschen Parteien mit Bespitzelungen und Bestechungen – in denen der Graf Vorteile bucht – und Rechtshändeln – in denen Lassalle beachtliche Erfolge frohlokkend verzeichnet – belagern, wird mit Geld und Beziehungen der Schlag gegen Lassalle vorbereitet.

Am 11. Februar 1848 findet in Köln die Verhandlung gegen Arnold Mendelssohn statt. Und die unmöglichste Sache der Welt wird Wirklichkeit. Während man den reichen Täter Oppenheim vom Verdacht des eigennützigen Diebstahls freisprach, weil sich die allenfalls gesuchten Dokumente gar nicht in der Kassette befunden hatten, verurteilt man den armen Komplizen Mendelssohn wegen Beihilfe zum Diebstahl zu fünf Jahren Zuchthaus, weil die inkriminierte Kassette auch 500 Taler enthielt!

Die Absurdität und Widerrechtlichkeit des Verfahrens liegt auf der Hand. Doch sie ist damit nicht beendet. Dem Einfluß der vermögenden Verwandten Mendelssohns und der Fürsprache Alexander von Humboldts gelingt es, daß der König das Urteil auf ein Jahr Gefängnis umwandelt. Dahinter lauert allerdings noch die Ankündigung Lassalles, er werde die Belastungszeugen des Prozesses wegen Meineids verklagen. Auf diese Weise hätte er das ganze Verfahren sprengen, das Urteil null und nichtig machen und die Anstifter zum Meineid vor den Kadi zerren können – also wieder ein Hatzfeldtscher Skandal, der die obersten Kreise traf.

So wurde die Umwandlung des Urteils durch den König – wohl auch auf Drängen der Mendelssohns – mit einer weiteren Bedingung verknüpft: daß Arnold Mendelssohn Europa verlasse. Europa! – nicht Preußen – das ist wahrlich königliche Machtvollkommenheit und feudale Konspiration. Mendelssohn wird aus dem Gefängnis frei, ein gebrochener, verbitterter, zerstörter Mann. Er geht nach Konstantinopel und stellt sich als Arzt in türkische Dienste. Die Fronde der Lassaleaner, die kaum zwei Jahre zuvor begeistert und überzeugt das *Vainquons* des *Kriegsmanifestes* unterschrieb, ist im harten und bösartigen Alltagskampf aufgerieben. Übrig ist einzig Lassalle.

Und Lassalle gilt einzig das ganze aufwendige und rechtswidrige Verfahren. Den einen, den reichen Lassaleaner, zieht man schonend mit leichtem Druck aus dem Gefecht: Oppenheim. Den anderen, den armen Lassaleaner, eliminiert man schonungslos, auch um das Unrecht des Vorgehens zu vertuschen: Mendelssohn. Übrig bleibt der Brandstifter. Nachdem Mendelssohn wegen Diebstahls verurteilt ist, kann man Lassalle als dem intellektuellen Urheber der Kassettenaffäre den Prozeß machen.

Nach wechselnden Aufenthalten in Aachen, Deutz, Köln und Koblenz nehmen die Gräfin und Lassalle im Januar 1848 in Düsseldorf Wohnung. Hier können sie den Grafen Hatzfeldt auf seinem nahen Stammsitz Kalkum am härtesten bedrängen und haben direkte Fühlung zu der Gesellschaft, in der er sich bewegt. Das heißt: Sie können seine Schritte und Verfehlungen überwachen und ihn im eigenen Kreise diffamieren und isolieren. Lassalle hat schließlich als wortgewaltiger und finessenreicher Verfechter einer ganz und gar gerechten Sache in der rheinischen Bevölkerung längst Aufsehen und Bewunderung erregt. Man hört auf ihn, er kann etwas ausrichten, zumal in so unruhiger Zeit.

Kurz darauf sind die beiden in Berlin, wo man sie auf Anweisung höheren Orts abzuschieben sucht. Lassalle legt natürlich Beschwerde ein, am 15. Februar. Sie nutzt nicht viel, denn der Haftbefehl ist schon unterwegs. Am 20. Februar wird er in Potsdam verhaftet und auf Anfordern der rheinischen Gerichte nach Köln abgeführt.

Der neuerliche Streich trifft Lassalle nicht unerwartet, doch er ist voller Optimismus. An die ernsthafte Absicht seiner Verurteilung mag er nicht glauben, nimmt eher an, man wolle ihn ein paar Wochen einsperren. Seine anderen Verfahren gegen den Grafen gehen gut voran, gelassen erwartet er seine baldige Freilassung. Große Dinge gehen vor, die ihn vergnügt neuen erfolgreichen Kämpfen entgegensehen lassen. Am 27. Februar schreibt er dem Vater mit verhaltenem Triumph, denn der Brief wird im Gefängnis kontrolliert:

»Was sagst Du zu den Nachrichten aus Frankreich? Endlich, endlich wird die schmutzige Politik Guizots zu Schanden. In zwei Tagen das Resultat der 18jährigen Arbeit Louis Philippes dahingerafft, spurlos dahingerafft! Die Forts, welche auf immer die Zwingburgen bilden sollten, die Hauptstadt danieder zu halten, diese imposanten Forts mit ihren Batterien – ruhige Zuschauer der königlichen Flucht. Welche Lehre!«

In Paris war die Februarrevolution ausgebrochen. Das tolle Jahr 1848 begann. Und Ferdinand Lassalle saß im Gefängnis – nicht für zwei Wochen, sondern über fünf Monate.

Kapitel IV

Demokrat (1848/49)

Binnen drei Tagen schwemmte die Revolution vom 22. Februar 1848 das korrupte Regime des Bürgerkönigs in Frankreich hinweg und zwang ihn zur Flucht. Die Republik wurde ausgerufen. Radikale, sozialistische Strömungen setzen sich zunächst durch. Zur Sicherung des Rechts auf Arbeit werden nach den Vorstellungen Louis Blancs Nationalwerkstätten eingerichtet. Es folgt die Verkündung des freien, allgemeinen und geheimen Wahlrechts. Doch die Furcht vor einer allzu tiefgreifenden Veränderung der sozialen Verhältnisse bringt bei den Wahlen zur Nationalversammlung eine überlegene bürgerlich-gemäßigte Mehrheit hervor. Da die Nationalwerkstätten unproduktiv arbeiten, wird ihre Auflösung beschlossen. Die Folge ist der große Aufstand der Pariser Arbeiterschaft am 23. Juli 1848. Er wird in vier Tagen blutig niedergeworfen, man zählt 10000 Tote. Die neue Verfassung streicht die Arbeiterrechte und errichtet ein parlamentarisches Regime. Prinz Louis Napoleon Bonaparte wird zum Haupt der Exekutive gewählt. Er wird drei Jahre später die Verfassung außer Kraft setzen und sich bald darauf zum erblichen Kaiser der Franzosen ausrufen lassen: Napoleon III.

1848 – eine Revolution oder ein tolles Jahr?

Die Pariser Februarereignisse schüren die Unzufriedenheit und Unruhen in den deutschen Ländern. Seit Jahren spornt die Propaganda der radikalen Emigranten in der Schweiz, in Paris und Brüssel eine deutsche Erhebung an. Marx und Engels haben im Winter ihr »Kommunistisches Manifest« ausgearbeitet, im Februar 1848 wird es veröffentlicht.

»Ein Gespenst geht um in Europa – das Gespenst des Kommunismus. Alle Mächte des alten Europa haben sich zu einer heiligen Hetzjagd gegen dies Gespenst verbündet, der Papst und der Zar, Metternich und Guizot, französische Radikale und deutsche Polizisten.

Wo ist die Oppositionspartei, die nicht von ihren regierenden Gegnern als kommunistisch verschrien worden wäre, wo die Oppositionspartei, die den fortgeschrittenen Oppositionsleuten sowohl wie ihren reaktionären Gegnern den brandmarkenden Vorwurf des Kommunismus nicht zurückgeschleudert hätte?...

Die Kommunisten verschmähen es, ihre Ansichten und Absichten zu verheimlichen. Sie erklären es offen, daß ihre Zwecke nur erreicht werden können durch den gewaltsamen Umsturz aller bisherigen Gesellschaftsordnung. Mögen die herrschenden Klassen vor einer kommunistischen Revolution zittern. Die Proletarier haben nichts in ihr zu verlieren als ihre Ketten. Sie haben eine Welt zu gewinnen.

Proletarier aller Länder vereinigt Euch!«

So richtig die Diffamierungstaktik und »Demagogenverfolgung« der herrschenden Mächte und ihrer ordnungsgemäßen Opposition beschrieben wird – der Aufruf zum Klassenkampf eilt der Entwicklung weit voraus. Es gibt noch gar kein Proletariat, das sich seiner Klassenlage bewußt wäre. Es gibt höchstens ein paar 100 deutsche Kommunisten und Sozialisten, die dieses Bewußtsein wünschten. Und dabei dachten auch sie eher in den Kategorien von Moses Heß oder Christian Wilhelm Weiling, von Blanqui oder Proudhon als in denen von Marx und Engels. Den meisten von ihnen blieb das *Kommunistische Manifest* noch auf Jahre unbekannt. Auf die 48er Revolution hat es gar keine Wirkung gehabt. Ihre Impulse gingen von anderen Kräften aus.

In München zum Beispiel gab eine Tänzerin Anlaß zu Unruhen und Rücktritten. König Ludwig I. von Bayern hatte seine Geliebte Lola Montez zur Gräfin von Landsfeld geadelt, verschwendete an sie ganz unziemliche Summen und mochte nicht einsehen, daß ihr großspuriges Auftreten seinem Thron schadete. Studenten und Bürgersleute schlugen Anfang Februar Krawall, er ließ die Universität schließen, mußte den Rücktritt seines Ministers Fürst Oettingen-Wallerstein hinnehmen und sich dennoch die Abreise der schönen Tänzerin abzwingen lassen. Damit kehrte wieder Ruhe ein, die Ordnung schien wiederhergestellt.

In Preußen waren die Konflikte anderer Art. Noch immer war das königliche Versprechen uneingelöst, in Berlin eine Repräsentation des Volkes zu bilden. Noch bei Eröffnung des

Vereinigten Landtages im Mai 1847 hatte Friedrich Wilhelm IV. die versammelten Stände mit der feierlichen Erklärung herausgefordert, »daß es keiner Macht der Erde je gelingen soll, mich zu bewegen, das natürliche, gerade bei uns durch seine innere Wahrheit so mächtig machende Verhältnis zwischen Fürst und Volk in ein konventionelles zu wandeln, und daß ich es nun nimmermehr zugeben werde, daß sich zwischen unseren Herrgott im Himmel und dieses Land ein beschriebenes Blatt, gleichsam als eine zweite Vorsehung, eindränge, um uns mit seinen Paragraphen zu regieren und durch sie die alte, heilige Treue zu ersetzen«.

Friedrich Wilhelm, der sich, im Unterschied zu seinem Vorgänger, wieder König von Gottes Gnaden nannte, machte sich mit diesem Hochmut nicht nur die Liberalen, sondern auch die »Gutgesinnten« zu Gegnern: Der Verfassungsstreit hielt an. Im Januar 1848 warnte Ludolf Camphausen, Führer der rheinischen Liberalen, noch einmal: »Ein Wort hätte hingereicht, den Verfassungsstreit in Preußen auf immer zu beerdigen; es ist nicht gesprochen worden, die Geschichte aber wird richten zwischen der Regierung und uns.« Den Gedanken einer »Revolution von oben«, die ihm Generalintendant Graf Reden vorschlägt, weist der Preußenkönig noch am 23. Februar 1848 weit von sich. Er weiß gar nicht, wie prekär seine Lage ist. Hungersnot in Schlesien, Unruhen in Breslau, Unmut unter den Ständen, Unsicherheit bei den Behörden, Gärungen im Westen und Südwesten des Bundes.

Großherzog Leopold von Baden muß als erster revolutionären Forderungen nachgeben und räumt am 29. Februar die Volksbewaffnung und Schwurgerichte, am 1. März die Pressefreiheit ein.

Auf Versammlungen in Tübingen formuliert Ludwig Uhland die Forderungen der Württemberger. Mit 1011 Unterschriften geht die Adresse nach Stuttgart ab:

1. Ausbildung der Gesamtverfassung Deutschlands im Sinne eines Bundesstaates mit Volksvertretung durch ein deutsches Parlament am Bundestag;
2. Allgemeine Volksbewaffnung;
3. Pressefreiheit im vollen Umfang;
4. Aufhebung der Beschränkungen, welche gegen Vereine und Versammlungen zur Beratung öffentlicher Angelegenheiten bestehen;

5. Vollständige Durchführung des Grundsatzes der Öffentlichkeit und Mündlichkeit der Rechtspflege;
6. Vollkommene Herstellung einer wirklichen Selbständigkeit und Unabhängigkeit der Gemeinden und Bezirkskörperschaften.

Es sind nicht nur die politisch anfälligen Südweststaaten – auch die scheinbar so gefestigten Königreiche Bayern, Österreich und Preußen werden schneller als erwartet in die stürmische Entwicklung eingesogen.

Ludwig I. billigt mit einer Proklamation vom 6. März eine Volksvertretung am Bund, ein nationales Parlament, und wird dafür von seinem treuen Volk enthusiastisch gefeiert.

Die Bundesversammlung in Frankfurt nimmt die Farben Schwarz-Rot-Gold als Bundesfarben an und legt den Bundesstaaten nahe, die Zensur aufzuheben und Garantien für Pressefreiheit einzuführen.

Zwischen München und Hannover hoffen die Fürsten, daß die konservativen Mächte Österreich und Preußen sich rasch auf einen Fürstenkongreß einigen und dem demokratischen Unfug mit vereinten Heereskräften entgegentreten möchten. Doch es ist zu spät.

Am 13. März brechen in Wien Tumulte aus. Studenten und Stände, Bürger und Arbeiter ziehen auf die Straße, fordern Bewaffnung und Pressefreiheit und erzwingen die sofortige Entlassung des Fürsten Metternich. Aus London schreibt der gestürzte Kanzler erbittert seine Analyse: »Das Hauptübel lag im ›Nichtregieren‹, und dessen Ursache war die Verwechslung des Verwaltens mit dem ›Regieren‹. Dort, wo dies stattfindet, schleppen sich die Reiche lange – auf der Oberfläche im Anscheine – ungetrübt fort. Die nicht benützte Gewalt – denn sie weiß stets einen Weg zu bahnen – sinkt alsdann aber von der höchsten Schicht in die unteren herab, und dort bildet sie sich im Umsturz des gesetzlich Bestehenden aus. Das ist in kurzem das Bild unserer Geschichte.«

In Berlin kündigen sich Unruhen schon zwei Tage später an, empfindsame Zeitbeobachter wie Varnhagen von Ense nehmen es wahr. Erste Volksversammlungen und Ausschreitungen gegen die Wachen, bestürzte und hilflose Behörden. Der königliche Leutnant Kraft Prinz zu Hohenlohe-Ingelfingen notiert: »Volksversammlungen und Verschwörungen waren in Berlin so unerhörte, so unglaubliche Tatsachen, daß in den obersten Kreisen so manche bei der Meinung blieben, die Aufregung sei nur vorübergehend, sie werde sich von selbst legen.« Sie täuschten sich sehr.

Am 18. März bricht auch in Berlin der Sturm los. Eine Massenversammlung auf dem Schloßplatz wird von Truppen geräumt, dabei kommt es zu Schüssen in die Menge. Die Berliner gehen auf die Barrikaden. Erbitterte Straßenkämpfe, Greuelszenen und Gemetzel von beiden Seiten bis zur Mißachtung und Mißhandlung von Gefangenen. Eine Nacht mit Infanteriefeuer, Kanonendonner, Glockenläuten und Feuerschein über der ganzen Stadt.

Diese Macht der Erde hebt Friedrich Wilhelms Gottesgnadentum aus den Angeln und bringt seinen Wankelmut zum Vorschein. Nächtens schreibt er die Proklamation »An meine lieben Berliner«. Rädelsführer sind an dem bösen Mißverständnis schuld – »eine Rotte von Bösewichtern, meist aus Fremden bestehend«. Aber sei's drum, der Herr ist zum Verzeihen bereit: »Kehrt zum Frieden zurück, räumt die Barrikaden, die noch stehen, hinweg und entsendet an mich Männer, voll echten alten Berliner Geistes, mit Worten, wie sie sich Eurem König gegenüber geziemen, und ich gebe Euch mein königliches Wort, daß alle Straßen und Plätze sogleich von den Truppen geräumt werden sollen und die militärische Besetzung nur auf die notwendigen Gebäude, des Schlosses, des Zeughauses und weniger anderer, und auch nur auf kurze Zeit beschränkt werden wird.«

Der preußische König gibt auf – und zwar ohne Not. Denn trotz seiner Unsicherheit und des Versagens seiner Kommandanten ist die Lage militärisch leicht zu bereinigen und fast schon ausgestanden. So aber kommt es zum Rückzug der Truppen; den entschlosseneren Bruder Prinz Wilhelm von Preußen, gegen den das Volk als »Kartätschenprinz« wütet und der dereinst Kaiser sein wird, schickt der König nach Spandau in Sicherheit und bringt ihn mit einer Botschaft nach London aus der Schußlinie.

Den Triumph des Volkes schildert Theodor Fontane, der mit einer Theaterflinte am Aufstand teilnahm. »Alles jubelte. Man hatte gesiegt, und die spießbürgerlichen Elemente (natürlich gab es auch glänzende Ausnahmen), die sich am Tag vorher zurückgehalten oder geradezu verkrochen hatten, kamen jetzt wieder zum Vorschein, um Umarmungen untereinander und mit uns auszutauschen, ja sogar Brüderküsse. Das Ganze eine in den Epilog gelegte Rütliszene, bei der man nachträglich die Freiheit beschwor, für die (wenn sie überhaupt da war) ganz andere gesorgt hatten. Viele bezeigten sich dabei ganz ernsthaft; mir persönlich aber war nur elend zumute. Ich hatte, von mir und meinen Hausgenossen gar nicht zu reden, in den Stunden von Mittag bis Mitternacht nur ein paar beherzte Leute gesehen – natürlich alles Männer aus dem Volk –, die die ganze Sache gemacht hatten; speziell an unserer Ecke war ein älterer Mann, in Schlapphut und Spitzbart, den ich nach seinem ganzen Hantieren für einen Büchsenmacher halten mußte, dann und wann aus der ihm Deckung gebenden Seitenstraße bis an die Barrikade vorgetreten und hatte da seinen mutmaßlich gut gezielten Schuß abgegeben. Sonst aber war alles in bloßem Radau geblieben, viel Geschrei und wenig Wolle. Wenn die Truppen jetzt zurückgingen, so war das kein von seiten des Volkes errungener und dadurch gefestigter Sieg, sondern ein bloßes königliches Gnadengeschenk, das jeden Augenblick zurückgenommen werden konnte, wenn's dem, der das Geschenk gemacht hatte, so gefiel.«

Es war kein Geschenk der Gnade, sondern der Angst und Verwirrung; aber mit dem Verdacht der Rücknahme hatte Fontane recht. Zunächst jedoch hielt die Unklarheit an.

Am Nachmittag des 19. verneigt sich der König vor den toten Barrikadenkämpfern, die ihm die Aufständischen auf dem Schloßhof präsentieren.

Am 21. reitet er mit seinen Ministern, Generälen und den Prinzen durch die Stadt – angetan mit einer Binde Schwarz-Rot-Gold.

Am gleichen Tag erläßt er den Aufruf »An mein Volk und an die deutsche Nation«. »Preußen geht fortan in Deutschland auf« – so versichert er darin unklar. Die anderen Fürsten nahmen's übel auf.

Am 29. März beruft er ein liberales Ministerium mit den Rheinländern Ludolf Camphausen und David Hansemann. Gleiche und geheime Wahlen zu einer preußischen Nationalversammlung werden ausgeschrieben.

Die Märzrevolution von 1848, eigentlich eher eine schier willkürliche Serie von Tumulten und Aufständen in einigen Hauptstädten, scheint sich durchgesetzt zu haben. Die Vorarbeit des Vormärz und die Verunsicherung und Halbherzigkeit der Herrschenden kamen ihr zustatten, vorherrschend der Eindruck der Konfusion. Aber kann man darauf bauen?

Am 30. März tritt in der Paulskirche zu Frankfurt ein Vorparlament zusammen, zu dem sieben Männer unter der Führung Heinrich von Gagerns Vertrauensleute aus ganz Deutschland geladen hatten. Man beschließt, für den Mai eine verfassunggebende Nationalversammlung am selben Ort einzurufen.

Für die Radikalen waren das nur halbe Schritte. Friedrich Hecker und Gustav Struve rufen im Südwesten zur republikanischen Erhebung und ziehen mit ihren Freischaren in Baden und der Pfalz zu Felde. Am 20. April werden sie von badischen und hessischen Truppen bei Kandern geschlagen. Zwei Tage später zieht der Dichter Georg Herwegh mit einer »Deutschen Legion« in Straßburg los, die er in Paris gesammelt hat. Eine Woche später ist auch dieser Haufen Freischärler zerstreut. Der Traum von der deutschen Republik ist aus, noch eh er recht begonnen. Die Anführer flüchten ins Ausland. Chancen hatten ihnen auch die radikalen Sozialisten und Kommunisten nie gegeben. Gegen das Bürgertum war eine Republik nicht zu machen. Und die Großbürger und die Spießbürger dachten an nationale Einheit und an eine Verfassung, ein bißchen Demokratie – aber keine Republik.

Am 18. Mai 1848, nachmittags 3 Uhr, wird im alten Kaisersaal des Frankfurter Römers der neue deutsche Reichstag eröffnet. Der vorbereitende Fünfzigerausschuß legt sein Amt nieder, und in feierlichem Zuge schreiten die Abgeordneten hinüber zur Paulskirche, wo die Nationalversammlung tagen wird.

Die Zusammensetzung des Frankfurter Parlamentes zeigt, welche Interessen den Ton angaben, wie revolutionär die Nationalversammlung sein konnte. Unter 584 Mitgliedern sind 81 richterliche Beamte und 95 Advokaten, Prokuratoren und Doctores juris; 102 Professoren, Dozenten und Lehrer; 51 Verwaltungsbeamte; 23 Theologen, ein Dutzend Mediziner; 37 Gutsbesitzer, 24 Kaufleute, 10 Fabrikanten, 10 Militärs; ein paar Schriftsteller, Redakteure, Publizisten und Dichter, Grafen, Barone und einer, der sich schlicht »Bürger« tituliert, der Titus Marek aus der Steiermark. Die überwältigende Mehrheit stellten also Beamte, beamtete Juristen und Gelehrte bürgerlichen Standes – Männer in Staatsdiensten.

In der preußischen Nationalversammlung, die sich am 22. Mai konstituiert, ist das Bild ähnlich. Dort stellen die

Beamten einen Anteil von 36 Prozent, die Rittergutsbesitzer von 20 Prozent. Dazu kommen 50 Geistliche, 17 Advokaten und 15 Ärzte, 50 Kaufleute und Industrielle, 16 Handwerker, sechs sogenannte Angestellte und fünf Arbeiter. Die Herren sind zwar stärker vertreten, und es tauchen einige Vertreter des »vierten Standes« auf, doch in beiden Parlamenten überwiegt das bürgerliche Element bei weitem – Bürger, die sich als treue Diener des Staates verstehen.

Das bedeutet nicht, daß sie Fürstendiener sind – genau dies ist vielmehr der Angelpunkt der Bestrebungen und Auseinandersetzungen des 48er Jahres. Dem Dritten Stand geht es um eine liberale Verfassung, die absolutistische Rechte und feudale Privilegien einschränkt, und eine nationale Einigung, die die Einzelstaaten des Deutschen Bundes in einem deutschen Bundesstaat zusammenfaßt. Wie weit da tatsächlich die individuellen bürgerlichen Rechte zur Geltung kommen, ist noch offen; daß gar die entstehenden sozialen Probleme aufgenommen werden, bei der geltenden Interessenlage wenig wahrscheinlich.

Wilhelm Wolff gibt am 18. April aus Breslau einen Lagebericht an Marx und Engels, die in Köln die »Neue Rheinische Zeitung« vorbereiten und mit dem bourgeoisen Frankfurter Parlament gar nichts im Sinn haben: »Wie in Berlin, so auch hier entschiedene, ja oft wütende Feindschaft und Erbitterung zwischen Bourgeoisie und Proletariat. Jetzt hat die Bourgeoisie einen großen Teil des Sieges für sich konfisziert und andererseits ist hier in Schlesien – wie freilich in anderen Provinzen auch – die Reaktion der Grundaristokratie und der Bureaukratie mit Anhängseln furchtbar tätig. Wegen der Wahlen wird kein Mittel unbenutzt gelassen. Hätte man direkte Wahlen, so könnte man all diesen Machinationen an einem Tage und in einer Versammlung ein Ende machen. Jetzt aber werden wir eine ganz abscheuliche, teils moderiert-konstitutionelle Majorität bei den schlesischen Wahlen herausbekommen.«

Der Kasematten-Wolff, der für konkrete politische Zustände und Strömungen ein wacheres Gespür hatte und ein besseres Augenmaß als die meisten seiner sozialistischen Kampfgefährten, schätzte die Entwicklung richtig ein. Während sich in den Frankfurter Gasthäusern die Abgeordneten noch nach den verschiedenen Grundrichtungen formieren – die radikaldemokratische Linke im Donnersberg und im Deutschen Hof, das liberale Zentrum mit seinem rechten Flügel im Kasino und dem linken im Württemberger Hof, die gemäßigt konservative oder katholisch-konfessionelle Rechte im Steinernen Haus und im Café Milani – sammeln sich draußen in den Staaten des Bundes die alten ständischen und monarchischen Kräfte zum Rückschlag.

Die Schwäche der Einzelstaaten und ihrer Herrscher im Frühjahr 1848 war groß, die Stunde für eine Erneuerung der staatlichen Verhältnisse günstig. Aber das Honoratiorenparlament in der Frankfurter Paulskirche ist nicht das Gremium, rasche und durchgreifende Entscheidungen zu treffen. Zunächst geht es um die Beratung der Grundrechte, die über Monate Klubsitzungen, Ausschußverhandlungen und Plenumsdiskussionen beschäftigt.

Aber noch besteht ja nebenher in Frankfurt der Bundestag, die Vertretung der Fürsten und Freien Reichsstädte! Welches Gewicht kann eine Nationalversammlung beanspruchen, wenn da neben ihr noch eine konkurrierende repräsentative »Volks«-Vertretung existiert und sie selbst keine exekutive Gewalt besitzt?!

Im Juni wird die Frage einer provisorischen Zentralgewalt aufgegriffen. Am 18. schlägt Christoph Dahlmann für die damit befaßte Kommission dem Parlament ein Dreierdirektorium vor, ernannt von den Regierungen der Einzelstaaten. Aber wo bleibt da die Volkssouveränität? Tagelang wogt die Diskussion, 157 Redner stehen auf der Liste. Am 21. spricht, sehnlich erwartet, der hessische Liberale Heinrich von Gagern, Präsident und eine der überragenden Gestalten der Nationalversammlung. »Er sprach von der Aufgabe, von dem Umfang der Gewalt, die der Zentralregierung übertragen sei, und verneinte die Frage, ob neben der gesetzgebenden Gewalt der Nationalversammlung und neben der zu schaffenden Vollziehungsgewalt die Bundesversammlung noch bestehen könne. ›Nachdem ich die Kompetenz besprochen, ist die nächste Frage die: Wer soll die Zentralgewalt schaffen? Ich tue einen kühnen Griff und sage Ihnen, wir müssen die provisorische Zentralgewalt selbst schaffen.‹«

Der *kühne Griff*, mit dem das Parlament sich souverän erklärt, löst Jubel und Zustimmung aus. Mit 403 gegen 135 Stimmen beschließt man die eigene Ernennung, mit 450 gegen 100 Stimmen das Gesetz über die provisorische Zentralgewalt.

Es schafft den Bundestag ab und überträgt einem unverantwortlichen Reichsverweser unter Verantwortlichkeit von Reichsministern die ganze vollziehende Gewalt, die Oberleitung des Heeres, die Ernennung des Reichsfeldherrn und die völkerrechtliche und handelspolitische Vertretung Deutschlands. Nur leider – all diese Institutionen mußten erst noch geschaffen und besetzt werden.

Am 29. Juni wird Erzherzog Johann von Österreich zum Reichsverweser gewählt, mit 436 Stimmen. Der Nationalversammlung ist er nicht verantwortlich, sondern nur seine Minister. Ein konstitutionelles Staatsoberhaupt also und ein monarchisches dazu; nicht Präsident einer Republik, sondern ein Kaiser in spe. Ein braver Waidmann und leutseliger Herr dazu. Heinrich Heine reimt auf »Johann ohne Land«:

> Leb wohl! Die Nachwelt wird sagen, daß ich
> Verdiente die Krone zu tragen –
> Wer weiß? Die Nachwelt wird vielleicht
> Halt gar nichts von mir sagen.

Erzherzog Johann nimmt an – »geschmeichelt und geehrt durch die auf mich gefallene Wahl zu der wichtigen Stelle eines Reichsverwesers, welcher, wie die Bundesversammlung mir angezeigt hat, die deutschen Regierungen ihren Beifall gegeben haben«!

Da liegt der Konflikt schon auf dem Tisch der Herren, die Souveränität der Nationalversammlung wird zum Brosamen. Der Reichsverweser selbst bezieht sich auf die Bestätigung durch die deutschen Fürsten und einer Bundesversammlung, die von seinen Wählern gerade abgeschafft war! Natürlich ist auch der König von Preußen von der Wahl des Österreichers nicht erbaut; seine Truppen jedenfalls läßt er nicht auf den Reichsverweser vereidigen, und Preußen geht nicht in Deutschland auf. Der König von Hannover läßt schon ankündigen, er werde es mit Ehre und Gewissen unter Umständen nicht vereinbaren können, sich den Beschlüssen der Nationalversammlung zu unterwerfen.

Unterdessen ist Erzherzog Johann vielbejubelt nach Frankfurt gekommen, hat auch ein erstes Reichsministerium gebildet, muß aber rasch wieder zurück, um in den desolaten Wiener Zuständen seinen Bruder, den debilen Kaiser von Österreich, zu vertreten.

Wie Reichsverweser Johann zieht auch der Monarch Friedrich Wilhelm IV., von der Bevölkerung gefeiert, nach Westen. Bei der Domweihe zu Köln trifft er in brüderlicher Umarmung Erzherzog Johann. Auch die Frankfurter Abgeordneten sind zum Versöhnungsfest nach Köln gefahren, zu Schiff und mit ihren Frauen. Beim Empfang im Roten Saal werden sie allerdings von der uniformierten Begleitung des Preußenkönigs in den Hintergrund gedrängt. Friedrich Wilhelm stellt seinen Helm auf einen Tisch und hält mit Tenorstimme eine markige Ansprache. Sie ist unmißverständlich, der eingeschüchterte Hohenzoller ist wieder zu Kräften gekommen.

»Meine Herren! Um recht gute Freunde zu sein, ist es notwendig, daß man sich von Angesicht zu Angesicht kennt; deshalb freut es mich wahrhaft, Sie hier gesehen zu haben. Seien Sie überzeugt, daß ich nie vergessen werde, welch ein großes Werk zu gründen Sie berufen sind, wie ich überzeugt bin« – jetzt erhob er plötzlich die Stimme und setzte in artikuliertem Ton hinzu –, »daß Sie nicht vergessen werden, daß es in Deutschland Fürsten gibt und daß ich zu diesen gehöre. Ich wünsche Ihnen zu Ihrem schwierigen und großen Beruf allen Segen und alles Gedeihen aus ganzem Herzen.«

Der Abgeordnete Wilhelm Wichmann, noch beklommen unter dem Eindruck von Kanonendonner und protzenden Uniformen, Volkesjubel für die Monarchen und Lebehochs und Hurras, schätzt die Situation richtig ein: »Die uniformierten Militärs und Beamten begrüßten jene Worte als den Ausdruck der wieder zum Selbstbewußtsein gekommenen königlichen Autorität und Macht, die Mitglieder des Parlaments erkannten sie als eine Mahnung und Warnung gegen die angemaßte Souveränität, als eine Verurteilung des *kühnen Griffs*, als einen Protest gegen das *einzig und allein* des Vorparlaments.«

Die Blütezeit der deutschen Revolution ging zur Neige, das Blatt wendete sich schon. Das war am 13./14. August 1848 in Köln.

Vom 5. bis 11. August wurde vor dem Schwurgericht zu Köln gegen Ferdinand Lassalle wegen Verleitung zum Diebstahl einer Kassette verhandelt.

Seit Februar 1848 sitzt Lassalle im Kölner Klingelpütz. Natürlich ist die Vorstellung reizvoll, wie er, der sich schon als Zaungast in die Beratungen des Vereinigten Landtages zu Berlin einzuschmuggeln versucht hatte, sich in die Turbulenzen um die Frankfurter Paulskirche gestürzt haben würde. Aber die Überlegung ist nicht nur müßig, sie ist auch verfehlt. Lassalle ist kein Hans Dampf, der sich auf jedes Aktionsfeld begibt, wenn er darauf nur recht leuchtend zur Geltung kommt. Er verfolgt seine Ziele mit seinen Mitteln. Auf dem Landtag hoffte er, etwas gegen den Grafen Hatzfeldt ausrichten zu können. Doch wozu hätte die Versammlung in der Paulskirche getaugt, was hätte er vor diesem Forum erreichen können? Lassalles besondere Sache war die Hatzfeldt-Sache, und er war durchdrungen von der Überzeugung, darin das Allgemeine deutlich machen zu können. Ein öffentlicher Prozeß wegen Anleitung zum Kassettendiebstahl bot die ideale Gelegenheit, das gravierende politische Element der zu privaten Händen heruntergespielten Auseinandersetzungen publik zu machen und die Verkommenheit der Verhältnisse und des Rechtszustandes anzuklagen.

Diese Gelegenheit nimmt Lassalle wahr. Er ist sogar begierig darauf und entzückt. Denn die Anklage ist ja grotesk und juristisch außerordentlich fragwürdig. Oppenheim, der die Kassette genommen hat, ist freigesprochen worden. Mendelssohn, der das Corpus delicti verbarg, wurde verurteilt. Und nun wird Lassalle beschuldigt, weil er *Mendelssohn* (!) beauftragt habe, den Leibrentenvertrag für die Baronin Meyendorff zu verschaffen! Die ganzen Verfahren und – wie Lassalle vermutet – schon Mendelssohns fadenscheinige Verurteilung sind nur veranstaltet worden, um Lassalle vor den Kadi zu bringen und seinen Ruf zu zerstören. Ist der Generalbevollmächtigte erst einmal als Dieb gebrandmarkt, dann wird die Front der Gräfin moralisch unhaltbar. Aber getroffen werden soll der unbequeme, Skandale provozierende Lassalle. Dafür hat Graf Edmund auch den stillen Beistand von Polizei und »Öffentlichem Ministerium«, der Anklagebehörde, gewonnen, die seinen bestochenen Zeugen trotz aller offenkundigen Widersprüche willig Gehör schenken und ein zweifelhaftes Verfahren eröffnen.

Lassalle macht sich sofort daran, die juristische Unhaltbarkeit des Vorwurfs zu enthüllen und das Ganze als Tendenzprozeß anzuprangern. Noch in der Haft verfaßt er eine Broschüre, in der er die Anklage und sein Memoire zum Tatsachenbestand veröffentlicht, das vom Appellationsgericht abgelehnt worden war. Er geht in die Offensive: »Die Anklage einer ›moralischen Mitschuld‹, einer ›intelligibeln Urheberschaft‹ ist bisher unerhört gewesen in Deutschland. Gesinnungen, Tendenzen, Gedanken strafrechtlich zu verfolgen, widerstrebt den ersten Grundsätzen des Strafrechts, der Gesittung, der Freiheit.«

Derartiges, argumentiert er, hat es nur in Frankreich zur Zeit der Schreckensherrschaft und Héberts gegeben – und jetzt in Deutschland, ausgerechnet zur Zeit der heftigsten politischen Krise! Das Recht der Gesinnung muß frei bleiben, und deshalb ist dies ein politischer Prozeß, bei dem man nur einen Privatfall einschmuggelt, um seinen politisch-reaktionären Charakter zu verdecken. »Die Anklage der moralischen Mitschuld war seit je ein politisches Mordinstrument, taugt nur zu einem solchen. Sie wurde stets nur da angewandt, wenn eine herrschende Partei die entgegenstrebende Partei proskribieren, massakrieren wollte, ohne in den Handlungen derselben einen Rechtsgrund hierfür zu haben.«

Lassalle könnte es einfacher haben. Er könnte sich streng an den Anklagepunkt halten: Mendelssohn zum Diebstahl verleitet und ihm Anweisungen gegeben zu haben. Das ließe sich leicht widerlegen und zerpflücken, denn der einzige Zeuge der Anklage dafür taugt nicht viel. Vater und Anwälte raten ihm denn auch zur Zurückhaltung – weise Ratschläge, die Lassalle noch im Gefängnis zu temperamentvoller Entladung bringen. »Geht, geht, handelt und wandelt, verkauft Pfefferkuchen und dreht Düten, werdet Stadträte und was Ihr wollt, das versteht Ihr vortrefflich, aber wollt nicht mir armen Menschen, der ohnehin fast unterliegt unter der Zahl seiner Feinde und nur mühsam sich durchschlägt, wollt nicht mir den Sieg unmöglich machen, indem Ihr mit Eurer Liebe und Eurem Unverstand mir die Hände haltet, die ich doch frei brauche, und das Schwert zu schwingen und meinen Feinden zu entgehen! Gott schütze mich vor meinen Freunden.

Ich soll nicht so frech sein! So frech! Herr und Heiland! Wie frech? Wie ich sonst bin. Ich bin nie frech. Ich verabscheue die Frechheit, denn sie ist gemein. Aber den edeln Stolz liebe ich.

Diesen soll ich ablegen? Soll kleinmütig auf der Bank stehen, soll nicht mit dem Blitze des Selbstbewußtseins auftreten? Mein Untergang wäre dann gewiß.«

Nein, Lassalle ist stolz entschlossen, die ganze Hatzfeldt-Sache in den Prozeß hineinzuziehen und mit dem Grafen auch die Beamten und Behörden »vor dem ganzen Volk« anzuklagen, man kann auch sagen: die Klassenjustiz zu enthüllen. Zum anderen geht es ihm um seine eigene Rehabilitierung; in einem großangelegten Kriminalprozeß gegen die Verleumdungen und Lügen anzutreten, die gegen ihn und »die wahre Natur meiner Schilderhebung für die Gräfin« in die Welt gesetzt worden sind. Denn in diesem Prozeß haben Geschworene zu urteilen, und das ist seine Chance sowohl wie seine Schwäche, wo es um Vorurteile gegen seine Person geht.

Die Anklage unterstellt ihm höchst eigennützige Motive. Einmal natürlich ein Liebesverhältnis mit der Gräfin. Zum anderen aber auch materielles Gewinnstreben: Er wolle sich durch sie bereichern und habe zuvor »immer in sehr beschränkten Verhältnissen gelebt«.

Lassalle bereitet den Prozeß sorgfältig vor. Das ist hinter Gefängnisgittern nicht gerade leicht, aber die Haft scheint seine Aktivitäten und Ideen abermals zu beflügeln. Dabei gibt es auch wieder finanzielle Probleme. Gräfin Sophie hat Schwierigkeiten, die nach der augenblicklichen Regelung ihr zustehenden 8000 Taler Rente vom Grafen Hatzfeldt einzutreiben, und wird von seinen Spitzeln und Agenten belagert. Der Graf hat dafür einen eigenen Chefagenten beauftragt, einen verkrachten Möbelhändler namens Franz August von Stockum, der später als Gewerbegerichtspräsident in Düsseldorf amtiert; Lassalle nennt ihn den »Hauptmann einer organisierten Zeugenbestecherbande«. Die Gräfin findet allerdings Beistand bei Karl Marx, der nach Köln zurückgekehrt ist und die Standhaftigkeit dieser Frau aufrichtig bewundert. Er ist ihr auch finanziell behilflich. Sie kann aber ihrem Generalbevollmächtigten nicht mit Geldmitteln beispringen, der sich deshalb wieder an den Vater wendet – obschon Heyman ohnedies über die hohen Ausgaben klagt. Lassalle verzichtet heldenhaft auf Wein und Filets, wenn ihm nur seine Zigarren bleiben. Man wird ihm übrigens im Prozeß vorwerfen, daß er vom Gefängniswärter Zigarren und Rinderbraten verlangt hat, und dies als Bestechung auslegen!

Heyman wird auch beauftragt – »Du weißt am besten, was ich ausgegeben habe!« –, Beweise über des Sohnes finanzielle Verhältnisse zusammenzutragen – während der Berliner Zeit, dazu notarielle Auszüge aus dem Hôtel de Brandebourg und dem British Hotel in Paris, »denn ich kneipte gleichzeitig in beiden«. Auch soll er dafür Sorge tragen, daß Ferdinand während der Verhandlung im Appellhof essen kann – »ein gutes, aber einfaches Mittagbrodt, eine Flasche guten Bordeaux, eine Tasse schwarzen Caffee und eine gute Cigarre (die dicken, von denen Du mir immer schickst), und es wird Alles ganz vortrefflich gehen«.

Lassalle ist so zuversichtlich, weil er die Liste der Geschworenen und der Zeugen genau durchgeforstet hat und vor allem Material und Materie besser kennt und beherrscht als irgendein anderer Prozeßbeteiligter.

Am 5. August wird das Verfahren eröffnet. Partei sind alle. Die Geschworenen wurden von Oppenheim und Vater Lassalle bearbeitet und vom Gericht zum Schluß noch einmal teilweise ausgetauscht. In einer Woche werden 44 Zeugen angehört – zum Teil zu völlig unsinnigen und entlegenen Details. Falschaussagen türmen sich zuhauf, sind bei 14 Belastungszeugen offenkundig, selbst der Vorsitzende muß das feststellen. Im Gerichtssaal herrscht mächtig Stimmung. Die Agenten des Grafen und die Berichterstattung der *Kölnischen Zeitung* schüren gegen Lassalle. Die *Neue Rheinische Zeitung* und der Angeklagte Lassalle selbst mit seiner brillanten und aggressiven Rhetorik und stupenden Sachkenntnis, die Zeugen, Ankläger und Richter in Verlegenheit bringen, heizen die Atmosphäre an, finden lauten Beifall des Publikums.

Keine Frage, es ist allen klar, daß es hier um einen politischen Prozeß geht. Aber der Richter von Ammon und der Ankläger Nicolovius erklären dazwischen laufend, welch mieser Charakter und abgründige Schlechtigkeit dem Angeklagten zu eigen sei. Wird es, kann es Lassalle gelingen, diesen Eindruck persönlichen Makels bei den Geschworenen mit seiner intellektuellen Argumentation und Eloquenz zu löschen?

Am 11. August hält Lassalle sein Plädoyer, die »Kassettenrede«, fünf Stunden lang, ein Meisterwerk akribischer Gerichtsrhetorik. Er nimmt alle Aussagen und Behauptungen auf, selbst die falschen Hypothesen, und zerpflückt sie scharfsinnig selbst für den angenommenen Fall, daß sie richtig wären. Die Verteidigung ist 80 Seiten lang. Man muß ein Archiv im Kopf haben, ihr zu folgen; geschweige denn, sie auszubreiten. Auf drei Punkte konzentriert sich Lassalle, auf sie kommt er immer wieder zurück: das Vergehen, den Zeugen, das Motiv.

Er solle Mendelssohn den Auftrag gegeben haben, sich die Papiere zu verschaffen – aber was ist das für ein Verbrechen?

Wenn er nun zum Ankläger gegangen wäre nach der Abreise Mendelssohns aus Aachen und hätte gesagt: »Herr Staatsprokurator, ich habe soeben unter Beifügung von Geschenken Mendelssohn den Auftrag erteilt, der Meyendorff nachzureisen und sich auf jede Weise den vermuteten Vertrag oder die Kassette zu verschaffen. Habe ich damit ein Verbrechen begangen? Und wenn dies der Fall ist, welches Verbrechen habe ich damit begangen?«

Nach der Logik der Anklage hätte der Prokurator dann antworten müssen: »Ein Verbrechen haben Sie begangen. Welches aber – das läßt sich noch nicht sagen. Warten Sie nun einmal ab. Was Mendelssohn gefallen wird, zu tun, das wird Ihr Verbrechen sein. Stiehlt er den Gegenstand, so sind Sie ein Dieb. Bemächtigt er sich desselben durch Raubanfall oder Brandstiftung, so sind Sie ein Räuber oder Brandstifter.«

Was ist das für ein Verbrechen, wo nur eine Komplizität der Gesinnung besteht?! Und was ist das für eine Anklage: Mendelssohn wurde verurteilt, weil er eine Kassette mit Geld und Schmuck gestohlen habe. Er, Lassalle, solle ihm aber den Auftrag gegeben haben, Papiere zu beschaffen – und das ist ein anderes Delikt und ein anderer Auftrag, diese Handlung blieb unausgeführt.

Diese Argumentation Lassalles ist juristisch nicht zu widerlegen. Das Gesetz stellt nur den unter Strafe, der zu einer *bestimmten* Tat verleitet – und diese Definition kann hier keine Anwendung finden.

Das nächste ist der einzig verbliebene Belastungszeuge, Lassalles einstiger Diener Wilhelm oder Franz Hoppe. Von ihm stammt die Beschuldigung, er will den Auftrag Lassalles an Mendelssohn gehört haben. Lassalle weist nach, daß Hoppe von Beauftragten Hatzfeldts gedungen war. Für 1000 oder 2000 Taler war er nicht käuflich, aber für eine Bierwirtschaft in Berlin ließ er sich bestechen. Hoppe verließ Lassalles Dienste Mitte März 1847, erst danach erfand er die Anschuldigungen, verwickelte sich dabei noch in Widersprüche, selbst von Vernehmung zu Vernehmung veränderten sich die Aussagen bis zu einer Denunziation, er habe mit vergifteten Zigarren, Tränken oder der Pistole den Grafen töten wollen. Das ist alles so abstrus, wie Lassalle es vorbringt und belegt. Außerdem gibt es zwei Zeugen für die Abwegigkeit der Behauptungen, gegen den obskuren Kneipenbesitzer und Ex-Diener: den Grafen von Westphalen und den jungen Grafen Paul von Hatzfeldt.

Der dritte Punkt ist fraglos der heikelste. Lassalle muß deutlich machen, weshalb er sich für die Gräfin Hatzfeldt in die Schanze schlug – er begrüßt die Gelegenheit »wie ein Glück«. Schildert seine unabhängige und ehrenvolle Situation zuvor, breitet dann das schmachvolle Leben der Gräfin aus, wie sie von ihrem Gemahl mißhandelt und der Familie im Stich gelassen wurde. »Wo alle Menschenrechte beleidigt werden, wo selbst die Stimme des Blutes schweigt und der hilflose Mensch verlassen wird von seinen gebornen Beschützern – da erhebt sich mit Recht der erste und letzte Verwandte des Menschen, der Mensch!«

Soweit das Pathos. Jetzt kommt das politische Kalkül.

»Wer, meine Herren, ist heute im Jahr der Gnade 1848 nicht entrüstet, wo er die Menschenrechte, sei es von Regierungen, sei's von einzelnen Despoten mißhandelt und beleidigt sieht? Nun wohl, ich erlaubte mir schon im Jahre 1846 darüber entrüstet zu sein.

Auch mein Blick, meine Herren, war seit je vorzugsweise auf die allgemeinen Fragen und Angelegenheiten gerichtet, und ich hätte vielleicht angestanden, zur Besserung eines bloß individuellen Mißgeschickes meine ganze Tätigkeit zu verwenden, meine ganze Laufbahn wenigstens auf Jahre zu unterbrechen. Obschon es herzzerreißend ist für einen Menschen von Herz, einen anderen Menschen, den er für gut und edel hält, hilflos untergehen zu sehen mitten in der Zivilisation der *Gewalt* gegenüber! Aber ich sah in dieser Angelegenheit auch allgemeine Standpunkte und Prinzipien verkörpert. Ich sagte mir, daß die Gräfin ein Opfer ihres Standes sei, ich sagte mir, daß man nur in der übermütigen Stellung eines Fürsten und Millionärs solche Untaten, solche Beleidigung der Gesellschaft in ihrer sittlichen Tiefe ohne Scheu wage und wagen dürfe.

Ich sagte mir endlich, daß zwar in allen Klassen und Ständen der Gesellschaft Frevel verübt werden, daß aber, wenn diese

Frau das Glück gehabt hätte, dem Kreise des Bürgers, des Handwerkers, des Bauern anzugehören, sich schon lange, lange ein Bruder, ein Verwandter, ein Freund gefunden hätte, der jenen Mißhandlungen ein Ziel gesetzt und schützend seine Hände über eine hilflose Frau ausgestreckt haben würde. Ich sagte mir, daß eine solche 20jährige Flut aller erdenklicher Menschen empörenden Unbill, ohne einen Damm zu finden, nur ergossen werden konnte in jenen höchsten geburtsstolzen Sphären der Gesellschaft, wo mit wenigen Ausnahmen das Herz eingefroren ist unter dem Eise des Ranges, das Gefühl ausgestorben unter der Gewohnheit der Willkür, und der Appel an die unantastbaren Rechte des Menschen kein Echo findet!«

Lassalle appelliert an die Vorurteile der Geschworenen und des Publikums wider die Herren von Stand, ihre erbärmliche Moral und ihre herzlose Hoffart. Das schmutzige Treiben Hatzfeldts war – nicht zuletzt dank der Agitation Lassalles – durch alle Gazetten gezogen worden. Aber auch Lassalle hat davon etwas abbekommen; wie will er sich dagegen wehren?

»Wenn ich mich aber meiner Handlungsweise nicht als einer besonders verdienstlichen rühme, so darf ich doch keineswegs dulden, daß mir ihre Motive, daß mir die Reinheit meines Entschlusses entstellt werde.

Sie wissen, wie sehr dies geschehen ist. Um jeden Preis hat man mir eigennützige Motive unterlegen, die Quelle meiner Parteinahme für die Gräfin verdächtigen und in den Kot des Alltagslebens herunterziehen wollen.

Zuerst beschuldigte man mich, in einem verbotenen Verhältnis, in einem Liebesverhältnis zur Gräfin zu stehen. Das war eine doppelt kluge Taktik meiner Gegner. Auf diese Weise diskreditierten sie mich und meine Teilnahme für die Sache und warfen zugleich einen neuen unverdienten Flecken auf die Gräfin. Nichts wurde bereitwilliger und allgemeiner geglaubt als die Beschuldigung eines verbotenen Verhältnisses.

Was sollte ich dagegen tun? Protestieren wäre lächerlich gewesen. Im Laufe dieser Prozedur haben Ihnen Männer, die mit uns zusammen lebten, zusammen wohnten, Männer, deren Namen den achtungswertesten Klang unter Ihnen findet, eine andere Überzeugung von meinem Verhältnis zur Gräfin ausgesprochen, Ihnen gesagt, wie fern von jeder sinnlichen Beziehung dasselbe sei . . .

Und dennoch, ich wiederhole es, meine Herren, welchen bereitwilligen Glauben haben diese Insinuationen nicht gefunden! Denn die heutige Welt, weil selbst vom Eigennutz durchfressen, entschließt sich nun einmal nicht, an die Uneigennützigkeit, an die Begeisterung zu glauben! Sie glaubt nur an den Egoismus, und wo sie keinen materiellen Eigennutz annehmen kann, da schließt sie auf einen Eigennutz in feinerer, in ideellerer Gestalt, auf den Egoismus der Leidenschaft.«

Anschließend geht Lassalle gegen den Vorwurf vor, sich an der Gräfin bereichern zu wollen: Wie hart der Kampf um ihre spärliche Rente von 8000 Talern sei und wie die kostspieligen Prozesse an 36 Tribunalen fast alles verschlingen. Und dann rollt er die ganze Chronologie der Hatzfeldt-Geschichte auf, nimmt Aussagen und Zeugen Wort für Wort auseinander, fünf Stunden lang. Er macht das Forum zum Tribunal des Grafen.

In den letzten drei Minuten zieht Lassalle noch einen giftigen Pfeil aus dem Köcher. Er legt dar, daß die ganze Verfolgung gegen ihn nur auf Berliner Befehl geschieht! Der Berliner Staatsanwalt hat die Untersuchung niedergeschlagen, weil die einzige Belastungsaussage Hoppes keinen glaubhaften Beweis darstellt. Aber der Herr Polizeipräsident von Puttkammer leitete die Denunziation an den Herrn Minister des Innern von Bodelschwingh weiter, der schickte sie an den Herrn Regierungspräsidenten von Raumer in Köln und der an den Oberprokurator, weil er es »nicht unterlassen könne«.

»Meine Herren, ich hätte Ihnen noch vieles zu sagen, viel hinzuzufügen. Aber seit acht Tagen stehe ich auf der Anklagtenbank... meine Kräfte brechen... ich kann nicht mehr! –«

Lassalle hat es geschafft. Niemand im Saale kann mehr an der politischen Natur des Verfahrens und der Schuld des Grafen Hatzfeldt zweifeln. Aber langt das, *Lassalle* freizusprechen?

Der Spruch der Geschworenen ist von salomonischer Weisheit: Gewiß hat der Angeklagte dem Dr. Mendelssohn zu dem *in der Frage enthaltenen* Diebstahl Anleitung gegeben – aber nicht ihn durch Geschenke verleitet oder mit Mitteln zur Ausführung versehen. Für dieses Verhalten gibt es keinen Strafparagraphen. Der Assisenhof muß Lassalle freisprechen. Lassalle hat seinen Triumph. Er hat das Verfahren nach seinem Willen gestaltet, Richter und Ankläger und Zeugen und

Beweise mit überlegener Kenntnis und Redekunst an die Wand gespielt, Geschworene, Publikum und die demokratische Öffentlichkeit für sich gewonnen. Aus einem gehässigen Verfahren mit zweifelhafter Rechtsgrundlage hat er einen großen Prozeß gemacht, einen politischen Prozeß. Wer kennt schon den Schriftsteller Karl Marx, der gerade in Köln an einer Zeitung arbeitet – den Lassalle kennt man jetzt im Rheinland! Er hat in seinem ersten großen Auftritt vor Gericht und vor der Öffentlichkeit als leidenschaftlich engagierte und den schmachvollen Verhältnissen trotzende Persönlichkeit glänzend bestanden – und empfindet sich mit Recht als Triumphator, bei aller Selbstbegeisterung mit Recht.

»Die ganze Stadt, die Bevölkerung der ganzen Provinz schwamm in Strömen der Begeisterung! Das Volk hatte das Antlitz eines Mannes gesehen. Es hatte mich verstanden. Aber nicht es allein, alle Klassen, das ganze Bürgertum, waren in einem Rausch der Bewunderung.

Als wir in Düsseldorf ankamen, hätte uns die Bevölkerung dieser Stadt mit ihren Beifallsbezeugungen noch betäubt. Sie spannte uns, der Gräfin und mir, die Pferde aus, um uns mit eigenem Körper zu ziehen. Das kam daher, daß das Volk, obwohl der Prozeß nicht im eigentlichen Sinn politisch war, verstanden hatte, daß es im tiefsten Sinn dieses Wortes ein politischer Prozeß war, daß es eine Insurrektion gegen die Unterdrückung war.

Nicht nur wurde ich freigesprochen, sondern ich hatte auch einen furchtbaren Schlag ausgeteilt. Jener Tag gab mir in der ganzen Provinz den Ruf eines Redners ohnegleichen und eines Mannes von beispielloser Energie, und die Zeitungen machten sich daran, diesen Ruhm in der ganzen Monarchie zu verbreiten. Sie gaben mir den Namen eines Mannes, der für sich allein eine ganze Welt angreift. Seit jenem Tag erkannte die demokratische Partei in der Rheinprovinz mich durch einen ihrer ersten Führer laut an.«

Widerstand ist Bürgerpflicht

In der demokratischen Bewegung der Rheinlande spielt Düsseldorf, Garnison und Kunststadt mit vielen Beamten und 40 000 Einwohnern, eine hervorragende und vor allem standhafte Rolle. Eine größere als Elberfeld, die Heimat Engels', der dort mit roter Schärpe spontane Aktionen der Arbeiter zu dirigieren suchte. Eine bedeutendere als Köln, wo Marx sich als Chefredakteur der *Neuen Rheinischen Zeitung* – seit dem 1. Juni 1848 – durchgesetzt hatte und nach dem Pakt mit dem liberalen Großbürgertum schielte. In Düsseldorf ist es das liberale Bürgertum selbst, das demokratische Aktionen organisiert.

Mit Begeisterung war der Beschluß der Frankfurter Nationalversammlung aufgenommen worden, die preußischen Truppen mit Treueid auf den Reichsverweser zu verpflichten. Das geplante Dankfest wurde zur Protestdemonstration gegen Friedrich Wilhelm IV., als er diese Vereidigung seines Heeres verweigerte. Der Kaufmann Lorenz Cantador, Chef der Düsseldorfer Bürgerwehr, veröffentlichte am 7. August eine Anerkennungsadresse an die Bürger der Stadt, weil sie sich so begeistert und eindeutig auf die Seite von Einheit und Freiheit geschlagen.

Acht Tage später spannen die begeisterten Bürger Lassalle bei seinem Einzug in Düsseldorf die Pferde aus und schleppen den Triumphwagen selbst zum Wohnsitz der Gräfin. Drei Tage darauf, am 16. August, hat der König selbst seinen Besuch angesagt. Man bereitet ihm unwillig einen lauen Empfang, es kommt zu johlenden Demonstrationen, es wird auch mit Kot geworfen.

Man – die Polizei – hat sofort Lassalle in Verdacht, im Hintergrund solcher »Insulte« zu stehen. Doch solch plebejische Rinnsteinaktionen sind nicht seine Sache, man kann seiner empörten Distanzierung getrost Glauben schenken. Andererseits kennzeichnet das Gemunkel, welche Wirkungen man dem gerade aus der Haft Entlassenen zutraute – und welche Mittel. Ersteres mit Recht.

Lassalle tritt gleich dem »Demokratischen Volksklub« bei, dem entscheidenden vorwärtsdrängenden Gremium dieses bewegten Jahres in Düsseldorf, und wird rasch zu seinem führenden Kopf. Er wird auch in die Bürgerwehr aufgenommen, nachdem sich deren brave Kommandanten überzeugen lassen mußten, daß er trotz der Aberkennung bürgerlicher Ehrenrechte in einem Presseurteil aus der Hatzfeldt-Geschichte nicht als bescholten anzusehen sei – die März-Amnestie hatte ihn von diesem »Makel« befreit.

Er nimmt persönliche Beziehungen zu der Kölner Gruppe um die *Neue Rheinische Zeitung* auf – Mitarbeiter, Informant und Konfident ist er ja schon seit längerem.

Im »Bund der Kommunisten« lehnt man ihn aus recht kleinlichen Vermutungen, Vorurteilen und Mißtrauen ab, doch scheint er die Aufnahme auch nicht ernstlich betrieben zu haben. Zur »Partei« der *Neuen Rheinischen Zeitung* gehört er so gut wie irgendeiner. Mit Karl Marx steht er schnell auf du, das Verhältnis zu Friedrich Engels ist distanzierter. Ferdinand Freiligrath ist aus dem Exil von London nach Düsseldorf zurückgekehrt und gehört gleichfalls der Bürgerwehr an. Die *Neue Rheinische* veröffentlicht sein Gedicht »Die Toten an die Lebenden«, dafür wird er arretiert. An der Protestversammlung, die deshalb am 29. August in Köln stattfindet, nimmt auch Lassalle teil.

Zum 11. September organisieren die Düsseldorfer eine große Demonstration bei Neuß, um gegen den Waffenstillstand von Malmö zu protestieren, mit dem Friedrich Wilhelm IV. gegen den Willen der Nationalversammlung den preußisch-dänischen Krieg beendet und Schleswig preisgibt, Reparationen an Schweden leistet. Auf einer Wiese versammeln sich 10 000 Menschen, auch aus Krefeld, Köln, Viersen und Gladbach. Unter den Rednern sind Lassalle und Heinrich Bürgers aus der Redaktion der *Neuen Rheinischen*, den Lassalle als Hauslehrer für den jungen Paul von Hatzfeldt engagiert hat und verborgen hält, weil er von einem Haftbefehl bedroht ist.

Die nächste Aktion geht direkt von der *Neuen Rheinischen Zeitung* aus. Gemeinsam mit dem »Arbeiterverein« und der »Demokratischen Gesellschaft« ruft sie zu einer Volksversammlung auf dem Frankenplatz in Köln am 13. September. Dort wird durch Akklamation und Mützenheben ein »Sicherheitsausschuß« gewählt, in dem neben Ernst Dronke und Karl Schapper, Marx und Engels auch der inhaftierte Präsident des Kölner Arbeitervereins, Andreas Gottschalk, und der Vereinssekretär, Friedrich Anneke, sitzen sollen. Das war nun ein Komitee von lauter entschiedenen Linken, in dem die Vertreter der breiten bürgerlichen demokratischen Front fehlten, die im Sicherheitsausschuß der Nachbarstadt Düsseldorf den Ton angaben.

Vier Tage später, am 17. September, findet auf einer Rheinwiese bei Worringen eine neue Massenveranstaltung statt,

10 000 Menschen, auch Arbeiter und Bauern. Der Sicherheitsausschuß präsidiert, von der Tribüne weht ein rotes Banner, Lassalle ist mit den Düsseldorfern erschienen, neben Marx ist er einer der Hauptredner. Die Nationalversammlung hat tags zuvor unter preußischem Druck den Waffenstillstand von Malmö akzeptiert, um den Bruch mit Berlin zu vermeiden. Mit der Frankfurter »Schwatzbude« ist offensichtlich nichts mehr anzufangen, sie gibt klein bei – in Worringen erschallen neue Töne, die so deutlich bisher auch in der *Neuen Rheinischen* nicht auszumachen waren. Die Versammlung erklärt sich für »die demokratisch-soziale, für die rote Republik«! Unter den Bauern der Umgebung redet man von Landverteilung – fünf Hektar für jeden.

Aber Worringen ist nicht einzigartig. Schon Tage zuvor ist auf einer Volksversammlung in Thüringen die »rote Republik« gefordert worden. Am selben Tag findet in Frankfurt auf der Pfingstheide eine Kundgebung statt, auf der Abgeordnete die Menge auffordern, die Nationalversammlung zu sprengen, die Zentralgewalt aufzuheben und die Republik zu proklamieren. Die Konfrontation von Fortschritt und Reaktion erreicht ihren kritischen Punkt. Die radikalen Demokraten verlassen die Fraktionssäle und gehen auf die Straße, die alten Mächte formieren die Truppen. Es ist nur eine Frage von Tagen, daß sie sich wieder an den Barrikaden begegnen.

Am 18. September brechen in den Frankfurter Gassen die Tumulte los, vor den Stadtmauern werden der General von Auerswald und Fürst Lichnowsky gejagt und niedergemetzelt, Belagerungszustand, preußisches und hessisches Militär stellt die Ordnung her, die Nationalversammlung versinkt in hilflose Selbstbescheidung. In Lörrach proklamiert Gustav von Struve die deutsche Republik, die Verkündung des Standrechts in Baden ist die Antwort. Der Preußenkönig erfindet einen neuen Titel – macht General Wrangel zum Befehlshaber der Marken; ernennt wieder ein neues Ministerium – das des Generals Pfuel. In Wien bricht am 6. Oktober der dritte Aufstand aus, Kaiser Ferdinand flieht nach Olmütz, die Akademische Legion stellt sich dem Reichstag zur Verfügung, General von Jelacic rückt zum Entsatz auf die österreichische Hauptstadt, die Frankfurter Linke entsendet eine Deputation mit Robert Blum nach Wien, Fürst Windisch-Grätz erhält in der zwielichtigen Taktiererei des Kaisers alle Vollmacht, die

Frankfurter Reichskommissare Welcker und Mosle werden von ihm als Rebellen abgetan, Wien wird von den kaiserlichen Truppen in blutigem Straßenkampf genommen. Fürst Schwarzenberg sorgt für die Verurteilung Blums durch ein Kriegsgericht, am 9. November wird Robert Blum, am 16. der Kommandant der Wiener Nationalgarde Cäsar Wenzel Messenhauer im Stadtgraben nächst dem Neuen Tor standrechtlich erschossen. Hinrichtungen, Todesfeiern, die Demokraten in der deutschen und der preußischen Nationalversammlung bemüht und ohnmächtig und ohne Verhältnis zur rebellierenden Basis, die *Reaktion* auf dem Marsch, die *Fürsten* in neu erwachtem Sendungsbewußtsein. Ein tolles Jahr, dieses 1848, werden sie sagen – ein Jahr verzweifelter Bemühungen, Opfer, Toter.

Auch Düsseldorf ist ein solcher Brennpunkt hartnäckigen Widerstandes. Aber es geht dort unheimlich legal und unblutig zu, obschon die Prozesse gegen Ferdinand Freiligrath und Julius Wulff Zündstoff genug liefern. Nicht die Polizei – Bürgerwehr und Volksklub sorgen hier für die öffentliche Ruhe und Sicherheit, auch während der Verhandlungen. Die Versammlungen des Volksklubs, dessen Präsident Wulff ist, werden gut und sogar von Soldaten besucht, die rheinische Regierung ist für das Bemühen der demokratischen Gremien dankbar und kooperativ.

Nicht nur von ihr, sondern von den Spitzeln des Grafen Hatzfeldt werden die Hausdurchsuchungsbefehle veranlaßt, die sich gegen Gräfin Sophie richten und der Auffindung des gesuchten Heinrich Bürgers dienen sollen. Doch ihr Haus ist durch ständig anwesende Gruppen empörungswilliger Leute aus dem Volk so gut beschützt, daß die Gendarmen lieber unverrichteterdinge wieder abziehen. Bürgers ist in guter Obhut – nicht nur Lassalle, sondern auch die Gräfin und ihr Sohn Paul tauchen auf allen Volksversammlungen dieser Monate auf und überzeugen mit ihrer Solidarität. Man weiß, wo man Zuflucht finden kann. Im Notfall versteht es die Gräfin vorzüglich mit dem neuen Habeas-Corpus-Gesetz zu argumentieren, das die Unverletzlichkeit der Person und der Wohnung garantiert.

Tatsächlich war die Stellung des Demokratischen Volksklubs in Düsseldorf so stark, daß er auch soziale Aufgaben in steuerähnlicher Manier übernehmen konnte – ein Novum politischer Praxis. Die Stadtverwaltung hatte Tagelöhner aus Finanzmangel entlassen müssen, die Arbeitslosen demonstrierten, gewiß mit Zulauf und Unterstützung anderer Notleidender, natürlich unter den Farben Schwarz-Rot-Gold – nicht Rot allein. Der Volksklub legte dafür den Bürgern eine Art Zwangsanleihe auf, die als Spende deklariert und von der bürgerlichen Öffentlichkeit unterstützt wird. Kleine Ursachen, vielleicht große Wirkungen: Solche Maßnahmen trugen sicher dazu bei, daß sich auf den Straßen kein notleidender Pöbel zusammenrottete, der sein nacktes Elend als politisches Übel anbot und sich für Tumulte mißbrauchen ließ. Das war andernorts gewiß verständlich: Hier aber entstand ganz konkret soziale Hoffnung im Angebot praktischer Lösungen durch politische Veränderungen. Der Demokratische Volksklub, nicht eine Regierungsinstanz, schien die Führung zu übernehmen.

Wie unbegründet und aussichtslos solche Erwartungen waren, enthüllte sich bald.

Am 9. November beruft Friedrich Wilhelm IV. schon wieder ein neues Kabinett, das endlich die Souveränität seiner Krone und das Ansehen seiner Regierung wiederherstellen, die Nationalversammlung in Schranken weisen und Berlin militärisch besetzen soll. Zum Ministerpräsidenten ausersehen ist der Favorit der Ultrakonservativen, General Friedrich Wilhelm von Brandenburg, ein unehelicher Sohn Friedrich Wilhelms II. Die alten feudalen Regeln funktionieren wieder. Es folgt ein erbärmliches, martialisches Possenspiel nackter Gewaltanwendung.

Das Ministerium Brandenburg/Manteuffel marschiert in die Nationalversammlung und läßt die Kabinettsorder seiner Ernennung verlesen. Die Abgeordneten schäumen vor Empörung, der alte Brandenburg findet die Kerle gar zu amüsant, zieht sich zurück, verlegt die nächste Sitzung in 14 Tagen nach Brandenburg, während die Versammlung im Schauspielhaus unter dem Schutz der Bürgerwehr ihre Sitzungen fortzusetzen beschließt.

Dann marschiert General Wrangel in Berlin ein, scheucht die Bürgerwehr davon und die Nationalversammlung im Schauspielhaus auseinander. Über Berlin wird der Belagerungszustand verhängt. Sämtliche freien Blätter werden verboten. Das geht alles ganz undramatisch, gemütlich vor sich – Stoff für

Anekdoten. Doch es war bitterer Ernst und hatte ernste Folgen, wurde zum Auftakt neuer Unruhen.

Die widerrechtlich nach Brandenburg vertagte preußische Nationalversammlung beschließt am 15. November in Berlin, »daß das Ministerium Brandenburg nicht berechtigt sei, über Staatsgelder zu verfügen und Steuern zu erheben, so lange die National-Versammlung nicht ungestört in Berlin ihre Berathungen fortzusetzen vermag«. Der rheinische Kreisausschuß fordert daraufhin auf, die Steuern zu verweigern, den Landsturm zu organisieren und Sicherheitsausschüsse zu bilden.

In Düsseldorf hat man schon auf den Eingriff Brandenburgs in die Verhandlungen der Nationalversammlung entschlossen reagiert. Die Krone, so ist die Auffassung, hat ihre Versprechen gegenüber dem Volk gebrochen und ist eigenmächtig vorgegangen. Es ist Bürgerpflicht, der Versammlung zu Hilfe zu eilen – bewaffnet. Nach dem Treubruch des Königs hat man auch ein Recht, selbständig die Behörden zu ernennen. Der Düsseldorfer Regierungspräsident von Spiegel toleriert dieses Verhalten und erklärt sich sogar einverstanden.

Bei den Proklamationen von Bürgerwehr und Volksklub, der militärischen und der zivilen demokratischen Instanz, führt unverkennbar Ferdinand Lassalle die Feder. Bürger und Landgemeinden werden aufgefordert, Waffen zu sammeln und sich auf den Ruf der Nationalversammlung vorzubereiten: bewaffneter Widerstand gegen die illegalen Maßnahmen der preußischen Regierung.

In einer Volksversammlung wird Cantador zum provisorischen Chef der revolutionären Behörden ernannt, die Mobilisierung der Bürgergarden und die Einberufung einer Generalmusterung der Bürgerwehren aus dem ganzen Kreis für den 19. November beschlossen. Cantador läßt Kugeln gießen, Waffen beschaffen und Maßnahmen zum Widerstand treffen. Am 15. November geht eine Adresse an die Nationalversammlung: »Auf ihren Aufruf, auf einen Wink von ihnen wird sich im ganzen Rheinland der Landsturm erheben und nach Berlin eilen.« Am 19. November erklärt Lassalle im Namen der Landwehrmänner des Kreises Düsseldorf: »Von diesem Moment an kennen wir keine andere gesetzliche Regierungsgewalt im Staate als die Nationalversammlung. Wir schwören, daß wir gerüstet ihren Aufruf erwarten, um zu zeigen, daß die Kraft noch nicht gewichen ist aus den Söhnen des Vaterlandes.« Für die Bürgerwehr formuliert er: »Der passive Widerstand ist erschöpft. Wir beschwören die Nationalversammlung: Erlassen Sie den Ruf zu den Waffen, den Ruf zur Pflicht.« Außerdem schreibt er am 21. an den Landwirt Johann Stangier in der Schönsteinschen Herrschaft, er solle die Leute rüsten und für Munition sorgen, der Kampf gehe bald los: »Ich rechne darauf, daß sofort auf diese Nachricht Du mit einigen 100 Mann hierher marschierst. Antworte mir darüber. Wir siegen diesmal jedenfalls, und dann ist Eure Not für immer geendet.« Die Volksversammlung tagt unter der Regie des Volksklubs permanent, ist die eigentliche ordnende und überwachende Behörde unter der Leitung Cantadors und Lassalles.

Am 21. November fährt Lasalle mit dem Arbeiter Peter Weyers in das benachbarte Neuß. Im Gasthaus Lucas spricht er vor einer gutbesetzten Versammlung. »Die Nationalversammlung habe sich bisher passiv verhalten, das Volk müsse aber jetzt durch aktives Handeln sie unterstützen, die Zeit dazu sei gekommen und dürfe nicht unbenutzt vorübergehen; man müsse sich rüsten, der Kampf stehe nahe bevor und sei unvermeidlich; in Düsseldorf sei man bereit dazu, rechne aber auf die Unterstützung der Umgegend und auch von Neuß, weil man allein zu schwach sei; man solle den Gemeinderat zur Beschaffung von Mitteln für Munition auffordern, und sei man unzufrieden mit ihm, solle man ihn absetzen. Man vertraue dem Mut der Neußer und erwarte, daß sie die auf der linken Rheinseite aufgestellten Batterien nehmen würden – man solle gerüstet dastehen, damit, wenn in Düsseldorf der Aufruf ergehe und das Zeichen gegeben werde, man zu Hilfe kommen könne; man vertraue dem Mut der Neußer, man solle in Neuß eine Kommission zur Beschaffung von Waffen erwählen; sicheren Nachrichten gemäß breche am 20. November in Schlesien der Aufstand aus; die Rheinländer hätten seit 20 Jahren den Ruhm des Liberalismus, und sie sollten jetzt zeigen, daß sie liberal wären; ließe man den jetzigen Zeitpunkt vorübergehen, so sei die Freiheit auf lange untergraben.« So der Ohrenzeuge Michel Krings. Anschließend wetterte der Arbeiter Weyers über Friedrich Wilhelm IV. und steigerte sich zu dem Ausruf *Tod dem König!*

Tags darauf gründet Lassalle in Düsseldorf die empfohlene Kommission. Unter der Subkriptionsliste, die zu Beiträgen an Geld und Waffen zur Bekämpfung der Regierung auffordert, stehen die Namen angesehener Bürger, auch eines Stadtrates und eines Bankiers.

Doch da wendet sich das Blatt. Das freundliche Hinhalten der Behördenvertreter endet jäh mit der Verhängung des Belagerungszustandes über die Stadt. Man hat die Schwäche der zielstrebigen revolutionären Aktionen zur Organisation des Widerstandes erkannt: Düsseldorf stand darin völlig allein! Lassalle wird noch am 22. November verhaftet, die Bürgerwehr ist konsterniert, Hilfe von außen erfolgt nicht, die Waffen werden abgeliefert, der revolutionäre Elan ist dahin. Cantador prangert noch die hinterlistige Haltung der Regierung an, aber nachdem neue Herren aus Preußen die Sache fest im Griff haben, wird auch er am 10. Dezember inhaftiert.

Es ist erstaunlich, aber bezeichnend: Man mußte nur eine Figur aus dem Spiel ziehen, den Ferdinand Lassalle, und schon bricht das ganze groß angelegte Düsseldorfer Gardez zusammen! Über die Anklage zerbricht man sich zunächst noch den Kopf, aber es ist trotz inständigen Bemühens nicht möglich, Lassalle ein kriminelles Vergehen anzuhängen. So wird eine ebenso raffinierte wie durchsichtige Doppelanklage erhoben. Einmal wegen »Aufreizung der Bürger zur Bewaffnung gegen die königliche Gewalt«: Das bedeutet ein Verfahren vor dem Geschworenengericht. Zum anderen wegen »Aufforderung zum gewaltsamen Widerstand gegen Staatsbeamte«: Dafür kann man den Angeklagten auch noch vor ein Polizeizuchtgericht stellen, wenn ihn im anderen Verfahren die Geschworenen freisprechen sollten. Außerdem wird er wegen der Rede in Neuß und nicht etwa wegen der Handlung in Düsseldorf angeklagt: Denn sonst müßte man auch gegen die anderen Unterzeichner des Subskriptionsaufrufes, angesehene und einflußreiche Honoratioren Düsseldorfs, ermitteln. Lassalle hingegen soll mit dem Arbeiter Weyers auf der Anklagebank sitzen, der *Tod dem König!* gefordert hat. Das Verfahren gegen den provisorischen Chef der revolutionären Behörden und Bürgerwehr-Kommandanten Lorenz Cantador wird abgetrennt, schließlich setzt man den aufrechten und beliebten Kaufmann sogar vorzeitig auf freien Fuß. Die Fäden, man sieht es, sind zwar grob, aber fest gestrickt. Der Rädelsführer Lassalle, als Revolutionär und Führer der demokratischen Partei im Rheinland solchermaßen auch von den Behörden anerkannt, soll jedenfalls nicht durch die Maschen schlüpfen.

Lassalle ist stolz auf die Ehre, die man ihm damit erweist. Sind es nicht die Besten, ja die Autoritäten, die man bei den Novemberverfolgungen überall im Land verhaftet hat, befindet er sich nicht in der besten Gesellschaft ruhigster Männer von Amt und Würden? So schreibt er am 10. Januar 1849 dem Vater aus dem Gefängnis: »Kann ich dafür, daß man mir Einfluß auf die Wahlen zuschrieb und es daher für besser hielt, mich einzusperren resp. eingesperrt zu halten? Handelt es sich um eine Verschwörung, Empörung, Revolution? Gott behüte es, es handelte sich darum, bereits bestehende Rechte aufrecht zu halten und zu schützen. Ist das nicht die Pflicht eines Jeden, der nicht geradezu ein altes Weib ist? Was endlich ist der Tatbestand des Verbrechens? Die National-Versammlung gelobt und gesagt zu haben, man müsse ihr helfen. Haben das nicht die städtischen Kollegien der ganzen Monarchie getan?«

Unterdessen ist das Recht, auf das sich Lassalle beruft, vom König aufgehoben oder genauer: gebrochen worden. Am 5. Dezember hat Friedrich Wilhelm IV. die preußische Nationalversammlung aufgelöst und eine neue preußische Verfassung oktroyiert, dem Volke aufgezwungen. Sie sieht zwei Kammern vor, das Herrenhaus und das Abgeordnetenhaus. Die Abgeordneten werden nach dem Dreiklassenwahlsystem in indirekten öffentlichen Wahlen entsandt. Die Urwähler in jedem Bezirk werden nach dem Gesamtsteueraufkommen in drei Klassen eingestuft, gemäß einem Anteil von einem Drittel der direkten Steuern die Stimmen verteilt: Den wenigen großen Steuerzahlern stehen ebenso viele Wahlmänner zu wie den vielen mittleren und der Masse der kleinen Leute. Tatsächlich kam bei diesem Wahlsystem, das in Preußen bis 1918 galt, ein Stimmengewicht von 4 : 14 : 82 heraus!

Lassalle drängte es, sich wieder in die öffentliche Auseinandersetzung zu stürzen, aber die Haft verlängert sich, der fällige Assisenprozeß wird mit Tricks und Unterschleif immer weiter verschleppt.

Am 2. Januar überreicht eine Deputation von Düsseldorfer Bürgern dem Generalprokurator Nicolovius eine Adresse mit 2800 Unterschriften, in der um bessere Behandlung des Gefangenen und Beschleunigung seines Verfahrens gebeten wird. Es passiert nichts.

Die *Neue Rheinische Zeitung* macht sich für Lassalle stark. Am 4. Januar druckt sie – ohne Wissen Lassalles – den Empfehlungsbrief Heines an Varnhagen von Ense ab, in dem die Energie des Willens und die Habilité im Handeln gerühmt wird. Heine schäumt vor Empörung und beschuldigt anderen gegenüber Lassalle der kriminellsten Schandtaten, weil auf diese Art seine Autorität für den eingekerkerten Revolutionär benutzt wurde. Die Redaktion sagt deutlich, worum es geht: »Männer wie Ferdinand Lassalle, der in der kurzen Zeit seines öffentlichen Auftretens sich die zahlreichsten und begeistertsten Freunde erworben hat, während seine ärgsten Feinde ihm Gerechtigkeit lassen müssen, daß er die Kräfte seines reich begabten Geistes, die Gewalt seiner Rede und seine unermüdliche Tätigkeit nur der Aufrechterhaltung der verfassungsmäßigen Freiheit gewidmet und den Boden des gesetzlichen Widerstandes keinen Augenblick verlassen hat – sie schmachten seit Wochen im Kerker und sind Untersuchungen ausgesetzt, die, auf die widersinnigsten Denunziationen gebaut, leicht ins Unendliche fortgesponnen werden können.«

Der Spiritus rector dieser Zeilen ist unverkennbar Lassalle, er steht mit Marx in reger Korrespondenz. Auch in der Haft ist er von fieberhafter Tätigkeit, arbeitet bis in die Nächte, wehrt sich mit Scharfsinn und Verwegenheit gegen die Schikanen, die ihn ringsum verfolgen. Haussuchungen bei der Gräfin, um irgendwelche kriminellen Belastungszeugnisse zu finden – vergeblich. Durchsuchungen seiner Haftstube, um irgendwelche Kassiber zu entdecken. Einschränkung der Besuche, über die er sich bei Gräfin Sophie erbittert beklagt: »Und dann bin ich doch auch ein Mensch, nicht nur ein Geschäftstier. Und will daher auch als Mensch Besuche von ihnen empfangen und einmal eine Stunde harmlos plaudern können, nicht bloß von Geschäften. Aber es ist, als ob man die Menschenrechte verlöre, wenn man in solch' ein verdammtes Haus kömmt! Nie fällt es diesen Beamten ein, die Bedürfnisse des Menschen, wenn auch noch so sehr auf ein Minimum reduziert, wenn man in ihre Hände fällt, zu respektieren.«

Lassalle untertreibt die kleinlichen Schikanen, denen man ihn aussetzt. Aber untertreibt auch seine Fähigkeit, sich dagegen zur Wehr zu setzen, sein Recht zu behaupten und seine Bedürfnisse zu stillen. Als Untersuchungsgefangener, so insistiert er gegenüber seinen Kerkerherren, hat er alle Rechte eines freien Bürgers bis auf die, sich einer Anklage zu entziehen oder Beweismaterial beiseite zu schaffen. Ein so renitenter Häftling fordert natürlich das Übelwollen der Behörden und Aufseher heraus. Der folgende Bericht bezeugt diesen erbitterten Kleinkrieg.

»Ein Gefängniswärter erlaubte sich am 5. Januar einige Brutalitäten gegen Lassalle und setzte diesen die Krone dadurch auf, daß er zum Direktor ging und Lassalle verklagte, als habe dieser ihn brutalisiert.

Eine Stunde nachher tritt der Direktor, vom Instruktionsrichter begleitet, in Lassalle's Zimmer, ohne ihn zu grüßen, und stellt ihn deswegen zur Rede. Lassalle unterbricht ihn mit der Bemerkung, unter gebildeten Leuten sei es üblich, daß man sich begrüße, wenn man zu jemandem ins Zimmer trete, und er sei berechtigt, diese Höflichkeit vom Direktor zu verlangen.

Das war dem Herrn Direktor zu viel. Wütend geht er auf Lassalle zu, drängt ihn ans Fenster zurück und schreit mit möglichst lauter Stimme und unter Begleitung von Gestikulationen sämtlicher Gliedmaßen: ›Hören Sie, Sie sind hier mein Gefangener und weiter nichts. Sie haben sich der Hausordnung zu fügen, und wenn Ihnen das nicht beliebt, so werde ich Sie ins Cachot werfen lassen, und es kann Ihnen noch Ärgeres passieren.‹

Hierauf wurde Lassalle ebenfalls heftig und erklärte dem Direktor: er habe kein Recht, ihn nach der Hausordnung zu bestrafen, da er Untersuchungsgefangener sei; das laute Schreien nütze nichts und bewiese nichts; wenn dies Haus auch ein Gefängnis sei, so sei hier doch *sein* Zimmer, und wenn der Direktor (mit dem Finger zeigend) *hier bei ihm* eintrete, so habe er ihn zu grüßen.

Jetzt verlor der Direktor alle Besinnung. Er rückte Lassalle dicht auf den Leib, holte weit mit ausgestrecktem Arm aus und schrie: ›Gestikulieren Sie nicht mit Ihrem Finger oder ich schlage Ihnen gleich mit eigner Hand eine ins Gesicht, daß . . .‹

Lassalle forderte sofort den Instruktionsrichter zum Zeugen für diese unerhörte Mißhandlung auf und stellte sich unter seinen Schutz. Der Instruktionsrichter suchte nun den Direktor zu besänftigen, was aber erst gelang, nachdem derselbe die Drohung mit Ohrfeigen noch mehrere Male wiederholt hatte.

Lassalle wandte sich nach dieser Szene an den Staatsprokurator von Ammon mit dem Antrag, gegen den Direktor Herrn

Morret eine Untersuchung einzuleiten. Die Gewaltsamkeiten des Direktors konstituieren nämlich nicht bloß eine Mißhandlung und schwere Beleidigung, sondern auch eine Überschreitung der Amtsbefugnisse...«

Darauf legt sich Lassalle auch noch mit Richter von Ammon an, mit dem er schon im Kassettenprozeß Sträuße ausgefochten. Ammon schlägt die Untersuchung natürlich ab, weiß sich aber gegen den Streithansel nur noch mit dem Satz zu helfen: »Sie scheinen zu vergessen, daß Sie Untersuchungsgefangener sind.« Lassalle antwortet mit einer Beschwerde an den Generalprokurator!

Daß er sich mit solchen Hänseleien, für die er auch immer Rechtsgründe anzuführen weiß, bei der geplagten Justiz und seinen Richtern herzlich unbeliebt macht, weiß Lassalle auch. Aber einmal ist das seine Art, innerhalb des Systems selbst eingesperrt noch zu kämpfen, eine absichtsvolle Zermürbungstaktik, mit der er sich Respekt verschafft. Zum anderen sieht er den Hintergrund, das Klima des Aufruhrs, das auch der kleinsten und kleinlichsten Rebelliererei noch Chancen gibt. »Diesen Frühling steht Europa in Feuer und Flammen. Wer das nicht sieht, ist ein Tor. Gnade Gott dann unsrer preußischen Wirtschaft. Durch die Novemberereignisse sind jetzt auch dem Dümmsten die Augen geöffnet, die Novemberverfolgungen sind der größte Hohn auf Recht und Gesetz gewesen, und die Lehre wird keine verlorene sein.«

Diese Zuversicht und das Pochen auf Recht und Gesetz haben gute Gründe für sich. Am 8. Februar werden Karl Marx, Schapper und Schneider, die in der *Neuen Rheinischen Zeitung* gleichfalls zur Steuerverweigerung aufgefordert hatten, vor den Kölner Assisen von der Anklage zum bewaffneten Widerstand gegen Militär und Beamte freigesprochen. »Was so vielen möglich ist«, schreibt Lassalle an die Eltern, »wird doch mir um so eher möglich sein. Obwohl Ihr also in solcher Hinsicht gewöhnlich vor lauter Angst zu gar keiner ruhigen Betrachtung kommt, so hoffe ich doch, daß Ihr Euch diesmal keine unnötigen Sorgen machen werdet. Ich freue mich auf die Prozedur wie ein Gott. Wie der fernhin treffende Apollo will ich meine Lanzen werfen, und ich habe im voraus Mitleid mit dem Ärmsten, der die klägliche Aufgabe haben wird, diese spaßhafte und verbrecherische Anklage mir gegenüber zu verteidigen.« Lassalle hat in der Haft Zeit genug, seine Gerichtsrede vorzubereiten und mit spitzen Lanzen zu spicken. »Die politischen Verhältnisse werden wohl gleichfalls bald zu einer entscheidenden Lösung gelangen müssen. Entweder kehrt Deutschland wirklich wieder und für immer in die Nacht der alten Zustände zurück – und dann ist alle Wissenschaft eine Lüge, alle Philosophie ein bloßes Spiel des Geistes, Hegel ein dem Irrenhaus entlaufener Narr, und es gibt keinen Gedanken in dem Zufall der Geschichte – oder die Revolution wird bald einen neuen und entscheidenden Triumph feiern.«

Das ist ein verdammt hoher Einsatz für Lassalle: Hegel und die Philosophie, die Wissenschaft und die Verwirklichung des Gedankens in der Geschichte! Doch der Wagemut zeigt, wie sicher Lassalle der Erfolg dünkte, sonst hätte er nicht sein ganzes Bekenntnis aufs Spiel gesetzt. Doch darf man diesen siegesgewissen Ausbruch auch wieder nicht überbewerten und sein Selbstverständnis nicht unterschätzen: Solange Lassalle nicht kleinzukriegen war, lebte auch die Revolution, und all seine Taten waren Schritte zum endlichen Triumph. Weshalb sonst schob man seinen Prozeß und damit seine selbstverständliche Freilassung immer wieder hinaus?!

Am 3. März wird wieder eine Deputation bei Nicolovius vorstellig und erinnert ihn an die Beschleunigung des Verfahrens. Die Fürsprecher sind Karl Marx und Friedrich Engels, Karl Schapper und Heinrich Bürgers, M. Rittinghausen und der junge Graf Paul von Hatzfeldt. Nicolovius verweist auf die unerwarteten Dimensionen der Untersuchungen. Die *Neue Rheinische* veröffentlicht sie nach der Anweisung Lassalles: Man hat absichtlich ein Beweisstück, seinen Brief an Stangier, in der Schublade liegenlassen, um jetzt erneute Zeugenaussagen anfordern zu können. Die *Neue Rheinische* fragt an, ob da nicht persönliche Feindschaft der Richter im Spiel sei und nicht einer der Beamten gesagt habe: »An der Freisprechung Cantador's und Weyers liegt uns nicht viel, den Lassalle aber müssen wir jedenfalls behalten.«

Mitte März wird Cantador, der angesehene Führer der Düsseldorfer Demokraten, außer Verfolgung gesetzt. Lassalle, das Haupt der rheinischen Widerstandspartei, bleibt im Gefängnis. Unterdes hat auch Österreich seinen Reichstag aufgelöst und eine Konstitution oktroyiert. Die Frankfurter Nationalversammlung hat eine schöne Reichsverfassung entworfen und den König von Preußen zum deutschen Kaiser gewählt.

Aber Friedrich Wilhelm IV. lehnt die lästige Krone ab, auch die Reichsverfassung; die österreichischen und auch die preußischen Abgeordneten werden aus der Nationalversammlung abberufen. Anfang Mai 1849 brechen Straßenkämpfe in Dresden, Unruhen in Elberfeld, Iserlohn, Siegburg und Solingen, Aufstände in Baden und der Pfalz aus. Die Demokraten treten vereinzelt zu letzten verzweifelten Gefechten an, die Reaktion marschiert.

Für das Recht, den Staat zu lästern

Am 3. Mai endlich wird die Verhandlung vor dem Assisengerichtshof gegen Lassalle und Weyers eröffnet. Die Anklage steht auf schwachen Füßen, die Zeugen sagen fast alle zugunsten Lassalles aus oder modifizieren ihre einstige Aussage vor dem Untersuchungsrichter zum Vorteil Lassalles. Die Stimmung des Publikums ist für ihn, es gibt demonstrativen Beifall.

Nach einer Verhandlungspause am zweiten Tag findet der Präsident einen Anlaß, die Öffentlichkeit auszuschließen: Lassalles Verteidigungskonzept, die »Assisen-Rede«, war fix und fertig gedruckt im Wortlaut unter die Leute gebracht worden! Dadurch werde die öffentliche Ordnung gefährdet, der Saal sei zu räumen. Lassalle protestiert heftig gegen die Gewaltmaßnahme, die ihn im letzten Augenblick der Möglichkeit beraubt, die Anklage vor aller Welt zu brandmarken: »Seht, Bürger, so behandelt man hier Eure Mitbürger, so tritt man Euer gesetzliches, öffentliches Recht unter die Füße preußischer Brutalität!« Aber die Tribünen werden vom widerspenstigen Publikum geräumt, selbst die Zeugen entfernt.

Die folgende Szene hat Lassalle wohl selbst der *Neuen Rheinischen Zeitung* diktiert, sie ist absolut glaubwürdig. Denn Lassalle hat ein akribisches Gedächtnis nicht nur, sondern auch eine absolute präsente Geistesgegenwart und Eloquenz, die er hinterher nicht auszuschmücken braucht. Der Auftritt zeigt den forensischen Gladiator, der zum Schrecken aller Gerichtshöfe wird und in der deutschen Geschichte eine Ausnahmeerscheinung ist. In Frankreich hätte man dem Mann allein dafür ein immerwährendes Denkmal gesetzt.

Lassalle erhält das Wort.

»Ich habe zunächst einen Antrag an den Assisenhof zu

stellen. Der Hof hat die Öffentlichkeit ausgeschlossen, weil meine Verteidigungsrede, die ihm gedruckt zugegangen sein soll, die öffentliche Ruhe gefährde. Es ist allerdings wahr, daß einige wenige Exemplare meiner Rede, die ich im Manuskript meinem Buchhändler gegeben, gegen meinen Willen und durch eine Art Entwendung ausgegeben worden sind. Aber weder weiß ich – und ebensowenig weiß es der Gerichtshof –, ob das ihm zugekommene Exemplar wirklich ein Abdruck meiner Rede ist, und ebensowenig weiß ich in diesem Augenblick, ob ich die Rede wirklich so halten werde, wie ich sie, als Manuskript niedergeschrieben, meinem Buchhändler übergab. Da ich es nicht weiß, nicht wissen kann, wie will er auf Grund einer Tatsache, die er nicht weiß, einen Beschluß fassen? Ich beantrage also, daß der Gerichtshof die Öffentlichkeit nunmehr zuläßt.«

Präsident: »Der Beschluß des Hofes kann nicht kassiert werden.«

Lassalle: »Ich verlange nicht, daß er kassiert wird; ich verlange, daß auf Grund der jetzt von mir gemachten Mitteilungen und der angeführten guten Gründe ein neues Urteil erlassen wird.«

Die Richter zischeln einen Augenblick untereinander und verwerfen dann den Antrag als unzulässig.

Lassalle mit erhobener Stimme zu den Geschworenen: »Nun, meine Herren, so bleibt mir denn nichts übrig, als einen feierlichen Protest an Sie zu richten gegen die sanglante (blutige, d. V.) Gewalttat, die hier unter Ihren Augen verübt wird! Nach einer sechsmonatlichen, peinlichen Kerkerhaft will man mir selbst das letzte Recht entreißen, das Recht, diese Anklage öffentlich zu brandmarken, das Recht, den erstaunten Blicken der Bürger die Verbrechen, die Infamien, die Scheußlichkeiten zu enthüllen, die man unter der Toga des Richters begeht!« Große Aufregung bei den Richtern. »Ohne die Öffentlichkeit schrumpft das Recht der freien Verteidigung zu einem Puppenspiel ein. Wie, meine Herren, vor Ihren eigenen Augen wagt man es, die nichtswürdige Heuchelei fortzusetzen, welche diesen Prozeß von Anfang an charakterisiert?! Man sagt mir: Die Verteidigung ist frei, du hast das Wort, verteidige dich – und stopft mir gleichzeitig einen Knebel in den Mund?! Man sagt mir: Kämpfe, hier hast du eine Waffe – und bindet mir gleichzeitig die Arme auf den Rücken?! Und diese infame

Heuchelei, diese schamlose Gewalt sollte ich anerkennen, indem ich mich nun doch bei geschlossenen Räumen verteidigte?«

Die Aufregung unter den Richtern wächst, der Präsident unterbricht den Angeklagten, droht ihm mit Entzug der Rede.

Lassalle nun gegen den Vorsitzenden: »Großinquisitor! Die Angeklagtenbank ist sei Menschengedenken das Asyl der Redefreiheit. Kein Recht haben Sie, mich zu unterbrechen. Ich werde Ihnen aus den Annalen der Geschichte nachweisen, daß selbst die Großinquisitoren Spaniens, wenn sie öffentliche Sitzung hielten, den Angeklagten frei sprechen, ihn alle seine Meinungen, seine Zweifel frei entwickeln ließen, ihn alles das entwickeln ließen, was sie Gotteslästerung nannten. Wenn die Großinquisitoren Spaniens dem Angeklagten selbst das Recht der Gotteslästerung zuerkannten, so wird es mir freistehen, den Staat und einen Assisenhof zu lästern!«

Die Richter sind verstummt. Lassalle führt vor, wie fragwürdig der Ausschluß der Öffentlichkeit doch sei, da das Publikum sich auch nach Meinung des Gerichtes so musterhaft verhalten und man also auf die aschgraue Möglichkeit hin vorgehe. An die Adresse der Geschworenen: »Soll ich, wollen Sie so schamlose Gewalt anerkennen? Nein, meine Herren, ich werde mich nicht verteidigen, und ich trage Ihnen darauf an, *daß Sie kein Urteil fällen.* Sie können kein Urteil fällen. Die Verteidigung ist nicht geführt, die beiden Verteidiger haben sich begnügt, einige wenige Bemerkungen hinzuwerfen, weil sie wußten, daß ich die Hauptverteidigung führen werde. Ich aber werde nicht eher sprechen, bis die Öffentlichkeit wieder hergestellt ist... Das Recht der Öffentlichkeit steht auf dem Spiel. Es ist Ihre Pflicht, als rheinische Geschworene, die Rechte der Rheinprovinz zu schirmen, das Recht der freien Öffentlichkeit diesem Lande unbekümmert zu erhalten. Als freie Männer, meine Herren, beschwöre ich Sie, wahren Sie des Landes Rechte, denken Sie an Ihre Brüder, Ihre Kinder, die alle sich in gleicher Lage finden können. Weigern Sie sich zu sprechen!«

Auf diesen verblüffenden Appell reagiert der Präsident mit einem schnellen Resümee von Lassalles Schuld und schickt die Geschworenen hinaus, um den Spruch zu fällen. Werden sie es?

Natürlich spielt Lassalle nicht va banque. Er ist sich vollkommen sicher, daß die Geschworenen seine »Assisen-Rede«

kennen. Und er hält sie für das Beste, was er je geschrieben hat, sie wird ihre Wirkung schon tun. Nur ließ er sich, ganz Agitator des Volkes, die blendende Gelegenheit nicht entgehen, hier noch einmal ein feuriges Plädoyer für das Recht der Öffentlichkeit zu halten und die gewaltsame Rechtsbeugung durch den Assisenhof anzuprangern. Damit konnte er bei den Geschworenen nur abermals Punkte sammeln!

In der berühmtesten Rede, die nie gehalten wurde, bekennt sich Lassalle im Sinne der Anklage als Revolutionär aus Prinzip – nur daß seine Gesinnung das Gericht gar nichts angehen, sondern lediglich seine Handlungen. »Ich aber, meine Herren, werde Ihnen stets mit Freuden bekennen, daß ich meiner inneren Überzeugung nach auf durchaus revolutionärem Standpunkt stehe, daß ich meiner inneren Überzeugung nach ein entschiedener Anhänger der sozialen demokratischen Republik zu sein die Ehre habe.«

Aber nicht von diesem Standpunkt her will Lassalle sich verteidigen, sondern herabsteigen auf den Rechtsboden, auf dem auch das Gericht sich bewegen muß: dem des konstitutionellen Staates, den das Volk von Berlin am 18. März 1848 erkämpfte und die preußische Nationalversammlung repräsentierte. Lassalle nutzt den Ansatz zur Darstellung »unserer kurzen konstitutionellen Geschichte, welche nichts anderes war als die schrittweise Vorbereitung der Kontrerevolution«. Denn je weiter die Nationalversammlung auf die Linke rückte, desto entschiedener trat die Krone auf die äußerste Rechte. Wie nun kann man ihn eines Verbrechens zeihen, da er doch nur seine Bürgerpflicht erfüllte und die Bevölkerung aufforderte, sich für den Ruf der Nationalversammlung bereitzuhalten?!

»Habe ich vielleicht meinerseits damals die Verfassung des Landes umstürzen wollen? Habe ich in meinen Reden aufgereizt, die Republik zu proklamieren? Das wagt selbst der Anklageakt nicht einmal zu behaupten. Nein, meine Herren, Sie haben es gehört aus dem Munde aller Zeugen, selbst der Belastungszeugen. Ich habe nur aufgefordert, die errungenen gesetzlichen Freiheiten zu schützen, die Nationalversammlung zu verteidigen. Alle meine Plakate und Aufrufe wiederholen mit aller Kraft, deren ich fähig war, die Aufforderung, die Gesetze zu verteidigen, sie zu achten. Alle meine Reden, wie ihnen die Zeugen sagten, hallten immer und immer von dem Rufe wider: Wir müssen uns erheben mit dem Schwerte in der einen, mit dem Gesetz in der andern Hand. Den persönlichen Parteistandpunkt, die eigene Überzeugung selbst, ich wußte sie zurückzudrängen vor der gemeinsamen Pflicht gegen das Vaterland, vor der Gefahr, in der die gemeinsame Freiheit schwebte. Ich wandte mich an die Arbeiter, ich beschwor sie, nicht etwa sich dem Gedanken hinzugeben, die Gelegenheit benutzen zu wollen, um hier eine Republik zu proklamieren, ein Gedanke, der hier in einer Provinzialstadt Wahnsinn gewesen wäre.

Verschwinden müssen – sagte ich ihnen – vor der gemeinschaftlichen Gefahr alle Parteistandpunkte, alle Parteiwünsche. Wer jetzt von Euch daran denken könnte, hier die Republik zu proklamieren, er würde einen Verrat an der gemeinsamen Sache begehen, denn er würde den Apfel der Zwietracht in die Reihen der Bürger schleudern, die sich jetzt wie Ein Mann um das beleidigte Gesetz scharen müssen; er würde dem gemeinsamen Feinde, der Kontrerevolution, die besten Dienste leisten.

Ich wandte mich an die Bürger und sagte ihnen: Und verratet auch Ihr nicht Euer eigenes Interesse, laßt Eure Tatkraft nicht lähmen durch eine grundlose Furcht, welche man unter Euch zu verbreiten sucht. Es ist wahr, ich und meine Partei, wir hängen vor allem an der sozialen Reform, der höchste Ausdruck unserer Überzeugungen ist die soziale Republik. Aber nicht jetzt ist der Augenblick, unsere Theorien zu verwirklichen; ihre Verwirklichung gehört der Zukunft an. Jetzt verlangt der Proletarier weiter nichts, als Euch Eure Freiheiten, Eure Rechte, Eure Gesetze schützen zu helfen. Er verlangt weiter nichts, als seinen Verdiensten um Euch ein neues hinzufügen zu dürfen, als eine neue Inschrift zu graben auf die Säulen seiner Großtaten, damit er dereinst bei der großen Abrechnung vor Euch treten kann und sagen: Wie ich Euch mit meinem Blute die Freiheit erkämpft habe im März 1848, so habe ich sie mit meinem Blute für Euch verteidigt im November.«

In diesen Passagen breitet Lassalle ohne jeden Hinterhalt sein politisches Konzept aus, die Strategie seines Handelns. Es ist das eines sehr nüchternen und realistischen Politikers, eines pragmatischen Revolutionärs, der sein Ziel im Auge behält. Die 48er Bewegung geht vom liberalen Bürgertum aus und ist nur mit seinem entschlossenen Einsatz zum Erfolg, zur Errichtung eines konstitutionellen Staates zu führen. Also muß man die Bürger bei der Stange halten und darf sie nicht durch übertriebene soziale und republikanische Forderungen verprellen. Die Arbeiter und die Vorkämpfer des Proletariats müssen erst einmal diesen Schritt mitgehen. Andererseits dürfen sie ihre Theorie und ihre Ansprüche für die Zukunft nicht verleugnen, sondern müssen den Anteil der Arbeiterklasse am Kampf für die bürgerlichen Interessen und konstitutionellen Rechte hervorheben und im Hinblick auf spätere Schritte geltend machen.

In der Frankfurter Nationalversammlung sind diese gemeinsamen Interessen von Liberalen und Linken selten zur Geltung gekommen. Die Redeschlachten in der Paulskirche und die Fraktionierungen in den Gasthäusern der Stadt haben eher die Unterschiede betont und die Gegensätze gefördert – bei den Liberalen wie bei der Linken, die sich schließlich wirkungslos in extreme Positionen zersplitterte. Auch im Kreis um Marx und die *Neue Rheinische Zeitung*, wo man die »Frankfurter Schwatzbude« strikt und hohnvoll ablehnte, kam eine solche gemeinsame Operationsbasis nie in Sicht. Dort setzte man zuerst auf Interesse und Einfluß des vermögenden Bürgertums, das man als Vorreiter des sozialen Umsturzes nutzen zu können meinte. Dann führte man mit den Volksversammlungen und Akklamationen auf freiem Feld ein populistisches Element ein, das radikale Forderungen hervortrieb und die *Partei* der *Neuen Rheinischen* in den Augen auch fortschrittlicher Liberaler diskreditierte. Und schließlich gab man das Werben um die Bürgerlichen auf, beraubte sich damit möglicher Bundesgenossen und stellte sich ins Abseits politischer Handlungsfähigkeit.

Lassalle hat sich sicher über die Erfolgschancen seiner bürgerlich-proletarischen Koalitionsvorstellungen getäuscht, auch wenn das unter dem Eindruck der breiten demokratischen Front in Düsseldorf und des rheinischen Widerstandes gegen den preußischen Monarchen und seine immer reaktionäreren Ministerien verständlich ist. Doch soweit man sieht, war er der einzige politisch Handelnde von einigem Einfluß, der eine solche »Volksfront« nicht nur ins Auge faßte, sondern auch mit Geschick und Konsequenz für sie eintrat. Welche Aussicht sie auf breiter Basis gehabt hätte, bleibt eine Frage der Spekulation – aber eine interessante.

Das Talent, an Eigeninteressen, Selbstbehauptung und Ehrgefühl einzelner oder Gruppen zu appellieren, läßt Lassalle selten im Stich. Er nutzt es politisch und er benützt es vor Gericht. Hier verquickt er es mit seiner Rechtsposition. Wie kann man aufrichtige Bürger, die Geschworenen, auffordern, ihn für ein »Verbrechen« zu verurteilen, das nach damals geltendem Recht gar keines war, sondern die Pflicht eines jeden Bürgers: für Recht und Gesetz der Preußischen Nationalversammlung einzutreten?! Nicht das Volk – die Regierung hat das Gesetz gebrochen.

»Preußen ist der erste Staat der Welt, wo man der Nation den Schimpf antut, die Bürgerklasse selbst für fähig zu halten, sich zum Komplizen einer volksfeindlichen Regierung herzugeben. Man hebt bei uns die gewöhnliche Gerichtsbarkeit nicht auf. Man lächelt suffisant und sagt, bei uns bedarf es dessen nicht! Ihr braucht nicht an die Kette gelegt zu werden. Geht, geht, geht frei herum, ihr seid ja doch Bediente, ihr werdet feige genug sein, euch zu unseren Mordinstrumenten herzugeben. Wie der Sultan dem Manne den Strick zur Selbsterdroßlung schickt, wie man in Berlin mit nie dagewesenem Hohn von der Bürgerwehr verlangte, sie solle das Bajonett gegen die Nationalversammlung wenden, d. h. einen Selbstmord an sich selbst vollziehen, so verlangt man jetzt ganz mit demselben nur in Preußen möglichen Hohn von Ihnen, von dem Volke, es solle sich selbst verurteilen!« Aber die rheinischen Geschworenen haben diesen Schimpf nicht verdient, werden solchem Hohn nicht erliegen! Marx und Schapper sprachen sie schon frei; Lassalle zeigt, wieviel fragwürdiger die Umstände und Rechtsgrundlagen des Verfahrens gegen ihn sind. Von der Freilassung Cantadors bis zur Doppelanklage wegen des gleichen Vergehens. Die Anklage reduziert er auf eine schlichte Beweiskette. Hat der Bürger ein Recht, gegen die königliche Gewalt vorzugehen? Ja, wenn der König die Gesetze bricht. Das war im November 1848 der Fall. Eine elende Anklage also, und er, Lassalle, ist stolz darauf, zu den Novembergefangenen gehört zu haben.

Wie gesagt, diese Rede wurde nicht gehalten. Doch die Geschworenen kannten sie. Ihr Urteil lautet für beide Angeklagte »nicht schuldig«.

Wie vorherzusehen, wird Lassalle nicht freigelassen, sondern in Untersuchungshaft zurückgeführt. Noch steht ja die widersinnige zweite Anklage wegen Aufforderung zum gewaltsamen Widerstand gegen Staatsbeamte vor dem Zuchtpolizeigericht an.

Am Schluß seiner Assisenrede prophezeit Lassalle:

»Oh, das deutsche Volk wird jetzt die bittere Erfahrung machen, was es auf sich hat, eine Nationalversammlung einmal sprengen, das Palladium der Nationalehre einmal ungestraft in den Kot treten zu lassen! Hat man im November mit zitternder Hand, selber staunend über die eigene Kühnheit, eine Revolution gemacht, so hat man jetzt ganz anderen Mut geschöpft, nun man gesehen, wie groß das deutsche Volk im Tragen und Dulden ist, und dreimal tiefer wird man uns den Sporn drücken in die träge Flanke. Hat man Euch bis jetzt mit Ruten gegeißelt, so wird man von nun an Euch mit Skorpionen geißeln.

Das Vorspiel ist zu Ende. Das Trauerstück fängt an. Man braucht kein Prophet zu sein, um die nächste Zukunft vorherzusehen! Truppen werden konzentriert, die Frankfurter Versammlung zu sprengen wie dereinst die Berliner. Man wird uns ein Pressegesetz, ein Wahlgesetz mit Zensus oktroyieren, nach Ständen und Steuerklassen werden wir wählen, und der vereinigte Landtag wird auferstehen. Das Angedenken an den März soll ausgelöscht werden aus der Geschichte.«

Nein, man brauchte nicht Prophet zu sein für eine solche Vorhersage, man mußte nur die Lage sachlich abschätzen. Lassalle gelang es, und er setzte hinzu ein mahnendes »Bürger, seid eingedenk!« Am 5. Mai wurde er freigesprochen und wieder in Haft geführt. Die letzten Erhebungen sind in vollem Gange. Am 19. Mai erscheint die letzte Ausgabe der *Neuen Rheinischen Zeitung* mit einem Abschiedswort der Redaktion »Emanzipation der arbeitenden Klasse!« und einem von Freiligrath:

Kein offner Hieb in offner Schlacht –
Es fällen die Nücken und Tücken,
Es fällt mich die schleichende Niedertracht
Der schmutzigen Westkalmücken!
Aus dem Dunkel flog der tötende Schaft,
Aus dem Hinterhalt fielen die Streiche –
Und so lieg ich da in meiner Kraft,
Eine stolze Rebellenleiche!

Auf der Lippe den Trotz und den zuckenden Hohn,
In der Hand den blitzenden Degen,
Noch im Sterben rufend: »Die Rebellion!« –
So bin ich mit Ehren erlegen.
Oh, gern wohl bestreuten mein Grab mit Salz
Der Preuße zusamt dem Zare –
Doch es schicken die Ungarn, es schickt die Pfalz
Drei Salven mir über die Bahre!

Und der arme Mann im zerrißnen Gewand,
Er wirft auf mein Haupt die Schollen!
Er wirft sie hinab mit der fleißigen Hand,
Mit der harten, der schwielenvollen.
Einen Kranz auch bringt er aus Blumen und Mai'n,
Zu ruhn auf meinen Wunden;
Den haben sein Weib und sein Töchterlein
Nach der Arbeit für mich gewunden.

Nun ade, nun ade, du kämpfende Welt,
Nun ade, ihr ringenden Heere!
Nun ade, du pulvergeschwärztes Feld,
Nun ade, ihr Schwerter und Speere!
Nun ade – doch nicht für immer ade!
Denn sie töten den Geist nicht, ihr Brüder!
Bald richt ich mich rasselnd in die Höh,
Bald kehr ich reisiger wieder!

Wenn die letzte Krone wie Glas zerbricht,
In des Kampfes Wettern und Flammen,
Wenn das Volk sein letztes »Schuldig!« spricht,
Dann stehn wir wieder zusammen!
Mit dem Wort, mit dem Schwert, an der Donau, am Rhein –
Eine allzeit treue Gesellin
Wird dem Throne zerschmetternden Volke sein
Die Geächtete, die Rebellin!

Die deutsche Nationalversammlung wird am 26. Mai nach Stuttgart verlegt und drei Wochen später von württembergischem Militär gesprengt. Die Bürgerkriege in der Pfalz, in Baden und Sachsen werden mit Unterstützung preußischer Truppen erstickt; die ungarischen Freiheitskämpfe Kossuths erledigt Österreich mit Hilfe des Zaren – es sind die letzten Salven, die dem »tollen Jahr« 1848 nachhallen. Die Reaktion räumt auf. Auf der Liste verfolgter Parlamentarier stehen 284 Namen. Marx und Engels, die meisten Parteigänger der *Neuen Rheinischen Zeitung* flüchten ins Exil – nicht wenige nach Amerika –, wo sie sich eine kärgliche Existenz aufbauen müssen.

Als Ferdinand Lassalle am 5. Juli 1849 auf freien Fuß gesetzt wird, kann er sich mit Recht als »der letzte Mohikaner« fühlen, der letzte namhafte und bekannte Revolutionär auf deutschem Boden. Man hat ihn durch die Haft ausgeschaltet, solange noch die Lage prekär war – in wohl ganz richtiger Einschätzung, daß er der einzige in diesem Kreise war, der eine planvolle Aktion zustande brächte und die Bürger wie die radikalen Demokraten begeistern und sammeln könnte. Das Urteil gegen ihn ist jetzt fast belanglos, eine späte, kleinliche Sache. Gemäß den Erwartungen von Staatsanwaltschaft und Behörden hat ihn das Zuchtpolizeigericht zu sechs Monaten Gefängnis verurteilt. Seines Gesundheitszustandes wegen wird die Strafverbüßung großzügig ausgesetzt – im Juli 1849 kann man sich generös leisten, was noch im Mai und erst recht in der Untersuchungshaft zwischen November 1848 und Mai mit allen Tricks verhindert wurde: Lassalle auf freien Fuß zu lassen. Die Revolution ist vorüber, die Reaktion Herr der Lage.

Kapitel V

Revolutionär im Wartestand (1849–1861)

»Wenn Dir mein letzter Brief den Eindruck gemacht hat, als sei ich durch die Erfolge der Konterrevolution betäubt, so hast Du ihn falsch aufgefaßt, oder ich habe vielleicht zu leidenschaftlich geschrieben. An einen wirklichen Erfolg der Konterrevolution habe ich keinen Augenblick geglaubt. Vom weltgeschichtlichen Standpunkt aus ist es leicht zu sehen, daß dies gewaltsame Aufflackern der konterrevolutionären Flamme nur ihren eignen letzten Lebensstoff aufkonsumiert und uns zugleich den unschätzbaren Dienst erweist, unsre eigne Partei von allerlei schlammigen Anschauungen und Vorurteilen zu reinigen.«

So schreibt Ferdinand Lassalle im Herbst 1849 an seinen »lieben Marx«. Lassalle ist aus dem Gefängnis und setzt seinen Kampf fort: den Kampf für die Revolution. Die meisten der Kampfgefährten sind zerstreut, zersprengt, geflüchtet ins europäische Exil, in die Schweiz, nach Paris, Brüssel, London. Nicht wenige auch, ernüchtert, zermürbt und erschöpft, auf dem Sprung über den Großen Teich, um sich im fernen Amerika eine neue, eine Existenz oft fern der Politik aufzubauen. Die bürgerliche Revolution von 1848/49 ist gescheitert, an ihrer eigenen Unentschlossenheit und an der Koalition der alten Mächte zersplittert und zerbrochen. Ihre demokratischen Vorkämpfer und Mitläufer schließen ihren Frieden mit den neuen alten Herren. Das Bürgertum reinigt sich von dem Verdacht politischen Selbstbewußtseins und den Folgen seiner Unbotmäßigkeit und rückt so sanft wie geflissentlich wieder nach rechts. Politische Anpassung heißt die Parole, Teilhabe am wirtschaftlichen Aufschwung; Angst vor sozialem Abstieg durch die Industrialisierung und Apathie sind die Triebkräfte. Der Katzenjammer nach der Rebellion, Opportunismus, Rückzug ins Private.

Nicht so für Lassalle, bei dem jede Niederlage nur neue Kräfte freisetzt – und nie anerkannt wird. Der Gang der Weltgeschichte mag einmal schleppend sein – aber sie schreitet voran. Für ihn gilt es, die Lehren zu ziehen: Mit den nationalen Kräften ist auf Dauer kein Bündnis zu schließen, sie verkleistern die Gegensätze nur. »Daraus habe ich die unerschütterliche Lehre gezogen, daß kein Kampf mehr in Europa glücken kann, der nicht von vornherein ein prononziert rein sozialistischer ist; daß kein Kampf mehr glücken wird, der die sozialen Fragen bloß als dunkles Element, als an sich seienden Hintergrund in sich trägt und äußerlich in der Form einer nationalen Erhebung oder des Bourgeoisrepublikanismus auftritt; daß kein Kampf glücken kann, der nicht von vornherein, wie im Juni 1848, ›Arbeit oder Tod‹ ohne jeden weiteren Beisatz zu seiner ausgesprochenen Parole macht.« Bestärkt hat ihn in dieser Auffassung auch der halbherzige *passive* Widerstand, den die preußische Nationalversammlung mit ihrem Steuerverweigerungsbeschluß der Regierung entgegengesetzt hatte. In seiner Assisenrede hatte er ihn als Verbrechen und Verrat am Volke angeprangert. Denn wenn das Volk im Recht war gegen die Krone – und es war im Recht! –, dann mußte seine Freiheit »aktiv mit Leib und Leben geschützt werden, dann mußte die Nationalversammlung das Land laut zu den Waffen rufen«!

Sie tat es nicht – das war ihr Versagen und die Schmach des Volkes. Man hatte Angst vor einem Mißlingen und wollte für alle Fälle gedeckt sein: eine begreifliche, aber böse Feigheit. »Der passive Widerstand *von vornherein,* ohne auch nur einen einzigen Schwertstreich zu wagen, ohne einen einzigen Augenblick an die frische Kraft zu appellieren, das ist das Schmählichste, der höchste Unverstand und die größte Feigheit, die man je einem Volk zugemutet hat. Der passive Widerstand, meine Herren, das ist der Widerspruch in sich selber, es ist der duldende Widerstand, der nicht widerstehende Widerstand, der Widerstand, der kein Widerstand ist. Der passive Widerstand, das ist wie Lichtenbergs Messer ohne Stiel, dem die Klinge fehlt; das ist wie der Pelz, den man waschen soll, ohne ihn naß zu machen. Der passive Widerstand, das ist der bloße innere böse Wille ohne äußere Tat. Die Krone konfiszierte die

Volksfreiheit, und die Nationalversammlung dekretierte zum Schutz des Volkes den bösen Willen!«

Darum also muß der Kampf *von vornherein* als ein rein sozialistischer, ein Kampf um soziale Fragen deklariert werden, der keinen Rückzug auf Bourgeois-Standpunkte und halbe Errungenschaften zuläßt.

Dieser Lassalle von knapp 25 Jahren ist kein Anfänger mit eifernden Illusionen mehr. Er hat seine Ziele und Erwartungen nicht verändert, aber er hat in fünf Jahren publizistischer und juristischer, forensischer und politischer Auseinandersetzungen Erfahrungen gemacht. Er kennt die Stärken und Schwächen der herrschenden Kräfte und Kreise und die Lage in Preußen wie kaum ein anderer unter den sozialistischen Kampfgefährten – und er weiß wie kein zweiter, wie man sich gegen sie mit Tricks und Finten behaupten kann und muß. Er hat auch keine Illusionen, daß »eine rein rote Schilderhebung« in Deutschland so bald nicht siegreich sein kann, der Sozialismus noch keine hinlängliche Macht ist. Aber er setzt auf Frankreich, wo der Sozialismus so unglaublich um sich greift und die Erhebung bald kommen muß, das »Mondkalb« Napoleon hinwegfegen und auf Deutschland wirken wird!

Diese Einschätzung – so irrig sie sich allzeit erweisen wird – teilt Lassalle mit Freund Marx, mit dem er in diesen Jahren in reger Korrespondenz und ständigem Gedankenaustausch steht. Marx wird bei aller Wertschätzung für die Hilfe, Unterstützung und die Informationen Lassalles allerdings nicht recht deutlich, daß sich der Jüngere nicht als anhänglicher Schüler begreifen läßt, sondern als einzige souveräne Gestalt unter den zurückgebliebenen Sozialisten – »Ich aber habe ganz die Stellung eines solchen verlorenen Postens« – sich sehr selbstbewußt eine eigene Position im Lande schafft. Die anderen alten Parteigänger der *Neuen Rheinischen Zeitung*, die Marx, von fern taktierend, unter seiner Fuchtel zu halten sucht, sind auch nicht gerade die verläßlichsten Figuren. »Du, Glücklicher, hast doch wenigstens in London einige Menschen, mit denen man umgehen kann. Aber hier! Was die Galle noch reichlich vermehrt, ist die äußere Misere, in der alle ordentlichen Menschen sich befinden, und die innere Misere der Pseudodemokraten, die sich in den Nestern der Demokratie ihr warmes Lager aufgeschlagen haben, und weil sie wie Leichensteine auf dem Grabe großer Männer sitzen, sich für deren Nachfolger halten. So wirtschaftet Becker und die Westdeutsche Zeitung in Deinem Nest, daß es eine Schande ist! Becker hat Tellering, der den Versuch machte, seine Zeitung zu heben, exploitiert, denunziert und wirklich auf die schauderhafteste Weise insultiert und malträtiert. Dronke würde auch nach Köln kommen an die Westdeutsche Zeitung, doch will er es nicht, und mit Recht, unter Beckers Redaktion.«

Lassalle hält losen Kontakt mit den Männern in Köln, vor allem mit Ferdinand Freiligrath, der eine Zeitlang in Düsseldorf wohnt. Er treibt Geld auf für Marx, der in ständigen finanziellen Nöten schwebt, und kümmert sich um die Verteilung von Marx' neuer »Revue« der *Neuen Rheinischen Zeitung*. Das Haus, das Lassalle gemeinsam mit der Gräfin Hatzfeldt in der verlängerten Kasernenstraße bewohnt, wird zu einem von der Polizei argwöhnisch beobachteten Treffpunkt und Fluchtpunkt der konspirativen Kräfte im Rheinland. Bürgers, Tellering, Hayn und andere finden dort zeitweilig Unterschlupf vor den verfolgenden Behörden. Sehr viel Dank wird Lassalle dafür nicht zuteil. Den Genossen ist ebenso wie den braven Bürgern Düsseldorfs die gemeinsame Haushaltsführung des prominenten jungen Rvolutionärs mit der berüchtigten Gräfin suspekt, für den luxuriösen Lebensstil und eleganten Habitus dort haben sie wenig Verständnis.

Dazu kommen familiäre Probleme zweierlei Art. Einmal beginnt das Verhältnis zwischen Gräfin Sophie und ihrem Sohn Paul schwierig zu werden. Im »tollen Jahr« war der junge Graf nicht selten mit seiner Mutter auf roten Versammlungen, auch in Delegationen erschienen und hatte sich mit ihr demonstrativ als Parteigänger der Revolution präsentiert. Von dieser Position rückt Paul, dem nach Weise der mütterlichen Hatzfeldt-Linie an einer diplomatischen Karriere in preußischen Diensten gelegen ist, nun heftig ab. Die Verbindung Gräfin Sophies mit ihrem Generalbevollmächtigten, dem roten Lassalle, versperrt ihm Möglichkeiten bei Hof und desavouiert ihn in den höchsten adligen Kreisen, nach denen es ihn jetzt heftig verlangt. Entsprechend mehren sich die dümmlich-arroganten Vorwürfe gegen die Mutter, die ablehnende und verächtliche Haltung gegenüber ihrem Berater, die Konflikte Gräfin Sophies. Sie will das einzige Kind, das ihr verblieben, halten; doch ebensoviel bedeutet ihr die Freundschaft Lassalles, den sie als ihren anderen, ja im Grunde besseren Sohn empfindet.

Auf der anderen Seite geht auch Heyman Lassal durch eine depressive Phase. Die Prager Gasgesellschaft, in der er sein Vermögen angelegt, ist in Geldschwierigkeiten geraten, und er sieht sein mühsam erworbenes Lebensgut samt seiner Existenz zusammenbrechen. Ferdinand beschwört die Schwester, die Eltern großherzig und liebevoll zu unterstützen, denn er fürchtet den Geiz des Schwagers Ferdinand Friedland, und dies nicht zu Unrecht. »Denke, geliebte Schwester, wie drückend es einem Manne, wie meinem Vater, dessen einziger Stolz seit je seine Rechtlichkeit und seine unabhängige Existenz war, überhaupt war, nach soviel Jahren der Wohlhabenheit in Abhängigkeit von dem guten Willen seiner Kinder und ihrem moralischen Pflichtgefühl zu geraten!«

Der Bittbrief Lassalles an die Schwester Friederike zeigt die zärtliche und besorgte Liebe, die er dem Vater Heyman sein Leben lang entgegenbrachte – wie diktatorisch er sich ihm gegenüber auch immer aufführte. Sein Kummer, dem Vater jetzt nicht beistehen zu können, ist so aufrichtig wie die herzliche Inständigkeit, mit der er die Schwester um Beistand und Verständnis für die Lage des Vaters angeht. Er weiß, daß dies auch für sie nicht ganz einfach ist, denn die Ehe der Schwester ist von zahlreichen Spannungen und Zwisten begleitet, der Schwager Industrieritter, ein nicht nur eigenwilliger, sondern auch eigensüchtiger Patron. Der aktuelle Fall ist das beste Beispiel: Während Heymans Einlagen in das Prager Gasunternehmen verpfändet sind, bleiben Friedlands Einnahmen unberührt! Allerdings liegt dem ganzen Vorgang eine Überreaktion Heymans zugrunde, der nun wirklich besser zum soliden Handelsmann als zum Unternehmer und Spekulanten taugte: Die Lage des Prager Geschäftes war gar nicht so prekär, und mit gutem Grund mahnt Lassalle den Vater bald darauf, er habe sich da »gewiß wieder äußerst schwach benommen«. Freilich, wo für den stets zum Risiko bereiten Sohn nur eine Herausforderung der Kräfte durch eine Krise entsteht, geraten für den ganz anders veranlagten Vater schon die Grundfesten ins Wanken: ein Grund, weshalb in geschäftlichen Dingen immer die beiden Ferdinande den Vater Heyman vorantreiben.

Die größten Rückschläge muß Lassalle bei den Auseinandersetzungen um das Hatzfeldtsche Vermögen, Scheidung und Rente der Gräfin Sophie einstecken. Marx berichtet er im Oktober 1849: »Das Gift und die Galle, die mir unsere trefflichen Richterkollegien täglich in den Myriaden Hatzfeldtscher Prozesse durch ihre lieblichen Entscheidungen in mich hineinzufressen geben, muß mich, wenn diese Fütterung noch ein bis zwei Jahre dauert, verbotenus platzen machen.« Die leidige Fütterung dauert an, ein Händel nach dem anderen geht jetzt verloren. Im Mai 1850 klagt er der Schwester: »Die Sache der Gräfin, deren ich mich angenommen habe, mußte, weil sie durch und durch mit den politischen Momenten zusammenhängt, natürlich auch durch die Contrerevolution des Jahres 1848 ihrem Untergange zugeführt werden. Das ist geschehen. Die Sache sieht fast ihrem sichern Ruin entgegen. Unter diesen Umständen ist es mir Ehrenpflicht, eine geschlagene Sache nicht im Stich zu lassen. Der Kapitän ist der letzte, der ein leckes Schiff verläßt.«

Auch wenn es ihm schlecht geht, und Lassalle geht es gesundheitlich ziemlich schlecht. Sein alter Widersacher Oberprokurator Nicolovius möchte ihn zu gerne zu der fälligen Haftstrafe einziehen – und »wenn er unterwegs stirbt« –, doch der Kreisphysikus erhebt Einspruch. So reist Lassalle im Juni 1850 mit der Gräfin nach Bad Gais im Kanton Appenzell und verbringt dort eine dreimonatige Kur, bei der er sich »recht gut amüsiert und viel Interessantes gesehen«. Ende September ist er zurück, ordnet noch rasch einige Geschäfte der Gräfin in Berlin und lädt die Mutter ein, die nächsten Monate in Gesellschaft der Gräfin in Düsseldorf zuzubringen. Die Familienbeziehungen sind inzwischen recht eng geworden, vor allem Vater Heyman und Gräfin Sophie finden ein sehr gutes Verhältnis zueinander; Mutter Lassal lehnt allerdings die herzliche Einladung ab. Am 1. Oktober rückt Lassalle zur Verbüßung seiner Haftstrafe aus dem Assisenprozeß-Anhang zum viertenmal ins Gefängnis ein. Er absolviert die sechs Monate mit einigem Gleichmut und feiert seine Entlassung am 1. April 1851 mit einem solennen Festmahl unter Freunden.

Der Auftakt allerdings ist wenig ermutigend. Am 31. Juli wird die von Graf Edmund betriebene Ehescheidung in letzter Instanz bestätigt. Gräfin Sophie verliert die jährliche Alimentation von 8000 Talern und erhält bis Juni 1852 keine weiteren Unterhaltszahlungen. Ihr Generalbevollmächtigter kämpft weiter.

»Das Proletariat betreffend, so scheint hier in großen Umkreisen eine Bewegung vorzugehen, welche Hegel eine ›Einkehr in sich‹ nennen würde. Die Arbeiterklasse ist offenbar in hohem Maße und weitem Umfang drauf und dran, die politische Windstille benutzend, sich in ihr Inwendiges einzuleben, sich ihren inneren Begriff zum Bewußtsein zu bringen und sich dadurch zu festigen. Die augenblicklichen politischen Zustände verstimmen und entmutigen sie weit weniger, drücken sie weit weniger als die Bourgeois, weil sie ohnehin wissen, daß sie keine Ansprüche auf die allerunmittelbarste Gegenwart machen können und andererseits den Instinkt haben, daß die Verlängerung des Absolutismus dafür um ebensoviel eine Abkürzung der direkten Klassenherrschaft der Bourgeoisie in sich einschließt. – So benutzen sie diese Zwischenzeit, um sich ihrerseits mit ihrem Klassenbegriff so lebendig als nur möglich zu durchdringen, ihn sich nach allen Seiten möglichst klar zu machen und seine Konsequenzen theoretisch zu entwickeln.«

Diese Lagebeurteilung schickt Lassalle im Juni 1852 an Marx nach London. »Ich brauche Dir nicht zu sagen, wie erfreulich diese Bewegung ist. Sie wird die Folge haben, daß die nächste Revolution in der Arbeiterklasse ein weit kompakteres und bewußteres Material vorfindet, als die zerfahrenen Elemente, mit denen im Jahre 1848 eine Arbeiterpartei improvisiert werden mußte. – Irre ich mich nicht, so wird gerade während dieser scheinbaren Todesstille die wirkliche deutsche Arbeiterpartei geboren.«

Wie die beständige Erwartung der nächsten Revolution, der wirklichen *sozialen* Erhebung, war auch diese Entwicklung eines Klassenbegriffes, die Selbstfindung und Bewußtwerdung der Arbeiterklasse, ein wenig durch die rosarote Brille gesehen. An diesem Optimismus krankten die meisten Sozialisten: positive Andeutungen zu überschätzen und als soziale Symptome zu deklarieren.

Tatsächlich hat es auch 1848 höchstens eine Arbeiterpartei gegeben, in der dieser Weg eingeschlagen war. Nicht der Bund der Kommunisten von Marx und Engels, der mehr eine elitäre Kaderbewegung war. Sondern die »Allgemeine Deutsche Arbeiterverbrüderung« des Leipziger Schriftsetzers Stephan Born, die 15000 Mitglieder erreichte. Born, der das *Kommu-*

nistische Manifest sehr gut kannte und auf die Realität des deutschen Arbeiterstandes zu übertragen versuchte, operierte ganz pragmatisch mit dem Begriff der Brüderlichkeit, der Solidarität. Er suchte den Handwerksgesellen, die in den alten Zünften immer weniger Chancen, von der Gewerbefreiheit nichts zu erwarten hatten und immer häufiger auch in Fabriken arbeiten mußten – diesen noch ständisch orientierten und geprägten »Arbeitnehmern« suchte er deutlich zu machen, daß ihre Solidarität den unausgebildeten, proletarischen Fabrikarbeitern zu gelten hätte – nicht den Meistern, deren Interessen die von Fabrikbesitzern, von Arbeitgebern seien. Born machte diese realistische Einschätzung schmackhaft durch die Forderung nach Produktivassoziationen und Kreditvereinen der »Arbeiterverbrüderung« und war der Überzeugung, daß von der Organisation der Arbeiter selbst aus der politische Hebel anzusetzen sei. »Bildung« war dann nicht wie in den alten Handwerkervereinen ein Instrument zur Versittlichung, das den Underdog zum sozialen Aufstieg erst vorbereitete und zuließ: sondern Bildung war ein Akt der Mündigkeit, der Bewußtwerdung, um die eigenen Interessen in die Hand nehmen und in der Gesellschaft durchsetzen zu können.

Borns Erfolge in der praktischen Organisation, größer als die irgendeiner anderen frühen Arbeiterbewegung, zeigen die Chancen eines solchen Ansatzes. Für Marx und Engels war er viel zu zünftlerisch und zu utopisch, und sie distanzierten sich vom einstigen Schüler. Lassalle aber hat die *Arbeiterverbrüderung*, die in Preußen 1850 verboten wurde und insgeheim nur unter allerlei beschaulichen Tarnnamen fortgeführt werden konnte, sicher im Auge gehabt. Jedenfalls bemühte er sich genau wie jene, in seinem Düsseldorfer Wirkungskreis politische Schulung und Aufklärungsarbeit zu leisten.

Anfang der fünfziger Jahre hält Lassalle »in meinem Haus Vorträge über die soziale Entwicklung seit 1789 trotz aller Wut und aller Drohungen der Polizei, bis gegen meinen Willen die Arbeiter erklärten, sie könnten und würden mich nicht länger dieser Gefahr aussetzen, und hartnäckig wegblieben«. In dieser *Geschichte der sozialen Entwicklung*, deren detailliert und kenntnisreich ausgearbeitetes Konzept erhalten ist, betreibt Lassalle nichts anderes als Aufklärung über Klassengegensätze und Bildung proletarischen Bewußtseins gegenüber der Herrschaft der Bourgeois. Es sind starke Anklänge an Marx in dieser

Darstellung – so wenn er schreibt: »Die herrschende Klasse in der Gesellschaft bedient sich stets und immer der Staatsgewalt, Staatsform, um in der Staatsverfassung ihre Herrschaft über die anderen Klassen zu sichern usw.« Andererseits interessiert ihn vor allem, wie das gesetzte Recht als Bastion der alten Übermacht durch das Werdende verdrängt wird – der Wirklichkeit werdende *Gedanke* das Alte außer Kraft setzt und *Geschichte* wird, die sich selbst verwirklichende Vernunft. Bei allem Konnex zu Marx also vor allem – Hegel. Oder richtiger: nicht Marx, nicht Hegel, sondern der geschichtsdeutende Politiker Lassalle.

Es ist ganz aktuell, was Lassalle da über Ziele und Resultate der großen Französischen, der bürgerlichen Revolution sagt. Gewollt war die Aufhebung aller Unterschiede, die allgemeine Gleichheit und Abschaffung von Privilegien. Übrig blieb eine formale Rechtsgleichheit – übrigens nicht für Frauen! –, und das ist nicht genug, sondern ein ungeheurer Widerspruch im »Prinzip der Bourgeoisie«.

»Die einzelnen werden in verschiedenen, günstigen oder ungünstigen Lebenslagen geboren. Sollten sie wirklich frei und unabhängig, gleich sein, so müßte diese Lage eine gleiche sein. Der einzelne ist nach dem Prinzip und unter der Herrschaft der Bourgeoisie zwar ›frei‹ und nur von seinen individuellen Kräften abhängig. Allein um diese zu erzeugen, gehört *Bildung*, und diese selbst kann nur der erlangen, der mit Kapital, der von begüterten Eltern geboren wird. Gehören ferner Arbeitsinstrumente, also wieder Kapital, um das Erlernte zu verwirklichen und im Kampf der freien Konkurrenz seine Unabhängigkeit zu erkämpfen und zu bewahren.

Für die unbegütert Geborenen, für den, der weder Bildung noch Arbeitsinstrumente vorfinden und erlangen kann, ist also die Unabhängigkeit und Freiheit nicht vorhanden. Er ist vielmehr absolut abhängig. Von der Freiheit und Unabhängigkeit der Bourgeoisie sind also die ärmeren Klassen der Gesellschaft, das ›Volk‹ absolut ausgeschlossen. Diese Freiheit selbst, welche die Aufhebung aller Privilegien zu sein vorgibt und auch zuerst zu sein glaubt, ist selbst nichts als die Errichtung eines neuen und zwar des härtesten Privilegs, des Kapitalbesitzes.«

Die Bourgeoisie, meint Lassalle, ahnte diesen Widerspruch von Anfang an – daher ihre Furcht und ihr Mißtrauen gegenüber dem Volk, das sie zunächst zur Durchsetzung ihrer Interessen benützt. Und er belegt auch diese Tendenz mit einem gleichfalls eindrucksvollen Beispiel von einiger Aktualität.

»Kurz darauf scheut sich diese Versammlung vom Stadthaus nicht, einen Beschluß zu erlassen, worin sie das Recht der Kolporteurs, Schriften anzubieten, beschränkt, wenn diese Schriftsteller ›sans existence connue‹ sind, ohne notorische hinreichende Existenzmittel. Seit wann ist das Eigentum die Bedingung, die Preßfreiheit ausüben zu können? Seit wann die Bedingung für die Moralität eines Schriftstellers? – Aber allerdings die Bourgeoisie fürchtet, daß eigentumslose Schriftsteller gegen das Eigentum schreiben werden, von Autoren von ›existence connue‹ glaubt sie das nicht zu fürchten zu haben. So erklärt sie von vornherein alle Schriftsteller, die nicht hinlängliche Existenzmittel haben, für verdächtig und gefährlich! Das Eigentum jetzt Bedingung für die Moralität geworden! Das Eigentum jetzt Bedingung für die Ausübung des Rechts der Preßfreiheit.

In solchen kleinen, aber charakteristischen Zügen enthüllt sich von vornherein das Wesen der Bourgeoisie, zeigt sich von vornherein, was sie später werden sollte und mußte!«

Das gedrängte, präzise Skript dieser Vorlesungen zur sozialen Geschichte ersetzt ganze Agitationsschriften; tatsächlich formuliert es spätere Entwicklungen und Inhalte bereits vor. In der knappen Form ist vieles deutlicher und eleganter, treffsicherer auch als in den wendungs- und wiederholungsreichen Reden, die der Politiker Lassalle so liebt.

»Das Prinzip der Bourgeoisie hatte geglaubt: Jeder ist frei zu erwerben; der Erwerb hängt nur von der freien Arbeitskraft des einzelnen ab. In der Tat ist das eine Illusion. Zu Erwerben (gehören – d. Verf.) Kapital, Arbeitsinstrumente, Rohstoff, Auslagen (alles das Kapital). Also nicht von der Arbeitskraft, sondern davon, ob er Kapital vorfindet, hängt die Möglichkeit des Erwerbs für den einzelnen ab, und nur das Kapital erwirbt. Und dies stellt sich denn auch in der Geschichte so dar, daß die Individuen, welche die individuelle kapitallose Arbeitskraft vertreten, die Masse der Nichtbesitzenden, welche später sich als Partei der Arbeiter konstituieren, der Arbeiter zum Erwerbe, zum Besitze nicht gelangen kann, während auf der anderen Seite das Kapital auch ohne Tätigkeit, ohne Arbeitskraft, sich ins Unendliche vergrößert. Dies ist der Kampf zwischen Arbeitern und Kapitalisten, der jeden Tag mit der größeren Bereicherung des letzteren, mit der Konzentrierung des Kapitals und dem Untergang des kleinen Besitzes endigt. Indem jetzt der einzelne nicht mehr aus sich selbst zum Besitze gelangen kann, indem er seine Kinder nicht mal in den Besitz der nötigen Kenntnisse setzen kann, um danach zu trachten, indem der Lohn bestimmt wird durch das Verhältnis der Nachfrage nach Arbeitern und Angebot von Arbeitern, das Angebot aber mit sehr kurzen flüchtigen Ausnahmen die Nachfrage übersteigen muß, reduziert sich der Lohn auf das zum Lebensunterhalt und zur Fortpflanzung Nötige und macht es der Arbeiterklasse schlechthin unmöglich, einen Besitz hinter sich zu bringen; es entsteht so eine erbliche Klasse von Menschen, denen mit ihrer Nachkommenschaft und Familie schlechthin unmöglich wird, zu Besitz zu gelangen, die schlechterdings abhängig sind von der Arbeit, die sie finden, und zugleich der notwendigen Krisen halber, die im Wesen der modernen Industrie liegen, zeitweise keine Arbeit finden. Dieser neue erbliche Stand der von der Hand in den Mund Lebenden ist der Stand des Proletariats.«

Der Letzte der Mohikaner

Während Lassalle in Düsseldorf agitiert, hat sich in Köln unter Führung von Heinrich Bürgers und Hermann Becker wieder eine kleine Gruppe des alten Bundes der Kommunisten etabliert. Ihre Arbeit besteht neben den Veröffentlichungen in Beckers *Westdeutscher Zeitung* allerdings hauptsächlich darin, ihre Rivalitäten und Eifersüchteleien untereinander auszutragen, um die Gunst Marxens in London zu buhlen, der sich recht distanziert verhält – und gegen Lassalle zu intrigieren.

Marx hat den Kölnern empfohlen, Lassalle in den Bund aufzunehmen – vor allem wohl aus der Überlegung, die Kräfte des fähigsten und energischsten Kopfes der Freunde im Rheinland der Gruppe nutzbar zu machen. Doch die Bündler lehnen ab – wovon Lassalle wohl nie erfuhr –, er ist ihnen zu suspekt; außerdem scheinen sie auf sein gutes Verhältnis zu Marx schlicht eifersüchtig zu sein. Besonders tut sich dabei Bürgers hervor, der noch bis 1850 als Hauslehrer des Grafen Paul angestellt war und auch bei polizeilichen Verfolgungen unter dem besonderen Schutz von Lassalle stand. Auf eine Einladung

Lassalles nach dessen Haftentlassung reagiert er höchst hoffärtig ablehnend und bescheidet seinen alten Mentor im Stile eines Kaderführers: »Die Rote, das ist die strengste Parteiorganisation, die unbedingte Selbstverleugnung, die gänzlichste Unterordnung unter die Konsequenzen des Prinzips. Vor der Roten verschwindet jeder Eigenwille der Intelligenzen, jedes Herrschaftsgelüste der Kapazitäten, jedes Privilegium der Persönlichkeiten.«

Verständlicherweise ist Lassalle konsterniert über die schroffe Reaktion auf seine freundliche Einladung und empört über das Unterwerfungsansinnen des Herrn Bürgers ihm gegenüber. »Ich glaube, daß Vertrauen nicht erschlichen, nicht einmal absichtlich kaptiviert werden darf. Ich würde einer Partei ebensowenig den Hof machen als einem König. Es gibt für mich nur einen würdigen Weg, Vertrauen zu erwerben, der ganz naturwüchsige Weg: mit ungeteilter Konsequenz sich seinen Prinzipien hinzugeben und kein Opfer, kein Leiden für die Realisierung derselben zu scheuen, d. h. der Weg, den ich seit je befolgt habe und für alle Zukunft befolgen werde. Wer mir dennoch kein Vertrauen schenkt, dessen Vertrauen mag, will, begehre ich nicht!« Zu Recht nennt Lassalle den Brief Bürgers' beleidigend und lächerlich: Diese Belehrung muß er sich nun wirklich nicht bieten lassen. Was die »Partei« ist, weiß er selbst, und glaubt sich dabei in Übereinstimmung mit dem einzigen Kopf, dem er darin noch Kompetenz zubilligt: mit Marx. Von den mittelmäßigen Erscheinungen aus der Kölner Zentrale jedenfalls nimmt er keine Anweisungen entgegen.

Genau diese Souveränität aber nehmen ihm die Kölner übel, das ist es ja, was sie so gegen ihn aufbringt. So schwärzt ihn denn auch Marx' Kontaktmann in Köln, Ronald Daniels, in London prompt noch einmal an: »Nachdem ich Dir oben über den Charlatanismus des Mesmerism gesprochen, wofür Du immer eine faible hattest, muß ich Dich allen Ernstes noch einmal auf einen Charlatan aufmerksam machen. Der Streit Lassalles und Bürgers' ist kein persönlicher, und ich glaube, daß Du Dich in Lassalle täuschst. Ich halte ihn mit vielen für einen oberflächlichen Blagueur und einen demokratischen Charlatan, der sich einmal entlarven wird wie Tellering – käme nur einige Geldmisere hinzu, hörte das Leben in Babylon auf, ich fürchte sehr, dieser ›harte Spartaner‹ wäre zu perfiden Stückchen fähig.«

Marx war für solche Einflüsterungen nicht unempfänglich. Er sammelte diese obskuren Denunziationen mit einer gewissen Schadenfreude und bestimmter Selbstgerechtigkeit. Ein Dr. Wiss aus Washington zog über Lassalle als geistreichen Roué, Schürzendiener und Genießer, Verräter, Ehrgeizling und gefährlichen Parteigänger her – Marx gab es zu den Akten. Tellering schwärzte ihn an – Marx notierte. Gustav Lewy, ein Mitarbeiter Lassalles aus Düsseldorf, machte Lassalle in London auf haltlose Weise schlecht – Marx bewahrte auch das auf. Lassalle sagte er davon nichts, erst sehr viel später. Und Lassalle merkte nicht, wie übel er hintergangen wurde, wie sehr sein Lebensstil und seine Arroganz, sein durch die Hatzfeldtschen Intrigen geschürter öffentlicher Ruf das Unverständnis, den Widerwillen und auch den Neid scheinbar aufrichtiger Freunde hervorriefen.

Lassalle ist dafür viel zu naiv. Als im Juni 1851 der Bund der Kommunisten zerschlagen wird, seine Führer inhaftiert werden und im Herbst 1852 ihnen in Köln der Prozeß gemacht wird – da vergißt er sofort allen Zwist und bemüht sich aufopferungsvoll um Hilfe, Beistand und finanzielle Unterstützung für ihre Familien. Die gleichen Leute, die ihm vorher so übel mitgespielt haben, schicken ihm dann aus dem Gefängnis Dankesbriefe. Und die meisten von ihnen, die vorher so groß auf die Partei geschworen, wandern später zu den Nationalliberalen ins bürgerliche Lager ab.

Marx war durch die »Diktaturgelüste« Lassalles, die Lewy ihm denunziert hatte, verstört. »Er scheint sich ganz anders zu nehmen, als wir ihn nehmen«, schreibt er an Engels. Ihm ging auf, daß Lassalle nicht wie die anderen willführig und lenkbar in seinem Kielwasser segelte. Andererseits war ihm klar, daß unter all den Mediokritäten Lassalle der einzig verläßliche Kerl sei: »Lassalle trotz der vielen ›abers‹ ist dur und energisch.« Engels antwortete postwendend: »Der decline unserer Freunde ist nicht sehr angenehm zu vernehmen. Die ›Besseren‹ werden sich im entscheidenden Moment schon wieder besinnen, aber es ist nicht angenehm, wenn diese citoyens genauso klug und nicht klüger in die nächste Affäre hineingehen, als sie aus der letzten herausgegangen sind. Lassalle ist nächst Cluss (in Washington – d. Verf.) bei weitem der brauchbarste von allen, besonders von dem Augenblick an où les biens du comte Hatzfeld seront irrévocablement réunis au domaine public. Er hat seine Mucken, aber hat auch esprit de parti et ambition, und die kleinen Nebengelüste und Privathistorien, denen er unter öffentlichen Vorwänden immer nachgehen wird, kennt man einmal.«

In der Tat, der einzige, der in dieser Zeit wirkliche »Partei«-Arbeit betreibt, ist Lassalle. Für die Polizei ist er der »Hauptleiter der Umsturzpartei in der Rheinprovinz«, und sie verfolgt seine politische Aufklärung unter Handwerkern und dem kleinen Mittelstand mit allem Argwohn: »Sein Plan ist der, bei den Arbeitern die Unzufriedenheit mit ihrer äußeren Lage zu wecken und zu nähren und sie zu überreden, daß hieran hauptsächlich das monarchische Regierungssystem schuld sei und daß das republikanische ihre Bedrängnis heben würde und müßte.«

Lassalle selbst bereitet diese Fehde auch einiges Vergnügen. Er ist höchst erfindungsreich in der Beschaffung von Deckadressen, unter denen er seine Korrespondenz mit Marx und anderen umstürzlerischen Freunden betreibt, und findet immer wieder Wege, auch »konspirative« Schriften einzuschmuggeln und an den Mann zu bringen. An die liebe Freundin Jenny Marx schreibt er im Juni 1853 launig: »Ich bin, sozusagen, der Letzte der Mohikaner im Rheinland. Jeder Organismus sucht das ihm Anomale auszustoßen, und es ist Lachstoff für sechs Winterabende, wenn ich Ihnen erzählen wollte, was die Polizei in dieser Hinsicht schon alles gegen mich versucht hat. Bisher habe ich sie noch immer verspotten können.« Marx führt den Briefwechsel übrigens sehr lässig und mit unverkennbar eigennützigem Hintergrund: »Lassalle ist noch der einzige, der mit London zu korrespondieren wagt, und so muß verhütet werden, ihm die Sache zu verleiden.«

Lassalle macht sich allerdings auch wenig Illusionen über die Erfolgsaussichten seiner Arbeit – zu groß ist die allgemeine Apathie. Doch immerhin mag sie für später nützlich sein. »Man kann eine mehr oder weniger große Zahl Proletarier theoretisch bilden und in diesen, in möglichst vielen Städten, dem Proletariat zu Vertrauensmännern und geistigen Mittelpunkten für künftige Bewegungen erzeugen, welche dann verhindern, daß sich das Proletariat nochmals zum Chorus für die bürgerlichen Helden hergibt. Diese Proletarier können, vermöge der Höhe und Klarheit geistigen Bewußtseins, das man in ihnen zu entwickeln weiß, und vermöge des unmittelbaren Anhangs und Einflusses, den sie als Arbeiter unter Arbeitern haben, überaus wichtig und heilsam in künftigen Bewegungen wirken; wenige Proletarier können so häufig für eine ganze Stadt repondieren.« Der Färber Ferdinand Kichniawy ist einer der wenigen, die Lassalle für diese Rolle zuverlässig gewinnen kann.

Andererseits besteht ja auch die reelle Gefahr, daß bei irgendwelchen Unruhen die preußische Regierung vorbeugend sämtliche Demokraten in Haft nimmt, und »ein gutes Teil Revolutionszeit im Kerker verbringen müssen, ist eben keine sehr erfreuliche Aussicht«. Lassalle fragt Marx um Rat, wohin er sich in solchem Falle eine Zeitlang absentieren solle – und Marx versteht prompt »exilieren«. Lassalle ist entsetzt. »Lieber Freund! Wie konntest Du nur aus dem von mir gebrauchten Ausdruck ›exilieren‹ schließen, daß ich die Absicht hätte, vom Kontinent ›fortzuziehen‹? Wie? Nachdem ich diesen deutschen Boden von 1848 bis 1854 wirklich à outrance verteidigt, sollte ich jetzt fortziehen, jetzt, wo und weil die Zeit gekommen, in deren Erwartung ich ihn verteidigt! Y pensez-vous? Ehe ich mich eines solchen Widerspruches schuldig mache, riskierte ich es lieber mit Sibirien, Ural und Kaukasus zusammengenommen!«

Das ist nun etwas, wofür es den Marx und Engels von ihrer hohen Warte aus am Begriff zu fehlen scheint. Wohl, Lassalle hat seine Mucken und Privathistorien, aber auch erheblich mehr *esprit de parti et ambition*, als den beiden deutlich werden mag. Unter all den entschiedenen Demokraten und Republikanern, Sozialisten und Kommunisten hat er wirklich den deutschen Boden *à outrance* verteidigt und es trefflich und knifflig verstanden, seine Position im Lande zu behaupten und zu festigen. Dafür nimmt er eben auch lange Haftstrafen in Kauf – um aus dem Gefängnis heraus den Gerichten und Behörden neue Scherereien zu bereiten und sich schon für das nächste Rencontre zu präparieren. Für Lassalle ist es von entscheidender Wichtigkeit, daß er seine Operationsbasis im Lande behält und von hier zur direkten Attacke ansetzen kann. Dabei wird ihm auf Dauer die Rheinprovinz, in der Marx und Engels mit Recht das stärkste demokratische Potential erblikken, nicht genügen. Lassalle zielt aufs Zentrum der Reaktion, auf die Hauptstadt Berlin.

Im August 1854 bekam Lassalle endlich die Hände frei. Jahre seines Lebens hat er dafür eingesetzt, für die Rechte der Gräfin Sophie zu streiten und ihre Unterhalts- und Güteransprüche gegenüber dem Grafen Hatzfeldt zu sichern. Die ersten beiden Jahre mit einigem gerichtlichen Erfolg. Aber nach dem Scheitern der Revolution 1848 häufte sich auch hier Niederlage auf Niederlage. Die Urteile der ersten Instanz wurden aufgehoben, in jedem neuen Verfahren siegte Graf Edmund mit seinen Verbündeten. Die Lage war katastrophal – aber der generalbevollmächtigte Kapitän Lassalle verläßt kein sinkendes Schiff! Er suchte einen Vergleich, den er vor 1848 leicht hätte haben können – jetzt aber nicht mehr. Er scheute sich auch nicht, jetzt die geschmähte Familie der Gräfin um Hilfe anzugehen, erfolglos. Schließlich erreicht er durch Bestechung, was auf gütlichem Wege nicht zu erzielen war. Mit 10000 Talern zieht er den gegnerischen Agenten von Stockum auf seine Seite, gewinnt den Oberprokurator von Koesteritz und den Polizeipräsidenten von Falderen und kann nun den Grafen unter Druck setzen, einen Vergleich zu schließen.

Am 11. August 1854 wird die Gütergemeinschaft der geschiedenen Hatzfeldts aufgehoben und in einem Vergleich der Gräfin eine Summe von 300000 Talern gesichert, die ihr eine sorgenfreie Existenz ermöglichen. Ihr und Lassalle: Nach einem längst geschlossenen Abkommen erhält der Generalbevollmächtigte von nun an eine jährliche Leibrente von 4000 Talern. Das ist angesichts seiner Leistungen und seines Opfers nicht mehr als billig und für die Gräfin wie Lassalle eine Selbstverständlichkeit. Für Lassalle bedeutete es, daß er künftig finanzieller Sorgen enthoben war und nie in die verhaßte Situation geraten würde, sein Talent und seine Feder anderen zu verdingen. Er war nun ein unabhängiger Mann. 4000 Taler – das entspricht dem Jahreseinkommen eines preußischen Regierungspräsidenten.

An die Eltern schreibt Lassalle: »Was habt ihr denn aber meine vielgeliebten Eltern zu der Nachricht über den Vergleich und seinen Inhalt gesagt? Ein harter zehnjähriger Kampf, in dem ich selbst schon manchmal alles verloren glaubte, ist siegreich beigelegt und in der vorteilhaftesten Weise. Die für die Gräfin erkämpften materiellen Vorteile, das bedeutende

Vermögen, das ich ihr erfochten, freuen mich gewiß sehr. Aber fast noch mehr das Bewußtsein, siegreich und mit Lorbeer umgürteter Stirn aus diesem schweren Kampf geschieden zu sein!«

»Das Revolutionsspielen nützt zu nichts«

Bei den Düsseldorfer Polizeibehörden nahm man eigentlich an, Lassalle und die Gräfin würden nun, da die Hatzfeldt-Händel abgeschlossen und ihr Lebensunterhalt gesichert sei, von ihren »Umtrieben« ablassen. So schlicht funktionierte die reaktionäre Logik. Dabei wußte die Polizei selbst doch am besten, eine wie zentrale Figur Lassalle in der revolutionären Szene geworden war.

»Du hast nicht Begriff noch Vorstellung«, schrieb er später an Marx, »was ich alles für diese Leute tat, litt, sakrifizierte. Dank hatte ich nie gehofft ... Kamen sie in Geldnot, so kamen sie zu mir, suchten und fanden stets Hilfe. Ich gab fast immer viel mehr, als ich konnte, gab mit den allergrößten Opfern, aber ich gab, weil weniger nicht half und weil ich immer lieber mich überbürden und häufig in ganz extreme Lage versetzen wollte, als diesen Leuten nicht helfen, von denen ich mir sagte, daß sie weniger Ressourcen haben. Ich trieb dies häufig bis zur größten Gewissenlosigkeit gegen mich selbst und zumal gegen die Gräfin, die mir doch so sehr am Herzen lag und mit deren Schicksal ich doch chargiert war. – Hatten sie Überwürfnisse mit der Polizei, so kamen sie zu mir, und ich nahm sie unter den Schutz meiner Flügel. Ich stürzte zum Polizeidirektor und erledigte – wie oft – durch Drohungen, die ich keinem anderen geraten hätte, ihre Differenzen. Kamen sie ins Gefängnis, sorgte ich wenn nötig für ihre Verteidigung und ernährte inzwischen ihre Familien. Handelte es sich drum, ein selbständiges Etablissement für welche von ihnen zu begründen, lief ich so lange herum, bis das Geld aufgebracht war, stets selbst gebend alles, was erforderlich war und nicht aufgebracht werden konnte. Mein Haus war ihr Asyl das ganze Jahr. Jeder, der in Werden (Zuchthaus – d. Verf.) entsprang, jeder, der sonst von ihnen fortgebracht werden sollte, wurde in mein Haus gebracht, dort mit der größten Kriminalgefahr für mich und die Gräfin tagelang gehütet, mit Pferd und Wagen nach

Holland gesandt usw. Für alle war ich stets zu Rat und Tat da, nicht etwa bloß für Lieblinge. Sonnabends, sonntags sammelten sie sich, so oft sie wollten, und sehr häufig, gesellschaftlich bei mir...«

Es war ein von beiden Seiten mit Erbitterung geführter Heckenkrieg. Als man den Färber Kichniawy aus der Fabrik entlassen wollte, wandte sich Lassalle direkt an den Polizeipräsidenten und drohte an, ihn dann zum doppelten Gehalt als Berufsagitator anzustellen – Kichniawy wurde nicht entlassen. Andererseits tauchte in Solingen ein *agent provocateur* auf, der sich als Lassalle ausgab und im Interesse der Arbeiterklasse Verbindungen zu Lennep, Iserlohn und Elberfeld herzustellen vorgab. Lassalle machte von diesem Doppelgänger mit diebischem Vergnügen dem Polizeidirektor von Faldern Anzeige – es war der Polizeiagent Goldheim. Schließlich gab es auch unter den eigenen Kantonisten unsichere wie den Gustav Lewy. Er verlangte von Lassalle, der den darbenden Kampfgefährten ganz unzulässig betucht schien, 2000 Taler für eine Geschäftseröffnung und denunzierte ihn »im Namen der Düsseldorfer Arbeiter« bei Marx, als Lassalle ihm höchstens 500 bewilligen wollte.

Mit Recht meinte Lassalle, »so lange irgendeine judiziäre Form beachtet werden muß«, habe er nichts zu fürchten. Dann war er den Behörden, die ihn auf Berliner Anweisung *à tout prix* fassen sollten, immer eine Nasenlänge voraus. Schwieriger war es schon mit den eigenen Kampfgefährten. »Das Revolutionsspielen mit den Arbeitern nützt zu nichts, als nur gar zu häufig ihre schlimmen Appetite zu erwecken, sie denunziatorisch und persönlich zu machen, sie dahin zu bringen, daß sie das Allgemeine mit ihrer Person verwechseln und indem sie immer über Exploitation schreien, selber zu Exploitateurs werden, und à la Lewy solche, die ihren Personen nicht jeden rein persönlichen Dienst erweisen wollen, in allgemeiner und Parteihinsicht verleumden und herabsetzen. Der einzelne Arbeiter wird sich so zum Dalai Lama, der gar nicht mehr unterscheidet, was persönlich und was Parteisache ist.«

Bei aller Sorgfaltspflicht für einzelne und dem Bemühen um Aufklärungsarbeit unter vielen schätzt Lassalle die Erfolgschancen direkter politischer Aktion in diesen Jahren gering ein. Dies ist der eine Grund, weshalb er nach dem Abschluß der

Hatzfeldt-Kämpfe seine Kräfte nicht voll auf die politische Auseinandersetzung konzentriert: Es wäre ein sinnloses, selbstmörderisches Unterfangen, denn die Zeit ist nicht reif dafür.

Der andere Grund liegt in seiner eigenen Biographie. Bevor er sich 1846 der gerechten Sache der Gräfin Sophie verschrieb, war seine Ambition gewesen, sich in der gelehrten Welt einen Ruf zu erwerben – und ein Lassalle macht keine halben Sachen. »Es ist eine Art Notwendigkeit in meiner Persönlichkeit, nie etwas unvollendet zu lassen, was ich jemals angefangen habe.« In der Schublade liegen von damals noch 2000 Manuskriptseiten. Jetzt holt er sie hervor, um seine Darstellung der Philosophie Heraklits des Dunklen zu vollenden und sich damit das Entreebillett in die Welt der gelehrtesten Köpfe zu erwerben.

Diese Rückwendung zur wissenschaftlichen Arbeit soll ihm zugleich eine zweite Möglichkeit eröffnen: die Eroberung Berlins. Natürlich wird man dem Revolutionär Lassalle den Zugang zur preußischen Hauptstadt weiter versperren – aber kann man ihn auch dem braven Philosophen und Forscher Lassalle verwehren, wenn er prominente Fürsprecher findet und ein gelehrtes Œuvre vorzulegen hat? Schon im Frühjahr 1855 sondiert er – verbotenermaßen, denn er hat keine Aufenthaltsbewilligung – an Ort und Stelle die Aussichten. Sie sind schlecht, aber das schreckt ihn bekanntlich nicht.

Im Sommer reist er mit Vater und Schwager zum drittenmal nach Paris, besucht dort die Weltausstellung, trifft auch Heine wieder, der sich die Begegnung gewünscht hat. An Marx berichtet er darüber: »Heine ist äußerst herunter. Sein Geist aber so hell und scharf wie je, nur etwas gegen die Welt verbittert, wie es mir schien. Er freute sich sehr, mich zu sehen, und rief nach der ersten Begrüßung gleich aus (auf seinen Schwanz weisend): ›Sehen Sie, welcher Undank! Diese Partie, für die ich soviel getan habe, hat mich so weit gebracht.‹ Sein Anblick ist übrigens wirklich schreckenerregend.« Lassalle selbst befindet sich da im sekundären Stadium der Syphilis, doch scheint ihm die beklemmende Affinität des Erlebnisses nicht bewußt zu sein.

Die Absicht eines Abstechers nach London, »um endlich wieder einmal unter Menschen zu sein«, zerschlägt sich. Übrigens bricht auch der Briefwechsel mit Marx kurz darauf für zwei Jahre ab. Daran sind neben den Denunziationen

Lewys und den dadurch bestärkten Vorbehalten von Marx und Engels – »er scheint sich ganz anders zu nehmen, als wir ihn nehmen« – sicher auch die geänderten Lebensumstände und Arbeitsinteressen Lassalles schuld.

Das gemeinsame Leben von Lassalle und Gräfin Sophie ist von Schwierigkeiten überschattet. Nach so vielen Jahren strapaziöser und enervierender Kämpfe macht sich auch eine gewisse Erschöpfung aneinander bemerkbar. Gewiß, niemand ist mehr »Lassalleaner«, keiner ihm ein besserer Freund und verständigerer Ratgeber als sie. Doch zugleich leidet sie auch unter der Trennung von Paul, für dessen Erhaltung sie doch alles angestrengt, unter dem Mißverhältnis, das ihre engsten Lebensbeziehungen bedrückt. Zudem findet sie sich in einer Phase des Alterns, in der sie sich krank, schwach und traurig fühlt. Aus der Kur in Marienbad richtet sie im August 1855 an den Freund, ihr »liebes Kind«, die Bitte um Verstehen. »Ich weiß sehr wohl, daß Paul nicht ist, was er sein sollte; ich sehe seine Fehler sehr gut, ich weiß auch, daß ich nur Sorgen und nie Freude an ihm haben werde; ich weiß auch, daß er egoistisch gegen mich ist, aber vorzüglich aus Charakterschwäche, weil er keine Unannehmlichkeiten vertragen kann. Aber trotz alledem ist und bleibt er für mich wie physisch ein Stück meines eigenen Herzens, das bluten muß, sobald er leidet. Ich möchte ihm auch jetzt so gerne helfen und weiß nicht, wie ich es anfangen soll; und so, wie er sich an mich in seinen Verlegenheiten wendet, so komme ich zu Ihnen um Rat und Hilfe für ihn; aber Sie müssen versuchen, sich dabei in das schwache Herz einer Mutter hineinzudenken, um mit derselben schonenden Zärtlichkeit zu verfahren ... Nehmen Sie sich vor, etwas sanfter, nachsichtiger und nachgiebiger zu sein, zu bedenken, daß ich wirklich aus Krankheitsgründen nicht immer sein kann, wie ich will, ich bin wirklich nervenschwächer, als Sie vielleicht verstehen können.«

Nachsicht und Zartgefühl sind nun Lassalles Stärken sicher nicht. Er war ein Mann, dem seine Regungen, Gefühle und Beteuerungen meist eine Nummer zu groß und zu dramatisch ausfielen, wie aufrichtig sie immer gemeint und wie wahr sie auch sein mochten. Und er war der unverrückbar egozentrischen Überzeugung, alle anderen müßten seine persönlichen Beziehungen und Verhältnisse genauso betrachten und verstehen wie er selbst. Für die Belastungen, die er anderen und insbesondere der Gräfin damit auferlegte, war er ziemlich blind und taub.

Es gab eine Zeit, in der das unverkennbar erotische Freundschaftsverhältnis zwischen Lassalle und Gräfin Sophie auch sexuelle Züge trug: als er während der Untersuchungen zum Assisen-Prozeß 1848/49 in Haft saß. Nichts hat ihn damals so außer Fassung und in wütende Verwirrung versetzt wie die Nachricht, daß man die Gräfin eines alten Bestechungsvorwurfs wegen für zwei Wochen inhaftierte. Spätere Äußerungen und Bekenntnisse Lassalles lassen die Vermutung zu, daß es damals zumindest von seiner Seite aus so etwas wie eine geschlechtliche Wertigkeit in ihren Beziehungen gab – Genaueres kann man nicht behaupten, nichts nachweisen.

Die weiteren Frauenbeziehungen Lassalles, deren es nicht wenige gab, waren bis auf wenige Ausnahmen sehr flüchtig. Gemäß seinem Prinzip, daß der Zweck der Gattung die Begattung sei – wobei er emotionale Wallungen wie Bindungen tunlichst vermied.

Das Problem waren die Ausnahmen, denn jede weniger flüchtige Begegnung mußte nach seinen Prinzipien in sein Verhältnis zu Gräfin Sophie eingeordnet, ihrem menschlichen Rang unterordnet werden. Konkret heißt das: Jede Frau, der er sich heftiger zuwandte, sollte auch die Billigung und das eigentümlich vertrauensvolle Kindschaftsverhältnis der Gräfin finden und ihrerseits deren besondere Rolle und überragende Stellung in seinem Leben anerkennen. Aus der Struktur und Mentalität Lassalles ist das ganz gut zu verstehen und im Grunde auch eine sehr noble Auffassung – und dennoch ein unmögliches Begehren, das voller Konflikte steckt.

Wahrscheinlich beim rheinischen Musikfest im Mai 1855 lernt Lassalle Agnes Denis-Street kennen, die gemeinsam mit ihrem Lehrer Franz Liszt aus Weimar nach Düsseldorf kam. Liszt preist den Zauber und die »eingeborene Poesie« seiner vertrauten Schülerin. Lassalle jedenfalls ist von der verwitweten oder geschiedenen Frau sehr beeindruckt, zumal sie sein Werben entgegenkommend beantwortet. Bald findet man sie häufig im Haus Lassalles – und der Gräfin –, wobei auch ihrem Vater eine wichtige, schillernde Rolle zukommt. Georg Klindworth war eine Art diplomatischer Agent auf eigene Rechnung. Dank seiner ausgezeichneten Kenntnisse, vielseitigen Beziehungen und geschickten Vermittlungsdienste trug er –

gleichzeitig – auf vielen Schultern, wenn er dabei nur auf seine Rechnung kam: beim französischen und beim österreichischen, beim württembergischen, braunschweigischen und auch beim preußischen Hof. Er diente ihnen allen, ein Winkeldiplomat europäischen Ranges, der seine Agentur in enger Zusammenarbeit mit der talentierten Tochter Agnes betrieb. Ihm verdankte Lassalle seine exzellenten Informationen über die europäischen Entwicklungen während des Krim-Krieges, die er an Marx weitergab. Die Tochter Agnes avancierte unterdes zur ständigen Begleiterin, Sekretärin und schließlich Lebensgefährtin Lassalles. Als die Gräfin im Sommer 1856 nach Marienbad reist, bleibt Agnes mit ihrem Söhnchen bei Lassalle in Düsseldorf, begleitet ihn zu Bibliotheksstudien für den *Heraklit* nach Bonn, schreibt die munteren Briefe an die Gräfin, die Lassalle ihr wegen seines Augenleidens diktiert: »Der Narr souffliert, der Weise spricht.«

Ist es ein Wunder, daß die Gräfin in Alterselegien verfällt und um Nachsicht bittet? Lassalle begreift das gar nicht, so wichtig ist ihm das angenehme Gattungsverhältnis mit der Agnes nicht.

Er wird sich bald darauf ohne Aufheben von Agnes Denis-Street trennen, die an ihren Wohnsitz Brabant bei Brüssel zurückkehrt und dort eine Tochter, Fernande, zur Welt bringt. Das Kind lebt nicht lange, stirbt schon im Spätsommer 1857, und Agnes bittet Lassalle brieflich um Geld für die Bestattung. Er berichtet darüber an Gräfin Sophie: »Mir ist meine kleine Fernande gestorben, wie ich vor wenigen Tagen aus einem verzweifelten Brief ihrer Mutter erfahren habe. Die arme Agnes hat doch Unglück. Vor wenigen Wochen hat (ihr Sohn – d. V.) Georg den Arm gebrochen. Es tut mir übrigens recht leid um die kleine Fernande. Ich wollte ein Erziehungsmeisterstück an dem Mädchen machen. Muß also warten, bis ich irgendwoher eine andere bekomme. Armes kleines Kind. Es starb am Zahnen. Tut es Ihnen nicht auch leid? Es hätte Ihnen vielleicht mal mehr Spaß gemacht als Ihre Kinder! Nun adieu mit Goethes Worten: ›Doch der Boden zeugt sie wieder‹ usw. usw.«

Kaltherzigkeit, Gefühllosigkeit, Gleichgültigkeit? Wahrscheinlich muß man das ein wenig distanzierter sehen. Die hohen Ziffern der Kindersterblichkeit und das emotionsarme Eltern-Kind-Verhältnis im 19. Jahrhundert. Lassalles Verständnis von freier Liebe, das Verhältnis auf Zeit mit Agnes und die Selbstbezogenheit beider. Die Gräfin zu ihrer Charakteristik: »Ich glaube, daß wir in der Agnes uns auch etwas geirrt. Sie ist von einem angenehmen Umgang und ist auch, glaube ich, gutmütig, aber von jener charakterlosen Gutmütigkeit, die sie immer so reden läßt wie die Leute, mit denen sie ist. Es ist kein rechter Fonds in ihr.« Verdammungsurteile liegen nahe, aber sie gehen an den Bedingungen der Zeit und dieser Menschen vorbei: Sie projizieren nur unsere Vorurteile. Lassalle hat die Beziehungen zu der »schönen Agnese«, die auch mit Richard Wagner und Hans von Bülow befreundet war, später brieflich wiederaufgenommen und sie 1860 noch »sehr liebenswürdig, gebildet, stattlich, weich und nachgiebig« genannt. Vielleicht war das von Erinnerung verklärt, sicher. Aber mag es ein Zeichen von Selbstgefälligkeit sein, so sicher auch eines von Sentimentalität und nicht von Gefühlsroheit, wenn er ihr aus den Kämpfen des Jahres 1863 schrieb: »Es war viel schöner, als wir damals in Düsseldorf lebten.«

Das Leben in Düsseldorf jedenfalls war ihm in seiner Ungeduld, nach Berlin zu kommen, durch Agnes' Gesellschaft erleichtert. Und er denkt, das müsse irgendwie auch für die Gräfin gelten. Deshalb wollte er ihr auch die Gesellschaft Agnes' aufdrängen, als sie im August 1856 zum Genfer See reisen. Die Spannungen zwischen ihm und der Gräfin wurden in Vevey noch unerträglicher, die Trennung schien unvermeidlich. Lassalle entgeht dem durch den fluchtartigen Entschluß, mit dem Schwager Ferdinand Friedland eine Orientreise zu unternehmen, die er bislang ständig abgelehnt hat. Begleitet von den fürsorglichen Wünschen Vater Heymans brechen sie am 28. September 1856 auf.

Die dreimonatige beschwerliche Reise führt die kleine Gesellschaft von Prag über Budapest, Belgrad, Bukarest nach Konstantinopel und Smyrna, über Damaskus geht es zu Schiff nach Alexandria, Kairo und Theben und zurück über Triest und Laibach. Überwältigende neue Erkenntnisse und Schlüsselerlebnisse kann man bei Lassalle nicht erwarten, so sehr ihn das Erfahrene beeindruckt. Er hält es in langen Briefen an die Eltern und die Gräfin und fünf ausführlichen Reiseberichten fest. Vor allem bestätigen ihm die rückständigen und erbärmlichen Zustände in Serbien und Rumänien sein vernichtendes Urteil über die Habsburger Donaumonarchie. Vom Unrat bis zur Desorganisation muß alles dafür herhalten, seine Einschätzung Österreichs als Hort der Reaktion und Unkultur in Europa zu bekräftigen. Der physisch erlebten Abneigung gegen Schmutz und Verkommenheit dieser Verhältnisse stellt er die Klarheit und Hochschätzung des deutschen Arbeiters entgegen und seine revolutionäre Aufgabe. Der große Kampf in Europa werde jetzt zu entscheiden haben, »ob der deutsche Proletarier zur Existenz und Kulturstufe des Walachen gewaltsam zurückgedrängt werden, oder das innere Menschentum, das er sich erobert hat, auch äußerlich entwickeln und realisieren können soll«. Auch die spontanen Eindrücke der Orientreise werden Lassalles großem revolutionären Zeitkonzept untergeordnet.

Drei Erlebnisse dieser Reise werfen noch ein besonderes Licht auf den Charakter Lassalles, dem man so gern Unsensibilität und Egozentrik nachsagt.

In Konstantinopel stößt er auf die Spuren des Freundes Arnold Mendelssohn, der sich nach der Ausweisung aus Europa als Medicus in türkische Dienste gestellt hatte. Gemeinsame Bekannte erzählen Lassalle nun von ihren Begegnungen. »Ach, wer beschreibt die tiefe, tiefe Melancholie, mit der es mich erfüllte, als ich mir alle die kleinen Geschichten und Züge von ihm erzählen ließ, an denen ich ihn wiedererkannte, als stände er leibhaft vor mir, unverändert, ganz in jenem lebenslustigen Humor, der ihn stets charakterisiert hat. War es mir doch manchmal, als sei es unmöglich, daß er tot sei, als müsse sich von Augenblick zu Augenblick die Tür öffnen und seine Gestalt hereintreten mit dem alten gutmütigen Lächeln um die fette Unterlippe. Es ist zu stupide, daß dieser Mensch so untergehen konnte, zu dieser Zeit untergehen konnte, während er so leicht hätte den Untergang vermeiden können. Von Kars, wo auch er als Regimentsarzt stand, läßt er sich als Regimentsarzt zu einem Redifregiment versetzen und muß mit diesem den Marsch nach Bajazid an der persischen Grenze antreten, um auf dem Wege dahin, fünf Meilen vor Bajazid, dem Typhus zu erliegen. Wäre er in Kars geblieben, es wäre ihm nichts geschehen, ich hätte ihn jetzt wiedergefunden. Nachdem er sich sechs Jahre im Orient wacker durchgeschlagen, muß er untergehen im April 1854, d. h. vier Monate ehe ich den Vergleich gemacht, also fast in dem Augenblick, wo ich zu seiner Hilfe, wie zu dem Entsatz einer belagerten Festung herbeifliegen, ihm ein Los machen, ihn nach Europa zurücknehmen und mein Schicksal mit ihm teilen konnte.« An die Gräfin schreibt Lassalle aufgewühlt: »Mir ist sehr weh, sehr wehmütig. In meinem ganzen Leben habe ich außer meinem Vater nur zwei Menschen gehabt, Sie und Arnold. In der Kraft und Blüte seiner Jugend habe ich diesen untergehen lassen müssen, ohne ihn schützen, ohne irgend etwas für ihn tun zu können.« Lassalle ist tief getroffen und das Gefühl seiner Schuld oder Schwäche unverkennbar.

Vielleicht ist diese ungewohnte Verletzlichkeit Ursache, daß ihn auch eine Reisebagatelle wenige Tage später bis ins Innerste aufwühlt. Einem der Gefährten, Seeling, geht das Pferd durch, wirft ihn ab, er verletzt sich und kommt, unter dem Schock klagend, auf Lassalle zu: »Du, Lassalle, ich bin ja ein ruinierter Mensch für immer, ich habe mir den Arm gebrochen.« Lassalle reagiert ungewöhnlich exaltiert: »Selten habe ich etwas erlebt, was mich so erschüttert hat, nie etwas, was mich momentan so vernichtet hätte. Den Arm gebrochen auf einer Vergnügungspartie und dabei ein Pianist, der, ohne hinreichend selbständiges Vermögen dadurch für immer ruiniert, um Beruf und Existenz zugleich gebracht war. Dazu noch die Persönlichkeit, der dies gerade zustoßen mußte: ein Mensch von einer solchen Sanftheit, Weichheit und Herzensgüte, wie ich sie kaum je bei Frauen getroffen habe.« Für den jungen Pianisten ist der katastrophale Moment begreiflich, doch im Entsetzen Lassalles schwingt die Erinnerung an das Schicksal Mendelssohns mit – eine Mischung von Schuld, Ohnmacht und hilflosem Zorn. »Sie wissen, daß ich schon viel schreckliche Momente in meinem Leben überstanden habe. Aber das Harte, was mich und meine Freunde bisher traf, kam meistens von Feinden. Ich konnte mich dagegen erbittern und zur Wut entzünden. Der Drang nach Rache, das Bewußtsein meiner Kraft, das mir Bürge war, daß ich sie zu nehmen wissen würde, und wenn eine Welt sich entgegenstemmte, mischte sich in den Schmerz, erhöhte und entzündete meine Widerstandskraft und erleichterte mir, das zu tragen, was ich trug. Alles, wogegen angekämpft werden kann, erhöht mein Seelenleben, anstatt es zu vernichten. Aber, Sie wissen es seit langem, ich möchte beinahe sagen, daß ich die Natur fast scheue und hasse, eben weil sie unnahbar, weil sie, mindestens für mich, den Nichtarzt, unbekämpflich, unerreichbar, unzugänglich ist, weil sie nur die Rolle stummen Leidens uns überläßt. Darum sind für mich immer Konflikte mit der Natur von so vernichtender Wirkung, während alle Arten geistiger und anderer Unglücksfälle immer nur aufregende stählende Wirkung auf mich hervorbrachten.«

Das ist eine profunde Selbsterkenntnis Lassalles. Seine Auseinandersetzung mit der Welt muß geistiger Art sein können, dann kann er sie bestehen und meistern – er lebt in einer ständigen Herausforderung. Die »Natur« hingegen setzt ihn in Verlegenheit: Sie ist ihm unzugänglich, auch ein wenig unheimlich, weil sie nicht auf den Begriff zu bringen ist. Und das gilt nicht nur für das rohe Walten ihrer Kräfte wie bei einem Reitunfall oder einer Krankheit. Lassalle ist sich seiner Unsicherheit und Unzulänglichkeit in all den Beziehungen und Konflikten bewußt, die natürliche, sinnliche, emotionale Wahrnehmung verlangen. Nur die Gräfin, der Vater und auch Arnold haben ihn darin nie enttäuscht, getäuscht oder im Stich gelassen: der Grundstock ihrer Freundschaft und der Liebe, die er sonst niemandem auf Dauer entgegenzubringen vermochte.

Doch wo er liebevolle Treue empfindet, besitzt er auch zarte Fürsorge. Beim Besuch Kairos erfüllt ihn ganz der Gedanke, wie wohl sich die Gräfin hier würde fühlen, wie heilend das Klima auf sie werde wirken müssen, und er entwirft sofort einen Winteraufenthalt für sie, eine Reise, auf der sie ihre Gesundheit werde wiederherstellen können und er sie gerne begleite. Er empfindet eine kindliche Vorfreude, was er ihr dann alles werde zeigen können. Die Orientreise hat für die beiden vor allem den Erfolg gehabt, daß sie sich der Unverruckbarkeit und Verläßlichkeit ihrer Freundschaft wieder klar geworden sind. Die schöne Agnes wird zur Randfigur: In der Korrespondenz wird deutlich, daß ihr Verhältnis zu Lassalle so oberflächlich wie unwahrhaftig und stark mit finanziellen Motiven verquickt war.

Unter den Spitzen der gelehrten Welt: Berliner Leben

Am Neujahrstag 1857 trifft Lassalle die Gräfin Sophie in Breslau wieder und reist mit ihr wegen dringender Geschäfte eilends über Berlin nach Düsseldorf. Die nächsten Wochen sind mit fieberhafter Tätigkeit angefüllt. Mitte März kann Lassalle der Gräfin nach Berlin melden, daß das Manuskript des *Heraklit* vollendet ist – was sie nun endlich für seine Ansiedlung in Berlin erreicht habe?

Gräfin Sophie weilt in Berlin, um ihrer an Krebs zu Tode erkrankten Schwester Klara von Nostitz beizustehen. Außerdem ist sie da ihrem Sohn Paul nahe, außerdem kann sie ihre Beziehungen zu ihrer Familie wieder in ordentliche Bahnen bringen. Aber eines geht unmöglich: daß die Gräfin und Lassalle gleichzeitig in Berlin und dann womöglich noch beieinander wohnen. Das dulden weder die Familie noch die Anstandsregeln der höfischen Kreise, entsprechend wird es von den Behörden verwehrt. Die Gräfin bemüht sich also nur sehr lässig um die Aufenthaltsgenehmigung für Lassalle und muß sich dafür von ihm barsche und drängende Schelte gefallen lassen. Lassalle will natürlich, daß sie beide zugleich und zusammen in Berlin sind – aber die Gräfin nicht, die des ständigen Ringens mit den gesellschaftlichen Widerständen müde ist. Diese Auseinandersetzung durchzieht und belastet das Verhältnis der beiden in den nächsten zwei Jahren, während derer die Gräfin nur zu kurzen Besuchen in der Hauptstadt auftaucht.

Denn wieder einmal setzt Lassalle seinen Willen durch. Seiner Hartnäckigkeit gelingt es, dem Berliner Polizeipräsidenten von Zedtlitz-Neukirch klarzumachen, daß er für sein gelehrtes Werk nur in Berlin einen Verleger finden könne und die Drucklegung begleiten müsse. Am 25. April 1857 erhält er die Erlaubnis zu einem sechsmonatigen Aufenthalt in Berlin »behufs des Gebrauchs einer Augenkur und der Herausgabe des von ihm verfaßten Werkes über Heraklit«.

Lassalle sagt Düsseldorf sofort und erleichtert Valet – »eine kleine Stadt und hat überhaupt keine geistigen Kapazitäten« –, die Gräfin kehrt nach dort zurück. Binnen weniger Tage hat er einen Verleger für seinen *Heraklit* gefunden, Franz Duncker, und ein reizendes, etwas kleines Mietshaus an der Potsdamer Straße 131, Dunckers Wohnung gegenüber. Er fordert aus Düsseldorf dringend die Bücherkiste, die Weinkiste und überhaupt alle *meubles* an. Er knüpft alte Kontakte wieder an, findet im Hause Dunckers neue, übt sich in politischer Zurückhaltung und verfolgt die Drucklegung. Zu Marx, an den er jetzt wieder erste Briefe richtet, äußert er sich darüber: »Ich habe immer sehr viel auf antike, theoretische und philosophische

Bildung gehalten und halte daran im wesentlichen fest. Es ist die geistige Freiheit und somit Wurzel und Quelle aller andern! Deshalb scheint mir jede wissenschaftliche Leistung in diesem Sinne immer höchst leistenswert. Geisteswissenschaft und Politik sind durchaus weder Gegensätze noch – im tiefsten Sinne – unabhängig voneinander. Wir Deutsche zumal haben uns nun einmal auf diesem Wege unsern Freiheitsbegriff erzeugt, und eben deshalb vielleicht einen zwar noch sehr unlebendigen, aber doch um so tiefern.«

Daneben steht aber noch ein ganz anderes Kalkül, von Eitelkeit wie politischer Berechnung getragen. Er will sich durch eine grandiose wissenschaftliche Leistung bei den großen Geistern der Nation in Respekt setzen – und, mit einem entsprechenden öffentlichen Ruf und Schutz als anerkannter Gelehrter versehen, politisch unangreifbar machen. Und diese Rechnung geht auf.

Im November 1857 kommt »Die Philosophie Herakleitos des Dunkeln von Ephesos« in zwei Bänden heraus und macht sofort Sensation. Von dem verrufenen roten Lassalle, dem berüchtigten Streiter der Hatzfeldt-Prozesse, hatte man eine so kenntnisreiche und detailsichere akribische Arbeit in Philosophie und Philologie nicht erwartet. Der Kerngedanke dieser Hegelschen Interpretation: »Der Mittelpunkt der heraklitischen Philosophie, der ewig wiederkehrende Grundgedanke aller seiner Philosopheme, ist also nichts anderes als der wahre Begriff des Werdens, die Einheit des Seins und Nichtseins, dieses absoluten Gegensatzes. Und zwar, was auch nicht übersehen werden darf, diese Einheit nicht als ruhige, sondern als Prozeß gefaßt. Als tätige prozessierende Bewegung ist ihm diese Einheit Fluß und als Einheit des schlechthinnigen Gegensatzes ist sie ihm Kampf oder Gegenfluß.«

Die große Garde der Gelehrten und Hegelianer, meist würdige Herren, überschüttet Lassalle mit Lob und Anerkennung, man reißt sich um sein Werk und seine Gesellschaft, stattet Dankesschreiben und Besuche ab. Der Philologe August Boeckh und der Ägyptologe Richard Lepsius, Alexander von Humboldt und Varnhagen von Ense preisen die Arbeit überschwenglich. Bei einem Festessen wird Lassalle spontan durch Akklamation gemeinsam mit dem ehemaligen preußischen Ministerpräsidenten Ernst von Pfuel in die »Philosophische Gesellschaft zu Berlin« aufgenommen und von ihrem Präsidenten Friedrich Förster wie dem Sekretär Karl Ludwig Michelet hofiert.

Lassalle ist in den Reigen der gelehrten Honoratioren aufgenommen und begreiflicherweise stolz auf seinen überragenden Erfolg, den er ausführlich an die Eltern und die Gräfin berichtet. Und auch an Marx: »Philologen wie Hegelianer gehen hier wie der Ausrufer des Königs Ahasverus vor Mardochai vor mir her und schreien: ›Das ist der Mann, der den Heraklit geschrieben hat.‹ Humboldt hat mich genötigt, zu ihm zu kommen und kolportiert meinen Ruhm, und nachdem es durch alles dies nun einmal Mode geworden ist, mich auf das unverschämteste zu lobhudeln, übertreibt jeder um die Wette! Ich lasse mir das ruhig gefallen und lege das Gute mit ebenso ungerührtem Gemüte danieder wie früher das Schlechte. Der reelle Gewinn bei der Sache ist, daß ich infolge des großen Geschreis unter den Spitzen der gelehrten Welt von der Polizei keine Emission von hier zu befürchten habe, was mir sehr zurecht kömmt. Denn der mir gestattete sechsmonatliche Aufenthalt war eben abgelaufen, und in der Tat hat man sich auch jetzt noch nicht zu einer bestimmten Verlängerung verstanden. Aber man wird sich jetzt scheuen, Skandäler mit mir zu machen, und das reicht mir hin.«

Marx war nicht der Mann, eine solche Selbstanzeige neidlos hinzunehmen. Spontan und ohne Kenntnis des *Heraklit* vermutet er zuerst einmal gegenüber Engels: »Der brave Lassalle hat die Philosophie, den Heraklit, getrieben wie den Hatzfeldtschen Prozeß und schließlich seinen ›Prozeß‹ gewonnen, wenn ihm zu glauben. Es scheint in der Tat, daß die Alten – Philologen und Hegelianer – überrascht waren, eine solche posthume Blüte seiner vergangenen Epoche wieder zu erleben. Vielleicht kann er uns nützlich sein zum Auftreiben von Buchhändlern, wenn er nicht etwa fürchtet, der Ruhm, den er auf dem ökonomischen Feld sucht, möchte durch die Konkurrenz leiden und so der ›Prozeß‹ verloren gehen.« Später bestätigt er sich, daß Lassalle in seinem *Heraklit* dem absolut nichts Neues hinzugefügt habe, was schon Hegel darüber gesagt, und dafür hätten zwei Druckbogen genügt – während er Lassalle gegenüber von »meisterhaft« und »Scharfsinn in der Polemik« spricht. Nur Formelles habe er auszusetzen und vermisse kritische Andeutungen Lassalles über sein Verhältnis zur Hegelschen Dialektik, da es nötig sei, »sie von dem mystischen Schein, den sie bei Hegel hat, zu befreien«. Das wäre in der Tat einer kritischen Auseinandersetzung wert gewesen, aber die vermeidet Marx – schließlich kann er Lassalle noch brauchen. Lassalle verschafft ihm einen Vertrag mit Duncker für seine Schrift »Zur Kritik der politischen Ökonomie«. Allerdings erscheint davon trotz vieler Mahnungen und Peinlichkeiten für Lassalle gegenüber dem Verleger nur das erste Heft: Marx liefert die weiteren Sendungen trotz vieler Versprechungen nicht, wird nicht fertig.

Für Lassalle ist indes – wie er an Marx schrieb – von entscheidender Bedeutung, daß seine wissenschaftliche Reputation ihm in Berlin einen festen Stand verleiht. Er pflegt freundschaftlichen Umgang mit dem Philologen Adolf Stahr und dessen Frau, der Schriftstellerin Fanny Lehwald. Mit der Frau seines Verlegers, Lina Duncker, steht er in recht intimen Beziehungen, die ein Gemisch von Verehrung, Koketterie und Bemutterung sind; der Kontakt ist so intensiv, daß da wieder einmal die Gräfin Sophie als dritte im emotionalen Bunde nach den Vorstellungen Lassalles aufgenommen werden soll, und wieder hat er für die daraus erwachsenden eifersüchtigen Anspannungen keine Ader.

Sein neugewonnener Ruf strahlt so stark, daß Lassalle auch darangehen kann, den bösen Leumund vergessen zu machen, der ihm in der Berliner Gesellschaft als Bevollmächtigter und Freund der Gräfin Hatzfeldt aus dem Rheinland noch anhängt – jetzt ist er nicht mehr der böse Kassettendieb, sondern der ritterliche Verteidiger in einer für ihn rühmlichen Affäre. Und er setzt alles daran, auch der Rückkehr der Gräfin nach Berlin die Wege zu ebnen und ihr eine erlesene Gesellschaft zu präsentieren.

Im Hause seines Verlegers, der die bürgerlich-demokratische »Volkszeitung« herausgibt, verkehrt, was im kulturellen Berlin Rang und Namen hat. Hans von Bülow und seine Frau Cosima, die spätere Gattin Richard Wagners; Varnhagen und seine Nichte Ludmilla Assing, die mehr als nur ein Faible für den interessanten Lassalle hat; Ernst Dohm vom »Kladderadatsch«, Assessor Eduard Hiersemenzel von der »Preußischen Gerichtszeitung«, ein Zirkel honoriger bürgerlicher Damen, der sich gerne um Lassalle und seine Einladungen dreht. Denn Lassalle veranstaltet opulente Abendgesellschaften, er hängt den Futterkorb heraus, und da werden auch einmal an einem

Abend von dreizehn Gästen fünf Flaschen Bordeaux, vier Flaschen Steinberger Kabinett und acht Flaschen Champagner getrunken, wie er Gräfin Sophie vergnügt berichtet. Denn alles geschieht für sie. »Ich kann Ihnen jetzt, sowie Sie herkommen, die Elite unserer Berliner Welt, alle unsere Berühmtheiten versammeln und Ihnen die beste Gesellschaft machen, die es hier überhaupt gibt, sowie den interessantesten Frauenkreis, den ich hier getroffen habe. Es gibt niemand in Berlin, der Ihnen jetzt eine bessere, zahlreichere und glänzendere Gesellschaft zu bieten vermöchte als ich.«

Andererseits ist er auch arg geplagt von Krankheiten, Infektionen und Augenleiden, nicht selten bettlägerig, häufig arg erschöpft, und erwähnt in dieser Zeit gelegentlich, daß einem das *plaisir* gründlich vergehe, wenn man Krankheiten wie er mit sich herumtrage. Er streut aus, daß er an weiteren philosophischen Monographien arbeite, tatsächlich jedoch verfolgt er ein ganz anderes Projekt, das er schon während des Abschlusses seines *Heraklit* begonnen: ein Drama über Franz von Sickingen. Bei seiner körperlichen Verfassung und den Anstrengungen, die ihm die Fülle geselliger Begegnungen wie die Intensität seines Arbeitens abverlangen, sind seine Beteuerungen gegenüber der mütterlichen Freundin nicht unglaubhaft: »Auch müssen Sie das schon aus meinem Geschmacke wissen, denn ich liebe es, lang aufs Sofa hingelagert mit zwei bis drei guten Freunden alten Rheinwein zu trinken, nicht aber solche Damengesellschaften mit Honoratioren usw., wobei ich selbst nur viel Mühe und Qual habe. Aber um Ihretwillen ist es mir ein Genuß . . .«

Duell: Petrefakt einer überwundenen Kulturstufe

Die ganzen Bemühungen um honoriges Ansehen und Unauffälligkeit drohen durch einen lächerlichen Zwischenfall zunichte zu werden.

Zu den langjährigen Verehrern und Hausfreunden Lina Dunckers zählte ein Intendanturrat Fabrice. Gottfried Keller, ein früherer Bewunderer Linas, nennt ihn einmal den »Spinnenfresser« – er muß herzlich wenig sympathisch gewesen sein. Fabrice fühlte sich zu Recht von Lassalle in der Aufmerksamkeit Linas ausgestochen und übergangen – Lassalle konnte ihn nicht ausstehen und verlangte auch von der Freundin gebieterisch entsprechende Konsequenzen. Als Fabrice bei den Dunckers mit allgemein gehaltenen Denunziationen Lassalles erfolglos blieb, übersandte er ihm im Mai 1858 eine Duellforderung.

Das ist nun zweifach grotesk. Einmal hatte bei einem Gespräch im Hause Duncker im März Lassalle das Duell »aus sittlichen wie vernünftigen Gründen für verwerflich erklärt«, wobei ihm der Herr Intendanturrat – das entspricht in der militärischen Administration dem Rang eines Majors – aufs lebhafteste widersprach. Fabrice konnte also wissen, daß Lassalle *in praxi* eine solche Forderung mit moralischem Mut zurückweisen und für lächerlich erklären würde. Zum anderen nannte Fabrice als Grund seiner Duellforderung ein gewisses Lächeln, mit dem ihn Lassalle im Januar des Jahres bedacht habe, also vor Monaten eines fortgesetzt konventionell artigen Umgangs miteinander!

Während Lassalle noch überlegt, ob er überhaupt reagieren soll, lauert ihm Fabrice mit einem Kollegen, dem Militärbeamten Bormann, im Tiergarten auf, und die beiden fallen mit der Reitpeitsche über ihn her, morgens um 11 Uhr. Es wird ein jämmerliches Fiasko für die beiden hinterhältigen Helden, Lassalle verprügelt sie mit seinem Spazierstock und schlägt dem Fabrice ein mächtiges Loch in den Kopf, das genäht werden muß. »Der Hieb war furchtbar und so stark, daß der goldene Knopf meines Stockes sofort vom Stock abbrach, obwohl er sehr fest angelötet war.«

Lassalle reicht den Fall sofort bei der vorgesetzten Militärbehörde ein, weil der gemeine Überfall von zweien gegen einen allen Begriffen militärischer und bürgerlicher Ehre widerspreche, und fordert von Generalfeldmarschall von Wrangel mündlich und schriftlich strengste Bestrafung des »groben Kriminalvergehens«. Die Empörung in Berlin ist allgemein, alle Bekannte versichern Lassalle die Richtigkeit seines Verhaltens, die *Volkszeitung* macht die Sache zu der ihren, die anderen Blätter schließen sich an. Die beiden Herren werden letztlich vom Dienst suspendiert und mit Gefängnis bestraft.

Und doch hat der Vorfall noch zwei andere Seiten von prinzipieller Bedeutung. Zwar hält Lassalle das Duell für »ein unsinniges Petrefakt einer überwundenen Kulturstufe«, doch andererseits mag er den Vorwurf persönlicher Feigheit ausgerechnet von reaktionärer Seite nicht auf sich sitzen lassen, ebensowenig aus verletzter Eitelkeit antreten. Soll er Fabrice jetzt gerade auf Pistolen fordern oder nicht – er ist ein mehr als ziemlich guter Schütze?!

Zur Klärung bittet er Marx um Rat, der nimmt mit Engels und Lupus Wolff Rücksprache, und schließlich sind sich die vier über den »Parteistandpunkt« ziemlich einig. Erstens ist da kein prinzipieller Standpunkt nach den Kategorien gut oder schlecht möglich, auch wenn das Duell an sich nicht rationell und Reliquie einer vergangenen Kulturstufe ist: Die Entscheidung hängt rein von den Umständen ab. Zweitens sprechen die Umstände hier dagegen: Die Kerle haben sich durch ihre Keilerei als Kanaillen decouvriert und auf den »Holzstandpunkt« gestellt; und außerdem wäre das Duell hier nur die Erfüllung einer konventionellen Form, gegen die die Partei resolut Front zu machen hat. Summa: Unter diesen Umständen findet kein Duell statt.

Das zweite Problem ist durchaus ernsthafter. Lassalles unverschuldete kriminelle Verwicklung liefert dem Polizeipräsidenten den Vorwand für die politische Maßnahme seiner Ausweisung aus Berlin. Fabrice denunzierte ihn nämlich jetzt noch wegen politischer Äußerungen, die er angeblich bei Dunckers getan habe – z. B. daß die Stellvertretung des Prinzen von Preußen für den geisteskranken König illegal sei...

Lassalle setzt alle Hebel in Bewegung, die Ausweisung zu verhindern. Boeckh setzt sich ein, Humboldt macht sich zu seinem Fürsprecher beim Prinzen von Preußen. Lassalle spricht beim Minister des Innern vor, Ferdinand von Westphalen, der ablehnt, und beim Ministerpräsidenten Otto von Manteuffel, der sich geneigt zeigt. Er verfaßt eine Immediateingabe an den Prinzen von Preußen, die Humboldt unterstützt – »lang, aber sehr klug«. Und der den Republikanern so verhaßte »Kartätschenprinz« von 1848 zeigt sich Lassalles Argumenten offen, Lassalle ist beruhigt. Doch auf Betreiben Westphalens – des Schwagers von Marx übrigens –, des Polizeipräsidenten von Zedtlitz, der Junkerpartei und ihrer »Kreuzzeitung« schlägt die Entscheidung wieder um, Lassalle muß im Juli 1858 die Hauptstadt verlassen.

Zu diesem Zeitpunkt trifft ihn das bei aller Enttäuschung seiner Hoffnungen nicht unmittelbar. Für den 25. Juli hat er sich ohnehin mit Franz und Lina Duncker zum Start einer

Schweiz-Reise verabredet – in der Erwartung, im Herbst am Lago Maggiore oder Comer See eine Zeit mit der Gräfin zu verbringen. »Ich kenne bloß zwei starke Neigungen, die sich in mein Herz teilen und die alles erschöpfen, was ich an innerem Leben hab, zwei Neigungen, unwandelbar, die dauern werden, solange ich lebe und ohne welche mein Herz ein trostlos ausgebrannter Krater sein würde. Es ist meine Leidenschaft für die große Sache, und meine leidenschaftliche Freundschaft für Sie. Individuell glücklich kann ich mich nur mit und bei Ihnen fühlen.«

Auf dies individuelle Glück muß er während der Sommerreise verzichten. Die Gräfin ist in Wildbad mit Sohn Paul, während er mit den Dunckers über Aosta bis Turin und Genua zieht und ihr erst im September in Düsseldorf wieder begegnet. »Sie können mir das nun glauben oder nicht, aber ich gewinne den schönsten Dingen nur die Hälfte ihres Geschmackes ab, wenn Sie nicht dabei.«

Am 14. Oktober trifft Lassalle wieder in Berlin ein: Varnhagen von Ense ist gestorben. Es ist noch zu früh, von Zedtlitz will ihm erst nach den bevorstehenden Wahlen den Aufenthalt genehmigen. Doch Lassalle gelingt es, sich mit ihm zu arrangieren. Er verspricht, sich jeder politischen Tätigkeit zu enthalten, und handelt dafür am 19. Oktober die widerrufliche Bewilligung seines Aufenthaltes ein. Es ist eine veränderte Hauptstadt und ein verändertes politisches Klima, in das er jetzt zurückkehrt. Er führt sich mit einem eminent politischen Werk ein, das zu literarisch und zu intellektuell ist, als daß es die Furore machte, die er sich versprochen hatte.

Die neue Ära

Das Jahr 1857 brachte in diesen Jahrzehnten vehementen wirtschaftlichen Aufbruchs, überbordender Gründertätigkeit und wilder Börsenspekulationen den ersten Einbruch. Er hatte europäische Ausmaße: Von der ersten Weltwirtschaftskrise wurden England, Frankreich, Preußen und Österreich betroffen. Handel und Industrie gerieten durch Überproduktion und Absatzkrisen ins Wanken, Massenentlassungen und Lohnkürzungen verschärften die sozialen Probleme, Bankhäuser fallierten und brachen die Zuversicht fröhlich spekulierender

Privatiers in die Geldwirtschaft – Gräfin Sophie büßte 57 000 Reichstaler ein und fühlte sich jammernd am Rand des finanziellen Ruins.

Der Umfang der Textilproduktion hatte sich binnen 15 Jahren vervierfacht, der Bau von Dampfmaschinen hatte seit 1840 sein Volumen auf das 15fache gesteigert, die Eisen- und Kohleproduktion sich mehr als verdoppelt, das Eisenbahnnetz war um das 20fache gewachsen. Preußen ging in der industriellen Revolution voran und übernahm im Zollverein die führende Rolle. Industriereviere entstanden in Nieder- und Oberschlesien, in Sachsen und an Rhein und Ruhr. In der Großindustrie hatte Preußen einen Anteil von zwei Dritteln, im Bergbau von 95 Prozent. Dazu kam die große Wanderungsbewegung von Ost nach West, die Übervölkerung der industriellen und städtischen Gebiete; trotz steigender Auswanderungsziffern mehrten sich die Elendsquartiere, und aus den immer mehr ineinander fließenden Bevölkerungskreisen von abwandernder Landarbeiterschaft, qualifiziertem Handwerksstand und Fabrikarbeitern entwickelte, formierte sich, immer deutlicher erkennbar, der Stand, die Klasse des Proletariats.

Das bürokratische Polizeiregiment der Reaktionszeit war gänzlich ungeeignet, auf diese Herausforderung zu antworten. Auf die sozialen Probleme der entwurzelten und verarmenden Massen konnte man mit Unterdrückung und Repressionen reagieren, nicht aber auf die wirtschaftlichen Forderungen von Bourgeoisie und Unternehmertum, von deren Wachstum und Prosperität das Gedeihen und die Kraft des Staates abhingen. Zugeständnisse an eine stärkere politische Mitbestimmung der Wirtschaftskreise und nationale Lösungen zumindest hin zu größeren ökonomischen Einheiten waren unvermeidlich geworden.

Im Oktober 1857 schon hatte der »Kartätschen-Prinz« Wilhelm von Preußen von seinem kinderlosen geisteskranken Bruder Friedrich Wilhelm IV. die Regierungsgeschäfte stellvertretend übernommen. Ein Jahr darauf wird er Regent von Preußen, löst das reaktionäre Kabinett von Manteuffel auf und bildet eine gemäßigt liberale Regierung unter dem Fürsten von Hohenzollern-Sigmaringen. Seine programmatischen Äußerungen vom 8. November 1858 weisen auf den Beginn einer »Neuen Ära«: »In Deutschland muß Preußen moralische

Eroberungen machen, durch eine weise Gesetzgebung bei sich, durch Hebung aller sittlichen Elemente und durch Ergreifung von Einigungselementen, wie der Zollverband es ist, der indes einer Reform wird unterworfen werden müssen.« Bei den Wahlen zum preußischen Abgeordnetenhaus – nach dem Dreiklassensystem natürlich – erlitten die Konservativen eine böse Schlappe und behielten nur 60 von 224 Sitzen, während sich die Zahl der liberalen Abgeordneten von 36 auf 147 erhöhte.

»Verkleidung gilt auf dem Markte der Geschichte nicht«

Lassalle erwartete ja ständig, daß in absehbarer Zeit die große Erhebung losbreche – nicht gerade in Preußen, aber in Frankreich und in Ungarn, wo die Befreiungskämpfe nur mühsam unterdrückt wurden, um dann über Wien auch auf Berlin überzugreifen. Jedenfalls spürte er, daß die Macht der Reaktion zum Erliegen kam und sich eine Chance für neue politische Impulse eröffnete, ohne das gleich zu überschätzen. »So illusionär grundlos und erbärmlich dieser Jubel und diese Hoffnungen sind«, kommentiert er in einem Brief an Marx im Februar 1858 die hochgespannten Erwartungen der Bourgeoisie in die Regentschaft Prinz Wilhelms, »so steht doch fest, daß grade durch dieselben eine Auflockerung der Regierungszügel in irgendwelchem Umfange eintreten wird. Eine Voraussetzung der öffentlichen Meinung, wenn sie, wie die gegenwärtige, eine ganz allgemeine ist, wirkt eben dadurch, wie irrig sie auch an sich sei, wie eine Tatsache. Infolge dieser allgemeinen Voraussetzung nimmt sich jeder von der Oppositionspartei eine Gurke mehr, jeder aus den Reihen der Administration – denn diese ist gleichfalls von der allgemeinen Annahme beeinflußt – eine Gurke weniger heraus, und damit ist die Auflockerung aber gegeben.«

Noch während er den *Heraklit* abschließt, macht sich Lassalle im Frühjahr 1857 an ein neues Werk, von dem er glaubt und hofft, »daß es einigermaßen zünden wird! Diese Arbeit, die mir fast um so mehr Spaß macht, als nicht nur alle meine Freunde, sondern auch ich selbst mich für vorzugsweis ungeschickt und unbefähigt zu dieser Art von Produktion gehalten hätte ... Wie gesagt, ich hoffe, diese wird etwas zünden! Zündete sie aber selbst nicht im Volke, so wird sie doch jedenfalls wohl die Polizei entzünden, mich wieder von Berlin fortzujagen! Bonne résistance werde ich machen, wenn es auch wohl nicht viel helfen wird.«

Die so geheimnis- und verheißungsvoll angekündigte Arbeit ist im Frühjahr 1858 vollendet: die historische Tragödie »Franz von Sickingen«. Durch Vermittlung Ernst Dohms vom *Kladderadatsch* reicht Lassalle die Bühnenfassung anonym im Juli beim Königlichen Hoftheater ein. Nach einem halben Jahr, am 31. Januar 1859, erfolgt die Ablehnung. Aus literarischen Gründen, aus dramaturgischen, politischen?

Die gelehrten und dichtenden Zeitgenossen, denen Lassalle die im Februar 1859 erscheinende Buchfassung seines Stückes schickt, sind voll des Lobes über die außerordentliche Leistung: Humboldt, Fürst Pückler-Muskau, Adolf Stahr, David Friedrich Strauß, Friedrich Theodor Vischer. Die ersteren beschränken sich auf die Anerkennung des unvermuteten dramaturgischen Talentes Lassalles, die letzteren riskieren auch einige offene kritische Einwände.

Was die meisten besticht, wenn auch nicht immer überzeugt, ist die zugrunde liegende dramatische Intention. Lassalle – so erklärt er in seinem Vorwort – will das historische Drama über Schiller hinaus fortführen: Bei Schiller bildeten »die großen Gegensätze des historischen Geistes«, das heißt die Zustände und Bedingungen, Bewegungen und Kräfte der Zeit nur den Boden, den Unter- und Hintergrund der Zeit, vor dem sich dann doch wieder die rein individuellen Interessen und Schicksale in der dramatischen Handlung entfalteten. »Was ich dagegen seit lange für die höchste Aufgabe der historischen Tragödie, und somit der Tragödie überhaupt, halte, ist, die großen kultur-historischen Prozesse der Zeiten und Völker, zumal des eigenen, zum eigentlichen Subjekte der Tragödie, zur dramatisch zu gestaltenden Seele derselben zu machen, die großen Kulturgedanken solcher Wendeepochen und ihren ringenden Kampf zu dem eigentlichen zu dramatisierenden Gegenstand zu nehmen.«

Die gewaltige Zeit der Reformation fasziniert ihn wie viele seiner Zeitgenossen, die sich nun der Betrachtung ihrer großen Vergangenheit zuwenden. Für sie alle sind die Parallelen zum Scheitern der 48er Bewegung unübersehbar. »Was damals in Deutschland wirklich erkämpft wurde, die *geistige* Freiheit, das ist und bleibt ein für ewige Zeiten Gerettetes! Was damals erstrebt, aber verfehlt wurde – ist über drei Jahrhunderte lang der Punkt geblieben, an welchem die deutsche Nation und Geschichte schmerzlichst krankt! Die *geistige* Freiheit wurde erkämpft, aber – und es dies eine höchst traurige, höchst tragische Betrachtung – dies wirklich Erreichte wurde gerade dadurch erreicht, daß ihm bis auf seine letzte Spur alles nationale Dasein, alle politische Freiheit, Einheit und Größe mindestens auf drei Jahrhunderte von Grund aus zum Opfer gebracht wurde!«

So weit mochten die gebildeten Kritiker Idee und Inhalt des Dramas folgen. Auf den Konflikt, den er in seinem Titelhelden aufreißt, gehen sie nicht näher ein. Sie fragen, ob ihm die Umsetzung, die poetische Wahrheit und Gestaltung des Stoffes gelungen sei – und antworten mit einem verblümten Nein. Ein Einwand, meist behutsam vorgetragen, gilt der mangelnden Lebendigkeit und Realität der dramatischen Personen. Der entschiedenere richtet sich gegen die unvollkommene und holprige Metrik der Jamben, in denen das riesige Wortdrama abgefaßt ist, gegen die aufdringliche Rhetorik. Wieweit diese ästhetische und formale Absage die Verweigerung einer inhaltlichen Auseinandersetzung kaschiert, läßt sich nur vermuten.

Worauf es ihm ankommt, erklärt Lassalle in seiner Korrespondenz mit Marx: Er will die Kollision zeigen, an der die revolutionäre Bewegung von 1848 gescheitert ist und scheitern mußte.

Die ewige Stärke der herrschenden Ordnung – so Lassalle – liegt in der Bewußtheit des Klasseninteresses jener, die sie tragen. Die ewige Schwäche jeder berechtigten revolutionären Idee hingegen liegt in dem Mangel an Bewußtheit und Organisation jener, die sie als ihr (Klassen-)Interesse durchsetzen müßten; ihre Stärke ist ihre Begeisterung. Der fatale Widerspruch besteht nur darin, daß sich die revolutionäre Idee zu ihrer Verwirklichung realer Mittel und realistischer Klugheit bedienen muß, um durch Täuschung der herrschenden Kräfte die Organisation der neuen zu ermöglichen und mit dieser Taktiererei die Wirklichkeit zu besiegen. In diesem Listen mit ihrer Idee und der Kraft unmittelbarer Begeisterung verstößt sie gegen ihr Prinzip und muß deshalb unterliegen.

»In der Tat, so schwer es dem Verstande wird, dies einzugestehen, beinahe scheint es, als ob ein unlöslicher Widerspruch zwischen der spekulativen Idee, welche die Kraft und Berechtigung einer Revolution ausmacht, und dem endlichen Verstande und seiner Klugheit bestünde. Die meisten Revolutionen, die gescheitert sind, sind an dieser Klugheit gescheitert, oder mindestens alle sind gescheitert, die sich auf diese Klugheit gelegt haben. Die große Französische Revolution von 1792, die unter den schwierigsten Umständen siegte, siegte nur dadurch, daß sie verstand, den Verstand beiseite zu setzen.«

Diesen Sündenfall der Klugheit führt Lassalle in seinem Titelhelden Franz von Sickingen vor Augen. Nachdem Sickingen vergeblich versuchte, seinen Kaiser (Karl V.) zum Geburtshelfer für des Reiches Einheit und Freiheit zu bestimmen, nimmt er selbst den Kampf gegen die »Fürstenanarchie« auf. Aber er nennt sein Ziel nicht offen, sondern deklariert kleinliche Händel als Anlaß seines Kriegszuges. Damit täuscht er nicht seine Feinde, wohl aber seine Freunde, die ihm nur zögernd zum Beistand eilen. Sickingen muß die Belagerung Triers abbrechen und zieht sich mit kleiner Bedeckung nach Landstuhl zurück. Im Frühjahr will er den großen Streich wagen, die Fürstenmacht brechen und sich zum Haupt eines einigen Reiches machen, in dem Glaubensfreiheit und Geistesfreiheit herrschen. Doch es ist zu spät, durch diplomatische Kniffe hat er seine Chance vertan, die Bauernschaft und die Nation nicht zur Begeisterung entflammt, sondern in ihrer »Unbewußtheit« belassen.

»Das eben ist's! Durch Eure Klugheit stürztet Ihr.
Das Größre hättet Ihr gekonnt, das Kleinre
Konntet Ihr nicht!
Oh, nicht der erste seid Ihr, werdet nicht
Der letzte sein, dem es den Hals wird kosten,
In großen Dingen schlau zu sein. Verkleidung
Gilt auf dem Markte der Geschichte nicht,
Wo im Gewühl die Völker dich nur an
Der Rüstung und dem Abzeichen erkennen;
Drum hülle stets vom Scheitel bis zur Sohle
Dich kühn in deines eignen Banners Farbe.

Dann probst du aus im ungeheuren Streit
Die ganze Triebkraft deines wahren Bodens
Und stehst und fällst mit deinem ganzen Können!
Nicht daß Ihr stürzet, ist das Schrecklichste –

Daß, wenn Ihr stürzt, Ihr hinsinkt in der Blüte
Der unbesiegten, ungebrauchten Kraft,
– Das ist es, was ein Held am schwersten trägt.«

Es ist zu spät, sich an die Spitze der demokratischen Kräfte des Bauerntums zu setzen, die draußen im Lande sich schon sammeln – »die Triebkraft deines wahren Bodens«. Sickingen sühnt in einem verzweifelten Ausbruchsversuch seine intellektuelle und sittliche Schuld und stirbt. Ulrich von Hutten beschwört an seinem Totenbett die verlorenen Hoffnungen für das deutsche Vaterland: »Künftgen Jahrhunderten vermach ich unsre Rache.«

Marx lobt in seinem Schreiben an Lassalle Komposition und Aktion des Stückes und bestätigt ihm: »Die beabsichtigte Kollision ist nicht nur tragisch, sondern ist die tragische Kollision, woran die revolutionäre Partei von 1848–49 mit Recht untergegangen ist.« Doch folgt sofort der substantielle Einwand, daß Lassalle den falschen Helden gewählt: Sickingen lehnte sich als »Repräsentant einer untergehenden Klasse« für überständige ritterliche Interessen gegen die neue Form des Bestehenden auf. Er war gar kein richtiger Revolutionär, sondern nur ein anderer Götz von Berlichingen. Überhaupt scheint Marx diese adlige Repräsentanz zu stark, er vermißt die Darstellung der Bauern und der revolutionären Elemente in den Städten: »Du hättest dann auch in viel höherm Grade grade die modernsten Ideen in ihrer reinsten Form sprechen lassen können, während jetzt in der Tat, außer der religiösen Freiheit, die bürgerliche Einheit die Hauptidee bleibt. Du hättest dann von selbst mehr Shakespearisieren müssen, während ich Dir das Schillern, das Verwandeln von Individuen in bloße Sprachröhren des Zeitgeistes, als bedeutendsten Fehler anrechne.« Auch Engels schlägt in diese Kerbe: Ihm fehlt insbesondere die »wunderbar bunte plebejische Gesellschaftsphäre«, zu der er durch seine Abhandlung »Der deutsche Bauernkrieg« Zugang fand.

Lassalle setzt sich mit dem Schreiben der Freunde in einer überaus »langen Epistel« auseinander und glaubt natürlich mit seiner ausführlichen Argumentation im Recht zu sein – doch entscheidend ist für ihn ohnehin Marx' Zustimmung zu der tragischen Kollision der revolutionären Partei von 1848.

Ob diese Konstellation, die unverhohlene Aufforderung zur

entschiedenen revolutionären Aktion, dem Theaterbesucher der Jahre 1858/59 aufgefallen wäre? Wie denn nicht! Die Parallelen und Anspielungen auf die jüngste Vergangenheit und Gegenwart waren für das geschärfte Ohr des Zeitgenossen nicht zu überhören und eigene Gedankenverbindungen unausweichlich. Das ist kein mitreißendes Stück, so gewaltig die Rhetorik auch daherrauscht; kein sehr lebendiges, wie gewaltig die Begeisterung auch lodert und das Schicksal zuschlägt; kein anrührendes, wie edel die Gemüter sich auch immer präsentieren. Es war auch epigonal – aber als solches eben immer noch hochherziger, vitaler und »dramatischer« als die meisten seichten oder verstiegenen, hölzernen oder bombastischen Stücke des historischen Genres, die zu der Zeit das Rampenlicht erblickten. Zu seiner Zeit wurde der »Franz von Sickingen« von den Bühnen sicher nicht aus ästhetischen und dramaturgischen Erwägungen abgelehnt, sondern aus politischen. Damit es die Polizei nicht entzünde, wie Lassalle vorhersah. Ihm war damit die Chance genommen, zum erstenmal seit 1849 auch auf der politischen Bühne zu erscheinen – anonym! – und einen Funken ins Volk zu werfen. Denn immerhin: Im Theater wäre das Aufsehen unvermeidbar gewesen, das der Lektüre des Stückes zwangsläufig versagt blieb.

»Seien Sie kein Narr! Leben Sie!«

Den Winter 1858/59 verbringt Lassalle recht zurückgezogen, öfter von Krankheiten geplagt, zu Bett. Bei dem Ägyptologen Heinrich Brugsch nimmt er ein Hieroglyphenstudium auf: Es ist davon die Rede, daß er das altägyptische Totenbuch herausgeben wolle, eine Absicht, die nun wirklich außerhalb seiner vernünftigen Arbeitsfelder liegt und schließlich auch untergeht, genauso wie einige angebliche Vorhaben klassisch philosophischen Inhalts. Zu seinem regelmäßigen Umgang zählt Ludmilla Assing, die Nichte Varnhagen von Enses. Lassalle ist ihr bei der Herausgabe der brisanten Tagebücher ihres verstorbenen Onkels behilflich und bemüht, sie nicht zu nahe an sich herankommen zu lassen. Denn Ludmilla macht ihm hartnäckig eindeutige Avancen, auf die er nicht eingehen mag. Ein Souper mit dem Feinschmecker Pückler-Muskau ist ihm lieber, der sich für die Einladung bedankt, erfreut, »daß Sie sich der guten altfranzösischen Sitte des Soupers anschließen, denn beim Schein der Lichter statt am Tage zu essen, halte ich wörtlich für gastronomische Aufklärung«. Für den Freund Franz Duncker spielt er gelegentlich den Vermittler bei zwei jungen musikalischen Damen und berichtet darüber launig der Freundin Lina Duncker.

Die politischen Zustände können ihn schwerlich entflammen, er wird eher »kirschbraun vor Wut«, wie er in einem Lagebericht an Marx äußert. »Der eiserne Druck hat ein ganz klein wenig nachgelassen – aber was ist das gegen den tollen Krönungsochsenjubel unserer Bourgeoisie und Pseudodemokratie, den man deshalb herunterschlucken muß? Dieser Ekel würde einem selbst die russische Knute als erfreulich erscheinen lassen. Also kurz: die Leute hier schwärmen für die neue Ära und den gewissenhaften Prinzen und die gesetzestreue Verwaltung, die jetzt gekommen sei... (wer aber nicht ganz und gar den Star hat, merkt von alledem nichts). Die Volkszeitung (Franz Dunckers – d. V.), das einzige halblich demokratische Blatt, das Berlin noch hat, ist Hals über Kopf in das ministerielle Lager übergegangen und spielt eine Rolle, von deren Unwürdigkeit die Geschichte demokratischer Blätter kein Beispiel kennt... Die Strömung des ›liberalen Jubels‹ riß alles fort. Daß es in der Kammer und in der pseudodemokratischen Partei nicht besser aussieht, ergibt sich von selbst. Die jetzt im Ministerium befindliche Linke denkt – es ist eine alte Geschichte, doch bleibt sie usw. – nicht einmal daran, ihr eigenes Programm auszuführen, das sie als Opposition aufstellte... Nun liegt zwar an allem diesem Quarke nichts – aber woher der Jubel, die Gefühlsschwelgerei, die Vertrauensseligkeit in diesen sogenannten ›Umschwung der Dinge‹? Es ist, um auszuspeien vor den Leuten! Jetzt hat die Prinzeß Victoria gekitzt. Und da kommt nun noch der Familienjubel hinzu. Die Bourgeoisie gebärdet sich, als wenn sie alle Geschwisterkinder von Victorchen wären! Und wenn diese die Windeln des jungen Prinzen verauktionieren lassen wollte, könnte sie ein schönes Geld verdienen.«

Im Februar und März kommt Gräfin Sophie zu Besuch nach Berlin, mit der es Pauls wegen wieder einmal zu schrecklichen Verstimmungen und Beschuldigungen geführt hatte. Auch das Beisammensein jetzt ist voller Reibungen und Empfindlichkeiten, bei denen sie sich gegenseitig Lieblosigkeit vorwerfen. Im

Hintergrund steht die hartnäckige Weigerung der Gräfin, endlich nach Berlin überzusiedeln – Lassalle braucht sie jetzt dringender als sie ihn. Eine Wohnung für die künftige Repräsentation hat er schon angemietet, und der Brief, in dem er ihr davon berichtet, ist ein treffliches Zeugnis seines Lebensstiles und des Antriebes, den die zögerliche Gräfin braucht.

»Ich habe vor einigen Tagen eine neue Wohnung vom 1. April ab gemietet für – 500 Reichstaler! Aber welche Pracht! Bellevuestraße. Haut parterre. Vier große Salons, die ineinander gehen, in einer Suite! Erst ein immenser blauer Salon, Bosserie, vergoldete Plafonds usw., dann Speisesaal, wo ich 30 Personen bequem setzen kann und prachtvoll dekoriert. Dann großes Bibliothekzimmer, dann kleineres Arbeitszimmer, dessen Glasfenster auf ein Treibhaus stoßen, so daß ich stets die Palmen vor mir habe. Gebe ich ein Festin und öffne die vier Türen, sieht man vom Salon bis ins Treibhaus, das ich, wenn es mir auch nicht gehört, doch benutzen kann. Seitwärts Schlafzimmer. Im Souterrain Küche, Keller, Dienerwohnung. Ich kann, wenn ich will, 100 Personen bei mir sehen. Sie glauben vielleicht, daß ich verrückt bin. Ach nein! Ich denke nur, daß ich nur einmal lebe und daher mir nichts abgehen lassen will. Natürlich werde ich in solcher Wohnung auch von Zeit zu Zeit entsprechende Gesellschaft geben. Nun, und das alles könnte ich knapp mit 2800 Rt. etwa bestreiten, vielleicht nicht ganz, mit 3000 Rt. gewiß, mit 3500 Rt. reichlich, mit 4000 Rt. würde mir jedenfalls Geld übrig bleiben, so daß ich dann auf neue Ausgaben sinnen müßte, um es anzulegen. Hätte ich aber gar 5000–6000 Rt., würde ich sie ohne Übermut gar nicht tot zu machen wissen. Nun, die 4000 Rt., die ich zu reichlichem Dasein und vielen Festins in dieser Wohnung eigentlich brauche, gedenke ich mir nächstes Jahr durch Erneuerung des Vertrages mit meinem Schwager und, resp. wenn er nicht will, durch Ankauf von Genfern zu verschaffen. Aber selbst mit 3000 Rt. kann ich diesen Train durchführen. Und nun Sie erst mit 6000 Rt.! Daß ich ein bißchen antizipiere, kann Sie bei mir nicht wundern. Das haben Sie nicht nötig. Im übrigen ist es nur sehr mäßig bei mir selbst der Fall. Und somit nehmen Sie an mir ein Beispiel! Seien Sie kein Narr! Leben Sie! Leben Sie! Was würden Sie hier schon für Vergnügen durch mich haben, was Ihnen gar nichts kostete, da ich es ohnehin ausgebe. Diesen

Winter zwar gebe ich gar keine Gesellschaft, wenn Sie nicht kommen, und spare. Nächsten Winter aber öffne ich meine Salons und gebe 1. im Lauf desselben drei bis vier große Abendgesellschaften à 30 Personen oder mehr, die mich – jede Gesellschaft – 100 bis 200 Rt. kosten können, und 2. alle Woche jour fixe mit Auftrommlung so vieler Leute als möglich, am liebsten 70 bis 80 Personen. Die Kosten eines jour fixe sind fast Null. Für die Einrichtung meiner neuen Wohnung will ich auch splendid sorgen, an 500 Rt. oder mehr will es mich kosten lassen. Ich wollte, Sie wären hier, um mir mit ihrem Geschmack beizustehen! Also seien Sie keine Eule, keine Eule! Leben Sie mit mir, wie ich, statt dort zu sitzen und zu rechnen.

Hör auf mit Deinem – *Geld* zu spielen,
Das wie ein Geyr Dir an der Leber frißt,
Die schlechteste Gesellschaft läßt Dich fühlen,
Daß Du ein Mensch und unter Menschen bist.«

Lasalle – der im Luxus schwelgende verschwenderische Lebemann? Ach nein, der rechnet genau und mit seinen Pfunden, aber nicht für die Ewigkeit und die Erben, sondern für das Leben und seine Behaglichkeit. Warum sollte er sich etwas abgehen lassen und seine Bedürfnisse verleugnen, da er sie doch befriedigen kann, ohne jemandem etwas wegzunehmen?! Im Gegenteil, er gibt ja auch, wo immer man ihn braucht – nicht zuletzt dem Freund Marx, der auch ein angenehmeres Leben liebt, als er sich leisten kann. Daß Marx ein Biergelage mit Prügelszene und Laterneneinwerfen einem Festin mit Sekt und Small talk vorzog, Lassalle sich seine Umgebung mit Geschmack und Kultur einrichtete und dabei auch etwas übertrieb – spricht das gegen den einen oder den anderen, ihren Sozialismus oder ihre revolutionäre Überzeugung? In der Regel sagen solche Urteile nur etwas über den Betrachter und die Zeit, die sie fällen. Wer für die Bedürfnisse der Menschen eintritt und ihrer fatalen Bedürfnislosigkeit den Kampf ansagt – muß der etwa als leuchtendes Vorbild auf die Erfüllung der seinen verzichten? Darin spiegelt sich nichts anderes als das engstirnige und neidbesetzte Pharisäertum einer spießbürgerlichen Epoche, die noch andauert.

Unterdessen war es in Deutschland zum erstenmal seit zehn Jahren wieder zu einer lautstarken politischen Auseinandersetzung gekommen, an der sich Publizisten aller Fronten beteiligten. Lassalle konnte da nicht fehlen.

In Italien hatte sich Camillo di Cavour, Ministerpräsident des Königreiches Sardinien-Piemont, an die Spitze einer liberalen Einigungsbewegung gestellt: Il risorgimento. 1858 schloß er mit Napoleon III. einen Pakt, der ihm die militärische Hilfe Frankreichs bei der Befreiung Oberitaliens von österreichischer Herrschaft sicherte. Im Frühjahr 1859 bricht der italienische Krieg um die Lombardei und Venetien los.

Anders als der ferne Krim-Krieg berührte dieser Kampf Deutschland unmittelbar. Konnten die deutschen Staaten zusehen, wenn Österreich aus Oberitalien vertrieben wurde und Napoleon III. seine Einfluß- und Herrschaftsgebiete ausdehnte? Würde Frankreich, so erstarkt, nicht auch zum Rhein drängen? Die Frontstellung gegen Frankreich war allgemein und populär, alles deutete auf ein Eingreifen der deutschen Bundesstaaten an der Seite Österreich-Habsburgs hin.

Auf Bitten Marx' bringt Lassalle bei seinem Verleger Duncker eine Broschüre unter, die unter dem Titel »Po und Rhein« im April anonym erscheint. Mit Marx vertritt da Engels die Überzeugung, daß man dem Erzfeind Napoleon entgegentreten müsse und Österreich das kleinere Übel sei. Die strategischen Grenzen Österreichs an Po und Mincio müsse Deutschland am Rhein verteidigen, um sich selbst zu schützen: denn der sei Napoleons eigentliches Ziel.

Lassalle ist anderer Meinung. Er sieht, auf welch ungeheure Popularität ein Krieg gegen Frankreich stieße, und fürchtet darum um den Fortbestand der demokratischen Kräfte, denn eine solche Identifikation des Volkes mit der Regierung würde nur das monarchische Regime stärken. Im Mai schreibt er an Marx: »Ich habe im Lauf der letzten Tage – denn ich kam zu diesem Gedanken erst, als ich mehr und mehr mich von jener Popularität überzeugte; sonst hätte ich dazu gar keinen Beruf gefühlt – jede Nacht durchschreibend, aus Logik und Feuer ein Gewebe zu machen versucht, das auf das Volk, denke ich, seine Wirkung jedenfalls nicht verfehlen wird.« Die Streitschrift erscheint gleichfalls bei Duncker und anonym kurz darauf unter dem Titel: »Der italienische Krieg und die Aufgabe Preußens – Eine Stimme aus der Demokratie.«

Lassalle verficht die italienische Erhebung zur nationalen Einigung, auch wenn sie von einem Despoten wie Napoleon unterstützt werde. Denn schließlich ist Österreich nicht besser als er, sondern das reaktionäre Prinzip schlechthin. Die deutsche Einigung werde durch nichts anderes verhindert als den Dualismus zwischen Österreich und Preußen. Wenn nun der Vielvölkerstaat Habsburgs zerschlagen und seiner außerdeutschen Provinzen beraubt werde, so sei das im Interesse aller deutschen Parteien. Wohl müsse Preußen intervenieren, wenn Napoleon die Lombardei und Venetien *für sich* erobern wolle; doch sei das so unwahrscheinlich wie ein Angriff auf Deutschland, der für Napoleon viel zu gefährlich wäre. Griffen hingegen die deutschen Staaten Frankreich an, so führte das zu einem Solidarisierungseffekt des französischen Volkes mit Napoleon, und genau das müsse verhindert werden. Denn das Einvernehmen zwischen den revolutionären und demokratischen Kräften diesseits und jenseits des Rheins ist die Lebensfrage der europäischen Demokratie, ein Krieg bedeutet den Sieg des reaktionären Prinzips.

Die Aufgabe Preußens in dieser Situation? »Wenn jetzt ein Friedrich der Große auf dem preußischen Thron säße, so kann kein Zweifel sein, welche Politik er verfolgen würde. Er würde erkennen, daß jetzt der Moment gekommen sei, den deutschen Einheitsbestrebungen endlich einen Ausdruck zu geben. Er würde den Moment für den geeignetsten erachten, in Österreich einzurücken, das deutsche Kaisertum zu proklamieren und der habsburgischen Dynastie zu überlassen, ob und wie sie sich in ihren außerdeutschen Ländern behaupten kann. Es wäre unbillig, von jedermann zu verlangen, daß er ein Friedrich der Große sei. Und überdies, in wessen Interesse es auch liegen mag, diese Unterlassungssünde der Monarchie zu beklagen, im Interesse der deutschen Demokratie liegt es gewiß nicht.«

Eine solche brachiale Lösung kann wirklich nicht im Interesse des Demokraten Lassalle liegen, so gerne er hier auch dem schwachen preußischen Regenten eins auswischt. Denn diese nationale Einigung unter preußischer Fahne würde ja auf absehbare Zeit die Vorherrschaft seiner Dynastie und des monarchischen Prinzips festigen. Wohl aber empfiehlt er eine kleine Lösung: die Neutralität der deutschen Staaten unter preußischer Führung und parallele Schritte zu Napoleons Vorgehen. Befreit er Italien, so befreien die deutschen Staaten im Norden Schleswig-Holstein von dänischer Herrschaft. Greift Napoleon Deutschland an, so hat Preußen die nationalen und demokratischen Kräfte auf seiner Seite. »Wenn Preußen zaudert und nichts tut, so wird damit nur aber und aber bewiesen sein, daß die Monarchie in Deutschland einer nationalen Tat nicht mehr fähig ist. Wenn die Regierung endlich uns gar ohne französischen Angriff in einen völkerverhetzenden Krieg mit Frankreich verwickelt, so wird sie die Demokratie sich gegenüber finden. Zu welchem der beiden Kriege sich die Regierung auch entschließen mag, an dem Tage, wo sie an die Kräfte des Volkes appellieren muß, wird sie erfahren, in welchen Schichten der Meinung die Kraft wohnt!«

Das sind starke Töne, und nur die allgemeine Turbulenz erklärt, weshalb Lassalles vehemente Propagandaschrift gegen die offizielle preußische Haltung und die Volksmeinung nicht sofort verboten wurde. Die ersten 1500 Exemplare sind binnen zehn Tagen vergriffen, und es erscheint eine zweite Auflage, diesmal unter seinem Namen. Lassalle ist der Überzeugung, daß sie immens wirkt, weil die Presse keinen Widerspruch anmeldet: Aber das ist wohl eher auf seine Aufforderung zu entschlossenem Handeln Preußens im Sinne einer großdeutschen Lösung – Einverleibung Österreichs – zurückzuführen, in der er sich auch mit einem eher konservativen Kritiker der Regierungspolitik wie Konstantin Rößler traf.

Nun hat Lassalle sich nicht vorgemacht, die Regierung werde diesen Weg einschlagen – ihm kam es vielmehr darauf an, den zu erwartenden Weg einer kriegerischen Auseinandersetzung unpopulär zu machen. Wenn der Krieg gegen Frankreich so begehrt und populär bleibt, wie er jetzt nach der Volksstimmung scheint – dann wird er der Regierung ungeheuer Auftrieb geben, das monarchische Element festigen und das demokratisch-revolutionäre schwächen. Die deutschen Kleinbürger würden sich zur nationalen Tat um den König scharen und in Treue fest sich mit dem Königtum verbinden. Und wenn gar Frankreich besiegt würde, bedeutete das den Sieg der Konterrevolution – endgültig. Deshalb muß man diesen Krieg unpopulär machen, für überflüssig erklären, zum Kabinettskrieg der Monarchen stempeln. Und wenn er einmal unbeliebt ist, schlägt er zum Nutzen der Revolution aus.

Denn Lassalle rechnet sicher mit einer Eskalation der italienischen Feldzüge auf Venetien und Rom, hofft auf ein Aufflammen der ungarischen Erhebung gegen Österreich, das Übergreifen auf Wien, auf Berlin ... Im Juni schreibt er der Gräfin: »In einem Jahre schwimmt Deutschland im Blut.« Am 8. Juli: Es sei Unsinn, von Frieden zu reden, solange Österreich noch ein italienisches Territorium behaupte, Napoleon werde nie ...

Drei Tage später ist das Unvorstellbare eingetroffen. Napoleon III. schließt mit dem jungen Kaiser Franz Joseph überraschend den Waffenstillstand und Präliminarfrieden von Villafranca, erhält als Kriegsgewinn die Lombardei, die er später gegen Nizza und Savoyen dem Königreich Sardinien überläßt. Die Spekulationen und Hoffnungen Lassalles wie vieler Demokraten und Liberalen, die sich ein Übergreifen der nationalen Einigungsbewegung auf Deutschland so oder so erhofft hatten, sind durch den taktischen Schachzug Napoleons hinfällig geworden, der sich von der Sorge vor einer preußischen Intervention leiten ließ. Das gedachte Zusammenspiel von nationaler und demokratischer Bewegung nahm keine europäischen Ausmaße an, und auch eine Volkserhebung wie die italienische mit den begeisternden Siegen von Magenta und Solferino ließ sich durch Kabinettstücke wie Villafranca in die Bahnen dynastischer Interessen kanalisieren. Der Katzenjammer war groß.

Außerdem war erstmals ein offener Meinungskonflikt in der »Partei« aufgebrochen, Engels und Lassalle sprachen mit zwei Zungen. Marx kategorisch: »Keineswegs meine Ansicht und die meiner Parteifreunde in England.« Lassalle legt seine Position und »unterirdischen Argumente« ausführlich dar, um den Konflikt auszuräumen; Marx geht kaum darauf ein. Wie oft begnügt er sich mit verächtlichen und entstellenden Kommentaren dazu in seiner Korrespondenz mit Engels. Hinterher hat man interpretiert, Lassalle sei eben nur ein nationaler – womöglich gar großdeutscher! – Sozialist und Marx und Engels internationale Revolutionstheoretiker. Gewiß ist, daß Lassalle die unmittelbaren Konstellationen und Folgen richtiger gesehen hat als die beiden in England. Die preußischen Angriffskriege von 1864, 1866 und 1870/71 bewiesen, wie rasch und begeistert sich das Volk um seine Königskrone scharte, wenn nur eine starke Hand es führte. Jedoch: Wie will man solche Kriege »unpopulär« machen? Lassalle erlag gewiß einer Selbsttäuschung, als er meinte, die Volksstimmung sei auf seine Seite umgeschlagen. Das war nur ein Stück der gewohnten Selbstüberschätzung, sobald er beachtet wurde. Und seine brillante Streitschrift über den italienischen Krieg wurde allerdings beachtet.

Konflikte mit Marx

Den Sommer dieses enttäuschenden Jahres 1859 verbringt Lassalle wieder in der Schweiz. Er ist ein regelmäßiger Kur-Urlauber, dem Erholung und Entspannung nach harter Arbeit selbstverständlich ist. Außerdem zwingt ihn seine zunehmende Anfälligkeit gegen Krankheiten, einige Rücksicht zu nehmen.

Der Herbst beschert ihm einen zweifachen Triumph. Im November erhält er endlich in Berlin Bügerrecht und bleibt fortan von der Polizei unbehelligt. Das heißt freilich nicht unbeobachtet: Es gibt noch öfter Gelegenheiten, wo ein Vorgehen gegen ihn erwogen wird. Im November läßt sich endlich auch die Gräfin erweichen und übersiedelt nach Berlin. Und im gleichen Monat wiederum stürzt er sich, »Hals über Kopf« und alle bisherigen Vorhaben aufgebend, in ein neues Projekt, das er in drei oder vier Monaten beenden will. Es wird immer größere Dimensionen annehmen und ihn ein Jahr beschäftigen, das »System der erworbenen Rechte«.

Doch das auffallendste Ereignis in diesem Winter ist der offene Konflikt mit Marx, und der macht dabei keine gute Figur.

Lassalle war den Freunden in London und Manchester immer gut, wenn er für sie etwas ausrichten konnte. Er trieb einen Verleger auf für Engels und für Marx, der dann mit den weiteren Lieferungen der »Kritik der politischen Ökonomie« einfach aussetzte und damit seinen Mittelsmann in einige Verlegenheiten brachte. Dafür scheute er sich nicht, von ihm Geld zu fordern, einen selbstverständlichen Obolus: als Sammlung (wegen derer vermeintlichen Indiskretion er den Veranstalter dann auch noch beschimpfte), als Bares oder in Wechselbürgschaft. Lassalle sagte nie nein. Er vermittelt Marx über den Vetter Friedländer mit der Korrespondenz für die Wiener »Presse« einige Einkünfte. Er ist stets voller Anerkennung für Marx' Schriften und will insbesondere die nationalökonomischen abwarten, ehe er sich an eigene Ausarbeitungen macht. Da berührt er allerdings voller Unschuld eine ganz heikle Stelle in Marx' Mentalität: Der sieht da nämlich keine Unschuld, sondern Konkurrenz und Übermut. Wie kann der Schüler sich unterstehen, sich auf das Feld des großen Meisters zu wagen! Und dann kommt da noch Lassalles Extratour in der Italien-Frage, die der Einheit der Partei schadet: Noch im Jahr darauf läßt Marx sich auf einer schottischen Rundreise bestätigen, Lassalle hätte da einiges modifizieren sollen, und schreibt dem Freund dies obskure Hörensagen umgehend in die Erinnerung.

Dabei ist Marx selbst in einige ganz unschöne Affären verstrickt. Dem Freund Freiligrath wirft er vor, daß er an einer Schiller-Feier seines Imtimfeindes Gottfried Kinkel in London teilnahm und dafür ein Poem verfaßte. Lassalle reagiert gelassen: Die Kantate Freiligraths jedenfalls sei das beste gewesen, was zu dieser Gelegenheit erschienen. Lassalle soll Marx auch in der häßlichen Vogt-Sache beistehen.

Marx, der für üblen Klatsch immer ein offenes Ohr hatte, hatte von einem Zuträger erfahren, daß der ehemalige Demokratenführer der Paulskirche und Reichsregent Karl Vogt von den Bonapartisten bestochen gewesen sei, ließ daraus von einem anderen einen Artikel für die Zeitschrift »Volk« machen, sein Schüler Liebknecht sandte korrigierte Druckfahnen davon an die *Augsburger Allgemeine*, und der Skandal war da. Vogt klagte und pamphletierte, Marx – gar nicht unmittelbar betroffen! – hängte sich hinein, erklärte alles für beweisbar und konnte es nicht beweisen, wollte aber den Beistand aller Freunde – eine miese Geschichte also.

Lassalle beschwichtigt, rät ab, spricht schließlich von Schaden für die Partei. Marx solle Irrtümer eingestehen. Die Rolle Liebknechts, der für die reaktionäre *Augsburger* korrespondiert, mißfällt ihm vollends. Marx ist über den Widerspruch verstimmt, wütend – muß er sich das bieten lassen?! Er setzt Lassalle von den uralten Denunziationen aus Amerika und Düsseldorf in Kenntnis, um zu demonstrieren, wie wenig mißtrauisch er sei.

Lassalle handelt in seiner Antwort zunächst ganz sachlich über den Inhalt der Notizen, der leicht als bösartig zu entlarven, und verlangt den Verfasser solcher Kalumnien zu wissen.

»Nun aber zu Dir! Wozu schickst Du mir denn das Zeug mit so triumphierender Miene, so süperbem Gestus? Um mir zu zeigen, daß Du wenigstens gegen mich sehr wenig oder gar nicht mißtrauisch seiest! Hilf Himmel! Eine solche Beutelschneiderei nicht hinterrücks von einem zu glauben – das ist doch die ordinärste ethische Pflicht von jedem gegen jeden. Und darauf tust Du Dir etwas zugute? Willst vor Dir selbst Dir das anrechnen?... Ihr habt also über mich herumgefragt!!! Merci pour la découverte!!! Ich weiß nicht, ich habe immer sehr genau gewußt, was ich von Deinem, Engels, Wolffs usw. Charakter zu halten hätte, ohne irgendeinen Menschen zu fragen, und kannte Euch doch nicht genauer als ihr mich.«

Die Replik Marx' ist so kleinlich wie kümmerlich: Er habe nur zeigen wollen ad oculos, wie das so sei, wenn Teufelsdreck geworfen werde; und leugnet, daß Lewy der Denunziant gewesen.

Lassalle ist in der Tat so freundschaftlich und vertrauensvoll, daß man zweifeln mag, ob der bald bei fortdauernder Meinungsverschiedenheit in der Vogtschen Sache geglättete persönliche Streit bei ihm tiefere Spuren hinterließ. Sein Eifer und seine Dienstbereitschaft für Marx, den er zuvor noch als seinen einzigen wahren Freund erklärt, lassen jedenfalls nicht nach. Er erkundigt sich, ob er mit Engels nicht die bevorstehende Amnestie nutzen und nach Berlin kommen, ob sie nicht gemeinsam eine Zeitung herausgeben wollten, er gibt ausführliche prozessuale Ratschläge, gibt Auskünfte und Lageberichte.

Bei Marx hingegen war das Unbehagen an der Eigenwilligkeit des Jüngeren nur einmal offen ausgebrochen – es bestand ohnehin. Daß er selbst dann noch eine so schwache Figur abgab, hat seine Freundschaft sicher auch nicht bestärkt. Und Lassalle in seiner hehren Einfalt verletzte ihn gewiß, wenn er die Aufforderung einer Korrespondenz für das Blatt des amerikanischen »Arbeiterbundes« ablehnte mit der Begründung, er müsse seine Kraft ganz auf große Leistungen konzentrieren. Sein jetziges Werk sei ein großes und dann komme die Nationalökonomie. Solch gedankenlose Sätze reißen Wunden auf, denn Marx muß sich eben von solcher Tagesarbeit ernähren und kommt auch deshalb nicht zur Abfassung seiner großen Arbeiten.

Mit Lassalles Gesundheit steht es schlecht. Im Juli 1860 reist er nach Aachen. Täglich Dampfschwefelbäder, die doppelte Ration, viel Ruhe, Schreiben, Langeweile. Er ist schwach und kann nur kurze Strecken gehen. Auch nach vier Wochen und täglich zwei Bädern, Merkur innerlich und äußerlich und Jodkali obendrein, lassen die Fortschritte auf sich warten, die Gicht peinigt ihn entsetzlich. Er klagt es Marx nach London und klagt der Gräfin nach Bad Ems. »Ich mache mir au cas de besoin den Teufel aus den Schmerzen. Aber so früh schon gebrochen sein in dem Ungestüm meiner Energie, in meiner Kraft zu handeln, in der Stärke meiner Aktionsmittel, deren erstes der Körper bleibt, das ertrüge ich nicht. So ungestüme, konzentrierte Willensnaturen wie ich eine bin, so despotische, gegen sich wie die Welt gleich rücksichtslose Willensflammen entstehen gar nicht ohne einen so unverwüstlichen, unzerstörbaren Körper, wie ich ihn von der Natur bekommen habe. Ohne solchen Körper, mit dem man alles mögliche machen und mit der tyrannischsten Rücksichtslosigkeit behandeln kann, wird man gar nicht so, wie ich bin. Ohne solchen Körper kann man nicht so bleiben!«

Er redet von der »Einheit seiner Persönlichkeit« – und es ist wieder einmal erstaunlich, mit welcher Rigorosität dieser Mann unter dem Ansturm von Schwierigkeiten – diesmal körperlichen – die Positionen seiner Jünglingszeit behauptet und hervorkehrt. Er habe seinen Körper seinem Geist unterworfen, schrieb er damals. Genau unter diesen Glaubenssatz zwingt er jetzt in einem Anfall ängstlichen Zweifels – er haßt seine Ohnmacht gegenüber der Natur! – wieder seinen Willen, überzeugt sich selbst mit einem Starrsinn, der bis in die hochfahrende Diktion hinein reicht. Und er hat Erfolg damit, peitscht seinen von Anfälligkeit und den Schwächungen fortschreitender Syphilis geplagten Körper vorwärts.

Es gehört in diesen Zusammenhang zwanghafter Selbstbehauptung auch der Heiratsantrag und sogenannte Liebesbrief, den er im Oktober 1860 an die junge Russin Sophia Adrianowna von Sontzeff richtet. An dieser »Seelenbeichte« ist nichts verlogen. Und doch spricht sie mehr von der Selbstbestätigung seines Willens und seiner Wirkung als für die Erklärung einer tiefen Zuneigung.

Während Lassalle in Aachen kurt, arbeitet er am *System* weiter und korrespondiert rege mit Ludmilla Assing, Lina Duncker und natürlich Gräfin Sophie – mit ihr über Lina Duncker, über die beiderseitige Romanlektüre und die Entwicklung in Italien. Nächstes Jahr, kündigt er ihr an, werden sie gemeinsam nach Italien reisen, letzte Gelegenheit, »denn 1862 ist Krieg und Revolution in Deutschland«. Die Gräfin berichtet gelegentlich von einigen Russen, deren tiefe Sympathie für Italien und Abneigung gegen Österreich sie beeindruckt. Darauf schreibt Lassalle von ähnlichen Erfahrungen, denn er habe jetzt doch noch einige Bekanntschaften gemacht.

»So lernte ich denn auch endlich einen russischen Gouverneur (Monsieur de Sontzow) näher kennen, der hier mit seiner Tochter sich befindet. Ich kann Ihnen kaum sagen, was das für interessante Leute für mich sind. Die Tochter reizend, höchst graziös (19 Jahre) und sie wie ihr Vater von einer solchen Tiefe der Bildung, daß ich unendlich erstaunt bin. Dabei durch und durch revolutionär...« Und er fährt fort mit Bemerkungen über die revolutionären Voraussetzungen in Rußland, das keine Bourgeoisie habe, über die Bildung und Geselligkeit der Russen, an der er gerne teilnehme; er lasse sich mit einem Handwagen hinfahren. »Tochter und Vater sind um die Wette liebenswürdig und herzlich für mich. Fast würde ich mich in die Tochter verliebt haben; sie ist dessen unbeschreiblich würdig. Aber ich weiß nicht, ich kann keine Leidenschaft mehr in meinem vom Feuer verzehrten Herzen aufbringen. Und sie aus bloßer Begehrlichkeit zu verspeisen, dazu ist sie mir wirklich zu respektabel. Auch die einzige Person, die ich je geliebt habe, sind doch Sie gewesen, und das habe ich besonders im Jahre 1848 in meiner Kölner Haft sehr deutlich gefühlt! – Eh bien, so sind wir also beide jetzt mit Russen umgeben...« Und dann über anderes...

Diese eher beiläufig freundlichen Erwähnungen mit dem einzig überraschend klaren Liebesbekenntnis an die Gräfin deuten wirklich nicht auf Absichten, kaum auf einen Flirt.

Und doch, vier Tage später, am 13. September, erwartet er Gräfin Sophie dringend in Aachen, damit sie die junge Sophie in Augenschein nehme. Kurz vor der Abreise der Sontzeffs nach Brüssel trifft sie ein. Die junge Russin erinnert sich: »Es war eine schon alte, aber noch immer schöne Frau, die unbestreitbar Züge von Schönheit konserviert hatte. Von majestätischer Gestalt, unabhängig, gründlich gebildet, was bei den Frauen der vornehmen deutschen Kreise nicht allzu häufig ist, gehört sie ohne Frage zu den Ausnahmenaturen.«

Man trifft sich auf einige Tage in Köln wieder, und hier hält Lassalle um Sophie Sontzeffs Hand an. Der überraschende Antrag setzt sie eher in Verlegenheit, sie weicht aus – diese Wendung hatte sie von dem interessanten Unterhalter und beredten Revolutionär nicht erwartet. Sie bittet um Zeit zum Nachdenken, bietet ihre schwesterliche Freundschaft an. Das sollte klar genug sein, ist es aber nicht für Lassalle. Auf sein stürmisches Drängen willigt sie ein, erst eine schriftliche Darstellung von ihm abzuwarten. Sie ändert aber den Reiseplan und fährt zur ärztlichen Behandlung des Vaters nicht nach Berlin, sondern nach Dresden. Dort erreicht sie seine Bewerbung, ein Manuskriptbrief von 40 Seiten, französisch abgefaßt, wie sie verlangt, und er bedauert, weil er sich in der Gewalt seines Wortes beschnitten sieht, zu Recht.

Wozu noch dieser Aufwand? Nun, er will ihre »unwiderstehliche, ungebrochene Liebesflut« hervorlocken, denn nur dann wird sie mit ihm glücklich sein. Aber er ist dieses Ausgangs nicht einmal gewiß, baut eine Rückversicherung ein, die vielleicht eigentlicher Beweggrund seiner – ja: Propagandaschrift ist, einer sehr persönlichen Propaganda freilich. »Sie soll Ihnen bleiben, junges Mädchen, als Trophäe der Anziehungskraft Ihres Wesens, denn früh oder spät wird die Zeit kommen, die Ihnen beweisen wird, daß es kein geringes und verächtliches Andenken ist, einem Mann meines Schlages Liebe eingeflößt, den Gedanken an eine Verbindung gegeben zu haben.«

Lassalle, »ein fertiger Mensch, der dem Alter nach erst 35 Jahre alt ist, aber so etwas wie 90 an Erfahrung«, setzt sich selbst ein Andenken – mit 90 ist es Zeit dazu. »Ich sage es Ihnen im Voraus, Sophie, daß ich Ihnen alles, was möglich ist, sagen werde, um Sie von Ihrer Absicht, mich zu heiraten, abzuschrecken. Ja, ich werde versuchen, Sie abzuschrecken! Und ich werde in allen Fällen dabei gewinnen. Wenn Sie fest bleiben, würde ich dann die einzige und wahre Garantie haben, daß Sie mich genügend lieben, um in der Verbindung mit mir ein festes und unzerstörbares Glück zu finden.« Darin steckt eine bezeichnende, wahrscheinlich unbeabsichtigte Verdrehung: Sophie hat mitnichten die Absicht, ihn zu heiraten! Doch gewiß hat Lassalle die Absicht, sie abzuschrecken: Denn das ist für ihn die Bestätigung seiner Außergewöhnlichkeit, die von jedem und erst recht einer Frau, die sich an ihn bindet (nicht umgekehrt!), das Äußerste verlangt. Denn an sich ist er für verheiratete Frauen und die freie Liebe, meidet junge Mädchen, wollte durchaus nie heiraten – »und trotzdem, und vielleicht deshalb, hat man mich recht geliebt«. Das alles sagt er und fügt hinzu: »Ich wollte nehmen, doch mich nicht geben.« Vielleicht ist das der aufrichtigste Satz in seinem ganzen langen Brief, in dem er die Hinderungsgründe reiht.

Einmal hat er sein Dasein der heiligen Sache des Volkes geweiht und lebt ständig in Kampf, Gefahr und Unsicherheit. »Indem Sie mich heiraten, gründen Sie damit Ihre Existenz, bauen Sie Ihr Haus auf der Höhe eines Vulkans!«

Zweitens ist er Jude. Das bedeutet zwar nichts, weil er innerlich so wenig jüdisch wie christlich ist; er liebt die Juden auch nicht, verabscheut sie ihrer sklavischen Haltung wegen eher. Aber es ist Grundsatz seiner Partei – der er ein Führer ist –, keinem Vorurteil zu weichen, und deshalb bleibt er dabei.

Zum dritten hat er in der gelehrten Welt zwar einen großen Ruf, in der allgemeinen aber einen strittigen. »Fast alles teilt sich mir gegenüber in zwei Parteien. Die eine – der hauptsächlich die ganze Aristokratie und ein großer Teil des Bürgertums angehört, oft sogar Personen mit schwach liberalen Tendenzen – fürchtet mich, haßt mich, verabscheut mich. Die zweite – der ein anderer Teil des Bürgertums und das Volk angehören – schätzt mich, liebt mich und betet mich häufig an. Für diese bin ich ein Mann von größtem Genie und mit einem fast übermenschlichen Charakter, von dem man die größten Dinge zu erwarten hat.« Wird sie so viel Neid und Haß an seiner Seite aushalten? Tragischen Einzelgängern wie ihm und Hutten wird erst die Nachwelt gerecht.

Punkt vier ist höchst realistisch erkannt: Er wird seinen Umgang mit Frauen und damit seinen geselligen Verkehr nach der Heirat sehr einschränken und sich ganz wissenschaftlicher Arbeit weihen. Wird sie diese Isolierung und Langeweile ertragen?

Fünftens: der Lebensstandard. »Ich beginne damit, Ihnen zu sagen, daß ich das Geld bloß dann verachte, wenn es mit etwas Größerem, Edlerem, meinem Willen nach Teurerem in Konflikt gerät. Doch Geld als solches ist eins der größten Aktionsmittel auf Erden, und als ein solches Mittel meines Willens, nicht als sein Ziel, weiß ich es nach seinem richtigen Wert einzuschätzen.« Als Junggeselle mit 4000 Talern Rente lebt er in ziemlicher Wohlhabenheit und mit einem gewissen Luxus – zu zweit werden sie sich auf einen ganz angenehmen Wohlstand einschränken müssen. »Einzig die großen Ausgaben, die ich manchmal für glänzende und prächtige Gastereien, für Freunde, für sehr teure Reisen, für kostbare Bücher und irgendwelche Zwecke zu machen liebte, die werde ich sehr mäßigen müssen.« Denn eines wird er nicht tun, obschon er's leicht könnte: durch Arbeiten Geld verdienen. »Ich möchte sogar sagen, daß ich nicht viele Männer kenne, die soviel wie ich verdienen könnten, falls ich das zu meinem Ziele machte. Aber das ist, was ich niemals machen würde. Daß dieses Unglück, diese Prostitution des Geistes, in den Geistesarbeiten nach Geld zu trachten, fern von mir bleibe! Es gibt nichts Berechtigteres, als bei den materiellen Arbeiten auf den Lohn hinzuzielen. Es gibt nichts Unwürdigeres und Widernatürlicheres, nichts Verhängnisvolleres, als es in den geistigen Arbeiten zu tun, welche einer ganz anderen Kategorie angehören.« Gut, daß Marx dies nicht lesen konnte. Hier spricht nicht der Sozialist Lassalle, sondern der Privatier mit Rentenanspruch und Aktienbesitz. In ein ökonomisches System hätte er diese Divergenzen von materieller und geistiger Arbeit schwer einbringen können.

Als sechstes führt Lassalle die Hatzfeldt-Sache vor, den Ruhm und Roman seines Lebens. Denn dieser Kampf, der *Heraklit* und der *Sickingen* – »sind die wichtigsten Begebenheiten meines Lebens«.

Und schließlich muß er noch etwas über die Gräfin sagen, denn seine zukünftige Gattin soll sie gleich ihm lieben wie eine wahre Mutter. »Ich liebe sie mit der Liebe eines Sohnes. Ich liebe sie mit der Liebe eines treuen Waffengefährten, der zehn Jahre des Kampfes und der Gefahren mit mir geteilt hat. Ich liebe sie endlich mit einer philosophischen Liebe. Das heißt, daß ich sie als den schönsten Typus der Menschheit liebe, als den Typus der leidenden Menschheit, als den vor meinen Augen um der Sünden der Menschheit willen gekreuzigten Christus, den es mir gelungen ist, durch die Kraft meines Willens wirklich vom Kreuz zu reißen.«

Nun, wer wäre von dem beredten Ansturm dieser Seelenbeichte, von der schonungslosen Selbstdarstellung des Leidens, Kämpfens und der Größe dieses Mannes nicht beeindruckt?! Aber welche Frau möchte ein solches Denkmal heiraten?

Die junge Sophie jedenfalls nicht. Sie zögert wieder hinaus, wird dann bei einem Besuch in Berlin wider die Absprache von Lassalle noch einmal bestürmt – aber wie sollte er sich auch beherrschen?! Zwei Monate später kommt die endgültige Absage. Sie trifft Lassalle nicht einmal mehr ernstlich, er schreibt kühl zurück, die Beziehung bricht ab.

»Mit diesem mattherzigen Gesindel ist keine Verbindung möglich«

Unterdies wird das alte Vorhaben, mit Marx und Engels und den Redakteuren der alten *Neuen Rheinischen Zeitung* zusammen eine Tageszeitung herauszugeben, nun aber in Berlin selbst, von Lassalle fortgesponnen. Anders ist dieser Presseverschwörung der liberalen Zeitungen – »es ist die reine Scheiße!« – nicht zu begegnen. Ansichten wie seine oder die seiner Partei nehmen sie überhaupt nicht zur Kenntnis, der reinste Polizeigeist und gemeinste Servilismus herrschen. »Wenn es einer einfällt«, schreibt er an Marx, »dennoch von Deinen Darstellungen irgendeine Notiz zu nehmen, so wird es schlimmer sein, als wenn dies nicht geschehen wäre. Denn man wird Dich etwas sagen lassen, was Du gar nicht gesagt hast ...« Was den Revolutionären und ihrem einsamen Vorposten Lassalle in Deutschland fehlt, ist ein Forum, ein publizistisches Organ, in dem sie ihre Vorstellungen vertreten und bekanntmachen können.

Freilich sind die Parteihäupter in England in diesem Punkt Lassalle gegenüber mißtrauisch. Nicht nur in der italienischen Frage ist er ungeniert aus der Reihe getanzt, auch sonst sind sachliche Differenzen nicht zu übersehen. So meint Marx im September gegenüber Lassalle bestimmt nicht von ungefähr, es sei wichtig, sich über ein Programm zu verständigen: »Wenn Du ein Brouillon aufsetzen willst, so werden Engels, Wolff und ich uns mit Dir über etwaige Modifikationen verständigen.«

Lassalle schützt Zeitmangel vor und schiebt den Schwarzen Peter zurück: Die Freunde möchten ihm ein Programm zuschicken. Aber Marx leidet an Katarrh und an der Leber, seine

Frau Jenny ist von einem argen Nervenfieber befallen; Lassalle dämmert der »unerträgliche Gedanke«, er werde seine Krankheit ein Leben lang behalten – unter solch beiderseitiger Misere unterbleibt die programmatische Abstimmung. Außerdem ist Lassalle damit beschäftigt, sein Manuskript zum *System der erworbenen Rechte* bei Brockhaus in Leipzig für den Satz einzurichten.

Am 2. Januar 1861 stirbt Friedrich Wilhelm IV., und sein Bruder folgt ihm als Wilhelm I. auf dem preußischen Thron. Er erläßt zugleich eine Amnestie, die den politisch Verfolgten die Rückkehr nach Preußen gestattet.

Diese Amnestie hat aber einen bösen Haken: Alle nicht verurteilten Flüchtlinge können, ja müssen bei ihrer Rückkehr in Untersuchungshaft genommen werden, die bis zur Verurteilung sechs oder 18 Monate dauern kann.

Darauf macht Lassalle in einem Beitrag für die »Nationalzeitung« aufmerksam mit dem Zusatz, notwendig sei also ein Gesetz, zu dem jeder Abgeordnete verpflichtet sei. Aber das Blatt lehnt den Brief ab, druckt statt dessen einen eigenen Leitartikel mit Lassalles juristischer Argumentation, aber ohne die politische.

Das stellt nun Lassalle für die *Volkszeitung* dar und erhebt gleichzeitig den Vorwurf des Plagiats. Der Redakteur der *Volkszeitung* lehnt den Abdruck beider Briefe ab, der Vorwurf sei nicht beweisbar.

Die *Volkszeitung* gehört Lassalles Freund und Verleger Franz Duncker. Lassalle nutzt die Gelegenheit zu einem großen Rundumschlag: Er bricht mit Duncker und auch gleich mit der Freundin Lina, die einfach in das zerstörte Verhältnis einbezogen wird. Die Vorwürfe gehen dahin, Duncker und sein Blatt hätten ihn gegen Vorwürfe nie verteidigt, sondern eher noch geschwiegen und sogar ihm die Publikation verweigert. So echt Lassalles Aufregung in den angeführten Einzelheiten war, so kühl war die ganze Aktion geplant. »Ich benutze den Anlaß, sage ich, denn es ist mir eine erwünschte Gelegenheit mehr noch als ein Grund. Es ist schon lange dahin gekommen mit ihm, daß ich diese Notwendigkeit einsah; es ist mit diesem mattherzigen Gesindel gar kein Verhältnis möglich, und so werde ich denn dies benutzen, um alle Beziehungen zu ihm, was ich ohne meine natürliche Gutmütigkeit schon lange getan, aufzuheben.«

Lassalle schreibt dies Marx und signalisiert damit, wie ernst es ihm mit dem eigenen Publikationsorgan ist. Marx ist zwar skeptisch – an Engels: »Die Wellen in Deutschland schlagen noch nicht hoch genug, um unser Schiff zu tragen« –, läßt es aber gern zu, daß Lassalle sich um seine Naturalisation bemüht. Denn Marx ist seit mehr als zehn Jahren außer Landes und hat damit sein Indeginat (Staatszugehörigkeit) verloren, gilt als Ausländer. Lassalle belagert Polizeipräsidenten und Minister, um die Genehmigung zu erlangen: Auf diesem Felde ist er ein hartnäckiger Meister.

Im April kommt Marx nach einem Besuch bei vermögenden holländischen Verwandten selbst auf einen Abstecher nach Berlin, um die Lage zu sondieren. Zwölf Tage wohnt er bei Lassalle und nimmt seine Zeit »immens in Anspruch«. Alles spricht dafür, daß Lassalle den Freund nach Kräften verwöhnte und ihm sein komfortables Leben vorführte. Die Gespräche über die Zeitungsgründung kommen kaum voran, wobei das finanzielle Moment eher zweitrangig ist. Viel mehr beeindruckt Marx, daß Lassalle für sich die gleiche Stimme beansprucht wie Marx und Engels zusammen, damit er in der Redaktion nicht überstimmt werde: Er will darüber mit Engels und Wolff sprechen. Doch im Grunde ist damit das Projekt für ihn schon gestorben. Jedenfalls haben die Tage in Berlin bei Marx eher neidvolle Häme geweckt als Zuneigung hervorgerufen. Engels schildert er nach der Rückkehr: »Lassalle, geblendet durch das Ansehen, das er in gewissen Gelehrtenkreisen durch seinen Heraklit und in einem anderen Kreise von Schmarotzern durch guten Wein und Küche hat, weiß natürlich nicht, daß er im großen Publikum verrufen ist. Außerdem seine Rechthaberei; sein Stecken im ›spekulativen Begriff‹ (der Kerl träumt sogar von einer neuen Hegelschen Philosophie der zweiten Potenz, die er schreiben will), seine Infektion mit altem französischem Liberalismus, seine breitspurige Feder, Zudringlichkeit, Taktlosigkeit usw. Lassalle könnte als einer der Redakteure, unter strenger Disziplin, Dienste leisten. Sonst nur blamieren.«

Lassalle bemüht sich derweilen treuherzig weiter um Marx' Angelegenheiten. Obwohl die Wiedereinbürgerung dreimal abgelehnt wird – weil Marx »republikanische oder mindestens keine royalistische Gesinnung habe« –, versucht Lassalle es weiter bis zur endgültigen ministeriellen Ablehnung im November. Auch das Zeitungsprojekt verfolgt er, wenn schon die Absage aus London deutlich ist und die Freunde ja nicht zurückkommen werden. Im Februar 1862 lehnt Brockhaus die Beteiligung freundlich ab, weil das Unternehmen doch zu entschieden demokratisch.

Im April 1861, bald nach Marx' Abreise, erscheint das *System der erworbenen Rechte*. Natürlich schickt Lassalle wieder Exemplare an die ganze geistige Prominenz, und wieder bestaunt die gelehrte Welt den immensen Fleiß und den Scharfsinn des Autors. Ursprünglich wollte Lassalle Hegels Ansatz einer Rechtsphilosophie weiterentwickeln, doch aus politischen Gründen schob sich die Frage der Rückwirkung von Gesetzen in den Vordergrund: Wie wirkt eine Revolution auf die erworbenen Rechte? Lassalles bildhafte Antwort: Das Individuum rammt mit seinem Recht oder Vertrag keinen unverrückbaren Pfahl in den Boden – verändert sich das Erdreich, so hat das Rückwirkungen auf den Pfahl. Juristisch gewendet: Verändert sich die Rechtsauffassung, so werden auch positive Rechtssätze und Besitzrechte entsprechend aufgehoben. Ein – sehr eng gefaßter – »persönlicher Besitz bleibt dabei gewahrt, und auf dem alten Rechtsboden individuell geschlossene Abmachungen können nicht rückwirkend annulliert werden«.

Lassalle hat den revolutionären Impetus seines wissenschaftlichen Opus Duncker gegenüber verdeutlicht: »Ich habe überhaupt, was bisher gänzlich fehlte, und sich in seinem Mangel so schwer fühlbar machte, die feste Burg eines wissenschaftlichen Rechtssystems für Revolution und Sozialismus in seinem besten und erhabensten Sinne zu erbauen gesucht, aus welcher Burg wir dann unsere weiteren Ausfälle auf die einzelnen Dörfer machen können, und ich glaube, dieser Bau ist mir prächtig gelungen und aus reinem Stahl gegossen.«

Die wenigen Zeitgenossen, die durch dieses gewaltig verschlungene Kompendium von philosophischer Theorie und vorgestellter juristischer Praxis hindurchfanden, haben denn auch richtig erkannt, daß es sich weniger um ein System der *erworbenen* als der *zu entziehenden* Rechte handelt. Doch bei allem vielfach beteuerten Respekt vor der akribischen und spitzfindigen Leistung waren es eben nur wenige, die bis zu dieser Erkenntnis vordrangen. Die Juristen und Staatswissenschaftler zumal waren mit diesem spekulativen Anspruch überfordert. Schlicht gesagt: Das *System der erworbenen Rechte* hat Lassalles Ruf als profunder Wissenschaftler erheblich prononciert, aber keine allgemeine Wirkung und bei den Experten wenig Aufnahme gefunden. Der Schlüssel dafür steckt in Engels' nüchterner Einschätzung: »Es ist doch ein starker Aberglaube von Lassalle, noch an die Rechtsidee usw., das absolute Recht zu glauben.« Was nützt eine stählerne Bastion zum revolutionären Ausfall, wenn keiner mehr den Zugang zu dieser prächtigen sozialistischen Feste findet? Lassalle hat mehr recht, als ihm lieb sein kann, wenn er zu Marx' ephemerer Kritik verdrießlich äußert: »Aber in seinem inneren Zusammenhange ganz begreifen können es nur wenige.«

Revolution aus Italien?

Bei soviel Anstrengung des »spekulativen Begriffs« ist der lustvolle und begierige Blick auf die revolutionären Vorgänge im europäischen Süden nicht verwunderlich: Dort ist politische Bewegung Realität! Lassalle, der mit der Ausbreitung der revolutionären Praxis durch nationale Befreiungserhebungen kalkuliert, brennt darauf, selber beratend und vorantreibend einzugreifen.

Der Marsch Garibaldis durch Sizilien und den italienischen Süden bis zum Angriff auf den Kirchenstaat hatte zur Gründung des Königreiches Italien geführt. In Turin stand der ungarische Freiheitsheld Kossuth bereit, die Expansion der nationalen Einheitskämpfe auf den Balkan zu tragen. Nach dem Tod Cavours war die Frage, ob Rom oder Venetien das nächste Angriffsziel in Italien sein würde. Venedig – das bedeutete den erneuten Ansturm auf Österreich. Doch wofür würde Garibaldi antreten, der sich nach Caprera zurückgezogen hatte?

Im Juli 1861 fährt Lassalle mit der Gräfin nach Bad Soden. Von dort bittet er Marx um Empfehlungsbriefe an »Garibaldi, Mazzini, Garibaldisten, Mazzinisten usw. in den verschiedensten Städten Italiens«. Die Antwort kommt nicht nach Wildbad, der nächsten Station der Reise, und nicht nach Zürich, wo Lassalle sich auf seinen Italien-Zug vorbereitet. Marx läßt den Freund einfach hängen, weil ihm dessen Ambitionen in der Sache zuwider sind.

Dafür findet Lassalle in Zürich einen direkteren Zugang zu den Garibaldinern. Er verdankt diesen Zugang auch Ludmilla Assing, deren Herausgabe der Varnhagenschen Briefe und Tagebücher in Berlin Skandal gemacht hatte. Ludmilla hatte Berlin trotz Lassalles tatkräftigem Beistand verlassen müssen und sich in der Schweiz niedergelassen.

Die Tage in Zürich verlaufen ziemlich fidel und ausgelassen, wovon auch ein Renkontre mit dem Dichter Gottfried Keller zeugt. Keller nahm an einem der weinfrohen Gelage der übermütigen Gesellschaft teil, die Lassalle spät noch mit hypnotischen Einlagen zu unterhalten unternahm. Dem braven Schweizer, der am nächsten Tag seinen Zürcher Stadtschreiberposten antreten sollte, wird das zuviel: »Jetzt ist mir's zu dick, ihr Lumpenpack, ihr Gauner« – und geht mit geschwungenem Stuhl auf Lassalle los. Die Gesellschaft setzt ihn an die frische Luft. Am nächsten Tag – Keller kommt verspätet zum Dienst – schreibt ihm Lassalle ein versöhnliches Brieflein: »Wundersam ist Bacchus' Gabe «

Lassalle macht die persönliche Bekanntschaft von Georg Herwegh, der 1848 in einem verunglückten Unternehmen die Deutsche Legion aus Straßburg in die badischen Aufstände geführt hatte. Aber solche Aktionen sind von dem älter und antriebslos gewordenen Dichter nicht mehr zu erwarten. Lassalle kann ihm lediglich ein Versprechen abringen, zum nächsten März einen neuen Gedichtband vorzulegen – aber auch dieses Wort bittet Herwegh kurz darauf flehentlich zurückzugeben.

Von weitreichender Bedeutung dagegen ist die Begegnung mit Oberst Wilhelm Rüstow. Der ehemalige preußische Offizier hatte als Generalstabschef Garibaldis »Marsch der 1000« mitgemacht und eine deutsche Freiwilligentruppe bis Neapel geführt. Rüstow lebt jetzt als Militärschriftsteller in Zürich und hat gute Beziehungen zum »Deutschen Nationalverein«, der 1859 in Frankfurt zu dem Ziele gegründet worden war, den Zusammenschluß Deutschlands mit einem deutschen Parlament nach der Reichsverfassung von 1849 voranzutreiben. Von dem Kontakt mit dessen Coburger Organisator Fedor Streit erhoffen sich Rüstow und wohl auch Lassalle die Aufstellung einer deutschen Hilfstruppe und finanzielle Unterstützung der italienischen Bewegung.

Vor allem aber ist Rüstow außer seinen reichen Informationen und seinem Rat wichtig, weil er Lassalle die Bekanntschaft der führenden Garibaldiner vermitteln kann. Lassalle trifft die ersten in Lugano und Mailand, reist Mitte Oktober weiter nach Venedig, im November über Padua, Ferrara, Bologna nach Genua. Hier erfährt er von den Politikern der »Einheitsgesellschaft«, »der Aufstand werde Anfang Frühjahr in Griechenland beginnen, um die slavischen Bevölkerungen jener Provinzen und der angrenzenden Länder auf die Beine zu bringen, Österreich so im voraus lendenlahm zu machen, da bisher seine Widerstandskraft immer auf den Slaven beruhte, die es der ungarischen, deutschen, italienischen Revolution entgegenwarf, auf die es aber nicht mehr rechnen kann, sobald das slavische Element der benachbarten slavisch-romanischen Länder selber im Aufstand ist«.

Keine Frage, daß dies ein Programm nach dem Herzen und den Vorstellungen Lassalles ist: Österreich, das reaktionäre Prinzip, vom Balkan her aufzurollen und dann mit italienischer Hilfe die Revolution in die deutschen Lande zu tragen!

So bestätigt setzt Lassalle nach Caprera über: Vom 14. bis 18. November 1861 besucht er Garibaldi. Bei der Einführung wird er nicht zimperlich gewesen sein. Er ist der Mann, der mit seiner Broschüre über den italienischen Krieg Preußen vom militärischen Eingreifen abgehalten und die deutschen Demokraten ganz und gar für die italienische Bewegung eingenommen hat. Daß er sich auch – wie Marx später Engels höhnend kolportiert – als »Repräsentant der deutschen revolutionären Arbeiterklasse« vorgestellt habe, ist in dieser singulären Formulierung eher eine Übertreibung.

Sicher ist, daß er Garibaldi für die gemeinsame revolutionäre Bewegung von europäischen Dimensionen einnehmen wollte. Er riet Garibaldi dringend von Rom als Angriffsziel ab – das würde Konflikt mit Frankreich bedeuten und für die Sache nichts bringen. Garibaldi solle sich vielmehr in Neapel zum Diktator machen und ein Volksheer zum Feldzug gegen Österreich aufrufen – mit 300 000 Mann Zulauf rechnete Lassalle kühn, denen sich die piemontesische Armee gewiß anschließen werde. Ein Korps sollte nach Dalmatien übersetzen und mit seinem Vordringen den Aufstand in Ungarn auslösen, während Garibaldi mit der Hauptarmee unter Umgehung des habsburgischen Festungsvierecks in Venetien über Padua auf Wien losmarschierte. Dieses Konzept war mit Rüstow abgesprochen, der hoffte, über die Wehrbewegung des Nationalvereins diesem Zug auch ein beachtliches Korps deutscher Freischärler zuführen zu können. Der Wunsch Lassalles ist klar: auf der revolutionären Woge mit demokratischen Freikorps von Wien nach Berlin …

Wie weit Garibaldi bei Lassalle den Eindruck erweckte, diesem Vorhaben zuzustimmen, ist unklar. Mit der dalmatinischen Karte und dem Gedanken einer Umgehung des Festungsviereckes hatte der jedenfalls auch schon gespielt. Lassalle verließ Garibaldi in der sicheren Erwartung, er werde im Frühjahr 1862 das nationale Banner wieder entfalten und gegen Österreich losschlagen.

Die erste Dezemberhälfte verbringt er in Florenz in der Absicht, weiter nach Rom und Neapel zu reisen, wo er bis zum Frühjahr bleiben will. Das legt den Gedanken nahe, daß er hier Garibaldis Aktion abwarten und mit ihm dann als Chefberater und Befreier das revolutionäre Banner gegen die Habsburger Monarchie tragen möchte – diese Spekulation paßt durchaus zu Ferdinand Lassalle.

Doch Lassalle bricht die Reise ab. Auf der Heimfahrt begegnet er Ludwig Kossuth, der ihm auf seine besorgte Frage erklärt, Ungarn werde auch einem Prinzen Jerome Bonaparte die Krone geben, wenn er nur zur Befreiung von Habsburgs Monarchie verhelfe. Ob dies Lassalle Zweifel in seine hochgespannten Erwartungen einflößte? Andererseits schien doch auch Mazzini ganz mit seinen Vorstellungen übereinzustimmen.

Weihnachten 1861 ist er wieder in Zürich. Gräfin Sophie trennt sich von ihm und bleibt dort zurück. Die aufflammende Verehrung Rüstows für sie hat zu einem festen Verhältnis geführt. Der Bruch mit Lassalle ist wieder einmal heftig und voller Mißverständnisse und Mißstimmungen.

Es paßt in diese seelische Verfassung, daß er gleich nach seiner Rückkehr nach Berlin im Januar auch Marx barsch erklärt, er werde nach dessen langem Schweigen jetzt alles Schreiben an ihn einstellen.

Kapitel VI

Politiker (1862)

Es ist ein ziemlich zerstörter und deprimierter Lassalle, der im Januar 1862 in Berlin sich aufs neue in die Arbeit stürzt, wie um sich zu betäuben. Das Zerwürfnis mit der Gräfin ist tief und heftig und hat seit Genua schon die Italienreise belastet. Die Konstellation der Reisegesellschaft war ja auch nicht gerade glücklich: Eine Ludmilla Assing, die unverändert und unerwidert Lassalle verehrt; Rüstow, der leidenschaftlich die Gräfin umwirbt; Gräfin Sophie, die auf dieses Werben immer stärker antwortet, aber damit in Konflikt mit dem empfindlichen Lebensfreund Lassalle gerät; Lassalle, der die Freundschaft mit Rüstow wahren will, doch auf die Gräfin ganze Ansprüche erhebt und sich schließlich von ihr »unverantwortlich« behandelt fühlt. In seinen Briefen insistiert er, daß er »sachliche Gefälligkeiten jederzeit gern tun werde und nur persönliche Beziehungen zwischen uns unmöglich sind«. Bei seiner Symbiose mit Gräfin Sophie kann man sich ausmalen, daß dies scheinbar unwiderruflich zerrüttete Verhältnis arge Frustrationen bei ihm auslöst.

Die Hartnäckigkeit, mit der er weiter auf eine Eskalation der italienischen Verwicklungen setzt, mutet schon fast blindwütig an. Dem Vater gibt er die Order, für 10 000 Taler Eisenbahnaktien zu verkaufen, weil die Kurse durch gewaltige Ereignisse bald sinken würden. Heyman widerrät. Doch Lassalle besteht auf seiner Spekulation, weil die Baisse an der Börse im März oder im Mai ganz gewiß kommen werde. Auch Freunde vermögen ihn nicht zu überzeugen, daß seine Erwartung der Revolution in Italien trügerisch sei. Um so tiefer ist seine Enttäuschung, als Garibaldi im Sommer seine Freischaren mit dem Aufruf »Rom oder der Tod« schließlich doch gegen den Kirchenstaat führt und bei dem prompten Konflikt mit Frankreich und dem Königreich Piemont nach der Niederlage von Aspromonte gefangengenommen wird. Im Februar noch hatte Lassalle den Garibaldiner Federigo Bellazzi beschworen, Garibaldi müsse auch ohne den Willen Frankreichs gegen Habsburg losschlagen und werde dann die demokratische Volksbewegung hinter sich haben: »Achtet nicht auf die legale Rechtlichkeit, oder ihr werdet trotz aller eurer reinen Absichten und unermüdlichen Arbeit nur den Ruin über euer Vaterland bringen, wie wir im Jahre 1848 den Ruin des unsrigen brachten, nur weil wir uns an die Legalität hielten.« Lassalle, in großen Dimensionen denkend, übersah nur, daß dem Italiener Garibaldi für die nationale Einigung die Gewinnung Roms wichtiger war als Venetien oder gar ein weitergehender Angriff auf Österreich-Habsburg.

»Ich arbeite, martere mich, ächze mich ab«

Seine Verfassung schildert Lassalle im Februar dem Freund Rüstow: »Ich esse und trinke und habe, was Menschenbegehr. Und meine Befriedigung bei dem allen – die gönne ich keinem Hunde! Es geht mir schon seit vielen Jahren so, immer wachsend, das einzige Mittel dagegen ist für mich, unterzutauchen in eine Arbeit, scheinbar viel zu groß, um sie überhaupt ausführen zu können, sechsmal zu groß, um sie in dem dreifachen der Zeit, die ich mir dafür gesteckt, ausführen zu können: sowie ich mich in eine solche neue Qual eingeschifft habe, dann wird von dieser Wut, der ich dann hingegeben, jede andere latente Stimmung unterdrückt! Ich arbeite, martere mich, ächze mich ab an dem unmöglichen Ziel, drücke mir den rotglühenden Stachel immer tiefer in die Flanken, verzehre mich, hetze mich ab, reibe mich auf, und in dieser verzehrenden Leidenschaft, in der ich mich dann winde und ringe, die mir die Seele durchdringt und den Geist beschäftigt, täglich, bis mir die Augen zufallen, in dieser wahnsinnigen Nervenerzitterung fühle ich mich dann gesättigt und mache das Unmögliche möglich.«

Es paßt zu diesem Einschnitt, daß Lassalle seinen Bekanntenkreis fast gänzlich erneuert. Nach Ansicht der Gräfin, zu der sich im Laufe der Monate wieder ein freundlicher Briefwechsel entwickelt, war das auch dringend nötig. »Alle diese Leute in Berlin, mit Ausnahme von Scherenberg und Ihrem Vetter, haben mir, glaube ich, mit Recht nie gefallen. Sie essen Ihre Diners, schmeicheln Ihnen, um Sie desto besser hinterrücks zu verleumden; ich habe mich nie heimlich und angenehm mit ihnen gefühlt.« Da Gräfin Sophie über die kritischere Menschenkenntnis verfügt, hat das Urteil einiges Gewicht.

Unter den neuen Bekannten sind zwei von besonderer Bedeutung. Auch wenn sie Lassalles politische Auffassungen nicht in dem Maße teilen, das er sich einredet, spielen sie durch ihre reiche praktische Erfahrung und ihr aufrichtiges kritisches Urteil als Ratgeber in der folgenden Zeit eine wichtige Rolle.

Der eine ist Lothar Bucher, radikaler Abgeordneter der preußischen Nationalversammlung und Steuerverweigerer von 1848, der zehn Jahre im Londoner Exil lebte. Das Studium des englischen Parlamentarismus hat ihn ungestümer demokratischer Hoffnungen beraubt und zu einem kühl beobachtenden Skeptiker gemacht. Dazu kommt einige Verbitterung: Nach der Rückkehr ernährt er sich mühselig als Publizist und hat sich auch mit den alten Kampfgefährten aus der neuen Fortschrittspartei überworfen, weil er ihr leeres Geschwätz und unschlüssiges Hantieren verachtete. Bucher ist von der Notwendigkeit einer tiefgreifenden politischen und sozialen Veränderung überzeugt, doch anders als Lassalle sieht er die Frist dafür nach Generationen. Der ungestüme Tatendrang Lassalles zieht ihn darum einerseits ebensosehr an, wie er andererseits dessen waghalsig opportunistische Perspektiven ablehnt und vor eigenem unmittelbarem Handeln zurückschreckt.

Der andere, ein fast väterlicher Freund, ist der alte Demokrat Franz Ziegler. Der ehemalige Bürgermeister von Brandenburg trat für einen demokratischen preußischen Staat mit sauberer Verwaltung und allgemeinem Wahlrecht auf allen Ebenen ein. Anders als Lassalle setzte er die Zukunft nicht auf die sozialen Interessen der Arbeiter und ihren Sozialismus, sondern sah den Hauptgegner in Charakterlosigkeit und Mittelmäßigkeit der »staatstragenden« Kräfte und verlangte eine sittliche Erneuerung als Grundlage. Ein der Fortschrittspartei opponierender Liberaler, ein ausgeprägter Individualist und wahrhafter Freund, der lange Zeit Lassalle als den jungen Rächer seiner fehlgeschlagenen Hoffnungen begleitete.

Eine feste Beziehung bewahrt Lassalle auch dem Dirigenten Hans von Bülow, den er auf seinem musikalischen Gebiet als Neuerer schätzte und gerne an seiner Tafel sah. Bülow dankt er auch die Kenntnis Wagners. Die Lektüre des »Ring der Nibelungen« erregt ihn tief: »Wagner ist einer der absolut wenigen Naturen, die mir trotz dieses qualvollen Verfalls, der uns umgibt, die Gewißheit geben und bestätigen, daß an den Germanen etwas mehr ist, mehr als an jedem andern, wenn sich der germanische Genius in seiner reinen Größe erhebt.« Schließlich ist in jener Zeit noch der junge Kaufmann Ludwig Löwe wichtig, der Lassalle als eine Art Sekretär dient und ihn wie ein Sohn verehrt. Löwe verschafft Lassalle die Beziehungen zu den Berliner Bezirks- und Turnvereinen im Umkreis des Nationalvereins.

Verfassungskonflikt in Preußen

Als Lassalle 1862 nach Berlin zurückkehrt, sind die liberalen Hoffnungen der »Neuen Ära« auf eine Stärkung des bürgerlich-parlamentarischen Einflusses in Preußen am Erlöschen. Kernpunkt der Auseinandersetzungen war die vom Kartätschenprinzen, Regenten und jetzigen König Wilhelm I. – dem »schönen Wilhelm« – von Anbeginn betriebene Heeresreform. Militärische Mängel bei der Mobilmachung in der italienischen Krise hatten ihn und seinen Kriegsminister Albrecht von Roon in der Überzeugung verfestigt, daß die Heeresverfassung verbessert werden müsse. Die Friedensstärke der Truppen wurde durch Aufstockung der jährlichen Rekrutenkontingente von 40 000 auf 63 000 erhöht. Die zweijährige Dienstzeit sollte durch Gesetz wieder auf drei Jahre erhöht werden. Die Stellung der Landwehr, des konstitutionellen Elementes in der Heeresverfassung, wurde zurückgedrängt: Die drei jüngsten Jahrgänge wurden der Reserve zugeschlagen und damit der »Linie« der Königsarmee.

Die Kammer lehnte die dreijährige Dienstzeit ab, bewilligte aber provisorisch die Mittel der Reorganisation – ihre Verteilung wurde der Regierung überlassen. Wilhelm I. entschied darauf: Die Heeresreform gehört ins Ermessen des Königs, denn die Armee ist eine königliche – das Parlament hat nicht hineinzureden.

Damit war der Konflikt programmiert. Der Monarchie ging es um Zurückdrängung des bürgerlichen Einflusses im Innern und militärische Stärke nach außen; den Liberalen um Behauptung des Verfassungsstaates und die moralische Autorität der deutschen Führungsmacht Preußen. Die liberale und demokratische Kräfte sammelnde »Deutsche Fortschrittspartei« trat zu den Wahlen im Dezember 1861 mit dem Programm an: Erhaltung der Landwehr und der zweijährigen Dienstzeit. Sie wurde mit 110 Abgeordneten die stärkste Fraktion und verfügte mit dem linken Zentrum in der Kammer über die Mehrheit. Diese Mehrheit verlangt die Spezialisierung des Staatshaushalts und nimmt damit der Regierung die Möglichkeit, die Mehrkosten der Heeresvermehrung aus anderen Etatmitteln zu decken. Am 11. März 1862 löst der König die Kammer – das preußische Abgeordnetenhaus – auf, am 19. März werden die liberalen Minister entlassen, Neuwahlen ausgeschrieben.

»Politik ist die Praxis der Idee«

Lassalle am 27. März an Georg Herwegh: »Das beste Heilmittel, das der Mann auf eine Wunde, die ihm geschlagen, legen kann, ist: fieberhafte rasende, rasende fieberhafte Tätigkeit, mit aller jener Unterdrückung von Empfindung, die solche Tätigkeit von selbst nach sich zieht. Ich hab's oft ausprobiert und kann Ihnen sagen: probatum est! Und sich nicht Zeit gönnen, zu empfinden! Nur vorwärts, und vorwärts, und gearbeitet mit fliegender, zitternder Hast, wie unter dem Stock, wie unter der Fronpeitsche, wie unter dem Stachel! Oh, wie das hilft! Die Wunde ist vernarbt während der Fronde, die man sich auferlegt; nicht nur der Schmerz ist gemildert, sondern das ganze Stück Gefühlsfähigkeit, in dem er haftete, ist mit verknorpelt – tant mieux, eine Unempfindlichkeit mehr, eine Blöße weniger, und vorwärts, nur vorwärts auf dieser rasenden, sinnlosen Jagd, die unser Leben heut darstellt.«

Das ist nicht nur eine Aufmunterung an den deprimierten Freund. Das ist – mit einem ungewohnt fatalen, wehklagenden Unterton von der »sinnlosen Jagd« – auch der Tenor, der sein jetziges Schaffen und künftiges Verhalten bestimmt. Arm an Atempausen, gezeichnet von der gewaltsamen Zurücksetzung des Gefühls, ganz seiner Sache, der Sache des Volkes hingegeben.

»Politik ist die Praxis der Idee.« Dieses Bekenntnis setzt Lassalle jetzt in seine Wirklichkeit um. Tastend zunächst, nach der ihm richtig scheinenden Linie im Ganzen suchend; aber jäh zupackend und mit vollem Engagement, wo er sich entschieden hat. Wie sehr das nach den umfassenden und aufreibenden wissenschaftlichen Arbeiten seinem Naturell und Talent entspricht, längst empfundene Spannungen löst, bezeugt die erleichterte Reaktion Gräfin Sophies, die ihn besser kennt als irgendeiner: »Zuerst will ich Ihnen meine wirkliche Freude über Ihre letzten drei Arbeiten sagen. Sie wissen, wie oft ich Ihnen früher gesagt, wie es mir lieb sein würde, wenn Sie nun, jetzt, nachdem Sie wirklich für jetzt genug für die eigentliche Wissenschaft mit Ihren beiden großen Werken getan, sich darauf verlegten, kleinere, aller Welt mehr zugängliche, die Fragen der Zeit behandelnde Schriften in die Welt zu schicken, die wie Taten gleich zünden.«

Julian Schmidt: Gegen den hohlen Zeitgeist ...

Die erste dieser kleineren Arbeiten, im Februar/März in Gemeinschaftsarbeit mit Lothar Bucher entstanden, war eher ein lustvolles, fetzendes Beiprodukt, die bösartige Schmähschrift »Herr Julian Schmidt, der Literaturhistoriker«. Schmidt war seinerzeit ein kleiner Literaturpapst, Zeitschriftenherausgeber und Redakteur, Kritiker in altliberalen Blättern, Verfasser einer vielgelesenen »Geschichte der deutschen Literatur seit Lessings Tod«: Preuße, Protestant, Parteimann. Lassalle nimmt sich in der fingierten Gestalt eines einfachen Setzers Passagen aus Schmidts Literaturgeschichte vor, um sie in »Scholien« – das sind Anmerkungen – wegen Unkenntnis, Ignoranz oder Schwafelei in der Luft zu zerreißen. »Man muß oft ein erfahrener Setzer, ein scharf aufpassender Setzer sein, um mit Sicherheit zu ersehen, daß in diesem unbestimmten belletristischen Wortgeflimmer auch nicht die Spur eines Gedankens vorhanden ist, der Autor vielmehr ganz bewußt einen Fandango auf Eiern tanzt, und sich ganz klar darüber ist, daß er bei dem ersten soliden Schritt einbrechen und seine erstaunliche Gedankenlosigkeit und Unwissenheit über den Gegenstand verraten würde. Mein Julian ist vor allen unbestrittener Meister in dieser Kunst.«

Schmidt steht mit seiner »gespreizten Bildungssprache« und voreingenommenen Interpretationen für eine ganze Gilde von salbadernden Kritikern und oberflächlichen Journalisten, und es war in der Tat keine Schwierigkeit, ihn scheibchenweise zu zerpflücken. Natürlich ist die willkürliche Methode des Pamphlets höchst anfechtbar, es kommt zu Vergröberungen, Grobheiten und Beschimpfungen, die unter dem Strich liegen. Aber das böse Pasquill hat die Zeitgenossen amüsiert, und sie haben wie Marx verstanden, daß hier der Esel geschlagen und der Sack gemeint ist: der Bildungspöbel.

Daneben, dahinter aber hat die Spottschrift eine politische Komponente. Lassalle greift die preußisch-protestantisch-kleindeutsche Parteilichkeit dieses sogenannten Literaturhistorikers an, der alles entstellt und abwertet, was ihm nicht in seinen Kram paßt: Katholizismus und Romantik, philosophische und politische Radikalität, Fichte wie Hegel.

Erziehung und Entwicklung des Menschengeschlechts zur Freiheit: Arbeiterprogramm

Der nächste Angriff ist direkter: »Die Bourgeoisie wird Mord und Tod schreien.«

Am 12. April 1862 hält Ferdinand Lassalle im Berliner Handwerker-Verein der Oranienburger Vorstadt einen Vortrag. Viele der Zuhörer arbeiten in den Maschinenfabriken Berlins – Handarbeiter, Gesellen und Meister, Kleinbürger viele nach ihrem Verständnis, wie sie sich in den wiederbelebten Arbeitervereinen zu Bildungszwecken einfinden.

Was Lassalle ihnen vorträgt, stellt allerdings einige Bildungsansprüche. Es ist nach seinen Worten eine »auf 44 Seiten zusammengedrängte Philosophie der Geschichte« vom Mittelalter bis auf die heutige Zeit. Es tauchen darin die Grundlinien auf, denen er bei seinen Düsseldorfer Vorlesungen zur Geschichte der sozialen Entwicklung folgte – Lassalle kann also auf die Erfahrung zurückgreifen, daß das Publikum ihm zu folgen imstande ist. Denn die Rede hat einen höchst anspruchsvollen Titel: »Über den besonderen Zusammenhang der gegenwärtigen Geschichtsperiode mit der Idee des Arbeiterstandes.« Bekannter geworden ist sie unter ihrem späteren Namen: *Arbeiterprogramm.*

Bevor Lassalle auf seine Ausgangsfrage eingeht, was unter Arbeiterstand zu verstehen sei, unternimmt er einen historischen Exkurs.

Die mittelalterliche Ordnung basierte auf dem Grundbesitz und fixierte damit Vorrechte und Vorherrschaft des Adels und der Geistlichkeit. Das Handwerk war nach Zünften geordnet und produzierte auf Nachfrage, nach den Bedürfnissen. Eine stabile, gefestigte Struktur.

Die faktische Umwälzung ereignete sich in den zwei Jahrhunderten nach der Reformation. Große Absatzmärkte und verbesserte Transportmöglichkeiten forcierten die massenhafte Produktion, die auf Billigkeit gerichtet war und die Teilung der Arbeit vorantrieb. Die massenhafte Produktion wiederum erzwingt die Bedürfnisse, das Angebot geht der Nachfrage voraus, der Kapitalreichtum wird herrschendes Prinzip und liegt in den Händen der Bourgeoisie.

Aber rechtlich stehen noch immer Adel und Geistlichkeit voran. Die Französische Revolution vollzieht nun auch rechtlich, was längst Faktum geworden ist. »Man kann nie eine Revolution machen; man kann immer nur eine Revolution, die schon in den tatsächlichen Verhältnissen einer Gesellschaft eingetreten ist, auch äußere rechtliche Anerkennung und konsequente Durchführung geben.« Aber: »Ist die Revolution drin in der Gesellschaft, in ihren tatsächlichen Verhältnissen, so muß sie, da hilft nichts, auch herauskommen und in die Gesetzsammlung übergehen.«

Der Dritte Stand kam nun zur Vorherrschaft. Aber vertrat er, wie behauptet, die Sache aller, die Menschenrechte? Keineswegs, er schuf sich wieder eigene Vorrechte und Privilegien.

An dieser Stelle schaltet Lassalle Definitionen ein, die teils prinzipiell, teils strategisch von Bedeutung sind.

Zunächst darf *Bourgeoisie* als politische Parteibezeichnung nicht mit *Burgertum* gleichgesetzt werden, denn »Burger sind wir alle«. *Bourgeoisie* bezeichnet eine ganz bestimmte politische Richtung. »Die gesamte nicht adlige bürgerliche Klasse zerfiel, als die Französische Revolution eintrat, und zerfällt noch heute im großen und ganzen wieder in zwei Unterklassen; nämlich erstens die Klasse derer, welche ganz oder hauptsächlich aus ihrer Arbeit ihr Einkommen beziehen und hierin durch gar kein oder nur durch ein bescheidenes Kapital unterstützt werden, welches ihnen eher die Möglichkeit gibt, eine produktive, sie und ihre Familie ernährende Tätigkeit auszuüben; in diese Klasse gehören also die Arbeiter, die Kleinbürger und Handwerker und im ganzen die Bauern. Und zweitens in die Klasse derer, welche über einen großen bürgerlichen Besitz, über das große Kapital verfügen und auf Grund einer solchen großen Kapitalbasis produzieren oder Renteneinkommen daraus beziehen. Man könnte diese die Großbürger nennen.«

So weit ist das ganz klar: Es gibt Kapitalisten und Nichtkapitalisten. Doch nun kommt die erste taktische Variante. Der *Großbürger* wird durch Kapitalbesitz allein noch nicht zum *Bourgeois*, sondern erst, wenn er ihn zur Erringung rechtlicher Privilegien und politischer Herrschaft nützt! Lassalle schützt ausdrücklich das Privateigentum – »nichts einfacher, nichts natürlicher und nichts rechtsmäßiger als das!«

Selbstverständlich ist das ökonomisch und »marxistisch« unhaltbar und mit Sicherheit auch Lassalle bewußt – denn die *faktische* Macht des Kapitals ist ja auch ohne formalrechtliche Absicherungen gegeben, die irgendwann durch Gesetzesakt nachvollzogen werden. Zur Erklärung dieser Inkonsequenz bieten sich zwei Erwägungen an. Einmal versucht Lassalle auf diese Weise, einer prompten Anklage auszuweichen, weil er sonst umgehend mit den Gesetzen in Konflikt kommt. Zum anderen öffnet er damit möglichen Parteigängern aus dem Großbürgertum eine Hintertür: Wenn sie auf politische Vorrechte verzichten, könnten sie sich ohne Angst um ihr Privateigentum seinen Ansichten anschließen.

Es wird aber auch gleich klar, daß er so konsequent diese Inkonsequenz nicht verfolgt. Denn bei aller verbalen Versicherung stellt er gleich dem *Staat* die Aufgabe, die Lage der arbeitenden Klassen zu verbessern, und zwar sehr nachdrücklich. »So sehr der Arbeiter und der Kleinbürger, mit einem Wort die ganze nicht Kapital besitzende Klasse, berechtigt ist, vom Staate zu verlangen, daß er sein ganzes Sinnen und Trachten darauf richte, wie die kummervolle und notbeladene materielle Lage der arbeitenden Klassen zu verbessern, und wie auch ihnen, durch deren Hände alle die Reichtümer produziert worden, mit denen unsere Zivilisation prunkt, deren Händen alle die Produkte ihre Entstehung verdanken, ohne welche die gesamte Gesellschaft keinen Tag existieren könnte, zu einem reichlicheren und gesicherten Erwerbe und damit wieder zu der Möglichkeit *geistiger* Bildung und somit erst zu einem wahrhaft menschenwürdigen Dasein zu verhelfen sei – wie sehr, sage ich, die arbeitenden Klassen auch berechtigt sind, dies vom Staate zu fordern und dies als einen wahrhaften Zweck hinzustellen, so darf und wird dennoch der Arbeiter niemals vergessen, daß alles einmal erworbene gesetzliche Eigentum vollständig unantastbar und rechtmäßig ist.«

Im folgenden – und das ist ja ungeheuer geschickt – zeigt

Lassalle, daß das Großbürgertum seine *faktische* Kapitalmacht eben zielstrebig zur Sicherung von Privilegien genutzt hat. Nicht nur in Frankreich nach der Revolution, auch in Preußen. Da ist einmal das oktroyierte Dreiklassen-Wahlgesetz von 1849, nach dem ein Reicher soviel Wahlrecht ausübt wie 17 Nichtbesitzende. Da ist zum anderen ein Steuersystem, in dem die Bourgeoisie durch direkte Steuern knapp 13 Mio. Taler zum Staatshaushalt beitragen, während der Löwenanteil von 97 Mio. Talern durch indirekte Steuern auf das arme Volk übergewälzt wird. Und da ist zum dritten die soziale Mißachtung der Nichtbesitzenden, indem die Presse, das Mittel zur Unterrichtung und Aufklärung des Volkes, durch Kautionen, Stempelsteuern und das Erfordernis erheblichen Kapitaleinsatzes zum Privileg des großen Kapitalbesitzes geworden ist: »Wäre dies nicht, meine Herren, so würden sie ganz andere und viel bessere Zeitungen besitzen!«

Doch im Februar 1848 »brach die erste Morgenröte einer neuen Geschichtsperiode an«, der Vierte Stand verlangte gleichen Anteil aller Bürger an der Herrschaft im Staat.

»Bei der Herrschaft des vierten Standes findet sofort der immense Unterschied statt, daß der vierte Stand der letzte und äußerste, der enterbte Stand der Gesellschaft ist, welcher *keine* ausschließende Bedingung weder rechtlicher noch tatsächlicher Art, weder Adel noch Grundbesitz noch Kapitalbesitz mehr aufstellt und aufstellen kann, die er als ein neues *Privilegium* gestalten und durch die Einrichtungen der Gesellschaft hindurchführen könnte.

Arbeiter sind wir *alle*, insofern wir nur eben den *Willen* haben, uns in irgendeiner Weise der menschlichen Gesellschaft nützlich zu machen. Dieser *vierte* Stand, in dessen Herzfalten daher *kein* Keim einer neuen Bevorrechtung mehr enthalten ist, ist eben deshalb gleichbedeutend mit dem *ganzen Menschengeschlecht. Seine* Sache ist daher in Wahrheit die Sache der *gesamten Menschheit, seine* Freiheit ist die Freiheit der *Menschheit selbst, seine* Herrschaft ist die Herrschaft *aller.*«

Voilà – diese Idee des Arbeiterstandes als herrschendes Prinzip der Gesellschaft bedeutet die Versöhnung und Einigung aller Klassen. Das ist ein recht verführerischer, aber ziemlich oberflächlicher Gedanke. Er braucht einige Stützen, und Lassalle zieht da die sittliche Idee heran, die er schon oben – geistige Bildung, menschenwürdiges Dasein – eingeführt hat.

Im Gegensatz zur Selbstsucht der höheren Stände, die persönliches Interesse und Klassenprivilegien in eine prinzipiell feindliche Stellung zur Kulturentwicklung der Nation und sittlichen Gemeinschaft des Volkes führe, ist die »Religion des eigenen Vorteils« höchstens ein Fehler von Individuen, aber nicht der Klasse.

»Insofern aber und insoweit die unteren Klassen der Gesellschaft die Verbesserung ihrer Lage als *Klasse*, die Verbesserung ihres *Klassenloses* erstreben, insofern und insoweit fällt dieses *persönliche* Interesse, statt sich der geschichtlichen Bewegung entgegenzustellen und dadurch zu jener Unsittlichkeit verdammt zu werden, seiner *Richtung* nach vielmehr durchaus zusammen mit der Entwicklung des gesamten *Volkes*, mit dem Sieg der *Idee*, mit den Fortschritten der *Kultur*, mit dem Lebensprinzip der Geschichte selbst, welche nichts anderes als die Entwicklung der *Freiheit* ist. Oder, wie wir schon oben sahen, *Ihre* Sache ist die Sache der gesamten *Menschheit*.«

Der Arbeiterstand ist in der glücklichen Lage, daß persönliches Interesse und persönliche Leidenschaft zusammenfallen mit der objektiven Entwicklung der Vernunft und der Entfaltung der inneren Seele im Prozeß der Geschichte – hier taucht Hegel wieder auf. Beim Arbeiterstand tritt aber noch hinzu die Solidarität der Interessen, die Gemeinsamkeit und die Gegenseitigkeit in der Entwicklung – alles aus innerer historischer Notwendigkeit.

Die Unterschiedlichkeit der Haltung führt auch zu einer ganz verschiedenen Staatsidee. Für die Bourgeoisie hat er den Zweck, persönliche Freiheit und Eigentum zu schützen, nicht mehr – der liberale Nachtwächterstaat. Für den Arbeiterstand – beziehungsweise Lassalle – ist der Staat die Einheit der Individuen, der Zusammenschluß aller Kräfte, um zu erreichen, was der einzelne nie könnte: die Summe von Bildung, Macht und Freiheit.

»Der Zweck des Staates ist somit der, das menschliche Wesen zur *positiven Entfaltung* und *fortschreitenden Entwickelung* zu bringen, mit andern Worten, die menschliche *Bestimmung*, d.h. die Kultur, deren das Menschengeschlecht *fähig ist*, zum *wirklichen Dasein* zu gestalten; er ist die *Erziehung und Entwickelung* des Menschengeschlechts zur Freiheit.«

Wohlgemerkt, das ist nicht der bestehende Staat, sondern die Staatsidee des Arbeiterstandes, deren Verwirklichung seine hohe sittliche Aufgabe ist, weil »die Geschichtsperiode, in die wir mit dem Februar 1848 eingetreten sind, keinen Staat mehr erträgt, welcher, *gleichviel ob in monarchischer oder republikanischer Form*, das herrschende politische Gepräge des dritten Standes der Gesellschaft aufprägen oder in ihr erhalten will«.

Bei den Vorschlägen zur Verwirklichung des Zieles ist Lassalle sparsam. Konkret nennt er nur das allgemeine und direkte Wahlrecht. Aber jede weitergehende Agitation jetzt barg die Gefahr, daß er sofort unter Anklage und in Haft käme. Deshalb pochte er ja sosehr auf seine rein wissenschaftliche Betrachtung, darum taktierte er mit so schwammigen und dehnbaren Behauptungen wie: *Alle* Bürger seien Arbeiter, wenn sie nur den Willen hätten, sich der Gesellschaft nützlich zu machen. Unter dieser falschen Flagge allerdings erklärte er Aufregendes: daß der Vierte Stand die sittliche Mission habe, die Zukunft zu gestalten und die alten Kräfte, also die Herrschenden, abzulösen. Das war die moderate Proklamation des Klassenkampfes aus historischer Notwendigkeit und sittlicher Rechtfertigung.

»Die wirklichen Machtverhältnisse umgestalten«

Vier Tage später hielt Lassalle in der Berliner Friedrichstadt vor dem Bürger-Bezirks-Verein einen Vortrag, den er vor gleichen Zirkeln noch dreimal wiederholte: »Über Verfassungswesen.«

Hinter dem abstrakten Titel und der strengen Wissenschaftlichkeit steckte wieder eine höchst aktuelle Auseinandersetzung, diesmal mit dem preußischen Verfassungskonflikt.

Die Verfassung eines Landes, sagt Lassalle, besteht nicht aus einem Stück Papier, sondern aus den *tatsächlichen Machtverhältnissen.*

Ein König, dem das Heer gehorcht und die Kanonen; ein Adel, der Einfluß bei Hof und König hat; die Herren Borsig und Egels, die großen Industriellen überhaupt; die Bankiers Mendelssohn, Schickler, die Börse überhaupt; in gewissen Grenzen das allgemeine Bewußtsein, die allgemeine Bildung; in gewissen alleräußersten Fällen alle Bürger – das sind die wahren Stücke der Verfassung, wirklicher und mächtiger als das geschriebene Recht.

Lassalle illustriert seine Sätze mit aktuellen Beispielen: Dreiklassen-Wahlrecht, Herrenhaus, Kommandogewalt des Königs über das Heer, das nicht auf die Verfassung eingeschworen wird. Sein Beitrag zur Heeresreform: 1848 wurde keine der Maßregeln ergriffen, die zur Änderung der tatsächlichen Machtverhältnisse notwendig gewesen wären. Aus dem Fürstenheer hätte man ein Volksheer machen müssen: durch Begrenzung der Dienstzeit auf sechs Monate, durch Wahl aller niederen Offiziere durch die Truppe selbst, durch Unterstellung des Heers unter bürgerliche Gerichtsbarkeit, durch Verwahrung der Kanonen bei gewählten Behörden und der Bürgerwehr.

Nichts davon ist geschehen. »Die Fürsten, meine Herren, sind viel besser bedient als Sie! Die Diener der Fürsten sind keine Schönredner, wie es die Diener des Volkes oft sind. Aber es sind praktische Leute, die den Instinkt haben, worauf es ankommt.« Die Bourgeoisie jedoch verstand ganz und gar nichts vom Wesen einer Verfassung. »Die wirklichen, tatsächlichen Machtverhältnisse im Lande umgestalten, in die Exekutive eingreifen, so sehr eingreifen und sie tatsächlich so sehr umformen, daß sie sich nie wieder selbständig dem Willen der Nation entgegenstellen konnte – *das* war es, worauf es damals ankam, und was vorausgehen mußte, damit eine geschriebene Verfassung von Dauer sein konnte.«

Lassalle kritisiert die Fehler und Versäumnisse von 1848. Aber er setzt nicht an, um seither verlorenes Terrain wiedergutzumachen: »Keine Fahne, die 100 Schlachten mitgemacht hat, kann so zerfetzt und durchlöchert sein wie unsere Verfassung!« Eine Partei, die sich um diese durchlöcherte Verfassung schart, bezeugt nur noch ihre Angst und die Unwirklichkeit dieser Verfassung, die unrettbar verloren ist.

Lassalle will neues Terrain erobern, und er sagt auch, wo. »Die Verfassung kann auf entgegengesetzte Weise abgeändert werden, nach rechts oder links hin, aber bleiben kann sie nicht. Der Ruf gerade, sie festzuhalten, beweist es für den klarer denkenden Menschen. Sie kann nach *rechts* hin abgeändert werden, indem die Regierung diese Änderung vornimmt, um die geschriebene Verfassung in Übereinstimmung mit den tatsächlichen Machtverhältnissen der *organisierten* Macht der Gesellschaft zu setzen. Oder aber es tritt die *unorganisierte* Macht der Gesellschaft auf und beweist von neuem, daß sie größer ist als die organisierte. In diesem Falle wird die Verfassung wieder ebensoweit nach *links* hin abgeändert und aufgehoben wie vorhin nach rechts.«

Die *unorganisierte Macht der Gesellschaft* – das ist, unausgesprochen, die Idee des Arbeiterstandes, die Sache der Menschheit, der sein anderer Aufruf gilt. Und nicht die Fortschrittspartei der »Verfassungstreuen«, der liberalen Bourgeoisie, der er hier eine Kampfansage entgegenstellt.

Beifall von der falschen Seite

Die unmittelbare Wirkung von Lassalles ersten Agitationsreden ist nicht sehr bedeutend. Zumal das *Arbeiterprogramm* erscheint nicht nur seinen Freunden bei aller Begeisterung noch ein bißchen zu kompliziert für die Absicht. Seinem Publikum, Berliner Maschinenbauarbeitern und Kleinbürgern, leuchtet der historische Abriß sicher noch eher ein als die Aufforderung, sich als Arbeiterstand mit eigenem politischen Bewußtsein und Anspruch zusammenzutun. Denn diese fortschrittlichen Demokraten aus den einfacheren Schichten stehen zu sehr im Schlepptau des großbürgerlich dirigierten Nationalvereins. Ihre Vereinsgründungen dienen Bildungszwecken und nicht politischer Aufklärung oder gar Emanzipation. Sie sind, was immer sich Lassalle über ihre spontane Zustimmung und die Ausbreitung seiner Vorstellungen einredet, eigentlich das falsche Publikum – ein »richtiges« gab es in Berlin noch gar nicht. Denn zunächst einmal wurde ja nur der reale Konflikt zwischen den Machtansprüchen der Krone und dem Kontrollverlangen der Liberalen in der Heeresfrage wahrgenommen.

In dieses Wahlkampfthema greift nun Lassalles andere, die *Verfassungsrede* ein. Sie findet entsprechend mehr Resonanz – allerdings auf der falschen Seite. Die konservative Presse erkennt ganz zu Recht, daß hier ein Angriff auf die Fortschrittspartei vorliegt und lobt, wie die *Kreuzzeitung*, die Rede »eines seinerzeit viel genannten revolutionären Juden, der mit richtigem Instinkt den Nagel auf den Kopf getroffen und uns noch nicht alles gesagt hat, was er weiß und denkt«. Sie hat in den Reihen der Demokraten einen Kronzeugen, der wie die Königspartei der Meinung ist, daß es sich hier nicht um eine

Rechts-, sondern um eine Machtfrage handelt. Und den spielt sie, für die Kronmacht selbstverständlich plädierend, gegen die Fortschrittler aus. Kein Wunder, daß diese scheinbare Komplizenschaft Lassalle gleich in ein schiefes Licht bringt.

Auf den Wahlausgang hat das allerdings keinen Einfluß. Die Fortschrittspartei erobert im Mai 135 Sitze, das linke Zentrum 98 – ein triumphaler Sieg für die Opposition und eine Verschärfung des Konflikts.

Wichtiger ist die langfristige Wirkung dieser ersten Schritte zu einer rein politischen Agitation. Lassalle läßt beide Reden drucken und verbreitet die Broschüren hinfort als seinen programmatischen Beitrag an Freunde und Interessenten. Auf diese Weise erreichen seine Ausführungen eben doch die, welche dafür bereits aufgeschlossen sind und nach einer eigenen Idee des Arbeiterstandes, der Arbeiterklasse suchen – im Jahre 1862 und in späteren Jahrzehnten.

Die prompte Beschlagnahme des *Arbeiterprogrammes* ist für seinen Ruf und Ruhm nur hilfreich. Ende Juni wird gegen Lassalle Anklage erhoben, »die besitzlosen Klassen zum Haß und zur Verachtung gegen die Besitzenden öffentlich aufgereizt zu haben«. Natürlich ist das Wasser auf des forensischen Agitators Mühlen, der seine Ansichten im Gerichtssaal noch weit besser zur Geltung zu bringen versteht als in Volksversammlungen und dabei den Gegner direkt vor sich hat: Was kann ihm Besseres passieren als ein öffentliches Verfahren?!

Diese offizielle Aufmerksamkeit mag einiges zu Lassalles hochfliegenden Einschätzungen beigetragen haben. Er meint, sich unter den Arbeitern ein »Nest« gemacht zu haben und sieht am Horizont die Basis eines Arbeitervereins in Berlin, von dem aus er seine Agitation vortragen könnte. Gleichzeitig erweist die Philosophische Gesellschaft ihm die Ehre, ihn zur Fichte-Festrede zu bitten. Das wird allerdings ein Reinfall, denn die gelehrten Herren erwarten ein paar feierliche Lobeshymnen vor dem Buffet, Lassalle aber traktiert sie mit einem gedankenreichen und anspruchsvollen Essay über die Selbstverständigung des deutschen Geistes: »Sich mit Bewußtsein machen« ist die Aufgabe der Zukunft. Den Herren war es zu anstrengend, weitere Verstimmungen folgten, Ende Juni scheidet Lassalle aus der Philosophischen Gesellschaft aus.

Für den todkranken Vater Heyman, der zur Kur in Wildbad ist, summieren sich diese Nachrichten zu einem deprimierenden Bild. »Soeben lese ich in der Augsburger Allgemeinen, daß man Dich aus dem Philosophischen Verein wegen grober Beleidigung ausgestoßen und daß unter den Gründen, warum der Polizeipräsident Herr von Winter entlassen, auch der sei, weil er nicht zur Zeit gegen Deine Rede, die jetzt mit Beschlag belegt ist, eingeschritten. Ist dieses ›das Wachsen wie eine Eiche‹, welches Du in Berlin sagtest? – Ach, ich bin sehr betrübt. Mein armes Herz, welches, wie Du weißt, ohnehin krank ist, bricht unter diesem geistigen Kummer, und wohl kann ich mit Vater Jakob ausrufen, ich werde mit Traurigkeit in die Grube steigen! Ich schäme mich, jemandem unter die Augen zu treten. Alles siehet mich mit sonderbaren Blicken an, weil jeden Tag etwas anderes von Dir in der Zeitung steht. Ach, wenn ich nur in einem anderen Weltteil wäre, wo ich niemand kenne und von niemand gekannt wäre; eine schöne Erholungskur nach so schwerem Winter.«

Begreiflich ist die Klage des erschöpften und müden Vaters, der ein Leben lang den Sohn durch alle Aufregungen begleitet und ihm immer beigestanden hat. Tatsächlich sind Lassalles verschiedenartige Aktivitäten in diesen Monaten ja verwirrend, und unter all dem öffentlichen Wirbel ist ein Ziel kaum zu erkennen. Lassalle selbst beschreibt jetzt Marx mit seinen Taten eigentlich eher seine Übergeschäftigkeit.

»Seit dem (Januar) habe ich den Julian geschrieben; das Fichtefest, die Rede, Memorieren, die Verfassungsrede. Nimm hinzu, daß ich etwas politisch-praktische Agitation begonnen. So habe ich den Verfassungsvortrag in vier Vereinen gehalten. Außerdem einen weit längeren Vortrag über den Arbeiterstand geschrieben und in einem Arbeiterverein gehalten. Nimm hinzu die entsetzliche Zeit, die mit dem geringsten Agitieren verloren wird...« Und was er alles zu lesen habe, zu korrespondieren; und dann wolle er sich in der nationalökonomischen Materie wieder fit machen und sein ökonomisches Werk ausführen, was lange Zeit dauern werde...

Das häßliche Ende einer Freundschaft

Das war nach so langer Unterbrechung des Briefkontaktes kaum die rechte Tonart, Marx einen Besuch anzukündigen; doch genau das steht dahinter. Die Industrieausstellung ist nur ein Grund für Lassalles Reise nach London vom 1. Juli bis Anfang August – der Hauptgrund ist die Begegnung mit Marx.

Die Voraussetzungen und Begleitumstände waren denkbar ungünstig. Da ist diese fortwährende Ankündigung von Lassalles ökonomischem Werk, über das sich Marx ärgert, weil dies seine Domäne ist. Gerade jetzt stört ihn der Besuch, weil er arbeiten will – und kein Geld hat. Da man sich dem noblen Gast gegenüber nicht lumpen lassen will, wandert wieder einmal das Westphalensche Tafelsilber ins Pfandhaus. Natürlich geht in solcher Situation den Marxens das lebemännisch lässige Auftreten Lassalles auf die Nerven, der als Galan Frau Jenny und die Töchter hofiert, Ausflüge und Picknicks mit ihnen unternimmt. Sein unschuldiger Vorschlag, eine der Töchter möchte doch als Gesellschafterin zur Gräfin kommen, wirkt wie eine Provokation: Der brave Lassalle übersieht völlig, daß für Jenny Marx, geb. von Westphalen, die Gräfin Hatzfeldt eben doch eine gesellschaftlich und moralisch höchst anrüchige Gestalt ist.

Schließlich ist Marx weidlich verstimmt über die eigensinnigen und untauglichen Auffassungen des Gastes über die italienische Entwicklung, über sein Unverständnis für die Marxschen Erwartungen bezüglich der amerikanischen Sezessionskriege, über Lassalles demonstrative Rolle als Führer der deutschen Arbeiterbewegung. Das alles war höchst unerquicklich. Soweit Marx noch bereit war zu ernsthaftem Gespräch und nicht nur widerwillig den Ausführungen des selbstbewußten »Freundes« zuhörte, konnte da wohl nur noch Widerspruch in den meisten aktuellen Fragen und Deutungen und ein Rest von Übereinstimmung allein in den »Endzielen« festgestellt werden.

Betrachtet man jedoch den Tonfall und die Einwände, mit denen Marx am Ende Engels gegenüber den Besuch Lassalles kommentiert, so muß man wohl mehr von überdies einseitigen persönlichen Differenzen als von unüberwindlichen sachlichen Gegensätzen reden. Auf Marxens Seite war diese Beziehung – auch aus gekränktem Führungsanspruch – so gründlich zerrüttet, daß ihm an einer gütlichen Klärung der politischen Meinungsunterschiede kaum noch gelegen sein konnte.

»Der jüdische Nigger Lassalle, der glücklicherweise Ende dieser Woche abreist, hat glücklich wieder 5000 Taler in einer falschen Spekulation verloren. Der Kerl würde eher das Geld in den Dreck werfen, als es einem ›Freunde‹ pumpen, selbst wenn ihm Zinsen und Kapital garantiert würden. Dabei geht er von der Ansicht aus, daß er als jüdischer Baron oder baronisierter (wahrscheinlich durch die Gräfin) Jude leben muß. Denk Dir, daß der Kerl, der die Geschichte mit Amerika usw. weiß, also die Krise kennt, in der ich mich befinde, die Frechheit hatte, mich zu fragen, ob ich eine meiner Töchter als ›Gesellschafterin‹ der Hatzfeldt übergeben wolle. Der Kerl hat mir Zeit gekostet und, meinte das Vieh, da ich ja jetzt doch ›kein Geschäft‹ habe, sondern nur ›theoretische Arbeit‹ mache, könne ich ebensogut meine Zeit mit ihm totschlagen! Um gewisse Dehors dem Burschen gegenüber aufrechtzuerhalten, hatte meine Frau alles nicht Niet- und Nagelfeste ins Pfandhaus zu bringen!

Wäre ich nicht in dieser scheußlichen Position und ärgerte mich nicht das Klopfen des Parvenü auf den Geldsack, so hätte er mich königlich amüsiert. Seit dem Jahre, wo ich ihn sah, ist er ganz verrückt geworden. Der Aufenthalt in Zürich (mit Rüstow, Herwegh etc.) und die spätere Reise in Italien, dann sein ›Herr Julian Schmidt‹ etc. haben ihm den Kopf vollends verdreht. Er ist nun ausgemacht nicht nur der größte Gelehrte, tiefste Denker, genialste Forscher usw., sondern außerdem Don Juan und revolutionärer Kardinal Richelieu. Dabei das fortwährende Geschwätz mit der falsch überschnappenden Stimme, die unästhetisch demonstrativen Bewegungen, der belehrende Ton!

As to America, so ist das, sagt er, ganz uninteressant. Die Yankees haben keine ›Ideen‹. Die ›individuelle Freiheit‹ ist nur eine ›negative Idee‹ etc. und was dieses alten verkommenen Spekulationskehrichts mehr ist.

Wie gesagt, unter anderen Umständen (und wenn er mich nicht im Arbeiten gestört) hätte der Kerl mich königlich amüsiert. Dabei das wüste Fressen und die geile Brunst dieses ›Idealisten‹. Es ist mir jetzt völlig klar, daß er, wie auch seine Kopfbildung und sein Haarwuchs beweist, von den Negern abstammt, die sich dem Zug des Moses aus Ägypten anschlossen (wenn seine Mutter oder Großmutter von väterlicher Seite sich nicht mit einem Nigger kreuzten); nun, diese Verbindung von Judentum und Germanentum mit der negerhaften Grundsubstanz müssen ein sonderbares Produkt hervorbringen.«

Erfreulicherweise ist diese gehässige und primitive Denunziation nicht das Letzte, was Marx über Lassalle zu sagen weiß. Jedenfalls kann man daraus auf mehr Wut als »Amusement« schließen, und die wird schwerlich nur von den angeführten Äußerlichkeiten bestimmt gewesen sein. Vergleicht man übrigens diesen Brief an Engels mit Lassalles an Heine – »das Ärgste an kalter Malice« –, der den Angegriffenen außerdem direkt ansprach, so wird deutlich, auf welcher Seite mehr Anstand und Vornehmheit zu finden ist.

Denn – das führt die Beziehung beider nun zum Ende – all das hindert den edlen Marx nicht, auf Freund Lassalle durch Engels einen Wechsel über 60 Pfund oder 400 Taler ziehen zu lassen. Als Lassalle, ein stets korrekter Geschäftsmann, um Deckungsbestätigung durch Engels bittet, reagiert Marx beleidigt und voller Hohn, was Lassalle zu Recht übelnimmt. Tatsächlich trifft die Deckungssumme erst im letzten Moment ein, nach Mahnung und von Freiligrath. Mit einem windelweichen Schreiben Marx', in dem er letztlich Lassalle ins Unrecht zu setzen sucht, bricht der Kontakt zwischen beiden im November 1862 ab.

»Vereinsamt, verödet im Herzen«

Im August trifft Lassalle in Wildbad ein, wo die Aussöhnung mit Gräfin Sophie besiegelt wird, und reist anschließend in die Schweiz. Ende September ist er zurück in Berlin.

Privatim ist der Jahresausklang von Kummer überschattet. Ende Oktober stirbt der vielgeliebte Herzensvater Heyman, Lassalle kommt zu spät an sein Sterbebett. Wie tief der Verlust ihn trifft, sagen seine schlichten Sätze an die Gräfin:

»So bin ich denn seit einigen Stunden wieder in Berlin zurück, o wie vereinsamt, verödet im Herzen! Die Existenz fängt an, eine fahle, aschgraue Farbe für mich anzunehmen, und alles nähert sich der Gleichgültigkeit. Sie allein wissen, was er mir war, Sie allein können vielleicht ganz ahnen, wie es innerlich bei mir aussieht! Nicht der Schmerz ist das Schlimmste. Den werde ich niederleben, obgleich er heut, nachdem ich 14 Tage in Breslau geblieben und dort einigermaßen zur Ruhe gekommen war, bei dem Eintritt in mein Zimmer, bei dem abschließenden Rückblick auf das, was ich verloren, heftiger und greller vielleicht als im ersten Augenblick bei mir ausbrach. Aber das Schlimmste ist, daß man innerlich abstirbt, abstumpft! Für wen sollte ich mich denn jetzt noch gar lebhaft freuen, wenn mir etwas Gutes passiert? Für wen mich lebhaft betrüben und zur Wehr setzen gegen das Schlimme? Er verfolgte und bedeckte mich mit seiner Liebe und war in der letzten Zeit der einzige, der Leben und Empfindung brachte in die Apathie meines persönlichen Daseins.

Ach, Gräfin, was habe ich verloren! Was habe ich denn noch? Ich weiß, Sie sind mir gut, und ich bin Ihnen gewiß noch besser als Sie mir. Sie sind mir trotz allem und allem noch immer die liebste Person geblieben, die ich noch habe. Aber das alte Verhältnis zwischen uns ist dahin und wird und kann nie wiederkehren. Und jetzt ist auch er dahin. Ich komme mir selbst vor wie vergangen und gewesen. Ich bin alt geworden.«

In diese fatale Stimmung kommt noch der Ärger hartnäckiger finanzieller Auseinandersetzungen mit dem Schwager Friedland. Nach jahrelangen Ehezwisten, in denen ihr auch die beiden jetzt schon erwachsenen Kinder entfremdet wurden, hat sich Schwester Friederike von dem erfolgreichen Industrieritter getrennt, endgültig diesmal. Lassalle übernimmt es – wie immer in den Familienangelegenheiten und jetzt auch als ihr Oberhaupt –, die wirtschaftliche Seite der Scheidung zu regeln und die künftige Versorgung der Schwester sicherzustellen. Das gelingt ihm zu seiner vollen Zufriedenheit, doch er selbst muß dafür erheblich draufzahlen. Um die Vereinbarungen zu ermöglichen, tritt er dem Schwager all seine eigenen Ansprüche aus dem Prager Gasgeschäft ab. Er selbst beziffert seinen Verlust auf 40 000 Taler und tat es, um endlich Ruhe zu haben. Das ist bei dem streitbaren und geschäftstüchtigen Lassalle ein ungewohnter Zug und wirft ein Licht auf seine trübe moralische Verfassung. Denn er ist sich bewußt, daß er von der »Kanaille« Friedland übel übervorteilt wurde, und das läßt er sich ja normalerweise nicht gefallen.

Um seiner treusorgenden Familienrolle gerecht zu werden, nimmt er zeitweise auch noch die Mutter und die Schwester bei sich auf. Doch bei allem anhänglichen Pflichtbewußtsein ist diese Gesellschaft gar nicht nach seinem Geschmack, und er leidet darunter. Auch der freundschaftliche Umgang mit Bucher, Loewe und Ziegler und das intime Verhältnis, das er zu jener Zeit mit einem jungen Mädchen aus dem Modegeschäft

Gerson – der »Gersonniere« – hat, hebt diesen fatalistischen und deprimierten Grundton nicht auf. Vielleicht könnte ihn die Gräfin aus dieser Stimmung der Vereinsamung herausreißen, der er am Weihnachtsabend fast noch mehr wehleidig als wehmütig schreibt: »Es geht mir sehr schlecht. Innerlich. Ich bin weich geworden und wie eine Tränendrüse, ich, der ich nie eine Träne weinen konnte! Der Schlag mit meinem Vater scheint mich wirklich aufgeweicht zu haben und wie ausgetauscht.«

Dieser Tenor ist um so erstaunlicher, als Lassalle wieder mitten in gerichtlichen und politischen Auseinandersetzungen steht, die den ganzen Mann verlangen und ihn ins Zentrum des politischen Tageskampfes wie der Arbeiterbewegung führen. Er läßt sich dahin mehr widerwillig drängen und scheint – erstaunlich bei seinem Gespür – gar nicht zu merken, welche Chance sich ihm da eröffnet.

Aufforderung zum Parlamentsstreik: »Aussprechen, was ist«

Erwartungsgemäß vertiefte der Wahlerfolg der Opposition in der preußischen Kammer den Widerspruch zwischen Regierung und Abgeordnetenhaus in der Frage der Heeresreform. Als alle Kompromißvorschläge scheiterten, weil Wilhelm I. an der dreijährigen Dienstzeit festhielt, war der Verfassungskonflikt da.

Die Verfassung sah keine Regelung für den Fall vor, daß die drei für die Gesetzgebung zuständigen Organe – nämlich Kammer, Herrenhaus und König – nicht übereinstimmten. Aus dieser konstitutionellen »Lücke« wurde nun die Theorie abgeleitet, hier gelte wieder in vollem Umfang das Königsrecht, die monarchische Gewalt. Keine Frage, daß damit das konstitutionelle parlamentarische Prinzip außer Kraft gesetzt wird und der Absolutismus regiert.

Konkret bedeutet das: Der König handelt gegen seine eigene Parlamentsmehrheit, die mit 308 gegen 11 Stimmen die Reorganisationskosten abgelehnt und damit eine gesetzliche Verabschiedung des Etats für 1863 verhindert hatte. Dafür braucht er eine Regierung, die sich den Teufel um das Parlament schert und die Theorie der Verfassungslücke in politische

Praxis umsetzt. Auf Betreiben des starken Mannes im Kabinett und Vertrauten Wilhelms I., des Kriegsministers Roon, wird für diese Aufgabe Otto von Bismarck berufen und am 8. Oktober zum Ministerpräsidenten und Minister des Auswärtigen ernannt. Drei Tage später nimmt das Herrenhaus das Budget mit den Reorganisationskosten des Heeres an, zwei Tage darauf erklärt das Abgeordnetenhaus die Annahme für verfassungswidrig, und Bismarck vertagt den Preußischen Landtag.

Lassalle reagiert sofort. Er vermutet, die Fortschrittspartei werde zur Steuerverweigerung aufrufen. Doch abgesehen von dem Zweifel, ob sie dazu überhaupt mehrheitlich bereit sein werde, hält er das nach den Erfahrungen von 1848 für ein untaugliches Mittel, weil es gegen die Regierung nicht durchzusetzen ist. Er hat eine andere Idee: Die Kammer soll ihre Sitzungen einstellen, »bis die Regierung den Nachweis erbringt, daß die verweigerten Ausgaben eingestellt worden sind«. Das heißt: Er fordert den Offenbarungseid der Regierung auf die Verfassung!

Diesen verwegenen Gedanken führt Lassalle in einem zweiten Vortrag über Verfassungswesen aus, denn er will eine »höllische Agitation« entfachen. »Was nun?« fragt er zum erstenmal am 19. November, wiederholt die Rede in mehreren Bürger-Bezirks-Vereinen Berlins und bringt sie im Dezember zum Druck.

Die Anknüpfung an den ersten Vortrag fällt ihm nicht schwer. Die *organisierte Macht* der Gesellschaft, hat er da gesagt, unternimmt eine Veränderung der Verfassung nach rechts, um sie mit den tatsächlichen Machtverhältnissen in Einklang zu bringen; oder die *unorganisierte Macht* beweist, daß die ihre größer ist und verändert sie nach links. Die Situation ist da, das zu demonstrieren, denn die Zuspitzung des Konfliktes gibt doch seiner Definition recht: Verfassungsfragen sind ursprünglich nicht Rechtsfragen, sondern Machtfragen.

Dafür kann Lassalle nun prominente Kronzeugen von der Gegenseite anführen. Der Kriegsminister von Roon hat dem Abgeordnetenhaus erklärt, der Hauptinhalt der Geschichte auch innerhalb der Staaten sei nichts anderes als der Kampf um Macht und Machterweiterung zwischen den einzelnen Faktoren. Der Ministerpräsident von Bismarck hat derselben Kammer wörtlich dargelegt: »Rechtsfragen der Art pflegen nicht durch Gegenüberstellung widerstreitender Theorien, sondern nur allmählich durch die staatsrechtliche Praxis erledigt zu werden.«

Die Abgeordneten haben in dieser Situation nur ein unwiderstehliches (moralisches) Mittel: Die Kammer muß aussprechen, was ist! Der Staat ist kein konstitutioneller, sondern ein absolutistischer. Die Lüge der Regierung ist der Scheinkonstitutionalismus, die Behauptung, der Staat sei konstitutionell. Durch Aussetzung ihrer Tagung soll die Kammer diese Lüge enthüllen und die Regierung zu ihrem Eingeständnis zwingen. Denn die Regierung könne sich unmöglich in dauernden Widerspruch zu den gesellschaftlichen Zuständen bringen.

»Wollte die Regierung dies dennoch tun, regierte sie in absoluter Weise ohne Kammern fort – nun, so würde durch dies von der Kammer ausgegangene Aussprechen dessen, was ist, durch den von der Regierung offen akzeptierten Absolutismus die Illusion getötet, der Schleier fortgerissen, die Unklaren zur Erkenntnis gebracht, die für feinere Unterschiede Indifferenten erbittert, die gesamte Bourgeoisie wäre von Stund an in den latenten, unausgesetzt wühlenden Kampf gegen die Regierung gerissen, die gesamte Gesellschaft wäre eine organisierte Verschwörung gegen sie, und die Regierung hätte von diesem Augenblick an nichts anderes mehr zu tun, als Astrologie zu treiben, um die bestimmte Stunde ihres Untergangs am Sternenhimmel zu lesen ...

Alle große politische Aktion besteht in dem Aussprechen dessen, was ist, und beginnt damit.

Alle politische Kleingeisterei besteht in dem Verschweigen und Bemänteln dessen, was ist.«

Man braucht nicht lange zu rätseln, wie die zweite strategische Variante Lassalles zustande kommt, wenn er hier von den »Unklaren« bis zur »Bourgeoisie« die *gesamte Gesellschaft* zur Organisierung ihrer Macht aufruft. In seinem hochgespannten Drängen – er zieht die nationale Existenz der Deutschen und Fichte zur Begründung seiner Kompromißlosigkeit heran – scheint ihm die Verletzung von Verfassung und parlamentarischem Recht so sittlich monströs, daß alle sie empfinden und sich dagegen zur Wehr setzen müßten und die unorganisierte Macht der Gesellschaft nun zur Organisation finden sollte, um den tatsächlichen Verhältnissen Geltung zu verschaffen: »Den Daumen aufs Auge und das Knie auf die Brust!«

Lassalles brachiale Therapie, die parlamentarische Praxis auszusetzen und die Monarchie zu bestreiken, fand bei der Fortschrittspartei keinen Anklang, sie manövrierte weiter. Es ist ja auch die Frage, ob man Verfassungsrecht wiederherstellen kann, wenn man die tatsächliche absolutistische Macht aufdeckt; ob »das Volk« dadurch zu beunruhigen gewesen wäre – oder ein Ministerpräsident Bismarck...

Und schließlich: Wie ernst es Lassalle selbst mit diesem Vorschlag wirklich war, ob er an seine Erfolgschance wirklich glaubte – oder ob es ihm nicht einfach darum ging, den halbherzigen Liberalen aus Fortschrittspartei und Nationalverein, die immer wieder ihre Kompromisse schließen, durch eine starke Forderung eins auszuwischen und sie als »Volksvertreter« im System des Dreiklassenwahlrechts zu denunzieren. Denn nach seinen Erfahrungen mit dem Coburger Mittelsmann Fedor Streit und den anderen »reaktionären Utopisten«, die noch immer für die Einsetzung der Frankfurter Reichsverfassung plädieren, schreibt er gleichzeitig Rüstow und der Gräfin kategorisch: »Ich will für alle Ewigkeit, solange sie im Nationalverein sind, nichts mit ihnen zu tun haben. Und wenn die hiesige Idee glückt (was mir noch sehr zweifelhaft; es darf beileibe zu niemand davon gesprochen werden), einen Gesamt-Arbeitsverein für ganz Deutschland mit dem Zentralort Berlin zu stiften und mich an die Spitze desselben zu setzen, so werde ich meine Tätigkeit sofort mit einem Akt der Feindseligkeit gegen den Nationalverein beginnen.«

Gesucht: ein Führer für die Arbeiterbewegung

Diese Briefstelle stammt aus dem Oktober 1862. Lassalle hatte schon im Frühjahr seine Idee des Arbeiterstandes entwickelt, hatte vor Bezirksvereinen, Kleinbürgern und Handwerkern des öfteren gesprochen, agitiert – aber nicht eigentlich zu jenen Kreisen der Fabrikarbeiter, der Zurückgesetzten und Fortschrittswilligen, zu denen er in Düsseldorf Kontakt hatte. Woher also plötzlich »die hiesige Idee« eines Gesamtarbeitervereins mit ihm an der Spitze?

Seit dem Sommer war es – wohl begünstigt durch die forcierte Regierungsopposition der Fortschrittspartei – in Preußen wieder zu offenen Arbeiterversammlungen gekommen. Die Vereine der Handwerker, Gesellen und Arbeiter regten sich aufs neue. Doch sie mieden jede politische Färbung, bildeten Arbeiterbildungsvereine. Aufgeschlossene Liberale des deutschen Nationalvereins wie Max Wirth und Hermann Schulze-Delitzsch schalteten sich in die neue Bewegung ein, in der sich der Plan eines deutschen Arbeiterkongresses herauskristallisierte. Durch Aufklärung, Belehrung, Bildung wollten sie im bürgerlichen Sinne unter den Arbeitern wirken und sich für die Verbesserung ihrer Existenzbedingungen einsetzen, für die soziale Frage. Schulze-Delitzsch entwickelte seine Vorstellungen von Konsum- und Spargenossenschaften der Arbeiter unter der Vormundschaft des Nationalvereins: Das demokratische Potential der erwachenden Arbeiterbewegung sollte fest ins Schlepptau der liberalen Fortschrittspartei genommen werden.

So auch in Berlin, wo anders als im Rheinland, in Sachsen oder Schlesien die früheren Arbeiterorganisationen kaum den Ansatz zu politischer Bewußtseinsbildung unternommen hatten.

Doch in den Berliner Bürger- und Arbeiterbildungsvereinen spielte der junge Ludwig Löwe eine rege Rolle. Er war der Berührungspunkt zwischen Lassalle und den Vereinen, in denen ein Lackierer Karl Eichler sich als Arbeiterführer zu profilieren suchte, in Wirklichkeit an der Longe des Nationalvereins und der Fortschrittspartei dilettierte. Und der Jünger Löwe gab in seiner unreflektierten Begeisterung wohl dem Mentor Lassalle den Gedanken ein, der könne sich an die Spitze des Gesamtarbeitervereins, sprich: der Kongreßbewegung setzen.

Diese Vorstellung war nun bar aller Realität, sie widersprach eklatant den tatsächlichen Machtverhältnissen: In Berlin drückten der Nationalverein und die Fortschrittspartei kompromißlos »den Daumen aufs Auge« – eine politische Bewegung hatte keine Chance. Lassalle, durch den Beifall in seinen Versammlungen und das zwiespältige öffentliche Echo in den Organen des Fortschritts und der Reaktion geblendet, hat die wirklichen Verhältnisse offensichtlich gar nicht erkannt. Es gibt dafür nur eine Erklärung. Er war daran zuwenig interessiert und konkret engagiert, sonst hätte er diese Barriere sehen müssen. Er war kein spontaner, sensibler Arbeiterführer; er war viel zu sehr in sich selbst verwickelt und in die »Idee des

Arbeiterstandes«. Wie Marx und Engels war Lassalle kein »Mann des Volkes«, der an die Spitze einer Bewegung geschoben wurde und sich mit ihr und für sie entwickelte und sie nehmend-gebend voranzog. Er wollte gerufen werden und ihr den Stempel seiner Vorstellungen aufprägen. Unter den Bedingungen der Zeit war das auch kaum anders möglich: wie die Wirkungen der Intellektuellen Marx, Engels und Lassalle auf der einen Seite, die der Volksmänner Weitling oder Born auf der anderen aufzeigen.

Dennoch hat dieser junge Ludwig Löwe, der sich später von Lassalle abwandte und ein weltweit erfolgreicher Waffenfabrikant und Fortschrittsabgeordneter im Deutschen Reichstag wurde, in seinem jugendlichen Eifer für Lassalle eine entscheidende Weichenstellung vorgenommen.

Löwe war befreundet mit dem Chemiker Dr. Otto Dammer, den der Naturforscher Emil Adolf Roßmäßler vom Nationalverein nach Leipzig geholt hatte, um für die Arbeiterbildung zu wirken. Doch Dammer war mit der bürgerlich-liberalen Konditionierung des »Gewerblichen Arbeiterbildungsvereins« immer weniger einverstanden. Zusammen mit dem Schuhmacher Julius Vahlteich und dem Tabakarbeiter Friedrich Wilhelm Fritzsche, der noch Wilhelm Weitling kannte, entwickelt er sich zu einer mehr klassenbewußten, proletarischen Auffassung. Die drei spalten von dem Bildungsverein den Arbeiterverein »Vorwärts« ab und suchen nach einem Mann und einem Programm, die ihrem »Zentralkomitee zur Einberufung eines allgemeinen deutschen Arbeitertages« Pate stehen könnten.

Löwe schickt Dammer und seinen Freunden das *Arbeiterprogramm* und die erste *Verfassungsrede* zu. Vahlteich erinnert sich noch nach vier Jahrzehnten: »Der Eindruck war ein gewaltiger. So etwas war eben noch nie gehört worden und kontrastierte zu vorteilhaft mit den Wassersuppen, die bisher den Arbeitern geboten waren, als daß die Wahl darüber, wohin man sich mit seinen Sympathien wenden sollte, schwer gewesen wäre.«

Eine erste Kontaktaufnahme Fritzsches und Vahlteichs, anläßlich einer Volksversammlung in Berlin, mit Lassalle geht fehl, weil der nach dem Tode seines Vaters noch in Breslau ist. Aber die Distanzierung des Leipziger Arbeitervereins von Schulze-Delitzsch und Professor Roßmäßler verstärkt sich in der Erkenntnis, daß die »den Proletarier gar nicht und nur den

Mittelstand« kennen. Sie arbeiten im Verein Lassalles Broschüre durch, und Dammer ist der Überzeugung: »Der hat hier unter den Arbeitern festen Boden, nur möchte ich die Sache weiter bauen.« Er lädt Lassalle zu einem Vereinsfest des »Vorwärts« ein, doch der lehnt freundlich ab – er sei verhindert. Dammer bohrt weiter und baut auf die Vermittlung Löwes, als er mit den beiden Freunden am 4. Dezember 1862 den entscheidenden Brief absendet.

»Die Arbeiterbewegung, welche mit unwiderstehlicher Gewalt sich geltend gemacht hat, welche durch Fehlgriffe beeinträchtigt, durch keine Macht aber unterdrückt werden kann, bedarf, wenn sie zu bedeutenden und befriedigenden Ergebnissen führen soll, der umsichtigsten und kräftigsten Leitung; sie bedarf der höchsten Intelligenz und eines durchaus mächtigen Geistes, in dem sich alles konzentriert und von dem alles ausgeht.

Wir drei unterzeichnete Freunde haben uns als Mitglieder des Komitees eingehend mit dieser Angelegenheit beschäftigt und wir finden in Deutschland nur Einen Mann, den wir an der Spitze einer so bedeutenden Bewegung sehen möchten, wir finden nur Einen Mann, den wir so schwieriger Aufgabe fähig halten, nur Einen Mann, dem wir so vollkommenes Vertrauen schenken, daß wir ihm als Führer der ganzen Bewegung uns unterordnen möchten, und dieser Eine Mann sind Sie.

Sie haben durch Ihre Broschüre ein Recht sich erworben auf den Platz, den wir Sie einnehmen zu sehen wünschen, Sie haben durch Ihre Broschüre aber auch die Pflicht übernommen, nun vollkommen und treu zum Arbeiterstande zu halten, und wir bitten und fordern von Ihnen, daß Sie dieser Pflicht nachkommen.«

Lassalle ist einverstanden, die Führung der Arbeiterbewegung in seine Hände zu nehmen. Aber man hat nicht den Eindruck, daß es ihm damit sonderlich eilig oder ernst ist. Eher scheint er den Antrag für selbstverständlich und ihm gebührend hinzunehmen, aber andere Dinge sind auch wichtig. Die Einladung zu einer Arbeiterversammlung schlägt er unter Hinweis auf seinen Gerichtstermin im Januar ab. Doch Dammer und seine Freunde wollen sich mit ihm abstimmen und keinen Schritt ohne seine Billigung tun. Sie bitten um ein Treffen in Berlin. Es findet Ende Dezember statt, Lassalle übernimmt die Hälfte der Reisekosten.

Doch seine Hauptarbeit gilt in diesen Wochen der Vorbereitung auf den Prozeß. Wie immer hat er die Absicht, »die Anklagebank als Tribüne für politische Propaganda (zu) benutzen«. Am 16. Januar 1863 steht er unter der Anklage vor Gericht, »die besitzlosen Klassen zum Haß und zur Verachtung gegen die Besitzenden öffentlich angereizt zu haben.«

Lassalle hat sich für seine Verteidigungsrede unter dem Titel »Die Wissenschaft und die Arbeiter« eine raffinierte, bezwingende Taktik ausgedacht, die er mit aller Gelehrsamkeit, Leidenschaft und Sophistik durchhält, deren er fähig ist. Die Anklage, wettert er, gilt der Freiheit der Wissenschaft, und das ist in der Geschichte Preußens unerhört und erstmalig. Sein *Arbeiterprogramm* ist eine wissenschaftliche Leistung – und das belegt er nun auf seine Weise, indem er es noch einmal Punkt für Punkt verlautbart und erläutert. Den anklagenden Staatsanwalt Hermann von Schelling störe, daß diese Wissenschaftlichkeit eine »durch und durch praktische Tendenz« habe? Mit beißendem Spott hält er dem Ankläger die Worte seines Vaters Friedrich Wilhelm von Schlegel vor, daß die Philosophie keinen geringeren Zweck habe, als die gesamte Zeit umzuformen! Und Fichte: Daß Wissenschaft die ganze menschliche Ordnung der Dinge zu gestalten habe. Nichts anderes sei seine, Lassalles Ansicht und praktische Tendenz: die Leser zum Verständnis ihrer Zeit zu bringen.

Störe ihn vielleicht der Ort des Vortrages? Nun, im allgemeinen Verfall der Zeit sind nur zwei Dinge groß geblieben: die Wissenschaft und die Arbeiter. Und dann kommt Lassalles Bekenntnis, in dem zentrale Faktoren, die Euphorie und das Problem seines Jahrhunderts zusammengebracht werden: »Die Vereinigung beider allein kann den Schoß europäischer Zustände mit neuem Leben befruchten. Die Alliance der *Wissenschaft* und der *Arbeiter*, diesen beider entgegengesetzten Pole der Gesellschaft, die *wenn* sie sich umarmen, alle Kulturhindernisse in ihren ehernen Armen *erdrücken* werden – *das* ist das Ziel, dem ich, so lange ich atme, mein Leben zu weihen beschlossen habe!«

Der idealistische Glaube in Größe und Macht der Wissenschaft; die sozialistische Überzeugung von der historischen Aufgabe der Arbeiterklasse zur Selbstverwirklichung der Gesellschaft; der realistische Vorbehalt in bezug auf die Schwierigkeit, sie im *Begriff* oder *Bewußtsein* miteinander vereinen – das sind Grundelemente Lassalleschen Denkens.

Wie Lassalle schließlich die Anklage der Aufforderung zum (Klassen-)Haß vom Tisch fegt, ist vergnüglich zu verfolgen und ein advokatorisches Meisterstück. Zum Beispiel: Der Staatsanwalt müsse bei der Lektüre wohl empfunden haben, *er* werde hassen, wenn die Dinge so lägen. Aber davon habe Lassalle nichts gesagt. Oder: Man müsse seine Definition von Revolution genauer lesen – die Bauernkriege seien keine gewesen, die Industrialisierung sei eine …

Von Anbeginn versuchte der Gerichtspräsident, Lassalles Verteidigungsrede zu unterbrechen, zu verhindern, nahm ihm das Wort. Der Angeklagte setzte sich dagegen stets erfolgreich zur Wehr und brachte mit seiner formensicheren Silbenstecherei und Raffinesse den hohen Hof in Verlegenheit und zur Verzweiflung: »Ich zwang sie, das Gift bis zum letzten Tropfen zu schlucken.«

Die Zuhörer – darunter wieder die gelehrten Freunde – und Leser seiner Verteidigungsrede – drei Wochen später erschien sie als Broschüre – zollten höchste Anerkennung. Der Gerichtshof verurteilte Lassalle zu vier Monaten Gefängnis, er legt Berufung ein.

Die zündende Idee: Der Sozialismus als politische Partei

Es lohnt, ein wenig über die Situation dieses Mannes nachzudenken – anfangs des Jahres 1863.

Mit der *organisierten* Macht der Gesellschaft ficht er seine Sträuße aus – vor Gerichten, mit der Staatsanwaltschaft (die beide obrigkeitliche Hinweise haben, ihn zu verurteilen). Er geht daraus als strahlender Sieger hervor. Nicht allein durch die Lust seines fulminanten Auftretens, mit dem er Bürokratie und Administration und Justiz und Polizei und alle Mächte angestammter Herrschaft durch die geschicktere Nutzung ihrer forensischen Mittel niederbügelt und zu minimalen, deklamatorischen Urteilen zwingt. Das allein bedeutet ja schon: Er setzt mit seiner Person, die er stets auch als politisches Prinzip begreift, die konservativen Prinzipien und ihre bestellten Sachwalter matt. Er ist *Lassalle*! Sie müssen ihn respektieren, er ist eine Figur der Zeitgeschichte, eine Inkorporation der Wissenschaft, die in sich die *soziale*, die Arbeiterfrage des Jahrhunderts als Banner der *politischen* Auseinandersetzung voranträgt.

Dieser Mann, mit seiner eigenen Entwicklungsgeschichte im Hintergrund, ist seine eigene Triebkraft und kann zu einem Treibsatz werden. Man kann ihn, der bewußt und auch eitel oder selbstbewußt soviel Aufmerksamkeit auf sich gezogen hat, nicht für irgend etwas einspannen. Er will seine Ziele bestimmen – auszurechnen ist er nicht.

Da gibt es ein paar Leipziger Arbeiter – so sieht er das in seiner selbstgefälligen bürgerlichen Abgehobenheit –, die ihm die Führung ihrer gesamtdeutschen Bewegung angetragen haben. Lassalle ist weit davon entfernt, das als Geburt oder Wiedergeburt der deutschen Arbeiterbewegung zu begreifen. Eigentlich interessiert ihn etwas ganz anderes, nämlich sich nationalökonomisch fit zu machen, das Werk über Kapital und Arbeit zu schreiben, zu dem Freund Marx Vorstudien und Ankündigungen, aber keine praktische Handhabung geliefert hat. Lassalle liest und studiert wie ein Wilder. Er tauscht seine Ansichten mit kompetenten und engagierten Leuten wie Bucher und Rodbertus aus, die vom Staat die Lösung der sozialen Fragen erwarten. Doch schließlich bleibt für diesen gedrängten und getriebenen, frustrierten und selbstgefälligen, idealistischen und mitleidenden Charakter nur eine Alternative.

Er kann sich der Entwicklung nationalökonomischer Wissenschaft hingeben – dafür hält er sich so begabt wie zu jeder Wissenschaft, doch spürt man die Zweifel. Mit Marx hätte er sich darin sicher nicht messen wollen, hat das auch gesagt, geschrieben. Marx und Engels haben das nicht kapiert, sahen nur eine unlautere Konkurrenz. Aber wo blieb das Werk von Marx? Konnte, mußte Lassalle da nicht vorangehen?

Die andere Alternative für den »letzten Mohikaner« des Sozialismus auf deutschem Boden: sich auf das Angebot der »Leipziger Arbeiter« einzulassen und sich ihrer Bewegung unter Einbringung des öffentlichen Begriffes »Lassalle«, seines Temperamentes und seines Engagements zur Verfügung zu stellen.

Ferdinand Lassalle hat das letztere getan. Es war eine pragmatische Entscheidung: eine Arbeiterbewegung als *Partei* zu gründen. Bis dahin gab es den Begriff der *Partei* nicht, keine organisierte Bewegung der Arbeiterschaft.

An Moses Heß berichtet Lassalle später über seinen Entschluß. »Ich war gerade im Begriff, ein theoretisches ökonomisches Werk zu beginnen, als mir die Möglichkeit und Gelegenheit zu der praktischen Agitation von Leipzig aus an mich gebracht wurde. Fast zauderte ich einen Augenblick, diese Gelegenheit zu benützen im Hinblick auf das für mich persönlich lockendere Ziel eines systematischen ökonomischen Werkes, für welches mir – das sah ich sofort klar – durch die praktische Agitation fürs erste alle Zeit entzogen würde. Dann aber sagte ich mir: was ist nicht schon alles geschrieben und bewiesen und dennoch von der Welt fast vergessen worden! Natürlich nur für die Gegenwart. Durch ein theoretisches systematisches Werk wird wieder nur ein Fortschritt der Wissenschaft, eine Befruchtung der Geister in 30 bis 50 Jahren erzielt! Hier dagegen bot sich die Gelegenheit, einer großen, praktischen, auf die gesamte Nation eindringenden Agitation. Es handelte sich darum, während die deutschen Möpse à la Schultze-Delitzsch – darum war auch ihr Erstaunen so groß – jeden sozialen Gedanken längst ausgestorben und begraben glaubten – den Sozialismus plötzlich wie durch einen Zauberschlag als politische Partei auftreten zu lassen.«

Kapitel VII

Arbeiterführer (1863/64)

Den Sozialismus plötzlich (oder endlich!) als Partei auftreten lassen – das ist nun freilich ein Gedanke, an dem sich auch der sehr müde und abgehetzte Lassalle aufwärmen kann.

Seit Wochen haben Dammer, Fritzsche und Vahlteich im Zentralkomitee der Leipziger Arbeiter für Lassalles Gedanken geworben. Auch die beiden Mentoren der Arbeiterbildungsvereine mußten dabei Stellung beziehen.

Schulze-Delitzsch sträubt sich gegen die Einführung des allgemeinen Wahlrechts und möchte die Arbeiter auch nicht zu Mitgliedern der Fortschrittspartei – sie sollten sich als »Ehrenmitglieder« des Nationalvereins sehen, sagt er später einmal. Roßmäßler weicht unter der Begeisterung der Arbeiter für Lassalles Ideen und den Erfolgen Dammers und seiner Freunde zunächst zurück und bekennt, auch er verlange Revolution und Republik und sein Streben ginge nur darauf hinaus, die Arbeiter für die Revolution reif zu machen.

Auf einer Leipziger Versammlung am 10. Februar 1863 wird einstimmig der Antrag angenommen, Lassalle um seine Ansichten zu befragen; am 11. ergeht die von Lassalle geforderte offizielle Einladung des Zentralkomitees, sie zu formulieren. Otto Dammer ist der Unterzeichner. In seinem frohen Begleitschreiben bittet er: »Es wäre gewiß recht wünschenswert, wenn Sie in der erbetenen Broschüre möglichst eingehend über unsere jetzigen Verhältnisse sprächen und namentlich die praktische Seite hervorhöben. Schulze-Delitzsch fällt dann vollständig.« Er ist zuversichtlich, für den deutschen Arbeiterverein auf viel mehr als 30 000 Mitglieder rechnen zu können.

Lassalle hält sich in seinem *Offenen Antwortschreiben an das Zentralkomitee zur Berufung eines Allgemeinen Deutschen Arbeiterkongresses zu Leipzig* ganz an den praktischen Zweck. Kein nationalökonomisches Werk, sondern ein unumwundenes und kurzes Manifest, »weil es jeder Arbeiter verstehen muß« und ihnen außerdem »die ganze notwendige Hoffnungslosigkeit ihrer Lage von innen heraus theoretisch klar macht«. Mit Recht kann er sagen, daß ihm diese Absicht gelungen ist.

»Ist der deutsche Arbeiter nicht bis zum Entsetzen träge und schläfrig, so muß dieses Manifest, da es ohnehin in eine bereits vorhandene praktische Bewegung fällt, ungefähr eine Wirkung hervorrufen wie die Theses an der Wittenberger Schloßkirche!«

Die Lage der Arbeiter und der Staat

Wie zu erwarten, beginnt Lassalle mit einer entschiedenen Absage an die Fortschrittspartei, die kaum mehr als eine energielose Verfassungspartei zur Aufrechterhaltung der Privilegien der Bourgeoisie sei: Das könne nicht im Interesse der Arbeiter sein! »Der Arbeiterstand muß sich als selbständige politische Partei konstituieren und das allgemeine, gleiche und direkte Wahlrecht zu dem prinzipiellen Losungswort und Banner dieser Partei machen. Die Vertretung des Arbeiterstandes in den gesetzgebenden Körpern Deutschlands – dies ist es allein, was in politischer Hinsicht seine legitimen Interessen befriedigen kann. Eine friedliche und gesetzliche Agitation hierfür mit allen gesetzlichen Mitteln zu eröffnen, das ist und muß in politischer Hinsicht das Programm der *Arbeiterpartei* sein.« Taktisch kann man dann noch immer bei gemeinsamen Interessen mit der Fortschrittspartei zusammenarbeiten und sie so zwingen, sich entweder vorwärts zu entwickeln oder im Sumpf der Bedeutungslosigkeit zu versinken.

Nach dieser klaren Prämisse wendet Lassalle sich der *sozialen* Frage zu. Es könne nicht darum gehen, das Elend von Arbeiterindividuen erträglicher zu machen, sondern »die normale Lage des gesamten Arbeiterstandes selbst zu verbessern und über ihr jetziges Niveau zu erheben«.

Schulze-Delitzsch habe als Vater und Stifter des deutschen Genossenschaftswesens Verdienstvolles geleistet – aber seine Assoziationen verbessern nicht die *allgemeine* Lage der Arbeiter. Kredit- und Rohstoffvereine können vielleicht den Überlebenskampf der handwerklichen Kleinbetriebe untereinander verlängern, fruchten aber nichts in der Konkurrenz mit der fabrikmäßigen Großproduktion. Sie verlängern den Todeskampf des Handwerkerstandes – aber den Arbeitern in der Großindustrie bedeuten sie gar nichts.

Bleiben die Konsumvereine. Diese Hilfe setzt am falschen Ende an. Der Arbeiter ist nicht als *Konsument* benachteiligt –

denn die Preise sind für alle gleich. Er ist als *Produzent* benachteiligt, und deshalb verbessert sich seine allgemeine Lage nicht.

Hier führt Lassalle ein »ehernes Lohngesetz« an, für das er sich auf Ricardo und alle nationalökonomischen Experten seiner Zeit beruft. »Das eherne ökonomische Gesetz, welches unter den heutigen Verhältnissen, unter der Herrschaft von Angebot und Nachfrage nach Arbeit, den Arbeitslohn bestimmt, ist dieses: daß der durchschnittliche Arbeitslohn immer auf den notwendigen Lebensunterhalt reduziert bleibt, der in einem Volke gewohnheitsmäßig zur Fristung der Existenz und zur Fortpflanzung erforderlich ist.«

Auf dieses Niveau pegelt er sich immer ein. Denn wenn der Lohn steigt und die Lage der Arbeiter sich bessert, gibt es mehr Ehen und mehr Kinder und damit ein Überangebot von Arbeitskräften, das den Lohn wieder auf den alten Stand drückt. Sinkt er aber unter diesen notwendigen Minimalstand, so gibt es mehr Auswanderungen, weniger Ehen und Kinder, und der Mangel an Arbeitskräften erzwingt wieder den Anstieg des Lohnes auf das durchschnittliche Niveau. Zuwenig zum Leben, zuwenig zum Sterben: aber genug zur Fristung der Existenz und Fortpflanzung, zur Sicherung der Zahl gerade produktionsnotwendiger Arbeitskräfte. Nach diesem »ehernen ökonomischen Gesetz« bessert sich die Lage der Arbeiter nie.

Lassalles »ehernes Lohngesetz« ist am heftigsten attackiert worden. Es stimmt auch nicht, die Zusammenhänge sind komplizierter und veränderlich. Nicht nur Marx, auch andere Nationalökonomen der Zeit und anderer Couleur haben das nachgewiesen und kritisiert. Auch Lassalle war da nicht so sicher – aber er besaß damit ein sofort einleuchtendes, wirkungsvolles Agitationsmittel und hielt daran fest. Denn jeder Arbeiter und Geselle konnte sich so seine miserable Lage erklären, aus der kein Ausweg schien. Es machte ihm seine Klassenlage plausibel.

Lassalle sagt: »Der ganze Überschuß der Produktion – des *Arbeitsertrages* – fällt auf den Unternehmeranteil.« Und damit hat er den Gegner fest im Griff: Der Arbeitsertrag muß endlich dem Arbeiter zugute kommen.

Wenn – so argumentiert er agitatorisch – gelegentlich und gar für längere Zeit Produkte einmal billiger werden, so gehören sie bald zum notwendigen Lebensunterhalt – aber das ändert die allgemeine Lage nicht. »Dies also, daß Arbeiter und Arbeitslohn immer herumtanzen um den äußersten Rand dessen, was nach dem Bedürfnis jeder Zeit zu dem notwendigsten Lebensunterhalt gehört, bald etwas über, bald etwas unter diesem Rande stehend – *dies ändert sich nie!*«

An diesem Punkt steigt Lassalle, politisch geschickt und richtig, in konkrete Beispiele ein. Was soll der beschwichtigende Vergleich mit den Zuständen früherer Zeiten und anderer Länder? Was soll die Vorhaltung, wie teuer der Kattun im vorigen Jahrhundert war? »Jede menschliche Befriedigung hängt ja immer nur ab von dem *Verhältnis* der Befriedigungsmittel zu den in einer Zeit bereits gewohnheitsmäßig erforderlichen Lebensbedürfnissen, oder was dasselbe ist, von dem *Überschuß* der Befriedigungsmittel über die unterste Grenze der in einer Zeit gewohnheitsmäßig erforderlichen Lebensbedürfnisse. Ein gesteigertes Minimum der untersten Lebensbedürfnisse gibt auch Leiden und Entbehrungen, welche frühere Zeiten gar nicht kannten. Was *entbehrt* der Botokude dabei, wenn er keine Seife kaufen, was *entbehrt* der menschenfressende Wilde dabei, wenn er keinen anständigen Rock tragen, was *entbehrte* der Arbeiter vor der Entdeckung Amerikas dabei, wenn er keinen Tabak rauchen, was *entbehrte* der Arbeiter vor Erfindung der Buchdruckerkunst dabei, wenn er ein nützliches Buch sich nicht anschaffen konnte?«

Jede menschliche Lage und jede Lage einer Klasse bemißt sich nur im Verhältnis zur Lage der Mitmenschen und der anderen Klassen in derselben Zeit.

Diese Lage armseliger minimaler Bedürfnisbefriedigung wird sich durch Konsumvereine nicht ändern. Wie sonst?

Das Prinzip freier Assoziationen muß auf die Produktion angewandt, der Arbeiterstand sein eigener Unternehmer werden, statt Arbeitslohn Arbeitsertrag. Aber wie?

Es ist Sache und Aufgabe des Staates, Mittel und Möglichkeit zur sozialen Abhilfe des Arbeiterstandes zur Verfügung zu stellen: das Startkapital für Produktivgenossenschaften.

Freilich – da werde man »Sozialismus« und »Kommunismus« schreien! Aber sprach jemand von unzulässiger Intervention des Staates, als er Zinsgarantien oder Finanzierungen der Eisenbahngesellschaften übernahm?! »Aber freilich, jene Intervention des Staates fand im Interesse der reichen und begüterten Klassen der Gesellschaft statt, und da ist sie freilich ganz zulässig und immer zulässig gewesen! Nur allemal, wenn es sich um eine Intervention zugunsten der notleidenden Klassen, zugunsten der unendlichen Mehrheit handelt – dann ist sie reiner *Sozialismus und Kommunismus!*«

Lassalle macht eine statistische Rechnung zugunsten der »unendlichen Mehrheit« auf. Er zählt das Einkommen nach den amtlichen Steuerlisten. Sein Resultat: Der Staat ist nichts anderes als die große Assoziation der ärmeren Klassen!

»$72^{1}/_{4}$ Prozent der Bevölkerung mit einem Einkommen von unter 100 Talern, also in der *elendsten* Lage! Andere $16^{3}/_{4}$ Prozent der Bevölkerung mit einem Einkommen von 100 bis 200 Talern, also in einer *kaum* bessern, immer noch elenden Lage, andere $7^{1}/_{4}$ Prozent der Bevölkerung mit einem Einkommen von 200 bis 400 Talern, also noch immer in einer gedrückten Lage, $3^{1}/_{4}$ Prozent der Bevölkerung mit einem Einkommen von 400 bis 1000 Talern, also teils in einer eben erträglichen, teils in einer behäbigen Lage, und $^{1}/_{2}$ Prozent der Bevölkerung endlich in allen möglichen Abstufungen des Reichtums. Die beiden untersten in der allergedrücktesten Lage befindlichen Klassen bilden also allein 89 Prozent der Bevölkerung, und nimmt man, wie man muß, noch die $7^{1}/_{4}$ Prozent der dritten, immer noch unbemittelten und gedrückten Klasse hinzu, so erhalten Sie $96^{1}/_{4}$ Prozent der Bevölkerung in gedrückter, dürftiger Lage. Ihnen also, meine Herren, den notleidenden Klassen, gehört der Staat, nicht uns, den höheren Ständen, denn aus Ihnen besteht er! Was ist der Staat? fragte ich, und Sie ersehen jetzt aus wenigen Zahlen handgreiflicher als aus dicken Büchern die Antwort: *Ihre, der ärmeren Klassen, große Assoziation – das ist der Staat!*«

Wenn der Staat, wie Lassalle mit Louis Blanc behauptet, nichts anderes als die große Organisation der arbeitenden Klassen selbst ist, dann ist auch Staatshilfe zur Gründung von Produktivgenossenschaften nichts anderes als soziale Selbsthilfe der Arbeiterklasse. Und staatliche Hilfe zur Selbstverwirklichung der Arbeiterklasse nichts anderes als seine höchste kulturelle Aufgabe und der Kulturfortschritt selbst.

Klar ist aber auch: Der bestehende Staat ist nicht die Staatsidee Lassalles, ist nicht, der er sein sollte. Er muß erst zu sich selbst geführt, auf den Begriff gebracht werden. Und zwar durch die Arbeiterklasse, indem sie ihn zu dem ihren macht.

Der Weg dazu führt wieder zum Ausgang des Manifestes

zurück: durch allgemeine und direkte Wahlen! In den gesetzgebenden Körpern wird dann nach Vernunft und Wissenschaft diskutiert werden, Wissenschaft und Arbeiter werden sich verbinden. »Und dann werden Sie, die unbemittelten Klassen der Gesellschaft, es jedenfalls nur sich selbst und Ihren schlechten Wahlen zuzuschreiben haben, wenn und solange die Vertreter Ihrer Sache in der Minorität bleiben.«

Die Konsequenz ist unerbittlich. Arm in Arm mit sich und der Geschichte fordert der Sozialist und Hegelianer Lassalle die Zeit und die Zukunft heraus. »Man kann selbst Ihnen politische Rechte und somit auch das allgemeine Wahlrecht verweigern, bei der Lauheit, mit welcher politische Rechte aufgefaßt werden. Aber das allgemeine Wahlrecht von 89 bis 96 Prozent der Bevölkerung *als Magenfrage aufgefaßt* und daher auch *mit der Magenwärme* durch den ganzen nationalen Körper hinverbreitet – seien Sie ganz unbesorgt, meine Herren, es gibt keine Macht, die sich dem lange widersetzen würde!

Dies ist das Zeichen, das Sie aufpflanzen müssen. *Dies ist das Zeichen, in dem Sie siegen werden! Es gibt kein anderes für Sie!*«

Leipzig: »Eine opferwillige begeisterte Minorität«

Lassalle eilt mit seiner Einschätzung den Verhältnissen voraus, und er weiß das. In den Fabriken Preußens waren kaum 800 000 Menschen beschäftigt, im Handwerk noch über 1 Million und in der Landwirtschaft fast 3½ Millionen. Wie sollte man die unter den herrschenden Verhältnissen und so unterschiedlichen und meist unbewußten Interessenlagen erreichen und auch nur 100 000 – wie er in seinem Manifest angibt – in einem so entschiedenen Arbeiterverein organisieren?! Es war waghalsig und für Lassalle die Frage, ob die Arbeiter überhaupt reif für seine Gedanken seien – oder er binnen kurzem politisch ein toter Mann. Dennoch, mit dem Thesenmann aus Wittenberg stellte er sich hin und sagte: Ich kann nicht anders. Lassalle hatte seine Entscheidung getroffen.

Das *Antwortschreiben* war bei aller Entschiedenheit auch ein taktisches Instrument. Er selbst nannte es »eigentlich durchaus konservativ« – denn von Enteignung sagte es nichts, schonte den Besitzstand der Herrschenden, und mußte dennoch durchaus revolutionär wirken. Die Aufnahme der alten demokratischen Forderung nach dem direkten allgemeinen Wahlrecht und damit verknüpft die Idee staatlicher Finanzierung von Produktivgenossenschaften der Arbeiter – das waren handfeste praktische Programmpunkte, mit denen sich Interessen mobilisieren und streiten ließen. Was Lassalle wünscht, ist ein politisches Machtinstrument, ein Kader, eine Partei mit hinreichenden Mitteln zur Agitation.

»Das Volk als solches hängt dem politischen Radikalismus an, aber ruckweise, wird schnell ermattet, kommt auf Zeitenlang von ihm zurück, läßt sich irren und wirren durch seine Resultatlosigkeit. Ein fester Kern einer Arbeiterpartei, einer bewußten, aus sozialen Gründen revolutionären Partei, vorwärts schiebend und drängend – das kann allein einer Revolution, die durch Krieg usw. eintritt, auch in politisch-nationaler Hinsicht einen energischen fruchtbaren Verlauf sichern. Sonst wieder Verschwommenheit, Unklarheit und Reaktion.

Darum mein Versuch, diese Arbeiterpartei zu schmieden, darum das Manifest!«

So schreibt er kurz darauf an Gustav Lewy, den alten Düsseldorfer Anhänger und Intriganten, der ihn einst bei Marx anschwärzte. Jetzt ist Lewy wichtiger Kontaktmann und Verteiler für die Rheinlande – Lassalle braucht und wirbt für die Bewegung Verbündete und Unterführer.

Am 1. März hat er das »Arbeitermanifest« fertiggestellt, am 18. wird es in 10 000 Exemplaren ausgeliefert und örtlich verteilt. Der Erfolg in Leipzig ist dank Dammers und seiner Freunde Vorarbeit durchschlagend. Eine Arbeiterversammlung verwirft die von Nationalverein und Fortschritt gehätschelte *Kongreß*-Idee und wählt mit 1350 gegen zwei Stimmen ein Komitee zur Vorbereitung eines Allgemeinen Deutschen *Arbeitervereins*. Arbeiterversammlungen in Hamburg, Düsseldorf, Solingen, Elberfeld und Köln ergeben Mehrheiten für das rasch verbreitete *Antwortschreiben* Lassalles. In Berlin, Nürnberg und andernorts scharen sich die gutgedrillten Arbeiter*bildungs*vereine nur um so fester um Schulze-Delitzsch, die letzten noch aufgeschlossenen Zeitschriften kehren sich gegen Lassalle. Die Nationalökonomen Karl Rodbertus, Heinrich Wuttke und Lothar Bucher unterstützen ihn durch zustimmende Schreiben an das Leipziger Zentralkomitee, auch wenn sie abweichende Vorstellungen im einzelnen haben.

Am 16. April stellt sich Lassalle den Leipziger Arbeitern selbst vor. Es waren annähernd 2000 gekommen, um seine Rede *Zur Arbeiterfrage* zu hören, unter ihnen auch ein junger Drechsler namens August Bebel, der sich erinnert:

»Die Versammlung war sehr stark besucht, doch entfernten sich viele zum Schluß. Der Rednertribüne gegenüber, auf der Galerie, hatte sich ein starker Haufen Liberaler versammelt, der Lassalle während seiner Rede häufig unterbrach. Lassalle selbst stand in herausfordernder Haltung auf der Rednertribüne, die er mit Folianten und Büchern rings um sich belegt hatte. Weit lebhafter als der Widerspruch war der Beifall, den er fand, doch möchte ich nicht zugeben, daß der Erfolg ein durchschlagender war. Jedenfalls wurde an den Machtverhältnissen in der Leipziger Arbeiterschaft nicht viel geändert. Seine Anhänger bildeten eine Minorität, aber eine sehr rührige, opferwillige und begeisterte Minorität, mit der wir uns von jetzt ab im lebhaftesten Kampf befanden.«

Wir – das ist der gewerbliche Arbeiterverein, dem Bebel angehörte. Sein schwacher Eindruck von Lassalles Auftritt erklärt sich nicht nur aus seiner Gegnerschaft. Lassalle war nicht wohl, indisponiert sagt man heute, und erwischte einen schwachen Tag. Es ist ja wohl nicht besonders begeisternd für ein Publikum vorwiegend gewerblicher Arbeiter und skeptischer Fragesteller, wenn da ein mit Spannung angekündigter Prophet vor sie hintritt und erst einmal einen Haufen Bücher um sich aufbaut, wie er das aus seinen Gerichtsplädoyers gewohnt ist. Daran muß man sich auch als bildungswilliger Arbeiter erst gewöhnen: daß der Mann mit Wissenschaft nicht nur argumentiert, sondern sie auch stapelweise auf den Tisch legt und daraus zitiert.

Auch die vornehm zurückhaltende Einleitung ist nicht gerade geeignet, Jubelstürme zu entfachen. Lassalle beteuert praktisch, er habe sich nicht aufdrängen wollen, doch nun sei er bereit – »dem Arbeiterstande, welcher die Ansichten bekannt, die ich Ihnen entwickelt habe, diesem will ich meine Intelligenz und meine Energie zur Disposition stellen – eine gewaltsame Agitation unter den Arbeiterstand zu schleudern, falls er zu jener Einsicht noch nicht reif wäre, ist meine Absicht nicht«. Es ist kaum der Gestus eines Volkstribuns und eher arrogant als agitatorisch, erst einmal Zweifel an Intelligenz und Engagement der Zuhörer zu erheben!

Die brauchen sie allerdings, um der zitatenreichen Verteidigung des ehernen Lohngesetzes zu folgen, »an welches ihre Existenz wie mit eisernen Klammern geschmiedet ist«. Er bemüht die Autoritäten Say, Ricardo, Adam Smith und John Stuart Mill und Hermann Roscher mit langen Auszügen. Spannend wird es erst, wenn er gegen Frederic Bastiat, Max Wirth und Schulze-Delitzsch vom Leder zieht, seine Vorstellung vom Staat als der Gesamtassoziation der Arbeitnehmer verficht und von daher den »Haß aller Manchestermänner gegen den Staat« begründet, »weil dieser der einzige Punkt ist, *von dem aus man diese Verhältnisse ändern kann*« – indem die Arbeiter durch das allgemeine Wahlrecht seine gesetzgebenden Körperschaften erobern und sich durch die Finanzierung von Produktivgenossenschaften soziale Selbsthilfe gewähren.

Am zündendsten sind noch seine Angriffe gegen Bourgeoisie und Fortschrittspartei, die er einerseits zwar als »willenloses Produkt« der historischen Verhältnisse entschuldigt, andererseits als radikaler Demokrat nach den Erfahrungen von 1848 und der Reaktionszeit des Verrats beschuldigt. »Man vergaß unsere Verluste, während wir doch den Kampf gemeinsam mit der Bourgeoisie geführt hatten, und dies war ein Bundesgenossenverrat. Die Bourgeoisie wollte sich aus dem großen Kampf mit der speziellen Beute, mit einer bürgerlichen Verfassung, für sich allein zurückziehen, und wir, das Volk, sollten bleiben, wo wir wollten.« Zischen und ungeheuren Beifall verzeichnet das Protokoll, am Ende lang anhaltenden Applaus.

»Die Kohlen zur Flamme aufblasen«

Mit dem dennoch schwächlichen Erfolg kann Lassalle nicht zufrieden sein. Weitere Rückschläge folgen. Eine Berliner Arbeiterversammlung lehnt Lassalles Programm ab, die Zeitungskampagne gegen ihn wird vor allem in Berlin verschärft. Nebenbei ergeht ein Urteil wegen Beleidigung der Staatsanwaltschaft im Januar-Prozeß, das aber im Herbst wieder kassiert wird.

Auch im privaten Umkreis gibt es Absetzbewegungen, die einem Lassalle nicht entgehen können, wennschon er ein Meister darin ist, zumindest sich selbst immer wieder von der grundsätzlichen Harmonie mit seinen Gesprächspartnern bei allen Differenzen im einzelnen zu überzeugen. Der bewundernde Adlatus Löwe bittet aus geschäftlichen Gründen um seinen Abschied, weil er sich ganz seiner hoffnungsvollen Firma widmen muß und unter dem Druck seines Seniorpartners steht. Der treue väterliche Kumpan arbeitet ihm wohl Statuten für den Arbeiterverein aus und ist bereit, auch da noch zu helfen, wo er »die letzten Ausgänge« nicht sehe – dazu gehört aber schon die Einseitigkeit, mit der Lassalle auf die Arbeiter setzt, weil die nun mal um nichts anders seien als andere Stände und Ziegler sich seine demokratische Unabhängigkeit wahren will. Lothar Bucher verweigert ihm den Rat in der praktischen Agitation, verspricht aber eine Unterstützung; die er zurückzieht, weil solche Aktivitäten dem Inhaber des Telegraphenbüros Wolff nicht passen, von dem Bucher finanziell abhängig ist. Die Freunde Herwegh und Rüstow kritisieren seine Ungeduld, treten ihm aber nicht mit der Uneingeschränktheit und dem Einsatz zur Seite, den er erwartet.

In der Tat kokettiert Lassalle in Briefen an Freunde immer wieder damit, er werde die Politik an den Nagel hängen und sich ganz seinem eigentlichen Beruf, der Wissenschaft, widmen. Die Flut der Korrespondenz erdrücke ihn, der zögerliche Fortschritt der Sache entmutige ihn. So gewiß er ist, daß der Samen aufgehen werde, so zweifelhaft ist ihm, ob er das noch erleben werde und die Zeit schon reif sei.

In einem Schreiben an die beiden halbherzigen Kampfgefährten in der Schweiz, deren Mangel an Entschiedenheit und Tatkraft er mit Geringschätzung begegnet, stellt er seine Position klar und korrigiert unrichtige Eindrücke, zu denen er freilich selbst Anlaß gegeben.

1. »Ich selbst habe durch mein Auftreten einen spezifischen Arbeiternamen nun einmal bekommen. Darin ruht meine Kraft wie für den Augenblick meine Schwäche. Ich werde nicht mehr, wie unrecht es auch sei, als Vertreter der Demokratie überhaupt angesehen, sondern bloß der *Arbeiterpartei.* Darum wäre es von der höchsten Notwendigkeit, daß *Demokraten als solche* auftreten und sagen: ›Das ist die demokratische Bewegung überhaupt, bei den Fortschrittlern ist keine Demokratie.‹ Sowie dies zwei bis drei Namen von demokratischem Klang tun, bricht meine Bewegung unwiderstehlich siegreich durch und das Fortschrittsniveau ist gesprengt, und eine neue Parteibildung und eine wirkliche demokratische Bewegung tritt ein.

Herwegh hat das in seinem neulichen Brief an mich sehr gut begriffen, aber freilich, Begreifen und Handeln ist zweierlei.«

2. »Lächerlich aber ist, wenn Du – und auch Herwegh, dem Du wahrscheinlich davon gesagt – annehmen, ich könnte mich in vierzehn Tagen zurückziehen, die Politik aufgeben usw., weil ich etwas davon geschrieben! Begreift Ihr so wenig, daß es für leidenschaftliche Naturen eine Notwendigkeit ist, sich auch leidenschaftlich zu beklagen? Zurückziehen von der Politik! Du mein Gott! Das ist es ja, daß man mit dem Luder ebensowenig leben als von ihm lassen kann... Nein, solange eine Möglichkeit existiert, die Kohlen zur Flamme aufzublasen, solange werde ich blasen und wenn ich die Schwindsucht bekäme.«

3. »Worauf ich allein sehe, ist der *Arbeiterstand.* Ich habe die tiefe Überzeugung, daß sich mit der deutschen Bourgeoisie gar nichts machen läßt. Ist der Arbeiterstand noch so weit zurück, daß man ihn in seiner ungeheuren Majorität unter dem Fortschrittsbanner festhalten und gegen meine Bewegung votieren machen kann, ist er noch so unreif und schon so entmannt – ja dann ist's für ein Dezennium mindestens zu früh. Dann läßt sich nichts machen. Darauf allein sehe ich. Ich will nur eine Minorität, das ist natürlich. Alles, was in der Welt passiert ist, ist mit Minoritäten gemacht. Aber es muß eine anständige Minorität sein. Mit hundert Arbeitern, wie Herwegh sagt, nein – damit ist eine *politische Partei* nicht zu machen. Eine Sekte für spätere Zeiten ließe sich damit gründen. Keine Partei. Dann habe ich Unrecht gehabt; dann bin ich zu früh gekommen, denn, wenn mein Arbeiterverein binnen Jahresfrist nicht zehntausend Arbeiter hat, dann allerdings werde ich mir überlegen, ob ich nicht ganz auf die Politik verzichte, da alle Aufopferung dann nutzlos wäre.

Die Frankfurter Entscheidung wird für die Beteiligung des Arbeiterstandes sehr wichtig, wenn auch nicht gerade absolut entscheidend sein. Darum hängt so viel an Frankfurt.«

Wider die verdammte Bedürfnislosigkeit

Die Arbeiterbildungsvereine des Maingaus, fest im Gefolge des Nationalvereins und der regen liberalen Publizisten Max Wirth und Leopold Sonnemann, hielten Mitte April einen

Arbeitertag in Rödelheim ab. Der Physiologe Ludwig Büchner, Bruder des Dichters und Vorsitzender des Darmstädter Vereins, referierte dort sachlich über Lassalles Programm und verhinderte durch die abwägend distanzierte Art seines Vortrages praktisch eine prompte Ablehnung. Die Versammelten beschlossen vielmehr, die beiden Kontrahenten Schulze-Delitzsch und Lassalle einzuladen, ihre Sache am 17. Mai vor ihnen zu vertreten.

Dies ist die bevorstehende Frankfurter Entscheidung, von der Lassalle an Rüstow schreibt. Er weiß, daß man im Maingau gegen ihn steht und dies durch ein Votum offenbar werden soll. Den Kontakt zu Büchner hat ihm Otto Dammer hergestellt. Brieflich hofiert er Büchner heftig, um ihn für sich einzunehmen; dessen Haltung ist schwankend, wird ihm aber eine sehr gewogene Versammlungsleitung garantieren.

Lassalle weiß auch, daß dieses Streitgespräch entscheidend sein wird. Er bittet Rodbertus um Beistand, aber der lehnt sein Erscheinen ab, weil er solche öffentlichen Disputatorien für gefährlich hält. »Lunge und Deklamation erhalten damit die Kompetenz, über die tiefste und schwierigste Frage eine augenblickliche Entscheidung zu treffen. Zudem scheint mir in diesem Fall etwas Arrangiertes vorzuliegen. Die Regisseure haben möglicherweise den Triumph von Schulze-Delitzsch im voraus in Szene gesetzt. Sehen Sie sich also vor! Auf ein Haar hätte selbst Luther Eck unterlegen.« Doch Rodbertus stattet Lassalle bei der Vorbereitung der Rede mit wichtigem Material, Zitaten und entscheidenden Argumenten gegen die Fortschrittler aus.

Lassalle teilt die Einschätzung Rodbertus'. Doch müßte er ein anderer sein, wenn er die Herausforderung nicht mit Feuereifer annähme, denn er erkennt darin zugleich seine Chance. »Sie haben ganz recht, daß solche Disputatorien nichts entscheiden. Aber diesmal brauche ich eins. Nach der Weise, wie die Berliner Presse die hiesige Arbeiterkomödie verwertet hat, und da wir kein Organ haben, um irgend zu Wort zu kommen, so brauche ich einen großen Eklat, durch welchen ich diese Bourgeoisiepresse selbst zwinge, mir zu dienen. Darum muß ich hin und muß siegen. Ich brauche es. Die Leute sind dort einstimmig gegen mich und haben mich mehr aus Höflichkeit nur eingeladen usw. Aber ich will alles daran setzen. Will meine alte revolutionäre Mähne schütteln. Es müßte hart zugehen, wenn ich nicht siegte. Daß man weiß, jene Vereine sind sämtlich gegen uns, wird den Triumph unseres Sieges erhöhen und eventuell der Niederlage diesen Charakter nehmen.«

Es ist ein Risiko, das Lassalle im voraus kalkuliert. Es kommt ihm zustatten, daß Schulze-Delitzsch absagt: Jedermann weiß, daß der Vater des Genossenschaftswesens die direkte Auseinandersetzung mit seinem streitbaren Gegner scheut.

Lassalle ist vorzüglich vorbereitet. Seine Rede – sie erscheint unter dem Titel *Arbeiterlesebuch* – ist unendlich lang, aber zugleich eine der vehementesten und packendsten, die er gehalten.

Die erste Versammlung findet am 17. Mai 1863 statt. Lassalle spricht vier Stunden und nimmt damit allen Gegnern die Gelegenheit zum Widerspruch. Mahnungen der Versammlungsleitung und Zwischenrufe weist er rüde ab – in schlechtem Stil, aber er zieht sein Programm durch. Denn nichts anderes legt er wieder dar: Das Lohngesetz, seine Wissenschaftlichkeit, die Autoritäten und die Statistik zum Beweis, Hiebe gegen den Fortschritt, die bürgerlichen Ökonomen und die angeblichen Heilmittel Schulze-Delitzschs, seine eigene Idee der Produktivassoziationen, für die man nur ein Startkapital von 100 Millionen Talern brauche, um nach und nach allen Arbeitern zu helfen. Dazwischen allerdings gibt es mitreißende Töne und Tiraden, die man in Deutschland so noch nicht gehört hat.

Sie glauben vielleicht, ruft er seinen Hörern zu, daß Sie Menschen sind? »Ökonomisch gesprochen, und also in der Wirklichkeit, irren Sie sich ganz ungeheuer! Ökonomisch gesprochen sind Sie nichts als eine Ware! Sie werden vermehrt durch höheren Lohn, wie die Strümpfe, wenn sie fehlen; und Sie werden wieder abgeschafft, Ihre Zahl wird durch geringeren Arbeitslohn – durch das, was der englische Ökonom Malthus die vorbeugenden und zerstörenden Hindernisse nennt – vermindert wie Ungeziefer, mit welchem die Gesellschaft Krieg führt!«

Er rechnet ihnen vor: Weil ihr arm seid, müßt ihr früher sterben! In Berlin werden die Rentner 66 Jahre alt, die Maschinenbauer 37, die Buchbinder 35 und die Zigarrenmacher nur 31 Jahre. Die Fabrikantenkinder im Elsaß haben eine Lebenserwartung von 30 Jahren, die Kinder der Spinner und

Weber und Schlosser noch nicht einmal von zwei Jahren. Und dann noch das Prinzip der freien Konkurrenz, das die Kinder selbst in die Fabrikation hineingezwungen hat: »*Das* ist der Segen der Konkurrenz für Sie, daß Ihnen jetzt Ihre eigenen Kinder Konkurrenz machen können in einem Alter von 8, 7 und 6 Jahren, in welchem sie in die Schule gehören und nicht an den Webstuhl. Während früher der Vater die Kinder ernährte, so stechen jetzt häufig die Kinder, die natürlich mit geringerem Lohn vorliebnehmen können, den Vater aus, ein naturwidriges Verhältnis, welches in England bereits die unsittlichsten Folgen nach sich gezogen hat. Und so hat die Konkurrenz Ihnen sogar bereits die Familie vernichtet!«

Mit solch aggressiven Mahnungen mobilisiert man Anhänger.

»Ihr deutsche Arbeiter seid merkwürdige Leute! Vor französischen und englischen Arbeitern, da müßte man plädieren, wie man ihrer traurigen Lage abhelfen könne, *euch* aber muß man vorher erst noch beweisen, daß ihr in einer traurigen Lage *seid*. So lange ihr nur ein Stück schlechte Wurst habt und ein Glas Bier, merkt ihr das gar nicht und wißt gar nicht, daß euch etwas fehlt! Das kommt aber von eurer verdammten Bedürfnislosigkeit! Wie, werdet ihr sagen, ist die Bedürfnislosigkeit denn nicht eine Tugend? Ja, vor dem christlichen Moralprediger, da ist die Bedürfnislosigkeit allerdings eine Tugend! Die Bedürfnislosigkeit ist die Tugend des indischen Säulenheiligen und des christlichen Mönches; aber vor dem Geschichtsforscher und dem Nationalökonomen, da gilt eine andere Tugend. Fragen Sie alle Nationalökonomen: Welches ist das größte Unglück für das Volk? Wenn es *keine Bedürfnisse hat*. Denn diese sind *der Stachel seiner Entwicklung und Kultur*. Darum ist der neapolitanische Lazzarone so weit zurück in der Kultur, weil er keine Bedürfnisse hat, weil er zufrieden sich ausstreckt und in der Sonne sich wärmt, wenn er eine Handvoll Makkaroni erworben. Warum ist der russische Kosak so weit zurück in der Kultur? Weil er Talglichte frißt und froh ist, wenn er sich in schlechtem Fusel berauscht. *Möglichst viel Bedürfnisse haben*, aber sie *auf ehrliche und anständige Weise befriedigen – das* ist die Tugend der heutigen, der nationalökonomischen Zeit! Und so lange ihr das nicht begreift und befolgt, predige ich ganz vergeblich!«

Der aufrauschende Beifall, in den auch die Handwerker und

Intelligenzler auf den Logen einfielen, galt sicher nicht nur den flotten Passagen über die Lebensweise von Lazzarone und Kosak – schließlich lebte auch der deutsche Arbeiter von schlechter Wurst und einem gelegentlichen Bier. Was in diesem Publikum sozial bedrückter oder fortschrittsoffener kleiner Leute zündete, war Lassalles griffige Attacke auf die verdammte Bedürfnislosigkeit. Den einen, den Fortschrittlern, leuchtete sofort ein, daß steigende ökonomische Bedürfnisse die Parole des Tages und der Motor der Zukunft seien – auch wenn sie dabei weniger an die kulturelle Entwicklung als an die wirtschaftliche Nachfrage dachten. Und den anderen, den am Existenzminimum des Lohns Not Leidenden, mochte aufgehen, was das bedeutete: Daß sie aus ihrer Not auch noch eine Tugend machten, sich mit ihrem Minimum beschieden. Ihr habt ein Recht auf eure Bedürfnisse, hämmert ihnen der Mann da vorn am Pult ein, macht es euch bewußt, macht es geltend und fordert euer Recht und gerechten Lohn – den Arbeitsertrag.

Und er setzt nach. Sollte es möglich sein, daß ihr gegen mich und alle Männer der Wissenschaft, die mit mir einer Meinung sind, daß ihr gegen eure eigenen Interessen stimmt? »Ihr solltet wie gezähmte Haustiere euch gegen euch selber wenden? Es wäre ein so widernatürliches Faktum, ein Faktum von so nationaler Schmach, daß ich rot werde für euch und in eure Seele hinein, wenn ich nur daran denke! Mit welch schallendem Gelächter würden eure französischen und englischen Brüder die Nachricht von einer solchen Entscheidung aufnehmen! Ja, bei jeder Nachricht von Arbeitervereinen, die gegen mich entschieden, bin ich rot geworden vor Scham in eurem Interesse und in eure Seelen hinein! Aber ich sagte mir, daß dies nur der Einfluß irregeleiteter Vorstände sei, nur die Folge davon, daß man euch die Wahrheit nicht auseinandergesetzt hatte, daß man euch fast überall votieren ließ, ohne nur meine Schrift zu kennen! Darum bin ich unter euch getreten. Wenn ihr nach allem, was ich euch schon gesagt habe und heute noch sagen werde, *gegen* mich entscheiden könntet – die Worte würden mir fehlen, um meine Entrüstung auszusprechen! Wenn ihr, wie das hin und wieder bei Arbeitern vorgekommen ist, in Entrüstung über eure Lage Maschinen zertrümmertet, Raub, Brand, Zerstörung verübtet – es wäre sicherlich sehr roh, sehr stupide, sehr verbrecherisch, und ihr könntet euch wohl denken, daß ein Mann wie ich über solches Gebaren nur das allerschärfste Verdammungsurteil fällen könnte! Aber immerhin würde es doch nur ein *natürliches* Verbrechen sein! Es gibt Laster, welche in gedrückter Lage der Roheit nahe liegen; es gibt Exzesse, die, so strafbar sie sind, doch noch natürliche Ausschweifungen der *Kraft* sind. Aber wenn ihr gegen mich votiert, gegen die Männer, welche erklären, es müsse euch geholfen werden – *das wäre ein unnatürliches Verbrechen!* Es wäre eine so widernatürliche Schwäche, ein so unwürdiger Mangel an Mannheit, daß ich keinen Ausdruck dafür finde!

Indem ich spreche, fällt mir das Wort eines großen deutschen Patrioten auf das Herz, eines Mannes, der, ein Ruhm Frankfurts, in dieser Stadt geboren wurde, in der ich spreche, ein Wort, das dieser verzweifelnd vor Schmerz über seine Nation in den dreißiger Jahren ausrief. Ich rede von Ludwig Börne. ›Andere Völker‹, rief Börne aus, ›mögen Sklaven sein, man mag sie an die Kette legen, mit Gewalt darnieder halten können, aber die Deutschen sind Bediente, man *braucht* sie nicht an die Kette zu legen, man kann sie frei Haus herumlaufen lassen!‹ Seit 23 Jahren habe ich dies Wort gelesen, das Börne im größten Ingrimm seines Patriotismus ausrief. Seit 23 Jahren kämpfe ich innerlich gegen dies Wort an, das mir, seitdem ich es gelesen, nicht wieder von der Seele gewichen. Nun wohl, wenn ihr, wenn die deutschen Arbeiter überhaupt in ihrer großen Majorität gegen sich selbst entscheiden könnten, ja, dann gebe ich meinen Widerstand gegen dieses Wort Börnes auf und unterschreibe es mit brennender Scham auf der Stirn!«

Das, in der Tat, ist bewußte und zielvolle Agitation für die Arbeiterbewegung. Nahtlos verknüpfen sich hier bei Lassalle Jungdeutschland und Reaktionszeit, Vormärz und Sozialismus. Es ist die Konsequenz einer Persönlichkeit, die sich in jugendlichem Eifer charismatische Aufgaben zuwies und als gereifter Mann in der Rolle des Arbeiterführers findet – wennschon nicht in der eines *be*rufenen, so doch in der eines *ge*rufenen, und darin hat er recht. Und natürlich ist das eine sehr geschickte, eine pragmatische Agitation, die den Redner durch die Klippen des Gesetzes hindurchlaviert. Er mobilisiert unterdrückte Stimmungen und unliebsame Haltungen und legt sich mit herrschenden Meinungen und Anschauungen an – doch im Rahmen seiner Rechte.

Lassalle führt seine Rede an diesem Tag nicht zu Ende. Auch nicht seine waghalsige Behauptung, mit einem Staatskredit von 100 Millionen Talern könne man die Arbeiterassoziation ein für allemal auf die Beine stellen. Diese fragwürdige Rechnung war ihm auch gar nicht so wichtig, denn – so schrieb er vorher schon an Rodbertus – »nur weil die arbeitenden Klassen – nicht mit Unrecht – gern irgendein Wie und Wo sehen, habe ich die Assoziation mit Staatsmitteln vorgeschlagen«. Sie war und blieb ihm ein Mittel der Agitation, dessen Gewicht maßlos überschätzt wurde.

Wichtig ist ihm an diesem Abend: Er hat die abgesprochene Taktik der Vorstände der Arbeiterbildungsvereine durchkreuzt, ihn niederstimmen zu lassen. Er redet so lange, daß abwechselnd Rufe nach Aufhören und Weitersprechen erschallen, aber alle erschöpft sind – vier Stunden. Und erklärt sich im allgemeinen Trubel nach Abstimmung mit der Versammlungsleitung schließlich bereit, Fortsetzung und Schluß seiner Rede in einer allgemeinen Arbeiterversammlung zwei Tage später im Saal zur Harmonie vorzutragen.

»In 33 000 Teufels Namen: Dann sind wir Sozialisten«

Mit diesem Schachzug hat Lassalle – wie er eilends auch an Rodbertus schreibt – tatsächlich gesiegt. Denn die zweite Versammlung am 19. Mai ist nicht mehr eine Veranstaltung der Arbeiterbildungsvereine, sondern eine spontane Organisation, zu der vor allem die alten, neugewonnenen und neugierigen Anhänger Lassalles aus dem Arbeiterstand in die Frankfurter Harmonie strömen. Lassalle spricht drei Stunden – direkter, politischer noch.

Er verteidigt die Staatskredite: Das ist kein Fluch, sondern eine ganz taugliche Chance zur Selbsthilfe der Industriearbeiter. Was aber ist mit der größeren Zahl der Landarbeiter? Nun – sie müssen an diesem Weg das solidarische Interesse aller Kapitallosen haben! Hat nicht John Stuart Mill gesagt, daß auch Dorfgemeinden »als gemeinsames Eigentum« imstande wären, sich »in angenehmen Verhältnissen zu erhalten«?! Hat nicht der Freiherr von Thünen das auf seinem Mecklenburger Gut praktiziert?! Und wurde dafür bei der Veröffentlichung seiner Assoziationsvorstellung als Sozialist verschrien!

»So oft ein großer Mann der Wissenschaft es sich hat daran gelegen sein lassen, Mittel und Wege zu finden, die Lage der arbeitenden Klassen zu verbessern, so hat man ihn immer mit diesem Schlagwort zu Boden zu schmettern gesucht: Sozialist! Nun, meine Herren, wenn man dies unter Sozialismus versteht, daß wir suchen, die Lage der arbeitenden Klassen zu verbessern und ihrer Not abzuhelfen – nun dann in 33 000 Teufels Namen, dann sind wir Sozialisten! (Allgemeines Bravo!) Glaubt man, ich würde mich vor einem Wort fürchten? Ich nicht! Und sollten *Sie* so furchtsam sein? Ich hoffe Nein!«

Wenn er, Lassalle, nicht eigens von den Landarbeitern in seinem *Antwortschreiben* gesprochen – dann deshalb, weil sie ohnehin zu den bedürftigen Klassen gehören; doch der praktische Anfang sei mit den Industriearbeitern zu machen, der Avantgarde neuer Produktionsverhältnisse.

»Die industriellen Arbeiter sollen also nur die Avantgarde der Menschheit bilden, und bemerken Sie vor allem folgendes: *Indem der Lohn der gemeinen Handarbeit geändert wird* (es ist dies der wichtigste von allen Grundsätzen, den ich Ihnen einschärfen kann, für die Beurteilung der Frage) – indem der Lohn, sage ich, der gemeinen Handarbeit geändert wird, *ändern sich auch durch organische Rückwirkung die Preise aller andern Arbeiten in der menschlichen Gesellschaft, welchen Namen sie auch tragen mögen.*

Alle menschliche Arbeit teilt sich nämlich im allgemeinen ein in die gewöhnliche physische Arbeit und in die sogenannte *qualifizierte* Arbeit, die selbst wieder ihrerseits in eine große Anzahl von Abstufungen und Verschiedenheiten zerfällt. Der Lohn der *gemeinen Arbeit* oder der gewöhnlichen physischen Handarbeit ist aber *normierend,* d. h. er bildet die *bestimmende Grundlage* für die Vergütung *aller andern qualifizierten Arbeiten* in der menschlichen Gesellschaft. Ich werde Ihnen dies an einem sinnlichen Vergleich klarmachen, welchen Sie festhalten wollen; er trifft genau zu. Wonach bemißt sich eine *Erhöhung*? Durch ihren *Abstand vom Niveau.* Steigern Sie, heben Sie das gesamte Niveau, so ist *mit ihm* auch *jener Höhepunkt* selbst gehoben.«

Lassalles sinnliches Exempel: Wenn der Lohnarbeiter jährlich 100 Taler erhält, findet der Staat natürlich Beamte für 200 Taler. Wenn das Lohnniveau des gewöhnlichen Arbeiters aber auf 600 Taler gesteigert wird, muß der Staat auch für qualifizierte Arbeit mehr bezahlen! So politisch bedenklich dieses Beispiel ist, so plausibel ist es für das Gesetz von Angebot und Nachfrage. Der Agitator Lassalle ist da nicht zimperlich und weiß, wo Beifall zu holen ist: »Ei, diese Leute würden ja viel profitabler tun, unter die gewöhnlichen Arbeiter zu gehen!«

Es folgen scharfe Angriffe auf Schulze-Delitzsch, die liberale Bourgeoisie und die Fortschrittspartei, die ihm ein Bündnis mit der Reaktion vorwerfen. Hinter der Reaktion stehen Klassen mit dem höchsten Interesse – hinter der politischen Freiheit nur eine Handvoll Ideologen und Gefühlsmenschen. Es gilt, für sie Zahl und Kraft der so unendlich überwiegenden unbemittelten Klassen zu gewinnen: »Auch die politische Freiheit wird nur unter diesem Zeichen siegen!«

»Geben Sie mir 500000 deutsche Arbeiter, die in meinen Verein eintreten – und unsere Reaktion ist nicht mehr! Das weiß unsere Bourgeoisie, das fürchtet sie von mir, deshalb hat sie sich mit Wut auf mich gestürzt, und während sie fürchtet, daß ich Ernst mache mit der politischen Freiheit, beschuldigt sie mich, der Reaktion zu dienen!

Jetzt stimmen Sie über den Antrag, den ich bei Ihrem Präsidenten hinterlegt habe, da es neulich zur Abstimmung über einen ähnlichen, damals von mir eingereichten Antrag nicht gekommen ist. Jetzt stimmen Sie und jeder nach seinem Gewissen.

Und noch eins: die Spaltung zwischen uns und der Fortschrittspartei läßt sich nicht mehr vermeiden.«

Es folgen noch ein paar kühne Einschübe. Dies sei das wahre demokratische Banner, die besseren Elemente der Bourgeoisie würden ihm folgen. Und keine bloße Klassenbewegung, sondern die demokratische Volksbewegung, der wahre Vorteil aller Klassen. Und schließlich noch die Zumutung: Wenn sie gegen ihn stimmen, hat er nicht unrecht, doch sie würden zeigen, daß sie unreif seien und einen der besten Freunde ihrer Klasse verlieren. »Und darum sage ich Ihnen, meine Herren, bei der ganzen Liebe, die ich zu der Sache der arbeitenden Klassen in mir trage, meine ganze Seele hängt an Ihrer Abstimmung!«

Das ist eine unheimlich arrogante, unglaublich unverschämte Schlußapotheose. Jeder Anwesende mit abweichender Meinung wird damit zum Klassenverräter, jeder Zweifler zum Idioten erklärt. Lassalle – mit sich selbst und dem Weltgeist und der Wahrheit Arm in Arm: Selbst in seinen stärksten und glaubwürdigsten Momenten, selbst dem *Demagogen* Lassalle spielt dieser philosophische Übermut noch einen Streich.

Und dennoch: Wie stark, packend und aufrüttelnd muß dieser Mann gewirkt haben, wie glaubhaft seine persönliche Ausstrahlung. Denn es gibt wohl einige Für- und Gegenreden, in denen die Unmittelbarkeit verpufft; 40 Opponenten, Anhänger Schulze-Delitzschs, verlassen den Saal der Harmonie. Dann kommt es zur Abstimmung: Und 400 Teilnehmer votieren für Lassalle, einer gegen ihn.

Am nächsten Tag, dem 20. Mai, hält er die gleiche Rede, gekürzt auf zwei Stunden, in einer Arbeiterversammlung zu Mainz. 800 Stimmen werden für Lassalle abgegeben, zwei gegen ihn.

Am Samstag, dem 23. Mai 1863, ist er, todheiser und krank, zur konstituierenden Versammlung des »Allgemeinen Deutschen Arbeiter-Vereins« und der anschließenden Gründungsfeier in Leipzig. Lassalle wird mit allen Vollmachten auf fünf Jahre zum Präsidenten des Vereins gewählt. Vertreten sind Gruppen in Leipzig, Dresden, Hamburg, Harburg, Frankfurt, Mainz, Düsseldorf, Elberfeld, Barmen, Solingen und Köln. Als Sekretär des Vereins wurde Julius Vahlteich ein in der Arbeit eifriger, im privaten Umgang lästiger Hausgenosse Lassalles in Berlin.

Lassalles Bevollmächtigte

Der Nationalverein, die gesamtdeutsche Organisation der fortschrittlichen Liberalen mit ihrem sozialen Flügel Schulze-Delitzsch und Sonnemann – die Arbeiterbildungsvereine im Schlepptau – zählte zu dieser Zeit etwa 25 000 Mitglieder. Wollte Lassalle sich mit seinen Attacken auf die Fortschrittspartei und seinen Appellen an die Macht der Arbeiterschaft nicht blamieren, so mußte sein *Arbeiterverein* eine jenem überlegene Mitgliederzahl erreichen, und zwar schnell.

Ein zentral organisierter Verein wie der ADAV, der ganz auf den Willen und die Wirkung seines Präsidenten Lassalle zugeschnitten war, brauchte dafür ein Kader tüchtiger Männer, die vor Ort in enger Fühlung mit Lassalle Gemeinden ins Leben riefen und Mitglieder keilten. Auch der Präsident war sich darüber im klaren: Fand er nur tatkräftige Bevollmächtigte, so würden auch funktionierende Gemeinden heranwachsen. Allerdings gab er sich einigem voreiligen Optimismus hin. Einmal war er an die Fortschrittlichkeit und soziale Erregbarkeit der Arbeiterschaft an Rhein und Ruhr gewohnt und meinte, diese Mobilisierbarkeit sei auch auf die übrigen Provinzen zu übertragen. Doch vergleichbare Verhältnisse bot höchstens das sächsische Industrierevier, aus dem schließlich ja auch der Anstoß zu seiner eigenen Parteigründung gekommen war. Zum anderen überschätzte er durch den Zustrom zu seinen eigenen Veranstaltungen und die Zustimmung, die er mit seiner Agitation zu entfachen imstande war, das Potential jener, die sich auch als Mitglieder des *Allgemeinen Deutschen Arbeiter-Vereins* einzuschreiben und für ihn einzutreten bereit waren.

In Düsseldorf stand ihm für diese Aufgabe in Gustav Lewy ein ungeheuer reger und bemühter Mann mit hervorragenden Kontakten zur Verfügung. Der ungetreue Lewy, der Lassalle aus persönlicher Gekränktheit so erbärmlich bei Marx angeschwärzt hatte, fand durch Fürsprache des getreuen Kichniawy wieder zu ihm zurück. Es scheint, als habe der Sündenfall erst sein ganzes Talent zu Loyalität und Aktivität entfacht, denn Lewy rackert sich im Rheinland ab, bringt in Düsseldorf über 250 Mitglieder auf die Beine und hält die Verbindung zu zehn weiteren Gemeinden, die zusammen binnen eines Jahres über 2000 Männer einschreiben. Zudem ist Lewy als Vorstandsmitglied Kassier, und da fällt ihm die ganze finanzielle Misere des Vereins auf den Kopf. Bei den schwachen Mitgliederzahlen fehlt es an Beitragsaufkommen insgesamt, die Zahlungsmoral ist auch nicht groß, die Bevollmächtigten liefern zögernd ab, sind schwer zu kontrollieren. Der Vertrieb von Lassalles Broschüren bereitet zusätzliche Abrechnungsschwierigkeiten, das 30-Taler-Monatsgehalt des Vereinssekretärs Vahlteich muß oft genug von Lassalle vorgeschossen werden, der seine Zuschüsse bis über die Grenzen des ihm Erträglichen strapaziert. An ein eigenes Vereinsorgan ist nicht zu denken.

In neuen Gebieten bemüht sich Lassalle um neue Leute. Für Ostpreußen hat er Friedrich Martiny, Kreisrichter in Kaukehnen, zum Bevollmächtigten ernannt. Das ist ein aufrechter Mann, der einzige Abgeordnete der Fortschrittspartei, der Lassalles Aufforderung zur parlamentarischen Obstruktion der preußischen Regierungspolitik befolgt und sein Mandat niedergelegt hatte. Aber in Ostpreußen steht Martiny auf verlorenem Posten. Er hat ein paar wenige Freunde, mit denen er über den Arbeiterverein reden kann, aber keine Mitglieder.

Für Württemberg versucht Lassalle den alten Republikaner Theodor Mögling als Bevollmächtigten zu gewinnen. Mögling teilt wohl Lassalles Ansichten und Kampf wider den Nationalverein und das Scheinheilmittel der Schulze-Delitzschen Genossenschaften, aber die Vertretung in Süddeutschland möchte er doch lieber nicht übernehmen. »Mein Freund, den ich Ihnen vorschlagen werde, stößt sich aber vielleicht, ebenso wie ich, an dem Statut des Allgemeinen Deutschen Arbeitervereins. Dieses paßt gut für eine Diktatur, mag auch für die norddeutschen Arbeiter, denen der Royalismus mit der Muttermilch eingeflößt wurde, ganz gut passen, wird aber dem politisch gebildeteren Süddeutschen wenig behagen. Ich für meine Person fürchte von dem diktatorischen Anstriche weniger für unsere Süddeutschen, weil diese doch darüber hinaus sind, selbst einem hochverehrten Führer durch dick und dünn zu folgen, wenn nur ein Schein entsteht, er weiche von der ursprünglich angenommenen Linie ab.« Auch der Freund lehnt es nach Drängen ab, Bevollmächtigter für Schwaben zu werden.

Besonders interessant wird die Situation in Frankfurt. Der Bankier und Gründer der »Neuen Frankfurter Zeitung« Leopold Sonnemann ist ein besonders vehementer Gegner Lassalles – die beiden sind sich bei der ersten Begegnung im Saalbau gleich unsympathisch. Er nutzt auch sein Blatt zu polemischen Angriffen, verweigert Lassalle die zugesagte Übernahme der Reisekosten zu jener Veranstaltung – 60 Gulden, die Lassalle schon der Kasse des ADAV geschenkt hat. Diese gehässige Kleinlichkeit bringt wieder den Herausgeber des »Volksfreundes für das mittlere Deutschland«, den alten Nikolaus Hadermann, dazu, gegen die »Ritter von der Selbsthilfe« einzutreten – eines der wenigen Organe, die für die Sache des ADAV noch offen sind. Das Geplänkel setzt sich auch fort in einem Ausschlußantrag gegen Sonnemann im Arbeiterbildungsverein, den die Mitglieder des Lassalleschen Arbeitervereins gestellt haben! Der Versuch geht um zwei Stimmen daneben, weil einige Lassalle-Anhänger geschlafen haben und nicht anwesend sind, aber für Sonnemann ist es eine peinliche Blamage.

Wie die beiden Parteien zueinander standen, beschreibt sehr schön eine freudig erregte Schilderung des ADAV-Bevollmächtigten Bernhard Becker aus dem Juni 1864: »Zur Versammlung der Arbeitervereine des Maingaus im Heymannschen Lokal zu Sachsenhausen hatte ich alle rüstigen Arbeiter unserer Gemeinde aufgeboten. Ich hatte sie, um schlagfertig zu sein, streng organisiert, indem ich sie unter Dekurionen stellte. Jeder Dekurio hatte dafür zu sorgen, daß die unter ihm stehenden Leute, mit Stöcken wohl versehen, sich pünktlich im Lokale einfanden, wo ich sie angemessen verteilte. Die Hauptmacht saß um mich herum an zwei langen Tafeln; außerdem waren Leute von uns an allen Teilen des Saales unter den Feinden und den neutralen Zuhörern. Wir waren 80 Mann stark, und da die ganze Versammlung, die Neutralen mit eingerechnet, bloß etwa 150 Personen betrug, bildeten wir entschieden die Majorität. Die eigentlichen Feinde zählten nicht mehr als dreißig Mann. Anwesend waren Löb Sonnemann, der bei unserem Anblick ein sehr langes Gesicht machte, Franz Wirth... und eine ziemliche Anzahl Literaten und Berichterstatter von Zeitungen.« Die Leute vom ADAV störten nach Kräften, schüchterten ihre Gegner ein, Becker hielt eine heftige Rede gegen die »Schulzeaner«, und schließlich löste sich die Versammlung auf. Es ist ein recht vertrautes Agitationsprinzip.

Dieser Bernhard Becker war ein alter Republikaner und eine schwache Figur, die Marx während des gemeinsamen Londoner Exils als schwatzhaftes »altes Frauenzimmer« identifiziert hatte. Nach seiner Rückkehr versteht es Becker, sich Lassalle durch geflissentliche Berichterstattung über seine Gschaftlhuberei im Frankfurter Arbeiterverein gefällig zu machen. Dabei spart Becker nicht mit versteckt herabsetzenden Äußerungen über mutmaßliche Konkurrenten in der Gunst des Präsidenten, stellt seine Gelehrsamkeit und Linientreue heraus. Was immer Lassalle bewegt haben mag, Bernhard Becker schließlich zu seinem Nachfolger als Präsident des *Allgemeinen Deutschen Arbeitervereins* zu bestimmen – es war ein eklatanter Fehler und peinlicher Mißgriff, den die erste Partei der deutschen Arbeiterbewegung mit einer stockenden und zersplitternden Entwicklung zu büßen hatte.

Die andere auffallende Figur in der Frankfurter Szene war der Rechtsanwalt Johann Baptist von Schweitzer. Der stand der

Arbeiterschaft etwa so fern wie Lassalle und besaß, ihm ähnlich, politisches Talent und Begeisterungskraft. Schweitzer nähert sich Lassalle mit der Bitte, ihm einen sozialen Tendenzroman im Sinne des Meisters widmen zu dürfen. Er schreibt »Lucinde oder Kapital und Arbeit« binnen drei Monaten und überträgt darin gekonnt Vorstellungen Lassalles und Schlüsselfiguren seiner Heimatstadt wie den Bankier Sonnemann. Im Arbeiterverein Frankfurts aber stößt Schweitzer auf heftigen Widerwillen. Er hat eine Vorliebe für junge Burschen und ist von der bürgerlichen Gesellschaft geächtet. In einem Mannheimer Park hat man Schweitzer erwischt, als er sich einem Knaben unsittlich näherte; ähnliches soll zuvor schon in Frankfurt vorgefallen sein. Deshalb nimmt unter den Frankfurtern keiner außer Becker mit ihm Umgang an, und schließlich attackiert ihn Hadermann auch im »Volksfreund«. Lassalle wird zur Stellungnahme herausgefordert und schreibt: »Es ist dies ein schlagender und tief verdrießlicher Beweis, wie tief der Deutsche noch in der Philisterschlafmütze steckt und wie wenig er das Politische vom Privaten zu unterscheiden weiß. Ich finde es sehr natürlich, wenn Ihr dem Dr. von Schweitzer aufgrund dessen, was ihm zur Last fällt, nicht Eure Tochter zur Frau geben wollt. Aber warum nicht mit ihm denken, handeln, schlagen? Was haben alle Abteilungen politischer Tätigkeit denn mit jenen Geschlechtsverwirrungen zu tun? Es ist, um sich zu schämen!« Der noblen Attacke wider die Vorurteile läßt Lassalle Taten folgen. Er veranlaßt im Dezember 1863 die Aufnahme Schweitzers im Leipziger ADAV. Als er ihm bei seinem Besuch in Frankfurt im Juli 1864 erstmals begegnet, promeniert er mit ihm demonstrativ Arm in Arm. Anschließend treffen sie sich mit Schweitzers bayerischem Freund Johann Baptist von Hofstetten in Neustadt an der Hardt und verabreden die Gründung einer Tageszeitung. Der »Sozial-Demokrat« erscheint erst im Dezember 1864, nach Lassalles Tod. Als Bernhard Becker den *Allgemeinen Deutschen Arbeiterverein* fast abgewirtschaftet hat, wird Schweitzer von 1864 bis 1871 sein Präsident.

In Hamburg und Harburg hat der Verein zwei rührige Vertreter. Der eine ist der grundsolide und selbständig wirkende Tischler Theodor Yorck, der andere Karl Bruhn, Redakteur des »Nordstern«. Seine Zeitung ist das einzige Publikationsmittel, auf das sich Lassalle und seine Partei verlassen können.

Sie druckt Berichte, Verlautbarungen, Aktuelles. Aber sie erreicht nicht mehr als 400 Abonnenten. Sie kann auch keine Honorare zahlen, worauf journalistisch tätige Mitglieder wie Bernhard Becker angewiesen sind. Dieser Mangel an Publikationsmöglichkeiten bedeutet, daß die Funktionäre des Vereins entweder ihren Lebensunterhalt durch eine Anstellung bestreiten können – und dann können sie kaum ein Amt im oppositionellen ADAV übernehmen. Oder daß sie als Publizisten und Intelligenzler – und das sind ja nicht wenige – immer am Rande des Existenzminimums balancieren.

Der prominenteste und eigenständigste unter den Mitarbeitern Lassalles ist in Köln Moses Heß, der streitbare Publizist und Kommunist. Er stellt sich ohne Vorbehalte zu der Sache des Arbeitervereins, treibt unter schwierigen Verhältnissen die Gründung einer Gemeinde von (1864) mehr als 150 Mitgliedern voran, hält Vorträge und veröffentlicht im Sinne Lassalles – der einzige, der ihn mit seinem Ansehen und Talent hinreichend unterstützen kann. Doch Heß ist ein unabhängiger Kopf mit eigenen Interessen, wird später zum Gründer des Zionismus: Schon im Winter 1863/64 verläßt er Köln wieder und kehrt nach Paris zurück. Von dort allerdings schreibt er für und über Lassalle. Zum Beispiel im April 1864 die verblüffenden Sätze: »Wenn in Deutschland morgen eine Revolution ausbräche, würde man sicher überrascht sein, einen Mann erscheinen und vielleicht die Rolle eines Diktators übernehmen zu sehen, den die Zeitungen bis vor kurzem wenig erwähnten ... Dieser zukünftige Diktator heißt Ferdinand Lassalle.«

Heß rechnete wie Lassalle, an dem er die Entschiedenheit des Unternehmens einer praktischen sozialistischen Bewegung bewundert, ständig mit dem Ausbruch einer Revolution. Sie gaben sich da – wie viele idealistische und von den Zeitverhältnissen bedrückte Kampfgenossen – einem Wunschdenken hin, ohne das sie ihr Engagement schwer hätten durchstehen können. Dabei setzten sie sich auch über Einwände und Vorbehalte besonnener Zeitgefährten hinweg, die sie schätzten wie Lassalle den sozialistischen Staatsdenker Karl Rodbertus, dem er viele Anregungen, Hinweise und Widersprüche zu danken hatte.

Lassalle wunderte sich, daß Rodbertus seinem Verein nicht beitrat. Zur Jahreswende 1863/64 schickt er ihm eine Sammelliste für den ADAV – gleich als nächstem nach ihm soll er zeichnen, denn »noblesse oblige«! Die Antwort von Rodbertus ist so bezaubernd, freundschaftlich und bezeichnend, daß sie hierher gehört.

»Auch Sie auf dem Europäischen Anleihemarkt! – Dabei habe ich herzlich über Ihre noblesse oblige gelacht. Aber da ich weder zu der Noblesse im allgemeinen noch zu der Ihres Vereins gehöre, alldieweil ich gar nicht zum Verein gehöre, so zernieren Sie mich damit nicht. Aber Spaß apart! Sie wissen ja, daß meiner Ansicht nach Ihr Verein auf unrichtigem Wege ist; auch was die sozialen Wege an und für sich betrifft. Noch mehr bin ich dieser Ansicht geworden, seit sich derselbe so viel in die politischen Fragen mischt. Sie würden nach meiner Überzeugung viel stärker werden, wenn Sie ohne Ansehen der Reaktion wie der Revolution die soziale Frage für sich behandelten. Die Chartistenbewegung in England Ende der zwanziger und Anfang der dreißiger Jahre sollte Ihnen das klar machen. Wenn ich mir aber jetzt den Kampf der Parteien überlege und *wie Sie* die soziale Frage wieder in Deutschland angefaßt haben, so befestigt sich immer mehr die Meinung in mir, daß der Cäsarismus Ihrer Lösung näher steht als die Republik. Wenn die Gesellschaft die *bürgerliche* Freiheit – Freiheit der Person und des Eigentums – errungen hat, ist das Schlußwort in dem furchtbar schönen ›Bundes-Lied‹ von Herwegh: ›Brot ist Freiheit‹ wahrer als das ›Freiheit ist Brot‹, und die ›Sklaverei der Not‹ wird weit tiefer empfunden als die ›Not der Sklaverei‹. – Mit bekannter Hochachtung der Ihrige Rodbertus.«

Den Dichter-Freund Georg Herwegh hat Lassalle zum Bevollmächtigten des Vereins in der Schweiz gemacht – und das ist in Kenntnis seiner Trägheit und Unlust zum Streit gewiß ein untauglicher Schritt. Nach vielem Mahnen schreibt ihm Herwegh immerhin das von Rodbertus zitierte Bundeslied: Es ist im Text und der von Lassalle gefeierten (anonymen) Vertonung Hans von Bülows zu hölzern, als daß es wirklich zündete. Verfangen hat nur eine Zeile: »Wenn dein starker Arm es will, stehen alle Räder still.« Mehr war von Herwegh nicht zu bekommen. Er kneift selbst, als an seinem Wohnort in Zürich der erste Schweizer Arbeitertag einberufen wird und er dort den ADAV vertreten soll: »Ich gehe nirgends hin, wo meine speziellsten Feinde, die hiesigen Arbeiterverderber, zusammenkommen – das wissen Sie. Und diese Kerls werden am Schweizerischen Arbeitertag sich doppelt dick auftun, die honneurs machen und die erste Violine spielen. Ich stünde *allein, total allein,* ohne persönliche Beziehungen – ohne jede Vorbereitung hätt ich auf tausend und eine dumme Frage zu antworten. Das hielt' ich nicht aus, dem fühl' ich mich nicht gewachsen.« Mit solchen Freunden läßt sich schlecht streiten.

Doch da ist noch ein weiterer Verbündeter in der Schweiz, in Genf, der alte revolutionäre Haudegen und »Alterspräsident aller deutschen demokratischen Flüchtlinge« – Johann Philipp Becker. In Genua hat Lassalle ihn 1861 zu treffen vermieden: Da gab es einige bösartige Gerüchte über Unzuverlässigkeit, die Lassalle jetzt frank bekennt (Marx hat da wieder geplaudert) und die beiden offen ausräumen. Becker soll den ADAV in der nichtdeutschen Schweiz vertreten, hält aber Herweghs Vorrang für sinnvoller. Doch wirken will er für Lassalle und tut das – nobel, verläßlich, mit eigenem Engagement für die Sache und bis in die letzten Genfer Tage Lassalles.

Schließlich ist die Schaltstation in diesem intimen Kreis prononcierter Vertreter des Arbeitervereins sein Sekretär, der 24jährige Julius Vahlteich. Schuster, Autodidakt, ein gestandener Proletarier mit hohem Selbstsinn, der sich bedingungslos der Sache seiner Klasse verschrieben hat. Sie muß nicht Lassalle heißen. Das ist eine ungute, ungünstige Konstellation. Vahlteich lebt im Berliner Hause Lassalles mit, und da stößt ihn einiges ab. Die so gar nicht proletarische Geselligkeit, in der sich der Präsident des Arbeitervereins bewegt, der Lebensstil, den er pflegt. Da gibt es Menüs von acht Gängen, die von der Suppe über Hummermayonnaise, Schinken und Burgunder und Lachs zu Sauerkraut mit Lerchen und Reh als Hauptgang führen. Dazu werden Niersteiner, Chateau Lafitte, Steinberger Cabinet, Chateau Léonville und Champagner geboten, von 21 Flaschen bleiben 10 übrig. Das entspricht nicht gerade der Vorstellung von der Lebensweise eines Arbeiterführers – auch Vahlteich nimmt daran Anstoß. Außerdem erträgt er die Selbstherrlichkeit seines Präsidenten nicht, der mit seinen Vollmachten souverän waltet. Vahlteich hat sich nach den Traditionen der Arbeiterverbrüderung – die viele Arbeiterbildungsvereine pflegen – eine Demokratie von unten vorgestellt: Lassalle praktiziert die »Diktatur der Einsicht« von oben. Ein nichtiger Anlaß führt zum Zusammenstoß, Vahlteich kündigt im Januar 1864. Und heftet der diesbezüglichen Meldung seines Präsidenten an die Vorstände einen eigenen Kommentar an, in dem er über die autokratische Handlungsweise Lassalles Klage führt.

Die Sache hat zwei Konsequenzen. Einmal kehrt Vahlteich nach Dresden zurück und arbeitet dort weiter in der ADAV-Gemeinde. Zunächst loyal nach den Statuten, dann attackiert er wieder den Lassalleschen Zentralismus. Eine der letzten Handlungen Lassalles wird sein, auf Vahlteichs Ausschluß zu dringen – aus persönlicher Aversion wie gemäß seiner Auffassung von der notwendigen Funktionsfähigkeit einer Kaderpartei.

Zum anderen bekommt der Verein einen neuen Sekretär. Der arbeitslose Schwertarbeiter Eduard Willms hat Lassalle schon früher angedichtet, diese Gedichte und Steindrucke mit Lassalles Konterfei an die Gemeinden verteilt und verkauft und sich damit über Wasser gehalten. Damit leitet er im ADAV einen Persönlichkeitskult ein, der um Schulze-Delitzsch auf der anderen Seite allerdings auch betrieben wurde. Doch selbstverständlich muß Lassalle wissen, was er sanktioniert, wenn er kraft Vollmacht diesen Mann zum nächsten Sekretär des Allgemeinen Deutschen Arbeiter-Vereins beruft. Willms ist ein braver Mann und müht sich weidlich, all seine Aufgaben, die detaillierten Anweisungen Lassalles und die Agitation in Berlin zu erfüllen. Lassalle setzt ihm für sein Pflichtbewußtsein auch eine Lebensrente von 150 Talern jährlich ins Testament. Doch natürlich gibt die Funktionsweise Willms' dem Argument Vahlteichs recht, Lassalle betrachte das Amt des Sekretärs nicht als solches des ADAV-Vorstandes, sondern als das eines persönlichen Sekretärs.

Dies sind die Männer, mit denen Lassalle seine Arbeiterpartei aufzubauen hat. Die Konstruktion ist an sich zwingend. Nur über das Vereinsrecht kann er die gesetzlichen Auflagen gegen politische Parteien umgehen. Vereinszusammenschlüsse schon sind verboten. Also kann es nur *einen* Allgemeinen Deutschen Arbeiter-Verein mit vielen örtlichen Gemeinden geben, deren keine selbständig sein darf. Die Vorschrift entspricht seinen Ambitionen. Ein starker Präsident mit diktatorischen Vollmachten an der Spitze, vertikale Gliederung mit strikten Anweisungen nach unten, keine Querverbindungen der Ortsgemeinden. Denn die könnten eine Tendenz zur Verselbständigung fördern, und zu welcher Zersplitterung das die revolutionären Kräfte führt, haben historische und Lebenserfahrung ihm und seinen Kampfgenossen – auch Marx und Engels – gezeigt. Demokratie, auch parlamentarische im Staat, kann gut sein: Das allgemeine und direkte Wahlrecht wird es erweisen, mit allen Risiken »falscher« Abstimmung. Aber die Arbeiterbewegung und ihre Partei, die die Lage der arbeitenden Klassen über die Herbeizwingung dieses gleichen Wahlrechtes verbessern muß, kann sich diesen allgemeindemokratischen Luxus mit seinen immanenten Gefahren der Selbstzerstörung gegenüber den übermächtigen Kräften der bestehenden Herrschaftsordnung nicht leisten. Das war, von allen persönlichen, »cäsaristischen« Gelüsten abgesehen, eine ganz nüchterne politische Einschätzung Lassalles.

In der Praxis stellt sich aber auch die Frage, welches politische Gewicht diese Mitstreiter Lassalles für eine sozialistische Bewegung auf deutschem Boden beanspruchen können. In der historischen Betrachtung bleiben nur vier zeitgenössische Gestalten, die sich an Lassalles Wirken messen lassen. *Marx* und *Engels* haben nie mit gleicher Verve auf die deutschen Verhältnisse gewirkt und pragmatisch gestritten. Der junge Drechsler August Bebel setzte auf die Arbeiterbildungsvereine und lehnte Lassalle ab. Und Wilhelm Liebknecht näherte sich als Spitzel der Londoner Großmeister der Lassalleschen Bewegung mit Mißtrauen – die Aufrichtigkeit des Wollens und Handelns Lassalles hat er freilich im Gegensatz zu den fernen Auguren Marx und Engels nie in Zweifel gezogen, sondern gerade dann ihnen gegenüber hervorgekehrt.

Aber dies sind auch schon die Außenseiter der Bewegung, die Abwiegler und Konkurrenten im höheren, im ideologischen Dienst der Sache. Lassalle ist, anders als sie, Idealist und Hegelianer eigener Machart, ein Revolutionär und Pragmatiker *innerhalb* der bestehenden Machtverhältnisse. In dieser sozialen und politischen Situation allerdings wirkt er realistischer und mehr als sie: als Vertreter der Interessen der Arbeiterklasse und praktischer Politiker, der etwas zu erreichen versucht.

Dann allerdings gilt eine deprimierende Einschätzung. Lassalle war ein Ein-Mann-Unternehmen. Die brillanten oder fähigen Köpfe der sozialistischen und revolutionären Szene, um deren Mitarbeit er suchte, waren entweder Randgänger oder Einzelgänger, ganz verschiedener Art. Rodbertus, Bucher, Victor Aimé Huber auf der einen Seite, Moses Heß oder

J. P. Becker auf der anderen. Marx und Engels hatten ihn schon vorher ausgeklammert. Mit dem Rest der Protagonisten konnte nicht viel mehr entstehen als das dürftige Bild, das ihre Personalia bieten. Deshalb wurde die Geschichte der ersten Partei der deutschen Arbeiterbewegung zu nicht viel mehr als dem Konterfei Lassalles und der *Lassalleaner*. Darum aber auch zeigt sich in ihr, wieviel und nachhaltig Ferdinand Lassalle für die sozialistische Opposition und die soziale Entwicklung in Deutschland politisch bewirkt, in Gang gesetzt und letztlich erreicht hat.

»Das Volk schlägt die Schlachten, zahlt die Steuern«

Zwischen all den Reden und Reisen, Korrespondenzen und Aktivitäten zur Gründung und Ausbreitung seines Arbeitervereins findet Lassalle auch noch die Zeit, eine 150seitige Abhandlung über »Die indirekte Steuer und die Lage der arbeitenden Klasse« zu schreiben. Sie ist als Verteidigungsrede in dem bevorstehenden Berufungsverfahren gedacht, das von ihm ebenso wie vom Staatsanwalt gegen seine Verurteilung im Januar 1863 angestrengt worden war. Wiederum geht es also um die Anklage, »die besitzlosen Klassen zum Haß und zur Verachtung gegen die Besitzenden öffentlich angereizt zu haben«. Und wie schon seine *Assisen-Rede* veröffentlicht Lassalle auch diese Verteidigung vor der Verhandlung, im Juni 1863: Sie ist ein Mittel der Agitation. »Ich brauche nur die Dummheit der Urteilsmotive zu entwickeln, und ich werde es mit solch schneidiger Schärfe tun, daß den Richtern trotz alledem die Röte der Scham in die Wange treten soll. Mein Plaidoyer in erster Instanz war *politisch*, mein Plaidoyer in zweiter Instanz soll *sozial* sein. Weniger angreifen, mehr zerschneiden.«

Wenn Lassalle »zerschneidet«, holt er besonders weit aus. Er führt seinen Schwertstreich mit der Macht wissenschaftlicher Erkenntnisse und Autoritäten aus Jahrhunderten, Zitate über Zitate, statistische Belege aus Vergangenheit und Gegenwart. Es fällt ihm nicht schwer, die Unsinnigkeit einer Urteilsbegründung zu demonstrieren, welche einerseits behauptete, die Armen seien gar nicht in der Lage, die indirekten Steuern zu bezahlen – und andererseits, sie würden ihnen im Arbeitslohn vergütet. Dazu hat ihm Staatsanwalt Schelling mit törichten Hinweisen auf Stempelsteuer und Luxussteuer Einwände geliefert, die er hohnvoll zurückweisen kann. 12 Millionen Taler direkte Steuern bei einem Gesamtbudget von 108 Millionen Talern – natürlich haben da die Besitzenden die Steuerlast auf die Armen übergewälzt! Und wer sind die Nutznießenden? Die paar tausend Leute, die mehr als 1000 oder 2000 Taler Einkommen haben.

»Es ist dieselbe lächerlich kleine Handvoll Menschen mit ihren Familien, die in allen Städten alle Theater, alle Konzerte, Gesellschaften, Kränzchen, Restaurationen und Weinstuben füllen, vermöge ihrer Ubiquität (Allgegenwart, d. V.) den Schein einer Wunder wie großen Anzahl erregen, nur an *sich* denken, nur von *sich* sprechen, die sich dünken, die Welt zu sein, und, indem sie allein über alle Zeitungen und alle Fabrikanstalten der öffentlichen Meinung disponieren, wahrhaftig sogar alle andern dahin bringen, es zu glauben und sich einreden zu lassen, daß sie, diese 11 000 oder 44 000, *die Welt sind!*

Und unter dieser winzigen Handvoll Leute, die sich allein regt, allein bewegt, allein spricht, schreibt, peroriert (zu Gehör bringt, d. V.), nur ihre eigenen Interessen kennt und verficht und sich so sehr einredet, alles zu sein, daß sie sich wahrhaftig sogar noch einredet, *sie* sei es, welche die Steuern aufbringe – unter dieser Handvoll Menschen windet sich in stummer, unaussprechlicher Qual, in wimmelnder Zahl das unbemittelte Volk, die 17 Millionen, produziert alles, was uns das Leben verschönt, macht uns die unerläßliche Bedingung aller Gesittung, die Existenz des *Staates* möglich, schlägt seine Schlachten, zahlt seine Steuern – und hat niemand, der an es dächte und es verträte!«

Wie kann man da bei ihm, der kein Arbeiter, sondern nach seinen Einkünften sicher in einer »Bourgeoisposition« ist – wie kann man bei ihm von aufrührerischer Gesinnung reden, wenn er sich nicht mit den vulgären Schlagworten des Tages begnügt und »die öffentliche Meinung auf die ungerechte und schreiende Lage der unteren Klassen« lenkt?!

»*Einsam* gehe ich meinen Weg durch die Gesellschaft, von den Staatsanwälten verfolgt, von den Gerichten verurteilt, und von der heutigen liberalen Presse, glauben Sie mir, mit noch größerem inneren Grauen betrachtet als von Staatsanwälten und Gerichten zusammen!

Was also *zwingt* mich zu alledem?

Ich will es Ihnen sagen, meine Herren!

Weil – denn ich *darf* es sagen und bei diesem Anlaß *muß* ich es sagen – weil meine Studien tiefer, meine Kenntnisse ausgebreiteter und mein Gesichtskreis dadurch weiter ist, *deshalb* ist es mir unmöglich, mich bei den Schlagworten des Tages zu beruhigen. Die großen und gewaltigen Konvulsionen, in denen seit Dezennien Europa sich windet und die uns alle gleich schmerzlich erfüllen, sie *können* nicht den Zweck haben, den die Vorurteile des Augenblicks ihnen zuweisen!...

Soll ich Ihnen den *letzten Extrakt* langer und mühseliger Studien in einen *einzigen Satz,* in das gemeinsame Ergebnis meiner Forschungen in den verschiedensten Zweigen historischer Wissenschaft zusammenfassen, so lautet dieser Satz also:

Von zwei Dingen *eines.* Entweder lassen Sie uns Zyperwein trinken und schöne Mädchen küssen, also nur dem gewöhnlichen Genußegoismus frönen – oder aber, *wenn* wir von *Staat* und *Sittlichkeit* sprechen wollen, so lassen Sie uns alle unsere Kräfte der Verbesserung des dunkeln Loses der unendlichen Mehrheit des Menschengeschlechts weihen, aus deren nachtbedeckten Fluten wir Besitzende nur hervorragen wie einzelne Pfeiler, gleichsam um zu zeigen, wie dunkel jene Flut, wie tief ihr Abgrund sei!«

Lassalle versteht sich auf moralische Appelle und darauf, ihnen den Anschein des Klassenkampfes zu nehmen. Zumal, wenn er sich aus einer vertrackten Beweislage herauswinden muß. Denn daß es ausgerechnet die *Bourgeoisie* und wer eigentlich diese selbst sei, die alle Lasten auf die Armen übergewälzt habe – das kann er schwer belegen. So macht er sich schlicht zu ihrem Anwalt – wenn sie ihn nur recht verstehe! Der Staatsanwalt habe ganz recht mit seiner Feststellung, die ungleich verteilten *Lasten* des Staatslebens müßten entsprechende *Rechte* zur Folge haben: Nach dieser Gerechtigkeit müssen die ärmeren Klassen, die den Löwenanteil der indirekten Steuern tragen, auch das allgemeine Wahlrecht haben. Entweder der *reine Absolutismus* – oder *das allgemeine Wahlrecht*: Dazwischen geht gar nichts und am wenigsten Privilegien für eine Minorität der Wohlhabenden! Sonst müßte ja wirklich Klassenhaß die Folge sein!

»Es handelt sich darum, vor allem gerade *die Bourgeoisie selbst* zu überzeugen, daß sie nur zu wählen hat zwischen dem reinen Absolutismus und dem allgemeinen Wahlrecht, daß alles, was dazwischen liegt, von dem ehernen Gang der Geschichte zertreten werden muß und daß, wenn sie wirklich auf den Konstitutionalismus hält, sie denselben nur retten kann, indem sie ihm das allgemeine Wahlrecht zur Grundlage gibt und diesen Ruf zu ihrem eigenen aufrichtigen mot d'ordre (Kampfruf, d. V.) erhebt.«

Und ebenso großmütig wie drohend: »Ich will der Bourgeoisie das Schicksal ersparen, welches sie in Frankreich unter die Füße Napoleons getreten hat – und diesen Appell an die öffentliche Vernunft und das öffentliche Gewissen nennt der Staatsanwalt Anreizung zum Klassenhaß!«

Das ist meisterliche Demagogie. Selbstverständlich war Lassalle nicht nur bewußt, daß Napoleon III. mit dem Wahlrecht seine plebiszitäre Herrschaft gefestigt und die Bourgeoisie an die Wand gedrückt hatte – er selbst legte es ja auf nichts anderes an, als daß der Arbeiterstand sich selbst in dem neuen Staate des allgemeinen Wahlrechts verwirkliche. Und vielleicht war auch dazu ein wenig soziale »Diktatur der Einsicht« vonnöten, wie er sie im *Allgemeinen Deutschen Arbeiterverein* praktizierte.

Und zuletzt steckte dahinter noch eine handfeste Drohung. *Revolution,* so belehrt er, bedeutet nichts anderes, als daß ein neues Prinzip an die Stelle eines bestehenden Zustandes gesetzt wird – mit oder ohne Gewalt. »In diesem Sinne kann ich sagen, daß ich *jedenfalls* von dem künftigen Eintreten einer Revolution überzeugt bin. Sie wird entweder eintreten in voller Gesetzlichkeit und mit allen Segnungen des Friedens, wenn man die Weisheit hat, sich zu ihrer Einführung zu entschließen beizeiten und von oben herab – oder aber sie wird innerhalb irgendeines Zeitraumes hereinbrechen unter allen Konvulsionen der Gewalt, mit wild wehendem Lockenhaar, erzne Sandalen an ihren Sohlen!«

Revolution von oben herab, Entmachtung der Bourgeoisie, Aufhebung ihres liberalen Nachtwächterstaates, dagegen die Lassallesche Doktrin des *wahren* Staates – kein Wunder, daß der Fortschritt und die liberale Presse wütend gegen ihn zu Felde zogen und ihm vorwarfen, ein Bündnis mit der Reaktion zu planen.

Kein Wunder auch, daß sie voll Spott und Hohn über ihn herfallen, als er Ende Juni an seine Vereine dekretiert: »Arbeiter! Bei meiner morgen erfolgenden Abreise in die Bäder der Schweiz ernenne ich bis zu meiner Rückkehr Herrn Dr. Otto Dammer in Leipzig zum Vizepräsidenten des Vereins.«

Die Arbeiter und Mitarbeiter stört der spröde herrschaftliche Tonfall weniger. Sie merken, wie sich der Mann für die Sache abrackert. Sie sehen und hören, wie erschöpft er ist und sich nur mühsam bei Stimme hält. Er kämpft und wühlt ohne Unterlaß, und er macht ihnen Mut: »Je mehr ihr agitiert, desto mehr zwingt ihr unsere Gegner, uns Konkurrenz zu machen und uns die Spitze bieten zu wollen. Je mehr sie uns Konkurrenz machen, desto mehr sind sie selbst gezwungen, unseren Zwecken Vorschub zu tun und durch ihre eigene Agitation die Reihen unserer Anhänger zu vermehren. Es lebe die demokratische soziale Agitation! Auf Wiedersehen im Herbst!«

Die rheinische Kampagne

Die Sommermonate verbringt Lassalle im Engadin und an der Nordsee. In Ostende verfaßt er eine Rede, in die er seine ganze Wut über die Fortschrittspartei hineinlegt: »Die Feste, die Presse und der Frankfurter Abgeordnetentag.« Es ist sein Beitrag zum anhebenden Wahlkampf in Preußen.

Die Tonart ist bekannt, nur wird sie hier noch zur aufrüttelnden Erregung erbitterter Tiraden gesteigert. Es geht gegen den Zerfall, die Ehrlosigkeit und grenzenlose Unfähigkeit jener Partei, die nun auch noch dreist sich selbst und ihre Niederlage in Abgeordnetenfesten feiert. Das schlimmste Symptom ihrer Fäulnis ist die Presse. »Unser Hauptfeind, der Hauptfeind aller gesunden Entwickelung des deutschen Geistes und des deutschen Volkstums, das ist heutzutage die Presse ... Ihre Lügenhaftigkeit, ihre Verkommenheit, ihre Unsittlichkeit werden von nichts anderem überboten als vielleicht von ihrer Unwissenheit.« Es sind die Attacken, die Lassalle schon im *Julian* geritten. Durch Anzeigengeschäft, Abonnentenrücksichten und kapitalistische Interessen verderbt, fristen in der korrupten Presse nur noch mittelmäßige Zeitungsschreiber ihre Existenz. Und gar der Frankfurter Abgeordnetentag: Jetzt liebäugeln die Fortschrittler sogar mit den Fürsten und geben ihre Fahne »Reichsverfassung« auf, nur um Bismarck eins auszuwischen – der aber ist ein Mann, und sie nur alte Weiber!

Doch muß man die Fortschrittsmänner, empfiehlt er paradox, jetzt *gerade* wählen: damit sie endgültig abwirtschaften. Eine Revolution wollten sie ja nicht, weil – so sagte kürzlich Schulze-Delitzsch! – die Arbeiter dadurch ihre Lage verbessert hätten. Die Nutzanwendung liegt auf der Hand: Rein in den *Allgemeinen Deutschen Arbeiterverein*, es lebe die soziale demokratische Agitation!

Gustav Lewy tut nicht wenig, Lassalle in die richtige Stimmung für die große »Heerschau« am Rhein zu versetzen. »Die große liberale Partei ist Kinderspiel gegen uns, und wo wir vertreten sind, muß sie sich verkriechen, sie ist ein hohler Kohlkopf gegen Ihre ›eiserne Stirne‹. Die Begeisterung namentlich im Wuppertale ist für Sie, ich wiederhole es, so groß und gewaltig, daß Sie gleich einem Napoleon, den Sie übrigens samt Mirabeau, Danton, Robespierre, Marat, St. Just usw. usw. in sich vereinigen, Armeen aus der Erde stampfen, die auf unsere Fahne schwören.«

Die Versammlungen in großen Sälen sind glänzend vorbereitet, Gäste als brave Zuhörer geduldet. Barmen, Solingen, Düsseldorf, Köln und Hamburg stehen auf dem Programm. Aber Lassalle erkältet sich schon am ersten Tag so sehr, daß er die Rede in Düsseldorf abkürzen und Köln und Hamburg absagen muß. Die Rheinkampagne wird dennoch zum vollen Erfolg.

Am 20. September holen Hunderte Arbeiter bei strömendem Regen Lassalle am Bahnhof ab und geleiten ihn zum Versammlungslokal nach Barmen. Der Saal faßt etwa 3000 Menschen, die Lassalles heftiger Rede mit stürmischem Beifall folgen.

In der Pause kommt es zu Zwischenfällen, als ein Herr unbedingt reden will, an einem anderen Tisch Hochrufe auf Schulze-Delitzsch ausgebracht werden. Bierseidel fliegen, Stühle. Die lautesten Störer werden hinausgeworfen, andere folgen freiwillig, insgesamt an 300 Mann. Damit ist die Einigkeit der Arbeiterklasse hergestellt, und weitere Ovationen für Lassalle folgen. Am Ende können sich die begeisterten Hörer, soweit sie auch überzeugt sind, in die Liste des ADAV einschreiben. In Barmen erreicht der Verein bis zum folgenden Jahr über 500 Mitglieder.

Eine Woche später findet die Versammlung in Solingen statt. Dabei kommt es zu einem Eklat, der dem Agitator und jetzt von der Volksmenge bestätigten Arbeiterführer Lassalle nur gelegen sein kann. Die liberale »Elberfelder Zeitung« hatte – die Angriffe Lassalles so bestätigend! – seine Rede bei der Polizei denunziert, und das hatte Folgen. Hier der Bericht der »Düsseldorfer Zeitung«, deren junger Korrespondent Paul Lindau von Lassalle tief beeindruckt war.

»Die Denunziation der Elberfelder Zeitung hat ihre Früchte getragen: Selbst im Jahre 1848 hat das Rheinland keine so große Volksversammlung gesehen wie die Arbeiterversammlung, die gestern in Solingen stattfand. Der kolossale Saal der Schützenburg war so gedrängt voll, daß kein Kellner passieren konnte und noch viele, viele Tausende drängten sich vor den Türen der Schützenburg. Die versammelte Volksmenge wird allgemein auf über 10 000 Menschen geschätzt.

Lassalle wurde bei seinem Erscheinen auf der Tribüne mit stürmischem Jubel begrüßt. Eine Störung, die gleich im Anfang seiner Rede versucht wurde, wurde blitzschnell durch die Entfernung der Störer beseitigt. Auch war an keine Wiederholung derselben zu denken. Die Arbeiter waren so massenhaft erschienen und zeigten sich so sichtlich entschlossen, keine Störung zu dulden, daß von einer Erneuerung solcher Versuche nicht die Rede sein konnte. Der Redner hatte ungefähr ¾ Stunde gesprochen, als plötzlich ein Gendarm auf den Tisch stieg und mit Hinweis darauf, daß bei der vor einer halben Stunde beseitigten Störung angeblich Verwundungen vorgekommen seien, die Versammlung für aufgelöst erklärte.

Lassalle entgegnete dem Gendarm, daß nach dem Vereinsgesetz (§ 5) nur dann eine Auflösung einer Versammlung erfolgen dürfte, wenn in der Versammlung Vorschläge zu strafbaren Handlungen erörtert würden oder Bewaffnete erschienen; daß diese Fälle nicht vorlägen und kein anderer Grund zu einer Auflösung berechtige. Er wies mit Ernst und unter stürmischem Beifall des Volks die Polizei auf die gesetzlichen Folgen hin, falls sie die widerrechtliche Auflösung mit Gewalt durchsetzen wolle.

Der Gendarm verließ den Tisch, Lassalle fuhr in seiner Rede fort und alles schien ausgeglichen, als 5 Minuten darauf an der Spitze von – doch lassen wir lieber die Depesche hierüber reden, die Lassalle infolge dieser Vorgänge noch von dem Solinger Telegraphenamt aus an den Ministerpräsidenten zu richten genötigt war.

Ministerpräsidenten *von Bismarck*, Berlin

Fortschrittlicher Bürgermeister hat soeben an der Spitze von zehn mit Bajonettgewehren bewaffneten Gendarmen und mehreren Polizisten mit gezogenem Säbel von mir einberufene Arbeiterversammlung ohne jeden gesetzlichen Grund aufgelöst. Umsonst mich auf das Vereinsgesetz berufend protestiert. Mit Mühe das Volk – an 5000 Mann in dem großen Saale der Schützenhalle, noch mehrere Tausend vor demselben – von Tätlichkeiten abgehalten. Von Gendarmen und Zehntausenden vom Volke, die mich arretiert glaubten, nach dem Telegraphenamt transportiert. Fahne der Elberfelder Arbeiter konfisziert. Bitte um strengste, schleunigste, gesetzliche Genugtuung. *F. Lassalle*

Der über eine Viertelstunde lange Weg, den Lassalle von der Schützenburg nach dem Telegraphenamt zurücklegte, von der gesamten Volksmenge geleitet, glich einem Triumphzug, da er unausgesetzt von schallenden ›Hochs‹ auf Lassalle angefüllt wurde. Da das Volk ihn verhaftet glaubte, machte es seiner Sympathie nur um so energischer Luft. Ganz Solingen war auf den Beinen. In allen Straßen, durch welche der immense Zug (– die letzten waren noch nicht weit von der Schützenburg, als Lassalle mit der Spitze des dichtgedrängten Zuges an dem Telegraphenamt anlangte –) sich wälzte, standen die Frauen und Kinder am Fenster. Die Straßen wurden endlich gesperrt. Von dem Telegraphenamt wurde Lassalle von einem Teil der Volksmenge, die immer noch fürchtete, daß die Gendarmen Verhaftsversuche auf ihn machen würden, nach dem Vereinslokal des A.-V. begleitet, wo zahlreiche Aufnahmen in den A.-V. stattfanden.«

Der Andrang und Zulauf der Arbeiter und Neugierigen war ein Triumph für den Agitator, der sich nun wirklich als Volksredner und Arbeiterführer fühlen durfte. Die Sprengung der Versammlung – bei der es wirklich Messerstiche gegeben hatte – durch den Bürgermeister von der Fortschrittspartei war ein wunderbarer Eklat, wie Lassalle ihn sich hätte kühner nicht wünschen können. Denn er bot eine hinreißende Gelegenheit, dem preußischen Ministerpräsidenten, dem eigenen Anhang und der Öffentlichkeit die sensationellen Erfolge im Rheinland zu signalisieren und der Fortschrittspartei, die jetzt gar Polizei gegen die Arbeiterschaft aufmarschieren ließ, einen mächtigen Denkzettel zu verpassen. Sich bei dem Ministerpräsidenten – der für die verlangte Reglementierung gar nicht zuständig war – anzubiedern, hatte Lassalle nicht nötig. Er kannte Bismarck längst.

Gespräche mit Bismarck

Am 11. Mai 1863 empfängt Lassalle ein kurzes Billett des Ministerpräsidenten mit der Bitte, sich über die Verhältnisse der arbeitenden Klassen zu äußern: Bismarck möchte ihn kennenlernen. An einem der nächsten Tage kommt es zum ersten langen Gespräch.

Wo sich die Interessen der beiden Männer nähern, ist rasch zu erkennen. Lassalle schätzt an Bismarck die Offenheit, mit der jener wie er »Verfassungen« als ein Blatt Papier betrachtet und von der Macht der tatsächlichen Verhältnisse ausgeht. Beide haben den gleichen Gegner, die in der Öffentlichkeit und der Kammer so mächtige Fortschrittspartei: Bismarck führt seine Regierungspolitik gegen ihre Stimmenmehrheit durch, Lassalle will gegen ihren Widerstand eine dritte, die Partei der Arbeiterschaft, durchsetzen. Schließlich beschäftigt auch Bismarck die soziale Frage – natürlich mit dem Akzent, wie er durch staatliche Lösungen dabei Zustimmung und Stimmen für seine politischen Ziele gewinnen könne.

In der ersten Unterredung breitet Lassalle seinem interessierten Gesprächspartner die Grundzüge seines sozialen und politischen Programmes aus; und er verschweigt dabei seine offene Gegnerschaft zu den bestehenden Staatsverhältnissen nicht. Seine Vorstellungen, wie durch eine Steuerreform die Lage der armen Volksklassen zu verbessern sei, stößt bei dem Gutsbesitzer und Vertreter des Obrigkeitsstaates begreiflich auf entschiedenen Widerspruch. Hingegen hat Bismarck ein offenes Ohr in der Frage der Produktivassoziationen mit staatlicher Beihilfe. Und noch eines läßt Lassalle aufhorchen. Bismarck deutet an, die Krone könne vielleicht eines Tages doch mit dem Volke die Allianz schließen und ein allgemeines Wahlrecht wieder einführen. *Eines Tages* – aber immerhin: Wo Bismarck die Chance kalkuliert, die lästige liberale Mehrheitsopposition loszuwerden, spekuliert Lassalle mit dem Gedanken, durch die Stimmen der Arbeiter *eines Tages* eine soziale Diktatur zu erreichen – mit der Monarchie oder gegen sie.

Es ist Lassalle, nicht Bismarck, der eine weitere Unterhaltung »unter den gegenwärtigen Umständen« für nutzlos hält und das Angebot ausschlägt. Für ihn, den erklärten Feind der Reaktion und der Fortschrittspartei, ist es gefährlich, wenn er durch Kontakte mit Bismarck ins Gerede gerät. Und in der Tat sickert in der Braunschweiger »Reichszeitung« eine solche Meldung durch. »So wenig meine Handlungen die *volle* Öffentlichkeit zu scheuen haben, so kann doch gerade durch eine *halbe* Öffentlichkeit ein entstellender Schein erregt werden, und ich erlaube mir daher Ew. Exzellenz hiervon in Kenntnis zu setzen.«

Diese Bemerkung Lassalles steht in einem Brief, mit dem er am 8. Juni Bismarck seine Bereitschaft zu einem zweiten Gespräch annonciert. Die Umstände haben sich geändert.

Bismarck hat eine »Presseordonnanz« erlassen, nach der die Verwaltungsbehörden nach zweimaliger Verwarnung das Erscheinen einer Zeitung verbieten können; außerdem untersagte er Stadtverordnetenversammlungen die Beratung politischer Angelegenheiten. Lassalle hält diese Maßnahmen für verhängnisvoll. Zwar schadeten sie letztlich der Monarchie ebenso wie der Fortschrittspartei und dienten nur den Interessen seiner, der revolutionären Partei – aber sie verbauten die friedlichen Lösungen, auf die es Bismarck doch ankomme: »Es wird eine Mißstimmung erzeugt, die zuletzt selbst beim aufrichtigsten Willen der Krone jede Allianče mit dem Volke ausschließt.«

Es gibt noch einen zweiten Grund für die Fortführung des Gespräches, in dem sich ein Angebot verbirgt. Lassalle hat gerade seinen deutschen Arbeiterverein gegründet und schickt Bismarck dessen Statuten, »die Verfassung meines Reiches, um die Sie mich vielleicht beneiden dürften! Aber es wird Ihnen aus diesem Miniaturgemälde deutlich die Überzeugung hervorgehen, wie wahr es ist, daß sich der Arbeiterstand instinktmäßig zur Diktatur geneigt fühlt, wenn er erst mit Recht überzeugt sein kann, daß dieselbe in seinem Interesse ausgeübt wird, und wie sehr er daher, wie ich Ihnen schon neulich sagte, geneigt sein würde, trotz aller republikanischen Gesinnungen – oder vielmehr gerade auf Grund derselben – in der Krone den natürlichen Träger der sozialen Diktatur, im Gegensatz zu dem Egoismus der bürgerlichen Gesellschaft, zu sehen, wenn die Krone ihrerseits sich jemals zu dem – freilich sehr unwahrscheinlichen – Schritt entschließen könnte, eine wahrhaft revolutionäre und nationale Richtung einzuschlagen und sich aus einem Königtum der bevorrechteten Stände in ein soziales und revolutionäres Volkskönigstum umzuwandeln!«

Das ist nun wahrlich ein spannendes Diskussionsangebot für einen Mann wie Bismarck! Man sieht in diesen Sätzen, wie bei Lassalle seine natürliche und zwanghafte Begabung zur Bevormundung anderer und seine Vorstellung von der Notwendigkeit einer *Diktatur der Einsicht* beim gegenwärtigen unentwickelten Bewußtseinsstand der Arbeiterklasse in die verwegene Alternative »reiner Absolutismus – oder allgemeines Wahlrecht« einfließen. Das ist nicht nur eine provokative Formel – das ist auch eine handfeste Überlegung, die er *unter den bestehenden Machtverhältnissen* selbst mit Bismarck zu besprechen und als taktisches Kampfmittel einzusetzen bereit ist.

Die Themen des zweiten Gespräches im Juni 1863 lassen sich aus diesem Brief ableiten: Zustand der Presse, ADAV-Statut, Steuerfrage, soziales Volkskönigstum und allgemeines Wahlrecht. Daß Lassalle Bismarcks Knebelungsversuche gegenüber der Fortschrittspartei nicht behagten, ist einleuchtend. Er wollte, daß die Manchester-Liberalen öffentlich abwirtschafteten, und dazu sollten sie freie Hand haben. Und je illiberaler Bismarck handelte, desto schwieriger mußte es für Lassalle werden, mit Bismarck – wenn auch nur unter der Hand – bei der Verfolgung des allgemeinen Wahlrechts eine gemeinsame Sache unter entgegengesetzten Zielen anzugehen. Das aber scheint ihm immerhin irgendwann möglich, und darauf macht er auch mit seinem Solinger Telegramm aufmerksam: Er ist der Führer einer machtvoll demonstrierenden Arbeiterpartei, mit dem zu reden sich lohnt. Daß Bismarck dabei andere Interessen im Kopf hat als er, weiß Lassalle nur zu genau: »Er hat... von Anfang an den Wunsch gehabt, womöglich das soziale Element der Arbeiterbewegung durchzuführen, *moins* (ohne, d. V.) das politische.« Daß dies ein gefährliches Spiel ist, ist Lassalle ebenso bewußt. Nur zweifelt er kaum, wer unter ihnen beiden der Mann sei, »mit dem Teufel Kirschen zu essen«.

Im Oktober kommt Lassalle, beschwingt von Ovationen und Erfolg der rheinischen Heerschau, mit der zuversichtlichen Absicht nach Berlin zurück, in den kommenden Monaten auch die Hauptstadt seinem Arbeiterverein zu erobern und die Anhängerschaft der Schulzeaner aufzulösen. Doch zuvor muß er den Rücken frei haben.

Am 12. Oktober findet die Berufungsverhandlung statt, für die er die voluminöse Rede über *Die indirekte Steuer* geschrieben hat. Verblüffenderweise verzichtet Lassalle auf ein stundenlandes Plädoyer und trägt nur den vierten Teil seines Skriptes vor – die Richter konnten seine Beweisführung ja vorher lesen. Was er noch sagt, ist allerdings kühn. Er glaube an die Revolution, auch wenn er sie nicht *herbeiführen* wolle – doch für den Fall, daß sie kommt, will er sie im voraus *humanisieren, zivilisieren*. Und das verknüpft er geschickt mit der Aufgabe des Staates: »Ich will die freiwilligen Assoziationen der Arbeiter, aber ich will sie verbunden mit dem allgemeinen Wahlrecht, denn ich will sie und halte sie nur für möglich und wirksam unter der hilfreichen zivilisatorischen Ägide des Staates! Dem *Staate* schreibe ich die hohe, gewaltige Aufgabe zu, die Keime des Menschlichen zu entwickeln, wie er dies, seitdem die Geschichte steht, getan hat und für alle Ewigkeit tun wird, und als das Organ, das *für alle* da ist, an seiner schützenden Hand die menschliche Lage *aller* herbeizuführen. Diese Doktrin, meine Herren, ist keine Theorie der Zerstörung und der Barbarei, es ist im höchsten Grade eine *Staatsdoktrin*!«

Dagegen ist nichts zu sagen. Eine Woche darauf ergeht das Urteil: Statt vier Monaten Gefängnis 100 Taler Geldstrafe. Das ist eine Lappalie, hat aber den Sinn, daß seine Schrift *Die Wissenschaft und die Arbeiter* verboten bleibt. Lassalle ist nach dem neuerlichen Triumph überzeugt, er habe den Leuten das Prozessieren mit ihm verleidet.

Das ist eine bittere Selbsttäuschung. In den nächsten Tagen schon wird seine neueste Ansprache »An die Arbeiter Berlins« beschlagnahmt und Anklage wegen Hochverrats erhoben; desgleichen die restliche Auflage der rheinischen Rede *Die Feste, die Presse und der Frankfurter Abgeordnetentag*, derentwegen er erneut eine Klage wegen Aufreizung zum Klassenhaß auf den Hals bekommt. Was nutzt es ihm da, daß gleichzeitig die Verurteilung wegen Beleidigung der Staatsanwaltschaft aus dem April aufgehoben wird!

Es könnte einen Weg geben, diesen ständigen Verfolgungen und Bedrückungen zu entgehen. Lassalle schreibt am 23. Oktober an Bismarck das Angebot einer Unterredung, um ihn über die Solinger Hergänge aufzuklären. Bismarcks eigenhändige Antwort nennt einen Termin für den nächsten Tag.

Es gibt ein allgemeines Thema, das die beiden neben der Frage Arbeiterassoziationen sicher aufgriffen: Bismarck hat gerade dem Fürstentag ein Parlament vorgeschlagen, das »aus dem ganzen Deutschland nach dem Maßstab der Bevölkerung durch direkte Wahlen hervorgeht« – also allgemeines Wahlrecht auf nationaler Ebene. Dabei aber versäumt Lassalle nicht, Bismarck auf den Widersinn aufmerksam zu machen, daß Polizei und Gerichte ihn dauernd mit Schikanen und Anklagen verfolgen, während seine Agitation im Moment doch die gleiche Stoßrichtung habe wie des Ministerpräsidenten Politik, nämlich die Fortschrittspartei.

Bismarck macht ihm ein raffiniertes Angebot: ein Zirkular an die Staatsanwälte in Preußen zum Schutz seiner Schriften. Dergleichen könnte natürlich nicht verborgen bleiben, und so bleibt Lassalle gar nichts übrig, als mit Dank für das Entgegenkommen abzulehnen. Lassalle muß seinen Kampf um die Berliner Arbeiterschaft gegen die Einflüsse des Nationalvereins also ungeschützt antreten.

Vorsichtshalber werden zur ersten Versammlung Ende Oktober nur Mitglieder zugelassen, Lassalle hält eine Ansprache, der Kandidat Alexi erzählt etwas über Schweitzers Roman *Lucinde*. Die Runde ist klein; der Verein erreicht bei optimistischer Zählung gerade 82 Mitglieder.

Die zweite Versammlung einige Tage danach geht schon daneben. Polizei und Schulzeaner wirken dabei Hand in Hand. Erst schüchtern Polizisten die Wirtsleute ein (»Wie konnten Sie eine solche Sekte aufnehmen?«), dann erhebt ein Polizeihauptmann Einwände gegen die am Abend stattfindende Einschreibung neuer Vereinsmitglieder, ein beamteter Anonymus streicht dauernd im Hintergrund herum. Nachdem Lassalle und Vahlteich gesprochen und gelesen, wird endlich Alexi unterbrochen, Proteste, Tumult: »Schluß! Schulze-Delitzsch hoch!« Der Hauptmann stellt trotz Aufforderung mitnichten die Ordnung her, sondern erklärt die Versammlung für aufgelöst. Hierauf Eindringen neuer Störer, wütende Schimpfreden und Beinahe-Tätlichkeiten beim Abgang Lassalles.

Lassalle reicht beim Polizeipräsidenten von Bernuth Beschwerde ein, zweimal, und schickt die Unterlagen, als er ohne Antwort bleibt, am 17. November schließlich Bismarck zur Kenntnis. Er erwarte, daß bei seiner Versammlung am nächsten Sonntag fünf Polizisten aufpaßten und etwaige Tumultuanten entfernten. Zwei Tage später schreibt Bismarck von seiner Besorgnis, man könne ihn wegen der Düsseldorfer Hochverratsanklage verhaften, der Herr von Schelling werde sich sicher gern mit einer Vorhaft an ihm rächen, doch seine Zeit sei zu kostbar. Wenn Exzellenz etwas tun wolle, so sei keine Stunde Zeit zu verlieren. Bismarck hat es damit gar nicht eilig.

Während seiner öffentlichen Versammlung am 22. November wird Lassalle tatsächlich verhaftet, eben wegen dieser Hochverrats-Verdächtigung. Was für ihn der schlimmste Tort ist: Die anwesenden Fortschrittsanhänger jubeln dazu. Nach drei Tagen kommt er gegen eine Kaution von 3000 Talern wieder auf freien Fuß.

Spätere Mitgliederversammlungen verlaufen ungestört, aber auch Lassalle kann sich nicht darüber täuschen, daß der Angriff auf die Berliner Hochburg der Schulzeaner fehlgeschlagen ist. Im Dezember weist der Verein zwar über 200 Mitglieder aus, doch die Zahl bröckelt bald wieder auf ein paar Dutzend ab. Daß die Querelen mit Vahlteich, der Lassalles autoritäres Gebaren anprangert und im Januar als Sekretär kündigt, dabei nicht ohne Einfluß waren, kann man sich denken. Was der nächste, gefügigere Sekretär Eduard Willms noch von den Berliner Vereinsabenden berichtet, ist kläglich und klingt eher nach vertrauter Stammtischrunde.

»Mit dem Teufel Kirschen essen«

Die Mißerfolge der hartnäckigen Agitation vor Ort, das fruchtlose Werben um die Gunst einer eher kleinbürgerlichen Arbeiterschaft gegen die Macht einer heftig attackierenden Fortschritts-Presse, dazu die Störmanöver der Behörden und die Verfolgung der Gerichte – das alles läßt Lassalle nicht unbeeindruckt und zermürbt ihn auch körperlich. Um so eindrucksvoller heben sich gegen diesen deprimierenden Herbst 1863 die Leistungen der folgenden Monate ab, in denen Lassalle auf den eigentlichen Feldern seiner Begabung aktiv ist: Schriften, Prozeßverfahren, Agitation großen Stils.

Bereits 1863 spitzte sich die außenpolitische Situation zu einer Auseinandersetzung zwischen Dänemark und den deutschen Staaten um Schleswig-Holstein zu. Sowenig das der öffentlichen Stimmung entspricht: Lassalle wendet sich in einem Zirkular gegen ein Engagement des ADAV. Er sieht – zu Recht – die Gefahr, daß ein Krieg der Fürsten gegen Dänemark zur Einverleibung Schleswig-Holsteins von den inneren Problemen ablenke und nur Preußen Vorteile, die Einheit, Freiheit und Demokratie in Deutschland aber um keinen Schritt voranbringe.

Diese Sorge steht im Hintergrund, als er sich im Januar erneut an Bismarck wendet. Es zirkulierten Gerüchte über eine Oktroyierung des allgemeinen Wahlrechts, und darüber möchte er dringend sprechen. In zwei Unterhaltungen drängt er darauf, das Wahlrecht noch vor einem eventuellen Kriegsausbruch einzuführen. In 25 Punkten fixiert er zwischendurch – am 16. Januar – seine Vorstellungen. Gegen Bismarcks Befürchtung einer übergroßen Wahlenthaltung entwirft er das »Zauberrezept«, jenen auf 10 Jahre die bürgerlichen Ehrenrechte zu nehmen, die ohne zwingende Gründe zweimal ihre Wahlpflicht versäumten. Ansonsten: Allgemeine, direkte und geheime Wahlen; Wahlrecht für jeden volljährigen *Preußen*, Wählbarkeit für jeden *Deutschen* ab 25 Jahren; Wahlbezirke von 100 000 Seelen auf je zwei Abgeordnete; gewählt ist nur bei absoluter Mehrheit aller Stimmen, sonst ruht das Mandat; zweijährige Legislaturperiode.

Der Ministerpräsident hat diese Vorschläge zumindest offen diskutiert, war ihnen nicht abgeneigt. Der Oktroi ist für Lassalle kein moralisches Hindernis: Da auch das geltende preußische Drei-Klassen-Wahlrecht 1849 nur durch Oktroi aufgezwungen war, stelle ein solches neuerliches Verfahren nur die Wiederherstellung des alten legalen Zustandes dar. Für den Ministerpräsidenten war das freilich nicht so simpel zu handhaben, denn sein Monarch fühlte sich an seinen Eid auf die Verfassung verpflichtet.

Auch die letzten Unterredungen der beiden politischen Leitfiguren ihrer Zeit haben zu keinem sichtbaren Ergebnis geführt. Wie berechtigt jedoch Lassalles Sorge war, ein kriegerischer Erfolg Preußens werde eine friedliche Lösung der akuten Wahlfrage auf den Sankt-Nimmerleins-Tag verschieben und die monarchisch-obrigkeitliche Struktur des Staates auf fernhin verfestigen, zeigt der Gang der Geschichte. Durch die Kriege von 1864, 1866 und 1870/71 erhob sich Preußen zur Vormacht Deutschlands und zum Träger des deutschen Kaiserreiches. Das allgemeine Wahlrecht wurde in Preußen nach der Revolution von 1918 durch die Weimarer Republik eingeführt – ein halbes Jahrhundert später.

Und daß Bismarck außenpolitische Kraftakte zielstrebig nutzt, in der gewonnenen inneren Festigung »das soziale Element der Arbeiterbewegung *moins* das politische« durchzuführen, zeigte sich am Beispiel schon wenige Monate später. Eine Delegation schlesischer Weber kam nach Berlin, um über ihre Auspowerung durch die Fabrikherren vom Fortschritt Beschwerde zu führen. Bismarck ist es, der ihnen eine Audienz beim König verschafft, und dessen Versicherung, ihnen werde geholfen werden, noch selbst mit der Andeutung von Staatskrediten und Arbeiterassoziationen ergänzt: Die Arbeiterfrage müsse gelöst werden, mit welchen Gesetzen und Mitteln auch immer.

Gräfin Hatzfeldt berichtet das im Mai Lassalle, der die delegierten Weber durch Vermittlung der konservativen Publizisten Hermann Wagener und Karl Preuß kennengelernt und für den ADAV gewonnen hat. Lassalles Antwort ist jener Hinweis auf Bismarcks Versuch, das soziale Element vom politischen zu trennen. »Da ich nicht bereit war, hierauf einzugehen, versucht er es jetzt mit den Arbeitern direkt. Wäre diese Trennung möglich, könnte er sein Projekt durchführen – so wäre sein Profit dabei ganz klar. Er hätte die Macht dann ganz allein und brauchte mit niemand abzurechnen, nicht mit Volk, Kammer noch Bewegung. Aber aus tausend Gründen ist dies schließlich ganz unmöglich. Er ist der Mann noch nicht, mit dem Teufel Kirschen zu essen! Er wirtschaftet jetzt, willentlich oder nicht, als mein Bevollmächtigter für Schlesien. Je mehr er in diesem Kamine herumpurrt, desto mehr zieht er mir die Bewegung groß.«

Lassalle fühlt sich ganz der Mann, mit seinem starken Kontrahenten fertig zu werden. Das überrascht nicht. Bismarck hat Jahre später (1878) im Reichstag von diesen Begegnungen gesprochen und sie neben allen opportunen Deutungen so charakterisiert: »Lassalle war ein energischer und sehr geistreicher Mensch, mit dem zu sprechen sehr lehrreich war; unsere Unterredungen haben stundenlang gedauert, und ich habe es immer bedauert, wenn sie beendet waren. Dabei ist auch unrichtig, daß ich mit Lassalle auseinandergekommen sein soll in dieser Art von persönlichen Beziehungen persönlichen Wohlwollens, wie es sich zwischen uns gebildet hatte, indem er offenbar den angenehmen Eindruck hatte, daß ich in ihm einen Mann von Geist sehe, mit dem zu verkehren angenehm war, und er seinerseits den angenehmen Eindruck hatte, daß ich ein intelligenter und bereitwilliger Hörer war. Von Verhandlungen war schon deshalb nicht die Rede, weil ich in unseren Unterredungen wenig zu Worte kam, er trug die Kosten der Unterredung allein, aber er trug sie in angenehmer und liebenswürdiger Weise, und jeder, der ihn kannte, wird mir in der Schilderung recht geben. Er war nicht der Mann, mit dem bestimmte Abmachungen über das do ut des abgeschlossen werden konnten, aber ich bedaure, daß seine politische Stellung und die meinige mir nicht gestatteten, viel mit ihm zu verkehren, aber ich würde mich gefreut haben, einen ähnlichen Mann von dieser Begabung und geistreichen Natur als Gutsnachbar zu haben.«

»Hier euer Banner und das eure Ehre!«

In den Wintermonaten entsteht Lassalles letzte und erfolgreichste Arbeit, »Herr Bastiat-Schulze von Delitzsch, der ökonomische Julian oder Kapital und Arbeit«. Der umfangreiche Titel hat den Vorzug, die wichtigsten Punkte des Buches zu nennen, das im ADAV zur Pflichtlektüre wird und für Jahre die Schlagworte und Argumentation in den Arbeitervereinen bestimmt.

Lassalles Schrift ist eine Entgegnung auf Schulze-Delitzschs »Kapitel zu einem deutschen Arbeiterkatechismus« – ein theoretisch so schwaches Werk, daß Lassalle keine Schwierigkeiten hat, es polemisch zu zerfetzen. Er schlägt gleich auf den ganzen Mob der liberalen Nichtdenker und Ungeister ein – was in der Literatur der *Julian*, das sind in der Presse die Redakteure

Zabel und *Bernstein*, in der Kammer die *Fortschrittspartei* und in der Ökonomie eben der *Schulze-Delitzsch*, der gepriesene »König im sozialen Reiche«, der nichts anderes als Arbeitgeber-Standpunkte vertritt. Ob dem Unternehmer ein Eigentum an fremdem Arbeitswert zustehe? fragt Lassalle dagegen. Natürlich nicht: Wertbildend ist allein die menschliche Arbeit, und deshalb muß dem Arbeiter der volle Arbeitsertrag zukommen. Eigentum ist Fremdtum geworden; darum muß man Eigentum nicht aufheben, sondern erst einmal auf die Arbeit gegründetes Eigentum einführen. Der Weg dazu führt über die Produktivassoziationen, welche »die nahe Verbindung des Staates mit der Produktion« hervorbringen und von unermeßlichen Folgen »für die Wohlfahrt und den Reichtum des Volkes wären«. Lassalle hängt der Streitschrift eine »melancholische Meditation« an, die er nach einem Geständnis an den Freund Bülow unter den Klängen der Eroica entworfen und deren Schluß »eigentlich ganz unmöglich ist ohne volle Orchesterbegleitung«:

»Schon höre ich in der Ferne den dumpfen Massenschritt der Arbeiterbataillone! Rettet – rettet – rettet euch aus den Banden eines Produktionszustandes, der euch zur Ware entmenscht hat – rettet – rettet – rettet den deutschen Geist vom geistigen Untergange – rettet – rettet zugleich die Nation vor Zerstückelung! Schon zuckt in den Höhen der Blitz des direkten und allgemeinen Wahlrechts! Auf diesem oder jenem Wege, bald fährt es zischend hernieder! Seitdem dieses Wort ausgesprochen wurde, ist es zur Notwendigkeit geworden! Bewaffnet dann mit diesem Blitz, rettet euch, rettet Deutschland!

Und ihr, die ihr gleich mir Bourgeois von Geburt, aus unseren Denkern und Dichtern die Milch der Freiheit gesogen habt, um euch zu erheben über die Existenzbedingungen einer Klasse, welche dem Volke das Elend, dem deutschen Geiste den Verfall, der Nation die Zerstückelung und Ohnmacht gebracht hat – herbei und stimmet ein in mein ›jacta est alea‹. Hier euer Banner und das eure Ehre!«

Am 12. März steht Lassalle unter der Anklage des Hochverrats vor dem Staatsgerichtshof. Anlaß war seine *Ansprache an die Arbeiter Berlins.* In ihr hatte er im Zusammenhang mit der Selbsthilfe der Arbeiter durch Staatskredite darauf hingewiesen, daß er sie ja nicht von dem gegenwärtigen »Polizeistaat« erwarte, sondern von dem »zukünftigen, unter die Herrschaft des allgemeinen und direkten Wahlrechts gestellten Staat«, von dem »wiedergeborenen demokratischen Staat« verlange! Aus der Ansprache eine Aufforderung zum Hochverrat und gewaltsamen Sturz der Verfassung zu konstruieren, war nicht einfach; die Staatsanwaltschaft zog zur Erhärtung ihrer Vorwürfe denn auch noch einen entstellenden Bericht der »Süddeutschen Zeitung« heran, der sie noch unglaubwürdiger und leicht angreifbar machte.

Lassalle plädierte vier Stunden, wie er seiner Schwester schreibt, »stellenweise mit der Wut eines hyrkanischen Königstigers! Drei bis viermal wurde ich durch ein wahres Wutgeheul der von ihren Sesseln auffahrenden Richter unterbrochen. Aber ich bändigte meine Löwen so gut wie Batty. Ich provozierte sie, mir das Wort abzuschneiden, wenn sie wollten. So lange ich aber das Wort hätte, würde ich sprechen frei wie der Vogel in der Luft. Mir das Wort abzuschneiden wagten sie nicht, weil es offenbarer Cassationsgrund gewesen wäre. So fielen sie denn aus ihrem Aufruhr immer wieder in Nachgiebigkeit zurück, und ich ging, den Kantschu kräftig schwingend, immer wacker voran.«

Aufregender und provozierender als das, was er in seiner *Ansprache* gesagt, sind die Erklärungen seiner Gerichtsrede. Zu seinem bekannten Pathos, in dem er sich jetzt auch noch mit Klassikerzitaten ziert, kommen die bekannten Angriffe auf den Staatsanwalt, die Presse und die Fortschrittspartei. Konservative und Regierung habe er durch unwiderstehliche Wortgewalt und als Anführer der eigentlichen Volkspartei auf seine Seite im Kampf gegen die Bourgeoisie gebracht, weil »alle äußersten Parteien eine natürliche Affinität füreinander besitzen, einander gegen die Parteien der Mitte zu unterstützen«. Und dann kommen die beiden Sensationen, in denen er den Propheten und eine Art Königsmacher spielt.

»Nun wohl, meine Herren, obwohl ein einfacher Privatmann,

kann ich Ihnen sagen: Ich will nicht nur die Verfassung stürzen, sondern es vergeht vielleicht nicht mehr als ein Jahr, so habe ich sie gestürzt! Es vergeht vielleicht nicht ein Jahr mehr, so ist in der friedlichsten Weise von der Welt das allgemeine und direkte Wahlrecht oktroyiert.

Die starken Spiele können gespielt werden, Karten auf den Tisch! Es ist die stärkste Diplomatie, welche ihre Berechnungen mit keiner Heimlichkeit zu umgeben braucht, weil sie auf eine erzene Notwendigkeit gegründet sind.

Und so verkünde ich Ihnen denn an diesem feierlichen Orte, es wird vielleicht kein Jahr mehr vergehen – und Herr von Bismarck hat die Rolle Robert Peels gespielt, und das allgemeine und direkte Wahlrecht ist oktroyiert! Ich wußte das schon an dem ersten Tage, an welchem ich durch den Erlaß meines Antwortschreibens diese Agitation begann, und es konnte niemand entgehen, der mit klarem Blick die Situation umfaßt.«

Es ist auch den Richtern klar, daß Lassalle in irgendeiner Verbindung mit Bismarck steht, wahrscheinlich Gespräche mit ihm führte. Insofern konnte Lassalles Ausbruch des Eindrucks nicht entbehren: Dahinter mußten geheime Überlegungen des unkonventionellen starken Mannes der preußischen Regierung stehen, seine Wahlvorschläge an den Fürstentag für ganz Deutschland wiesen ja auch in diese Richtung. Unwahrscheinlich war das also nicht, und auf jeden Fall ein geschickter Verteidigungszug. Lassalle forciert diese Ungewißheit noch mit dem selbstsicheren, ja dreisten Angebot: »An dem Tage, an welchem Sie dem Könige den Prozeß machen und der Staatsregierung wegen Umsturzes der Verfassung durch Oktroyierung des allgemeinen und direkten Wahlrechts – an diesem Tage werde ich dem Staatsanwalt gestatten, mich als den geistigen Mitschuldigen, als intellektuellen Urheber dieses Verfassungsumsturzes vor Ihre Barre zu laden!«

Dafür hat er noch eine zweite Beweisführung parat, nicht minder überraschend und verwegen. Ein tödlicher Kampf zwischen Königtum und Bourgeoisie sei ausgebrochen und der einzige Ausweg das Bündnis von Krone und Volk, zumal bedrohliche auswärtige Kontakte bevorstehen.

»Es kommt endlich hinzu, daß das Königtum, wenn es einer Clique nicht weichen kann, dagegen vollkommen wohl das Volk auf die Bühne rufen und sich auf es stützen kann. Es braucht sich hierzu nur bewußt zu werden, welches die Säule ist, auf der es steht. Das Volk, nicht die Bourgeoisie, zahlt seine Steuern! Das Volk, nicht die Bourgeoisie, schlägt seine Schlachten! Es braucht sich endlich hierzu nur seines Ursprungs zu erinnern, denn *alles Königtum ist ursprünglich Volkskönigtum gewesen.* Ein louis-philippistisches Königtum, ein Königtum von der Schöpfung der Bourgeoisie, könnte dies freilich nicht. Aber ein Königtum, das noch aus seinem ursprünglichen Teige geknetet dasteht, auf den Knauf des Schwertes gestützt, könnte das vollkommen wohl, *wenn es entschlossen ist, wahrhaft große nationale und volksgemäße Ziele zu verfolgen.*«

Dieser Passus hat zu zahlreichen mißtrauischen Deutungen Anlaß gegeben und den Arbeiterführer Lassalle in den Verruf gebracht, nicht nur nach Anlage und Verhalten ein »Caesarist« zu sein, sondern auch Anhänger eines starken preußischen Königtums, Vorreiter der Bismarckschen Reichseinigung mit stärkeren sozialen Akzenten gewissermaßen. Das Zwielicht wurde verstärkt durch einen Brief, den er um die gleiche Zeit an den einst republikanischen und jetzt preußisch-konservativen Sozialdenker Victor Aimé Huber sandte mit dem werbenden Bekenntnis: »Wie gesagt, von Kindesbeinen an bin ich Republikaner. Und trotzdem und vielleicht gerade dadurch bin ich zu der Überzeugung gekommen, daß nichts eine größere Zukunft und eine segensvollere Rolle haben könnte als das Königtum, wenn es sich entschließen könnte, soziales Königtum zu werden. Mit Leidenschaft würde ich dann sein Banner tragen.«

Seinen »loyalen Gegner« Huber hat Lassalle mit dieser Behauptung nicht überzeugt, dem schien sie mit dem praktischen Wirken des anderen nicht übereinzustimmen. Damit bewies Huber allerdings bessere Einsicht und mehr Realitätssinn als die Anhänger Lassalles und der Arbeiterbewegung. Ihnen hätte zumindest der Conditionalis, die bedingende Voraussetzung in Lassalles Zustimmung zum Königtum auffallen müssen: *Wenn* es wahrhaft volksgemäße Ziele verfolge, *wenn* es sozial würde. Das aber war unter den *tatsächlichen Verhältnissen* der preußischen Monarchie, die er oft genug unter Anführung aller Belege der Willkür absolutistisch nannte, nicht zu erwarten.

Andererseits bot sich eine solche Behauptung und Forderung als vorzügliches Mittel der Herausforderung an – gegenüber verunsicherten Richtern, gegenüber einer aufzuputschenden Öffentlichkeit und gegenüber einer Regierung, die – so Lassalles Kommentar in einem Brief an Moses Heß – »bis in die neueste Zeit mit uns kokettierte, ... aber in der letzten Zeit matter geworden« sei.

Die Erklärung für dieses Liebäugeln, das Bündnisangebot an ein *soziales* Königtum unter der Voraussetzung eines friedlichen Umsturzes durch Einführung allgemeiner und direkter Wahlen liefert Lassalle in seiner Verteidigungsrede selbst.

»In der Tat, ich verfolge so gut wie im Jahre 1849 ein neues Gesellschaftsprinzip, welches ich bereits seit 15 Jahren mit aller Kraft, über die ich disponiere, in allen meinen gelehrten Werken wie in meinen Volksschriften und Reden vertrete und allmählich in der geistigen Sphäre realisiere. Aber die Frage der Mittel hängt von der Konjunktur ab, von dem, was praktisch ist unter den gegebenen Umständen. In den Jahren 1848 und 1849 war man bei den damaligen praktischen Umständen zu ganz anderen Mitteln aufgelegt als jetzt. In Bezug auf die Frage der Mittel, in Bezug auf die Frage, ob und inwiefern jederzeit Gewalt anzuwenden sei, behalte ich mir vor, mich jederzeit nach den jedesmaligen praktischen Umständen zu entscheiden.«

Deutlicher kann man es nicht sagen. Republikaner von Kindesbeinen an, Revolutionär seit 1842, entschiedener Sozialist seit 1843, der Letzte der Mohikaner seit 1849 – behält sich der Arbeiterführer vor, die praktischen Mittel zur Durchsetzung seiner politischen Ziele je nach den tatsächlichen Umständen zu wählen.

Den Staatsgerichtshof hat er mit seiner kühnen Taktik überwältigt. Der Strafantrag der Staatsanwaltschaft lautete auf drei Jahre Zuchthaus, fünf Jahre Polizeiaufsicht und 100 Taler Geldstrafe. Nach dem verwegenen Plädoyer raten ihm die Freunde, sich noch vor der Urteilsverkündigung schleunigst in Sicherheit zu bringen: Noch nie habe der Hof jemanden freigesprochen. Lassalle, der Verhaftung gewärtig, harrt aus »wie der Fels in der Brandung«. Es erfolgt Freispruch.

»Du hättest die Freude meiner Freunde sehen sollen, zumal der Gräfin und Buchers, der beinah Kobold schoß! Und das Gesicht des Oberstaatsanwalts, der aussah wie eine Katze, die Essig getrunken! Der Präsident kam jetzt sehr liebenswürdig auf mich zu, versicherte mir seine Bewunderung für meine Stimme, seine Teilnahme dafür, daß ich dieselbe so sehr angestrengt, da er doch aus den Akten wisse, daß ich ein Halsleiden habe, und behauptete jetzt, nur im Interesse derselben so oft auf Mäßigung gedrungen zu haben.«

Die Richter in Düsseldorf sind nicht so feinfühlig gegenüber ihrem alten Klienten, der sie oft versetzt hat. Sie schicken einen Vorführungsbefehl nach Berlin, dem sich Lassalle entzieht. Die Vorlage einer ärztlichen Bescheinigung, daß er sich unumgänglich einer Kur unterziehen müsse, beeindruckt das Gericht nicht. In Abwesenheit des Angeklagten und der Entlastungszeugen verurteilt das Landgericht Düsseldorf Lassalle wegen Aufreizung zum Klassenhaß am 22. April zu einem Jahr Gefängnis. Lassalle legt Berufung ein. Vier Wochen später wird er von einem Berliner Gericht wegen Widersetzlichkeit gegen den Düsseldorfer Vorführungsbefehl noch einmal zu vier Monaten Gefängnis verurteilt. Diese Verfolgungen sind zwar gut, um in der Agitation die eigene Tüchtigkeit und den Haß der Gerichte zu demonstrieren und Symphathie zu werben. Aber allmählich zermürben sie.

Es lebe die soziale demokratische Agitation!

Am 8. Mai 1864 bricht Lassalle in Berlin zu seiner zweiten großen Versammlungstournee auf. In der Tasche hat er das Konzept einer Rede, in der er ein Jahr Erfolge des ADAV bilanziert. Er probiert sie zuerst in einer Kurzfassung in der Leipziger Gemeinde aus, reist dann weiter ins Rheinland, wo wieder Lewy den Boden besonders gut beackert hat. Die Stationen Düsseldorf, Solingen, Barmen, Köln, Duisburg und Wermelskirchen reihen sich zum Triumphzug.

Zu seinem Höhepunkt wird das Stiftungsfest des ADAV am 22. Mai im bergischen Ronsdorf. Großer Bahnhofsempfang durch Hunderte begeisterter Arbeiter und Anhänger, Ehrensessel, Wagenkolonnen, Blumengewinde, Girlanden, Ehrenjungfrauen und Jubelgedichte. Ein überfüllter Saal, vor dessen Türe sich noch Hunderte drängeln. Die Rede über »Die Agitation des ADAV und das Versprechen des Königs von Preußen« ist inzwischen zu rhetorischer Perfektion ausgearbeitet, lebendig, mitreißend und direkt wie kaum eine zuvor. Ihre Wirkung wird womöglich noch erhöht durch die offensichtlich angegriffene Verfassung des bewunderten Agitators, dessen strapazierte, heisere Stimme dennoch den riesigen Saal in Bann schlägt und eine begeisterungswillige Zuhörerschaft über Beifall und Zustimmung zu enthusiastischen Ovationen hinreißt.

Lassalle berichtet von beispiellosen Erfolgen. Es ist nicht Schönfärberei, sondern rücksichtslos auf den Zweck zugespitzte Übertreibung, was er da vorführt. Spontane Gemeindegründungen allerorten: in Augsburg, Duisburg, Bremen, Altona und selbst in Asch in Österreich, Zustimmung in London und der Schweiz. Berlin ist, glaubt man seinen Worten, gegen den Widerstand des Fortschritts und der Polizei genommen, die Schulzeaner sind gespalten, es hagelt Übertritte. Der Berliner Buchdruckerverein mit 600–800 Arbeitern hat sich den Lassalleschen Sätzen angeschlossen, in einer Hamburger Wagenfabrik ist ein Streik erfolgreich durchgeführt worden, eine schlesische Weberdeputation wurde beim König vorstellig – immer mit rührigen ADAV-Leuten an der Spitze.

Und weiter:

Die glänzendsten Vertreter deutscher Wissenschaft zeigen begeistertste Sympathie für des Arbeiterführers Werk. Sogar der Bischof von Mainz, Wilhelm Emanuel Freiherr von Ketteler, »ein Mann, der am Rhein fast für einen Heiligen gilt« – er hat sich den ökonomischen Sätzen Lassalles angeschlossen und wirft den Fortschrittlern vor, das Volk zu täuschen und zu betrügen! Doch noch mehr: Auch der König steht fast schon im Dienst der Sache! Denn der König selbst hat der Weberdeputation gegenüber

1. anerkannt, daß eine Regelung der Arbeiterfrage durch die Gesetzgebung notwendig sei;

2. das *Versprechen* gegeben, daß diese Gesetzgebung möglichst bald erfolgen soll und damit den arbeitenden Klassen sein Wort verpfändet;

3. »so hat der König somit, wie Ihr seht, innerlich hier bereits das allgemeine und direkte Wahlrecht versprochen« – denn die vom Fortschritt nach dem oktroyierten Dreiklassenwahlgesetz beherrschte Kammer würde ein solches Gesetz ja nie zulassen!

Das ist ein fabelhafter Kunstgriff, denn mit dieser raffinierten Deutung eines »königlichen Versprechens« (so der Wortlaut einer offiziösen Regierungsmeldung) verknüpft Lassalle Königtum und Volk, macht daraus eine Zusage an seine Arbeiterbewegung. »Also auch das allgemeine und direkte Wahlrecht, jene unumgängliche formelle Garantie für alles Weitere, jene absolute conditio sine qua non ist Euch bereits in jenem königlichen Versprechen innerlich, durch die Kraft der Logik eingeschlossen, versprochen worden!«

Lassalle hat diese Taktik scheinbar wohlwollender Unterstellung und offenbarer Erpressung bereits in seinem Hochverrats-Verfahren eingeschlagen. Hier wird sie zum demagogischen Druckmittel, und man muß des Augenzeugen Paul Lindau Aufzeichnung lesen, um ihre Wirkung zu ermessen:

»Die Versammlung, welche diesem ganzen letzten Teil der Rede in einer unglaublichen Spannung, so daß man fast jeden Atemzug vernehmen konnte, zugehört hatte, bricht hier in einen nicht zu beschreibenden Jubel aus. Mehrere Male werden die Versuche des Redners, wieder das Wort zu ergreifen, durch immer von neuem ausbrechende Beifallsbezeugungen vereitelt, und er mußte der Versammlung einige Minuten Zeit gönnen, um ihre Aufregung zu bemeistern.«

Lassalle hat diese Wirkung schon mehrfach erprobt, und so kann er auch siegesgewiß die letzte Steigerung angehen: »Welcher Verein, frag ich, kann, seitdem die Welt steht, solche Erfolge als Resultat eines Jahres ausweisen? Die Arbeiter, das Volk, die Gelehrten, die Bischöfe, den König haben wir gezwungen, Zeugnis abzulegen für die Wahrheit unserer Grundsätze!«

Unsere Grundsätze – das sind Lassalles ökonomische Thesen und politische Prinzipien; jeder versteht das, wenn er bescheiden erklärt, er sei nur der erste, nicht der einzige gewesen. Und in dieser stürmischen Hochstimmung proklamiert er den epochemachenden Geist strengster Einheit und Disziplin, die einzigartige Vereinigung von Freiheit und Autorität in diesem Verein, in dem aller Wille zu einem einzigen Hammer zusammengeschmiedet wird und in die Hände *eines* Mannes gelegt. »Diese Disziplin beruht auf keinem anderen Grunde als auf dem *Geiste* unseres Vereins, auf der hellen Erkenntnis, daß nur durch die *Diktatur der Einsicht*, nicht durch die Krankheit des individuellen Meinens und Nörgelns, die großen, gewaltigen Übergangsarbeiten der Gesellschaft zu bewerkstelligen sind.«

Anhaltender, rauschender Beifall, stürmische Zurufe.

Möge »diese gewaltige und nationale Kulturbewegung« mit ihm nicht zugrunde gehen: »Das versprecht mir und zum Zeichen dessen hebt Eure Rechte empor!«

Die ganze Versammlung erhebt von der höchsten Aufregung ergriffen die Hände. Lang andauernde, sich immer erneuernde Akklamationen.

Später, in einem fortgeschrittenen Zustand des Bewußtseins, wird man sich an den Händen fassen und die Internationale singen – in verwandtem Geiste der Einsicht und Solidarität. Oder die Faust in die Luft strecken, weil nichts vorangeht.

»Es ist hart für einen Mann meines Alters«

Lassalle läßt auch diese *Ronsdorfer Rede* an Bismarck schicken und zeigt damit an, in welche Richtung sein politisches Kalkül zielt. Er selbst macht sich über den Widerspruch seiner hochgespannten Behauptungen und Beschreibungen zur Realität keine Illusionen.

Nach einem Jahr intensiver und leidenschaftlicher, persönlich aufreibender Agitation hat der *Allgemeine Deutsche Arbeiterverein* in 30 Gemeinden auf dem Papier gerade viereinhalbtausend Mitglieder erreicht, mehr als die Hälfte davon in der Rheinprovinz. Das ist Grund genug zur Aufnahme der alten resignativen Überlegungen über einen Rückzug aus der Politik – denn nur mit der *ganzen* Macht läßt sich »aktuelle, momentane Wirksamkeit« erzielen, Politik machen.

Andererseits: Gerade diese zweite rheinische Heerschau trug so starke plebiszitäre Elemente, war auch ohne den entsprechenden Niederschlag in den Mitgliederlisten eine so überwältigende Abstimmung *mit den Füßen*, daß ein sensibler, von der Wahrheit seiner Sache und Einsicht überzeugter Mann sehr wohl an die große Zukunft dieser Bewegung glauben mußte. »Hier war nicht mehr von einem Parteifest oder einer Parteiversammlung die Rede«, schreibt Lassalle schon nach Wermelskirchen an Gräfin Hatzfeldt: »Die ganze Bevölkerung war in einem namenlosen Jubel. Ich kam – ohne es zu zeigen – aus einer gewissen Verwunderung gar nicht heraus ...«

Lassalle hat während seiner anschließenden Kur in Bad Ems vier Wochen Zeit, über diese Eindrücke nachzudenken. Sie verfestigen in ihm den Gedanken, dem ADAV durch noch straffere Zentralisierung in seiner Hand Überleben und Wirksamkeit zu sichern. Das setzt freilich voraus, daß er selbst genügend Bewegungsfreiheit hat, dieses potentielle

Machtinstrument zu bewahren, zu dirigieren und einzusetzen.

Am 27. Juni steht Lassalle in zweiter Instanz vor den Düsseldorfer Richtern, um seine erste Verurteilung zu einem Jahr Gefängnis abzuwenden. Juristisch bereitet ihm das eigentlich kein Problem, denn der gleiche Sachverhalt hatte im Berliner Prozeß schon einmal zu einem Freispruch geführt. Doch Lassalle argumentiert ja immer auch politisch, und da scheinen seine in die Zukunft gewandten Einsichten wieder auf: In fünfzig Jahren werde man über diese gewaltige Kulturbewegung anders urteilen, über dies »merkwürdige Schauspiel einer Agitation, welche die Massen erfaßt hat, eine ganze Nation für und wider erregt und ohne jede Hilfe von Ereignissen, die das Volk auf die Straße werfen, lediglich aus dem Gewissen eines Mannes hervorgegangen ist«. Die erhoffte Revolution ist ausgeblieben – und dennoch hat er, Lassalle, die Massen erregt und die Nation erfaßt. Gibt es einen stärkeren Beweis für die Richtigkeit seiner Ideen?

»Meine Herren, wie diese Bewegung aus meinem Gewissen hervorgegangen ist, so wende ich mich an Ihr Gewissen bei diesem Urteil. Es ist hart für einen Mann meines Alters und meiner Lebensgewohnheiten, auf zwölf Monate, ja nur auf zwölf Tage ins Gefängnis zu gehen, und es steht in dieser Hinsicht nicht mehr alles bei mir wie in meiner Jugend, wo ich mit derselben Gleichgültigkeit ins Gefängnis ging wie ein anderer zum Ball! Aber trotzdem, lieber wollte ich mein Lebtag nicht wieder die Nacht des Kerkers verlassen, als dieses Urteil gefällt zu haben!«

Neben dem Pathos also ein neuer Ton – nicht der Selbstbescheidung, aber des Appells an Einsicht und Verantwortung des Gerichtshofes. Er setzt die Strafe auf ein halbes Jahr Gefängnis herab, Lassalle baut auf seine letzte Chance beim Kassationshof im Herbst. Doch neue Haftzeiten scheinen unvermeidlich.

Nach einem kurzen Aufenthalt bei der Frankfurter ADAV-Gemeinde und einigen Tagen der Entspannung in der Pfalz in der Gesellschaft der Gräfin und neuer Freunde aus dem Umkreis seiner Arbeiterbewegung reist Lassalle Mitte Juli zur Molkenkur nach Rigi-Kaltbad. Die Arbeit für den ADAV geht auch hier weiter. Lassalle trifft Maßnahmen für den Ausschluß Vahlteichs, der von Dresden aus gegen den Zentralismus im Verein agiert. Als Auftakt der Herbstagitation plant Lassalle eine Kundgebung in Hamburg, auf der er die neue Phase der ADAV-Politik einläuten will. Er nimmt mit Johann Philipp Becker in Genf Kontakt auf, um sich den Rücken für die künftige Zeit freizumachen. Becker bemüht sich, Lassalle die Aufenthaltsgenehmigung in Genf zu verschaffen: Nach zwei Jahren könnte Lassalle dann dort die Bürgerschaft erhalten, inzwischen aber mit einem festen Retiro ungehindert nach Deutschland reisen und seine Agitation als Präsident des ADAV fortsetzen. Ob dieser Einfall tauglich ist, bleibt dahingestellt. Er zeigt auf jeden Fall die Überlegung: Unter allen Umständen eine neue Gefängnishaft zu vermeiden, aber die Arbeit für die Bewegung fortzuführen.

»Zum Genießen brauche ich den Menschen«

Es stecken ein unermüdlicher Arbeitstrieb und kaum erlahmendes Pflichtbewußtsein, aber wenig Begeisterung und Schwung in diesem 39jährigen Mann, der am Rigi mißmutig seine Kur absolviert und täglich an die 60 Seiten Korrespondenz. Er hat vor Gericht kaum gelogen: Sein Alter fordert Tribut – und seine Krankheit, eine fortschreitende Syphilis. Sein alter Düsseldorfer Hausarzt, der während der strapaziösen Kundgebungstournee die angegriffenen Stimmorgane mit einer Höllensteinkur traktierte, gibt ihm nur noch eine Lebensfrist von Monaten – so behauptet er jedenfalls später. Im Schweizer Kaltbad entbehrt Lassalle zudem das Stimulans der Bewunderung und des Trubels, die ihn allezeit zu Glanzleistungen beflügelten. Der Gräfin vertraut er:

»Ich bin, wie gesagt, sehr mißlaunig. Zum Teil mag die Ursache auch daran liegen, daß ich so plötzlich aus zahlreicher und bester Gesellschaft in völlige Einsamkeit versetzt bin. Denn hier bin ich unter 125 Menschen, meist Schweizer und Badenser, die um mich herum bourdonnieren, so gut wie allein. Sie halten sich, sei es absichtlich oder unabsichtlich, von mir zurück und tun sehr wohl daran. Denn sie sind langweilig wie die Pest und niemand darunter, auf den ich mich einlassen möchte! – Das Wetter ist das schlechteste: im Regen – und alles wie mit einem Bettuch verhängt – bin ich am ersten Tag hier heraufgekommen. Am zweiten kalt und trübe ... Aber wenn es auch schön wäre, ich hätte doch nichts Sonderliches davon!

Zum Genießen brauche ich den Menschen! Ich kann alles allein, nur nicht genießen! So war ich gerade den ersten Abend, als ich auf Kulm war, trotz der schönen Aussicht sehr wehmütig. Ich überlegte mir, unter wie andern Verhältnissen ich sonst immer auf dem Rigi gewesen! Das erstemal bestieg ich ihn mit (Wilhelm) Wolff, der jetzt tot ist. Es war noch in meiner ungestümen Jugend (1850)! So trotzig wie die ewigen Bergeszacken schaute ich da noch in das Leben hinaus! Dann war ich so oft mit Ihnen da, die Sie, trotz aller Ihrer gewaltsamen Verkennungen meiner, doch notwendig zu meinem Wesen gehören. Dann einmal mit Lydia, in glücklichster Stimmung und Laune, um die ich mich heut noch beneide! Dann einmal mit den geliebten Eltern, mit meinem treuesten Freunde von allen, dem armen Vater, der jetzt tot ist. Sie waren, außer das erstemal, stets dabei: Und jetzt bin ich da, mutterseelenallein, liege auf der grünen Matte, denke an den Wechsel des Irdischen und vergangner Zeiten Pracht! Es ist mir, als hätte sich meine Existenz verengert und wäre ärmer geworden, da ich jetzt niemand mehr um *mir* habe, wo stets sonst welche – und oft so viele – meinen Genuß vermehrend um mich waren! – Ich muß nicht allein reisen. Ich bin dafür nicht gemacht. Dazu kommen allerlei andere Gedanken, die ich mir jetzt zu machen Anlaß genug habe. Kurz, ich bin in der Blüte des Mißmuts!«

Das ist mehr als Elegie – eine trübe Stimmung, in der ihm allerhand Wahrheiten aufdämmern. Das Angewiesensein auf die Bewunderung anderer oder zumindest die Anwesenheit Bewundernder. Die Verarmung in seiner Umgebung, der Tod der Freunde, die Vergangenheit *seiner* Zeit: Dieser trotzig jugendliche und leidenschaftlich bewegte Mensch gehört nach seinem Naturell in den Vormärz, in die Revolution. Wie soll er die Zeit Bismarcks, der Fürstenpolitik, der Konsolidierung von Ruhe und Ordnung im Obrigkeitsstaat aushalten? Wo sind die zählbaren Erfolge *seiner* Politik, der Arbeiterbewegung?

In dieser trüben, vielleicht ganz fruchtbar-heilsamen Besinnung auf das eigene trifft ihn eine zufällige Begegnung. Sie könnte zu einer weiteren angenehmen und anregenden Episode seines an Frauenbekanntschaften und Intimitäten gewiß nicht armen Lebens führen.

Lassalle hat Frauen nie sehr ernst genommen – wie ernsthaft, aufrichtig, stürmisch und dramatisch die Beteuerung seiner augenblicklichen Absichten auch immer war, von der Schülerliebe bis zu Sophie Sontzeff. Nie hat er einen Hehl daraus gemacht, daß Frauen für ihn nur dienende und bewundernde Partner der Geschlechtlichkeit, bewundernswerte Sexualwesen seien, die sich dem höheren Denken des Mannes unterzuordnen haben. Wie ernsthaft seine Absichten immer waren – er hat sich auch durch ein Scheitern nicht von seiner Bahn abbringen lassen. Die Bankierstochter Minna Lilienthal, eine Klavierschülerin seines Freundes Bülow, hat er bis vor wenigen Monaten umworben, heiraten wollte er sie. Doch die Familie wollte einen Adligen, und er hat sich über ihre »treulose Minne« scherzhaft hinweggesetzt. Als sich die betrübliche Absage seiner »angebeteten Donna« im Frühjahr 1864 abzeichnete, schrieb er seiner Schwester Friederike noch ganz vergnügt nach Wien, sie möge ihm einen Kreis schöner Damen servieren, denn er habe »einen Erholungsdurst nach schönen Frauenzimmern wie ein Oger (menschenfressender Dämon, d. V.) nach Menschenfleisch« und unter gewissen Voraussetzungen nichts gegen das Heiraten...

Ernstgenommen unter allen Frauenbekanntschaften hat Lassalle nur die der Gräfin Hatzfeldt. Er erhob sie in den Rang einer *Freundschaft* – und das war für ihn etwas ganz anderes; etwas, das er eigentlich nur Männern zubilligte und mit unglaublichen Ansprüchen und Opfern verknüpfte, beiderseits. Es war gewiß leichter, Lassalle zum Feind als ihn zum Freund zu haben. Außer der Gräfin ist ihm auch keiner geblieben.

Sophie von Hatzfeldt schreibt er am 22. Juli aus Rigi-Kaltbad: »Es ist, glaube ich, unmöglich, daß jemand eine Frau mehr als Freundin behandelt als ich Sie! Und gesehen habe ich wenigstens noch nie, daß es einer mit einer auch nur zur Hälfte ebenso tut. Daß ich jungen Frauen die Cour mache und ihnen also ein ganz anderes *Genre* von Aufmerksamkeiten erweise, verschlägt dagegen nicht im geringsten, denn es steht durchaus nicht so, wie Sie sagen, daß ich *freundschaftliches* Frauenelement brauche! Im Gegenteil, dies kann ich gar nicht gebrauchen, da es bereits in Ihnen seine beste und erschöpfende Vertretung hat. Gerade nur *spezielle* Beziehung mit Frauen existiert, außer Ihnen, für mich.« Die zufällige Begegnung mit Helene von Dönniges drei Tage später ist Auftakt einer besonders *speziellen*, einer tödlichen Beziehung.

Helene von Dönniges, an die 20 Jahre alt, ist die verwöhnte und extravagante Tochter eines etwas abenteuerlichen und jüngst geadelten Diplomaten in bayerischen Diensten, ihre Kindheits- und Jugendgeschichte im Rahmen strenger Obhut recht bewegt, ein leidenschaftliches, schönes, rothaariges Mädchen. Lassalle hat sie schon eine oder zwei Saisons früher in Berlin kennengelernt, doch war der Kontakt von fürsorglichen Großeltern und Bekannten blockiert worden. Der Verkehr mit dem anrüchigen roten Salonlöwen war für eine aufstrebende Diplomatenfamilie nicht auszuhalten. Außerdem sollte sie mit dem zutraulichen jungen walachischen Junker Janko von Racowitz vermählt werden. Doch im Juli macht Helene mit englischen Freunden Urlaub in der Schweiz und arrangiert einen Ritt zum Rigi – sie weiß, daß Lassalle dort kurt.

Ein Bauernbursche bringt am regnerischen 25. Lassalle ein Billett, eine Dame halte an der Terrasse und wünsche ihn zu sprechen: »Helene, der Goldfuchs!« Lassalle, entzückt, nimmt an der Partie auf den Kulm teil, versprüht Charme und beeindruckt die Begleiter, bestürmt Helene, übernachtet mit der Runde, will des Goldfuchs' Ja-Wort – zwei Temperamente begegnen sich.

Helene weicht aus, schickt aber am folgenden Tag ihre briefliche Zusage, die Lassalle noch recht kontrolliert der Gräfin meldet: »Die Sache wird ernst, sehr ernst, und das große Gewicht des Ereignisses fällt mir wieder etwas auf die Brust! Inzwischen – einmal kann ich nicht mehr zurück, und dann wüßte ich auch wahrhaftig nicht, warum ich zurück sollte! Es ist ein schönes Weib, und ihrer Individualität nach das einzige Weib, das sich für mich paßt und eignet! Das einzige, das Sie selbst für geeignet finden würden. Also en avant, über den Rubikon!«

Die Würfel sind gefallen, die Probleme Lassalle eigentlich klar. Die Familie wird allen Widerstand aufbieten – doch was könnte einen Lassalle mehr reizen! Helene hat keinen eigenen Willen – er wird sie mit der Kraft des seinen vorantreiben! Und dafür hat er seinen Plan. Am 3. August langen beide nach einer Zwischenstation in Bern in Genf an, wo Helenes Vater als bayerischer Geschäftsträger amtet: Sie geht dann nach Hause, er will am nächsten Tag seine Aufwartung, am dritten den

Antrag machen – alles wird bezwungen sein. Oder Helene reißt aus.

Der Plan geht schief. Helene vertraut sich sofort der Mutter an, Katastrophe. Helene reißt aus und stürzt in Lassalles Pension: Hier bin ich. Und Lassalle, dieser »Gimpel«, wiegelt ab, spielt sich auf, will alles ganz ehrenhaft haben. Der wütend nachgeeilten Mutter übergibt er ritterlich ihr Kind, Hutten und seine Marie im Sinn. Aber die Dönniges sind keine Sickingen und er ist kein Hutten, sondern ein Roter und ein Jude, und beides ist für den ehrgeizigen Neuadel mit jüdischem Einschlag ein Greuel. Außerdem ist Helene keine Marie: Enttäuscht von Lassalles honorig-starrem Eigensinn gibt sie den vereinten Pressionen der Familie nach und sagt sich von ihm los.

Für Lassalle ist das, ja – *unglaublich* oder *unglaubhaft?* Er wird nicht empfangen, darf sie nicht sprechen, jeder Kontaktversuch stößt auf wütende Obstruktion, die Dönniges verschanzen sich mit ihrer ganzen Meschpoke.

Wie anders, auch Lassalle organisiert hektisch seine Hilfstruppen. Zwar ist ihm klar, daß dieses »enfant du diable« keinen eigenen Willen hat – doch rühmt er sich, es unter den seinen gezwungen zu haben. Also ist sie mißhandelt, erpreßt und entführt worden: so seine Logik. Es gilt, den Vater zur Herausgabe und Helene zu einem Gespräch zu zwingen, in dem sie sich zu ihm bekennen kann!

Lassalle setzt die Gräfin nach Mainz zu Bischof Ketteler in Marsch und stellt dabei seine Konversion zum katholischen Glauben zur Disposition – wenn's nur seinen Zwecken dient. Die Gräfin erreicht – mit der Versicherung seiner Sympathie – sogar die Andeutung einer Intervention Kettelers, er werde sich im Interesse des Sakraments der Ehe für die freie Stellungnahme der Helene von Dönniges aussprechen. In der Eile übersehen die Beteiligten nur, daß die Dönniges trotz bayerischer Dienste protestantischer Konfession sind.

Den Obersten Rüstow zitiert Lassalle zu Vermittlungs- und geheimen Briefträgerdiensten nach Genf, die der auch voll Eifer vorantreibt.

Lassalle selbst reist nach München mit der scheinbar abwegigen Idee, die Dienstvorgesetzten des bayerischen Diplomaten Dönniges zu Anweisungen an sein privates Verhalten zu veranlassen. Über Hans von Bülow bittet er Richard Wagner, Ludwig II. sein Anliegen vorzutragen; aber der deutsche

Operndramatiker ist von dem dramatischen Auftreten des deutschen Sozialisten in eigener Sache ziemlich abgestoßen, was Lassalle nicht aufgeht. Beim bayerischen Außenminister Baron von Schrenck macht Lassalles Besuch – ihn selbst überraschend – allerdings Eindruck. Schrenck schickt ihm als Bevollmächtigten den Advokaten Hänle mit auf die Rückreise: mit der Anweisung, eine offene Aussage der Tochter Helene von Dönniges zu erfordern.

Im Bericht Lassalles über diesen Erfolg an Freund Bülow stehen einige Sätze, die schnelle Urteile über seine absolute Selbstbezogenheit und bewußte Selbstzerstörung Lügen strafen, jedoch eine für ihn außergewöhnliche psychische und intellektuelle Situation beschreiben: »Adieu, teurer Freund! Ihr Aussehen und Ihre trüben Worte beim Scheiden haben mich sehr, sehr traurig gemacht! Jeder von uns im Begriff, an einer anderen Gemeinheit zugrunde zu gehen! Aber diejenige, mit der Sie kämpfen, liegt wenigstens innerhalb Ihres Berufes, und so haben Sie in Ihrem Genie und Ihrer Kraft notwendig auch das absolute Mittel, sie zu besiegen. Diejenige, die mich trifft, trifft mich nicht in die Brust, sondern in den unbewehrten Rücken: Sie aber, bieten Sie Ihren Willen auf! Ein Streben wie das Ihrige darf nicht zugrunde gehen an den Hindernissen, die *auf seinem Wege* liegen. Ich wäre nie zugrunde gegangen an dem, was auf meinem Wege liegt – aber ein Ziegel auf dem Dach, den kann man nicht parieren!

Möge es uns beiden gut gehen. Ihr F. L.«

Tod im Duell

Ferdinand Lassalle ging es nicht gut, der Ziegel war schon ausgebrochen und stürzte auf ihn herab. Die Frage bleibt, warum er aus seiner Bahn ging und einen Weg einschlug, der ihn *sein* Genie und *seine* Kraft am untauglichen Projekt erproben ließ. Wohl, er hat schon vorher von seiner *stündlich wachsenden Liebe*, vom *Kampf auf Leben und Tod* mit ihrem Vater an Helene geschrieben. Doch da war es für ihn noch *unglaubhaft*, daß sie sich seinem Willen entzog und ihn verleugnete.

Die Vermittlungsversuche der Gräfin schlugen fehl. Sie und Rüstow signalisierten Lassalle deutlich genug die Vergeblichkeit des Bemühens. Er glaubte es nicht und kassierte die bitterste Niederlage. Der Vater Dönniges verweigert Lassalle, der am 25. August in der Begleitung des Dr. Hänle auftritt, eine Aussprache mit Helene nicht – aber sie selbst. »Wozu das?« fertigt der gepriesene Goldfuchs Hänle und Rüstow ab, »ich weiß, was er will. Ich habe die Sache satt.«

Da erklärt Lassalle die Helene zur verworfenen Dirne, fordert den Vater heraus, tobt, schimpft und agitiert auf ein Ziel: die Forderung zum Duell.

Wilhelm von Dönniges fühlt sich mit 50 zu alt dafür und überläßt die Verteidigung der Familienehre dem zugedachten Schwiegersohn Janko von Racowitz. Der Helene aufrichtig ergebene, brave und schwache, schwindsüchtige Student nimmt die Ehrenpflicht an.

Am Morgen des 28. August treffen sich die Kontrahenten im Wäldchen von Carrouge nahe Genf. Gräfin Sophie und der alte Revolutionär Becker wissen von dem Termin gar nichts, denn sie waren gegen das Duell; Rüstow und der Baron Hofstetten sekundieren Lassalle.

Den ersten Schuß hat der junge Racowitz. Er trifft Lassalle in die Geschlechtsteile. Der feuert seinen Gegenschuß noch ab und bricht zusammen.

Drei Tage liegt er auf dem Krankenlager. Damals konnte man weder seine Krankheit noch die Folgen dieser Verletzung heilen.

In der Frühe des 31. August 1864 stirbt Ferdinand Lassalle – Republikaner, Revolutionär, Sozialist, letzter Mohikaner der emigrierten Kommunisten, Gründungspräsident des *Allgemeinen Deutschen Arbeiter-Vereins* von 1863. Er ist seinen Tod allein gestorben.

Zeittafel

1825	F. L. am 11. April in Breslau geboren
1840	*Tagebuch* Handelsschule in Leipzig
1841	Rückkehr nach Breslau
1842/43	Reifeprüfungen
1843/44	Studium an der Universität Breslau
1844/45	Studium in Berlin *Industriebrief* Dissertationsthema: Heraklit Rückkehr nach Breslau *Bekenntnisbrief* *Kriegsmanifest* Reise nach Paris Übersiedlung nach Berlin
1846	Heine und der »Hamburger Erbfolgekrieg« Sophie von Hatzfeldt und die »Hatzfeldt-Händel« Kassettendiebstahl 2. Reise nach Paris
1847	Syphilisinfektion Untersuchungshaft und Freispruch
1848	Übersiedlung nach Düsseldorf Untersuchungshaft, Kassetten-Prozeß, Freispruch Bekanntschaft mit Marx Teilnahme an der demokratischen Bewegung im Rheinland Untersuchungshaft
1849	*Assisenrede*, Verhandlung, Freispruch Haftfortsetzung, Verurteilung zu sechs Monaten Gefängnis, Freilassung gegen Kaution
1850	Haftverbüßung

1851	Arbeiterbildung, *Geschichte der sozialen Entwicklung*
1854	Hatzfeldt-Vergleich nach acht Jahren
1855	Reise nach Paris
1856	Orientreise
1857	Übersiedlung nach Berlin *Die Philosophie Herakleitos des Dunklen*
1858	*Franz von Sickingen – Eine historische Tragödie*
1859	*Der italienische Krieg und die Aufgabe Preußens*
1860	Bekanntschaft mit Sophie Sontzeff, *Seelenbeichte* *Das System der erworbenen Rechte*
1861	Marx in Berlin Reise in die Schweiz und nach Italien, Garibaldi
1862	*Herr Julian Schmidt, der Literaturhistoriker* Vorträge im Handwerkerverein: *Arbeiterprogramm* Vorträge im Bezirksverein: *Über Verfassungswesen* Reise nach London Vorträge im Bezirksverein: *Was nun?* Kontakt mit dem Leipziger Zentralkomitee
1863	Verteidigungsrede *Die Wissenschaft und die Arbeiter* (Januar-Prozeß) Einladung des Zentralkomitees, *Offnes Antwortschreiben (Arbeitermanifest)* Vorstellung in Leipzig *Zur Arbeiterfrage* Gespräche mit Bismarck Vorstellung in Frankfurt *Arbeiterlesebuch* Gründung des »Allgemeinen Deutschen Arbeitervereins« (ADAV) am 23. Mai in Leipzig Verteidigungsrede *Die indirekte Steuer und die Lage der arbeitenden Klasse* Rheinische Heerschau, Solingen Berufungsverhandlung zum Januar-Prozeß, Geldstrafe Agitation in der Hauptstadt *An die Arbeiter Berlins* Verhaftung, Freilassung gegen Kaution
1864	*Herr Bastiat-Schulze von Delitzsch* Hochverratsprozeß in Berlin, Freispruch

Verurteilung in Düsseldorf in Abwesenheit
2. Agitationsreise *Ronsdorfer Rede*
Berufungsverhandlung in Düsseldorf, Verurteilung zu 6 Monaten Gefängnis, Berufung zum Kassationshof
Kur in der Schweiz, Begegnung mit Helene von Dönniges
F. L. stirbt nach einem Duell am 31. August

Personenregister

Biographien / Erinnerungen
Tagebücher
Zeitgeschichte

Floris B. Bakels
Nacht und Nebel
Der Bericht eines holländischen Christen aus deutschen Gefängnissen und Konzentrationslagern
Band 3468
in Vorbereitung

Anne Frank
Das Tagebuch der Anne Frank
Band 77

Gustave M. Gilbert
Nürnberger Tagebuch
Gespräche der Angeklagten mit dem amerikanischen Gerichtspsychologen
Band 1885

Ruth Herzog
Shalom Naomi?
Brief an ein Kind
Band 5102
in Vorbereitung

Wilhelm Hoegner
Flucht vor Hitler
Erinnerungen an die Kapitulation der ersten deutschen Republik 1933
Band 3420

Wieslaw Kielar
Anus Mundi
Fünf Jahre Auschwitz
Band 3469

Joel König
David
Aufzeichnungen eines Überlebenden
Band 2196

Jochen von Lang
Der Sekretär
Martin Bormann: Der Mann, der Hitler beherrschte
Band 3430

Hermann Langbein
...nicht wie die Schafe zur Schlachtbank
Band 3486

Primo Levi
Atempause
Eine Nachkriegsodyssee
Band 2105

Ist das ein Mensch?
Erinnerungen an Auschwitz
Band 2226

Kazimierz Moczarski
Gespräche mit dem Henker
Das Leben des SS-Gruppenführers und Generalleutnants der Polizei
Band 3466

Ernst Schnabel
Anne Frank
Spur eines Kindes
Band 5089

Inge Scholl
Die weiße Rose
Band 88

Fischer Taschenbuch Verlag